主编 钟起煌

顾问 周銮书

副主编 邵鸿 彭适凡（常务） 方志远

# 江西通史

江西人民出版社
Jiangxi People's Publishing House
全国百佳出版社

## 《江西通史》编辑委员会

主　任　钟起煌

副主任　钟健华　傅伯言

委员（以姓氏笔画为序）

方志远　孙家骅　邵　鸿　林学勤　彭适凡

编委会办公室

主　任　孙家骅

副主任　游道勤

工作人员（以姓氏笔画为序）

王琴红　王紫林　曾　敏

常务编辑

林学勤　徐建国　游道勤

# 江西通史

## 元代卷

吴小红 著

上　青花松竹梅纹梅瓶
下　凌氏红釉楼阁式谷仓

⑤

⑥

⑦

⑧

⑨

① 洪都何德正造至顺辛未铭铜镜
② 卵白釉印花龙纹盘（景德镇造）
③ 红釉老年文吏俑
④ 青白釉印花荔枝纹高足杯
　（高安出土）
⑤ 凌氏青白釉四灵塔纽盖罐
⑥ 青花釉里红盖罐
　（景德镇造，河北保定出土）
⑦ 青花蕉叶纹觚
　（高安出土）
⑧ 蓝釉白龙纹梅瓶
⑨ 青花缠枝牡丹如意云肩纹梅瓶
　（景德镇造，高安出土）

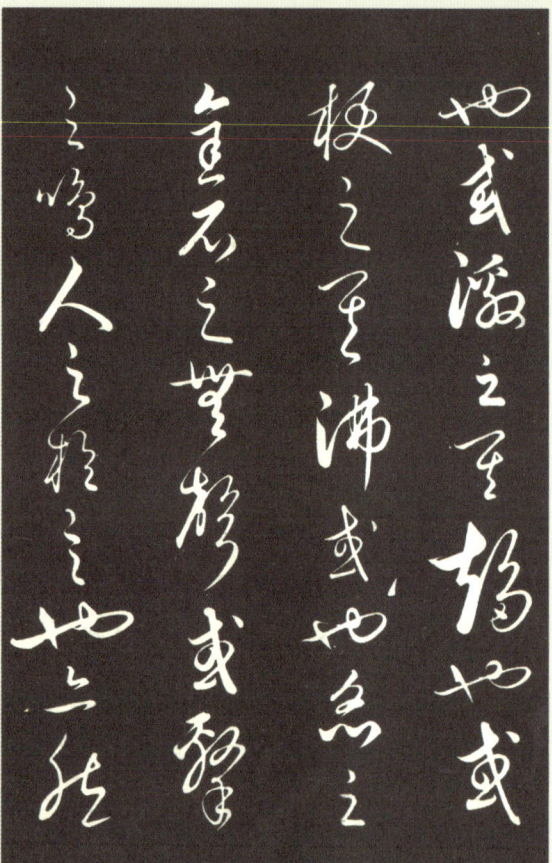

临川饶介《送孟东野序》

永和窑褐彩海涛纹连座炉

釉里红开光花鸟纹罐（景德镇造，高安出土）

# 总 序

钟起煌

世界上的很多事情都是由机缘而起因执著而成,包括我们这部《江西通史》。

说由机缘而起,是因为这件事情的发生几乎纯属偶然。2002年夏天,我和彭适凡、孙家骅同志谈到江西悠久的历史、谈到江西辉煌的文化,因而产生了组织专家编撰《江西通史》的设想,彭、孙二位当即认为此举当行而且可行。

说因执著而成,是因为一旦有这个想法,而且认为这是一件研究江西历史、弘扬江西文化的重要工程,就决心去做。为此,我征询了周銮书同志的意见,并邀请邵鸿和方志远同志共商此事,得到他们的热烈响应。2002年10月18日,在江西省文物局和江西师大历史文化与旅游学院共同举办的全省文博教育成果展示与经验交流会上,我向大会通报了编撰《江西通史》的意见,引起全体代表的热烈反响,大家用长时间的热烈掌声表示支持,认为这是贯彻"三个代表"重要思想、全面挖掘和整理江西传统文化、推进江西经济文化建设的一大盛事。有了这个共识,12月13日,准备工作进入实质性阶段。在我的主持下,召开了有关专家和编辑人员的联席会议,对编撰《江西通史》的指导思想、作者人选、工作日程、成果形式等具体问题展开了比较细致的讨论。2003年2月15日,召开了第一次编撰工作会,《江西通史》的编撰工作就此正式启动。

虽然说是机缘和偶然,但新的《江西通史》的编撰,实具备诸多因素和条件。

一、江西在中国历史上具有重要的地位。根据最新的考古发现,在江西这块土地上,人类的活动至少已有20万年历史,它是中华民族发展史和古代文明发展史的重要组成部分;唐末五代以来,随着全国经济重心的南移,江西遂为全国经济文化最为发达的省份之一,其物产之富、人才之众,举世瞩目;进入20世纪,江西又因为中央苏区的建立而成为全国苏维埃运动的中心。很难想象,在十分漫长的时段里,没有江西的中国历史将会是什么样子。

二、文献与实物资料丰富。江西既有"物华天宝、人杰地灵"之誉(唐王勃语),又素称"文章节义"之邦(宋司马光语)和"人文之薮"(清乾隆帝语),存世官修私撰文献极为丰富。近年来一系列的考古发现,既可弥补文字记载之不足,更可与文献资料相互印证,为编撰《江西通史》提供了可供参考的实证材料和科学依据。

三、前期成果丰硕、学术队伍整齐。老一辈的历史学家仍然健在,他们不但学术积累深厚,而且对研究江西历史有着强烈的责任心;中青年学者正趋成熟,他们继承了前辈学者的严谨学风,又吸收了新的研究方法和研究技术,思维敏捷,勇于创新。在他们的共同努力下,这些年来已有大批高质量的有关江西历史的学术成果问世,这些成果涉及江西历史的方方面面,为编撰《江西通史》奠定了坚实的学术基础。

四、政治环境宽松、经济形势发展。盛世修志是中国的传统。改革开放以来,政通人和,国泰民安,江西经济和全国一样,有较快速度的发展。这为编撰《江西通史》提供了自由的学术气氛和比较充裕的财力保证。近年来,江西的学术事业和出版事业取得了有目共睹的成就,连续获得中宣部"五个一"工程奖和国家图书奖、中国图书奖,给江西文化艺术界和学术界以振奋,也引起了各兄弟省市的关注。这些成就的取得,为我们组织大规模著作的编撰工作提供了经验。而周边各省如湖北、湖南、浙江以及其他省市新编通史的纷纷问世,对《江西通史》的编撰是有力的推动,也提供了有益的借鉴。

五、从我个人来说,当时也恰恰能分出一些精力和时间来抓这件事情。于是尽力协调各方面的关系,为作者们、编者们排除各种障碍,以保证这项重大工程的圆满完成。

四年来,《江西通史》的编撰工作得到了各方面的关心和支持。黄智权、吴新雄省长亲自过问此事并指示有关部门给予支持,省政协将其作为一件大的文化事业进行推动,省社联将其列为重大科研项目,江西师大、南昌大学、省社科院、省文物局、省博物馆和省考古所等有关单位也对参与编撰的专家们给予各种便利,出版部门派出了强大的编辑班子并准备了足够的启动和出版资金。特别要指出的是,各位作者在繁忙的教学和科研工作中,能够将《江西通史》的

## 总序

写作列入重要的工作计划并全身心地投入。我在第一次全体编撰会议上指出,《江西通史》的编撰是一项挖掘和弘扬江西历史文化传统的千秋事业,希望作者和编者将其视为自己学术生涯中的重大事业。事实证明,作者和编者们后来都是这样要求自己的。正是因为有了各方面的支持和全体编撰人员的共同努力,11卷的《江西通史》才能顺利地完成书稿并得到如期出版。

明代中期,随着区域经济文化的发展,修撰地方志成为一大文化现象。各省、各府乃至各县的省志、府志、县志大量涌现。此后遂为传统。盛世修志也不仅仅限于修前朝历史,更大量、更具有普遍意义的乃是修当地地方史。具有全局意义的江西省志也正是在这个时候产生的。自明中期以来,江西整体史著作已编撰过多部,其中著名的有:林庭㭿《江西通志》(37卷,明嘉靖四年),王宗沐《江西省大志》(8卷,嘉靖三十五年;万历二十五年陆万垓增修),于成龙、杜果《江西通志》(54卷,清康熙二十二年),白潢、查慎行《西江志》(206卷,康熙五十九年),高其倬、谢旻《江西通志》(163卷,雍正十年),刘坤一、刘绎、赵之谦《江西通志》(180卷,光绪七年),吴宗慈、辛际周、周性初《江西通志稿》(9编,民国三十八年)。20世纪末,又有许怀林的《江西史稿》(1994年,江西高校出版社),陈文华、陈荣华主编的《江西通史》(1999年,江西人民出版社)问世。这些著作在保留江西历史遗存、挖掘江西历史文化方面作出了重要的贡献。如何在充分吸取前人成果的基础上有所发展、有所创新,是对新编《江西通史》的重大考验。

为了使新的《江西通史》更具有时代特色和历史价值,更具有划时代的意义,我们对这部著作提出了以下的要求。

一、中国历史是一个整体,我们在研究任何地方历史的时候,都不能脱离这个整体。因此,正确认识各个历史时期江西在全国政治经济格局中的地位就显得尤其重要,必须充分关注江西与中央、与周边地区的关系,不溢美、不自卑,不关起门来论江西,将《江西通史》写成一部与中华民族的整体有着血肉联系的江西历史。

二、《江西通史》是系统记述和研究江西历史的大型学术著作,由众多学者共同参与完成。一方面,各卷是作者的个人成果,是作者最新研究成果的结晶,可以也应该有自己的风格和特色,所以希望作者精益求精,使其成为各自领域的学术精品。另一方面,甚至更为重要的是,它又必须是一个整体,是一部"通史",所以全书11卷必须有统一的体例和统一的要求,在文风上一定要力求简洁、明快。各卷作者务必服从整体、服从大局，使自己的作品成为整个《江西通史》的有机组成部分。

三、《江西通史》必须是一部真实、动态、有可读性的信史。所谓真实，是指史料翔实、言必有据。此"据"是经过考证后认为合理的，否则，"尽信书则不如无书"（孟子语）。这就需要每个作者既尽可能地系统爬梳和挖掘史料，又谨慎辨析和使用史料。所谓动态，是指用发展的眼光看问题，既将问题放在特定的历史背景之下，又特别关注它的演进过程，因为即使是同一件事物，其状态和作用也是随着时间的推移和社会的变迁而变化的。这就需要每个作者以历史唯物主义和辩证唯物主义的观点和方法去阐释历史、去探讨历史演进的规律。所谓有可读性，是指应该用流畅的文字、叙述的方法写作，展示的是作者的观点和结论，而不是考辨的过程，它的体例是史书而不是论文。无图不成书。图文并茂是中国出版物的优良传统和重要特点，《江西通史》应该在尽可能的情况下，收集能够说明江西历史各阶段各方面状况的历史图片，以加强其历史感和可信度，同时也使其更具有可读性。

四、以人为本，以民为本，以基层社会为本。所谓以人为本，指的是要写成人的历史，以人的活动为描述对象，即使是制度、习俗，也应尽可能地有人的活动。所谓以民为本，指的是尽可能地站在大众的立场上来叙述历史、看待历史，更多地叙述大众的活动。所谓以基层为本，是因为地方史本身就是基层乃至底层的历史，要尽可能地揭示基层组织和底层社会的活动状况。在此基础上，充分重视统治者和社会精英对社会的主导作用，重视自然环境、人文环境，特别是包括传统价值观念和现实政治制度等在内的上层建筑对个人、对大众、对底层的影响和制约作用，写成一部上层建筑与经济基础互动、国家权力与基层社会互动、社会精英与人民大众互动的历史。

11卷本《江西通史》即将付梓，我们希望它的出版能够成为江西历史研究的新的里程碑、能够成为江西文化史上的一大盛事。当然，能否达到这个目标，还要由读者和历史来检验。

# 【目录】

前言 /1

## 第一章
### 元朝在江西的统治

第一节　元军在江西的征战与镇戍 …………… 1
　　一、元军在江西的推进 ………………… 2
　　二、元朝在江西的军事部署 …………… 6

第二节　元朝在江西的行政建制 …………… 10
　　一、江西行省 …………………………… 11
　　二、江西的路州县 ……………………… 16

第三节　元朝在江西的统治状况 …………… 20
　　一、元世祖时期江西的统治状况 ……… 20
　　二、元世祖时期江西的民众起事 ……… 27
　　三、元中期江西的统治状况 …………… 30
　　四、"延祐经理"与蔡五九起事 ……… 34
　　五、宗亲勋臣在江西的封户 …………… 38

## 第二章
### 元代江西的经济

第一节　**人口、土地、赋役与诸色课程** …………… 45
　　　　一、人口与户籍 …………… 46
　　　　二、土地占有 …………… 58
　　　　三、赋役状况 …………… 64
　　　　四、诸色课程 …………… 76

第二节　**农业** …………… 80
　　　　一、粮食生产与漕粮转输 …………… 81
　　　　二、江西等处榷茶都转司与江西茶业 … 88

第三节　**手工业** …………… 93
　　　　一、制瓷业 …………… 93
　　　　二、印刷业 …………… 100
　　　　三、纺织业 …………… 105
　　　　四、造船业 …………… 110
　　　　五、制墨业 …………… 111

第四节　**采矿与冶铸** …………… 113
　　　　一、蒙山采银业 …………… 113
　　　　二、金、铁、铜等的采冶铸 …………… 120

第五节　**交通与商业** …………… 125
　　　　一、驿站和急递铺 …………… 125
　　　　二、商人与商业 …………… 130

## 第三章
### 元代江西的蒙古人和色目人

　　　　一、蒙古、色目人进入江西的机缘 …… 140

二、蒙古、色目官员在江西的治绩 …… 145

三、蒙古、色目人与江西文化的交互影响
……………………………………… 148

# 第四章

## 元朝在江西统治的终结

第一节 顺帝前期的江西社会 …………… 162
　一、顺帝前期江西的社会状况 ……… 162
　二、白莲教及彭莹玉的活动 ………… 166

第二节 元朝统治在江西的终结 ………… 175
　一、徐寿辉部在江西的活动 ………… 175
　二、元朝统治在江西的终结 ………… 186
　三、陈友谅与朱元璋之争 …………… 189

# 第五章

## 元代江西的教育与文化

第一节 教育与科举 ……………………… 195
　一、官学 ……………………………… 196
　二、私学 ……………………………… 203
　三、科举 ……………………………… 206

第二节 理学、文学与史学 ……………… 220
　一、理学 ……………………………… 220
　二、文学 ……………………………… 233
　三、史学 ……………………………… 248

第三节 科技 ……………………………… 257
　一、地理学与方志 …………………… 257
　二、医学 ……………………………… 269

三、天文、物理等 …………………………… 274
第四节 宗教 …………………………………………… 277
　　一、道教 …………………………………… 277
　　二、佛教 …………………………………… 301

# 主要参考文献 /314

# 前　言

元朝是中国历史上第一个由游牧民族肇建而实现一统的王朝。1206年（南宋开禧二年），蒙古部首领铁木真兼并漠北草原各部后，在斡难河（今鄂嫩河）源称帝建国，尊号"成吉思汗"，国号"大蒙古国"。随后，成吉思汗及其子孙开始了一系列征服战争：1227年灭西夏，1234年灭金，1276年占领南宋都城临安（治今浙江省杭州市），1279年在广州新会以南的崖山将南宋行朝彻底倾覆，并远征海外；与此同时，连续三次远征西域，使大蒙古国军队马蹄和声威西至地中海东岸，东达朝鲜半岛，南及越南、爪哇，北包西伯利亚。1271年（南宋咸淳七年），成吉思汗孙忽必烈（元世祖）采纳汉人文臣刘秉忠等人的建议，以大蒙古国疆域之广，超越前古，乃取《易经》"乾元"之意，以"元"为国号，谓"元也者，大也。大不足以尽之，而谓之元者，大之至也"①。从此，汉文文书只使用"元"或"大元"作为国号，蒙古文书仍袭用"大蒙古国"之名，二者所指范围一致，即包括大汗统治地域（元朝政府直接管辖的地域）和西北伊利汗国、察合台汗国、钦察汗国、窝阔台汗国4个由成吉思汗子孙建立的宗藩国②。故，元朝历史从成吉思汗建国开始，到明军进入大都、元顺帝退出中原为止，前后163年（1206—1368年）。历14帝。

---

① 苏天爵：《元文类》卷四十《经世大典序录·帝号》，国学基本丛书本。
② 萧启庆：《说"大朝"：元朝建号前蒙古的汉文国号——兼论蒙元国号的演变》，原刊于《汉学研究》第三卷第一期（1985年6月），第23—40页；又收于萧著《蒙元史新研》，台湾允晨文化实业股份有限公司1994年版，第23—46页。

元朝历史大体可分为4个时期：一是前四汗时期，历太祖成吉思汗、太宗窝阔台、定宗贵由、宪宗蒙哥四朝（1206—1259年）；二是元前期，即忽必烈时期（1260—1294年）；三是元代中期，历成宗铁穆耳、武宗海山、仁宗爱育黎拔力八达、英宗硕德八剌、泰定帝也孙铁木儿、天顺帝阿速吉八、明宗和世瓎、文宗图帖睦尔和宁宗懿璘质班9帝（1295—1332年）；四是元代末期，指顺帝妥欢贴睦尔统治时期（1333—1368年）。

元人说，本朝直接管辖的地域"北逾阴山，西极流沙，东尽辽左，南越海表"①，被划分为12个一级行政区，即中书省直辖区（又称腹里）、10个行省和中央宣政院直辖的吐蕃地区。十行省是陕西行省、四川行省、甘肃行省、辽阳行省、岭北行省、云南行省、河南行省、江浙行省、江西行省和湖广行省②。其中，江浙、江西、湖广三行省因位于长江中下游以南，又有许多相似性，元代文献称之为"江南"，研究者则习惯并称为"江南三行省"。

江西行省地处江南三行省中部，境域狭长，跨越南岭南北，包括今江西省大部和广东省大部，今天的江西省在元代则分属江浙和江西两行省。具体说来，今南昌市、九江市、宜春市、新余市、萍乡市、吉安市、抚州市和赣州市隶属江西行省，上饶市、景德镇市和鹰潭市归江浙行省管辖。本卷所讨论的地理范围指今日之江西省。为示今日"江西省"与元代"江西行省"（全称是"江西等处行中书省"，元人有时亦简称为"江西省"）之区别，本卷行文时，以"江西"或"江西地区"指代今日之江西省，元代的江西行省则径直称为"江西行省"。

江西地区与蒙古人的接触始于1259年（南宋开庆元年）宪宗蒙哥时期的征宋战争。当时，仅西部的临江军（治今江西省樟树市临江镇）和瑞州（治今江西省高安市）短暂地受到蒙古军队的攻击，其余州郡未被扰动。就在这一年，奉命南征的忽必烈派人与贵溪龙虎山第三十五代天师张可大接触，揭开了江西道教在元代的贵盛之幕。

至元十一年（1274年，南宋咸淳十年）九月，元朝开始大举攻宋。次年正月，江西进入元军的视野。经过两年战争，到至元十三年（1276年）岁末，元军基本占领江西地区，江西由此进入长达八十余年的蒙元统治时期。

至正十一年（1351年）五月，韩山童、刘福通在河南行省颍州（治今安徽省

---

① 《元史》卷五八《地理志一》，中华书局1976年版。
② 以上内容并请参阅陈得芝主编《中国通史》第八卷《中古朝代·元时期（上）》，上海人民出版社1997年版，第245—252页。

阜阳市)颖上县宣布起事,揭开了元末席卷全国的农民起事大幕。八月,河南行省黄州路(治今湖北省黄冈市)麻城铁工邹普胜、罗田布贩徐寿辉等起兵于蕲州(治今湖北省蕲春县)。十月,徐寿辉称帝,国号"天完"。十二年(1352年)初,天完军队进入江西,江西民众蜂起响应。经过元军与天完军队的反复争夺,至正十九年(1359年),江西地区尽归天完政权,元朝在江西的统治彻底瓦解。次年闰五月初一,天完部将陈友谅杀徐寿辉,自称皇帝,国号"大汉",江西遂为汉政权所有(袁州除外)。至正二十年(1360年)六月,朱元璋攻下信州(治今江西省上饶市),势力进入江西。二十四年(1364年)二月,朱元璋消灭汉政权,次年正月,赣州降,江西基本处于朱元璋的控制之下(名义上隶属以韩山童之子韩林儿为帝的宋政权)。至正二十八年(1368年,明洪武元年)正月,朱元璋称帝,国号"大明",江西进入明朝统治时期。

本卷所讨论的时间范围起自1259年,即蒙哥征宋、蒙古军与江西接触之时,迄于1365年赣州降附朱元璋,历时107年,而以元朝统治江西的84年(1276—1359年)为重点。根据元朝史的分期和江西的历史进程,本卷将其分为三个阶段:前期是忽必烈统治时期(1276—1295年),往前兼及宋元对江西的争夺,中期是成宗至宁宗时期(1295—1332年),后期是顺帝统治时期(1333—1359年),后及陈友谅和朱元璋在江西的争夺。在此期间,江西地区先是经历了世祖时期近20年的社会动荡与衰敝,到世祖、成宗之交,社会恢复安定。此后,除延祐二年(1315年)爆发的宁都蔡五九起事影响较大外,江西百姓基本能够安居乐业,社会经济和文化教育在故宋的基础上继续发展。顺帝继位后,江西成为江南较早出现骚动的地区。至正十一年(1351年)爆发红巾军的大规模起事后,江西很快卷入其中。所以,元代江西社会的稳定期只有50余年。

元朝对江南的统治政策基本定型于世祖时期。对于这片远离元廷中心而显得陌生的新占领区,雄才大略的忽必烈以安抚为基本方略,由此宣布免除故宋繁冗科差,蠲免公私逋欠,对江南人士亦未予歧视,用人惟贤[1],利用他们安定新附之区。但是,远不如忽必烈度量宏远的其他权贵所秉持的征服者心态、当时迫切的财赋需求以及吏治腐败的顽疾使忽必烈务求安抚的初衷难以实现。于是,元朝的江南统治政策出现了许多既不同于故宋,亦有别于中原汉地的特征。由此产生的影响,部分随着元朝的灭亡而消散,有些则延续数百年。

---

[1] 参阅姚从吾《忽必烈平宋以后的南人问题》,载《姚从吾先生全集(七)·辽金元史论文(下)》,台湾正中书局1982年版,第1—82页。

其一,在依据民族和被征服地区的先后而形成的"四等人制"中,江南百姓位列第四,由此导致终元之世,江南民众在政治机遇、法律地位和其他权利方面均难与蒙古、色目和汉人比肩,尤其是作为江南社会中坚的知识分子在元代没有得到有效的笼络。与宋代相对开放的官僚体制相比,这种变化在相当程度上导致了知识分子对政治的疏离,难以较为广泛地参与到现实政治来,元代江南的社会支撑力量相应地显得薄弱,于是,元末社会大变动之际,江南地区尽管出现了一些抗击义军的死节之士,但总体而言,起而护卫王朝生存的力量显得较为涣散、单薄。同时,"驱逐鞑虏,恢复中华"这样的反元民族诉求便有一定的社会基础。随着元朝的灭亡,此种诉求变为现实,加之朱元璋大力推行民族同化政策,八十多年生活在"四等人制"下的江南民众的心理阴影随之烟散。

其二,政治上位处末列的江南又是元朝辖境内经济最发达的地区。元军攻宋,以招抚为主,江南基本未受残破;入元之初,为实现社会的顺利过渡并保证尽快从江南获取财赋,元朝总体上较为平稳地沿用故宋的夏秋两税制,加上一系列恢复社会经济的措施的推行,江南经济保持了原有的发展水平和发展趋势,人口优势进一步加强,其赋税支撑了元朝财政的大半壁江山。每当元朝财政陷入窘境、需要增拓财源时,江南总是首当其冲。从世祖时期的理算钱粮、括勘田土,仁宗时期的经理田亩,到元末兵戈纷扰中仍想尽办法运输漕粮北上,无不反映出元朝财政对江南的倚重。因此,承南宋而来的江南经济优势在元代没有发生改变。但是,元朝在江南推行的诸色户计制度加强了对民众的人身控制,使其由国家的编户变成子孙世袭的差役户。这是对此前百姓职业和身份可自由流动趋势的逆转。这一变化为明代所继承,其影响不仅止于经济、社会层面,还上及政治,成为明代专制的社会基础[①]。

其三,元朝的"国族"蒙古人在数量上远少于臣服的汉人和南人,其镇戍体制也不像唐、宋等汉族王朝那样,集精兵于政治中心及其周围,"强干弱枝"即可保障统治的稳定。相反,统治地域的广大、民族成分的复杂等客观因素决定了它不仅要将最精锐和他们认为最可靠的怯薛和侍卫亲军用于护卫宫城、后妃宫帐及两都(大都和上都)地区,还必须防止诸如草原地带东西两面的乃颜、海都之乱、北方山东的李璮之乱以及江南地区此伏彼起的反元斗争。于是,元

---

① 萧启庆:《蒙元统治对中国历史发展影响的省思》,载蒙藏委员会、台湾师范大学历史系合编《第二届中国边疆史学术研讨会论文集》,台北蒙藏委员会 1996 年版,第 1—16 页。此文又收于萧著《元朝史新论》,台湾允晨文化实业股份有限公司 1999 年版,第 61—82 页。

代草原上的心脏地带由蒙古军镇戍,中原由蒙古军和探马赤军戍守,源于中原的汉军在宋亡之后多南下分驻江南各地,南宋降元的新附军则经过整编、减员,元中期以后逐渐"化"入其他军队之中①。这种以蒙古军防汉人、以汉军防南人的军事部署反映了蒙古统治者以北制南以施行民族防范的战略考虑。而对于鞭长莫及的江南地区,往往在经济、军事意义重大的城市才驻有重兵。总体而言,军力有限而防卫战线过大决定了军事部署上的捉襟见肘,这样,江南镇戍力量不足,各地的常规治安力量又非常薄弱,不足以维持安定,因此,元代江南民众的反抗始终存在。元末,随着反元斗争席卷全国,正规军战斗力又不强,危难之际,乃不得不依赖乡兵和募兵支撑局面。元朝在江南统治的稳定期不长,与此有一定关系。

其四,江南又是元朝的文化昌盛之区。一方面,蒙古统治者对各种宗教、文化宽容以待的政策和儒户、医户、阴阳户、僧道户等专门户籍的设立使江南文化总体上未受摧残,其教育在南宋的基础上继续发展,南宋以来地位日渐上升的程朱理学在元中期被定为官学,影响进一步扩大。江南宗教的地位也得到提升。同时,南北一统、中外交流活跃使大批非汉民族和北方汉人进入江南,深受当地文化影响,有些人在元亡以后完全融入江南社会;江南人也得以行走全国,远涉海外,视野扩大,域外知识增加。另一方面,元代长期未举行科举,元仁宗以后虽行科考,但录取的人数有限,其对官僚系统的影响不大,致使宋代士庶皆知的"朝为田舍郎,暮登天子堂"的读书——出仕锁链被切断(或部分切断),部分儒士或转而从事其他职业,或"惟不得用于世,则多致力于文字之间,以为不朽"②。故,元朝的政策和形势对文化的影响是复杂的,既有促进的一面,又有抑制之处,而江南文化从总体来看,是延续了两宋以来的发展趋势,成为宋、明文化之间的自然过渡,而非逆转。

因此,拥有富庶经济和昌盛文化的元代江南在承担着巨额的财赋上贡任务,保留有文化优势的同时,不得不面对现实的地位跌落。经历了南宋灭亡以后20年左右的适应期,世祖末、成宗初,"夷夏之防"的观念在江南人士中逐步淡化,他们认同了元朝的统治③,但经济、文化上的优势和政治、法律上的劣势

---

① 史卫民:《元代军事史》(《中国军事通史》第十四卷),军事科学出版社1998年版,第279页。
② 余阙:《青阳先生文集》卷四《杨君显民诗集序》,四部丛刊续编本。
③ 陈得芝:《论宋元之际江南士人的思想和政治动向》,载陈著《蒙元史研究丛稿》,人民出版社2005年版,第571—595页。本文初刊于《南京大学学报》(哲社版)1997年第2期。

之间的落差是元代江南民众必须始终面对的问题。

明晰了以上元代的江南统治政策后,再来看位处江南中间地带的江西地区。

行政建制方面,江西行省是在元朝行省制度逐步定型的过程中建立的。初期,该行省只是中央最高行政机构——中书省的派出机构,它以追击奔窜中的南宋行朝为首要任务。宋亡以后,随着行省制度的逐渐定型并成为稳定的地方最高一级地方行政机构,江西行省遂成为元廷控制江南中部的重要机构。由于蒙古的重心在北方草原,其政治和军事均实行以北制南,体现在行政建制方面,江南三行省均南北狭长,重心偏北,坐北驭南。由此,元代的江西行省既包括南宋的江南西路,又包括南岭东段以南的广东地区,境域北起长江,南迄南海。赣东北承宋代旧制,依旧与江浙联系密切,且因着江南东部长江以南直至福建均隶属江浙行省,赣东北在沟通闽、浙中的作用得到进一步加强。元代江西地区的这种行政建制异于两宋,也有别于明朝。"江西"一词的行政范围在元代兼跨岭北岭南,这是此前此后均不曾有的。但是,在时人的一般观念中,"江西"一词仍指岭北地区[①],体现了地域观念的延续性。元朝灭亡后,明朝将岭南、岭北的行政建制重又分开,这种行政建制与山川形势、地域观念相背离的情况始得纠正。

经济方面,江西行省在江南三行省之中,其地位弱于江浙行省,略强于湖广行省而居于中游。考察这个问题的主要依据是基本统一的江南赋税指标,即秋粮、夏税和商税三项岁入。据《元史·食货志》,天历(1328—1330年)初,全国赋粮12114708石,其中江浙行省4494783石,占总额的37%,江西行省1157448石,占总额的近10%,湖广行省843787石,占总额的7%,江西行省明显弱于江浙行省,略强于湖广行省;全国夏税中统钞总计149273锭余,其中江浙行省57830锭余,江西行省52895锭余,湖广行省19378锭余,江西行省略少于江浙而远多于湖广;全国商税总收入76万余锭,其中江浙行省26万余锭,湖广行省68000余锭,江西行省62000余锭,江西行省远少于江浙,略次于湖广。赋税上纳的多少可以从一个重要角度反映一个地区的经济地位和发展水平,江浙行省在这方面的明显优势使抚州崇仁人吴澄不得不概叹:"江浙行省视诸省为尤

---

[①] 如抚州崇仁人吴澄在《临江路修学记》(《吴文正公全集》卷二二,清乾隆二十一年(1756年)万璜刊本)自述:"大德十年冬,予董江西、广东儒学。"大德十年(1306年),吴澄时任江西行省儒学提举司副提举。他在文中将"江西行省"分为江西、广东两处,"江西"显然指南岭以北地区。

重,土地广,人民众,政务繁而钱谷之数多也,朝廷之注倚。"①由此反映的经济情况是,江西行省的农业生产水平逊于江浙,略强于湖广,商业活动亦弱于江浙而与湖广大体相当。元代江西的这种经济地位是两宋以来的延续,也是元代以后的基本走向。

军事方面,由于经济地位逊于江浙行省,体现在军事部署上,江浙行省境内的长江下游集结了江南大部分的汉军和新附军,而基于地域环境的特殊原因,境内多"苗蛮獠峒"而易于生变的湖广行省也得到相应关注,军力部署居于江浙之次。相形之下,承平时期的江西地区只派驻治安性部队,遇有变乱则处之以权宜,有事则调集诸省军队前来镇压,无事则遣归原地。镇戍力量的相对薄弱使江西易成动荡之区。元初江西南部长期难以安靖,顺帝时期较早出现骚动,元末大起事爆发后,红巾军在江西进展神速,势如破竹,莫不与此有关。

文教方面,承两宋之基,江西地区的文教堪与江浙相媲美,而明显优于湖广。王明荪称:"元代学风之分布,大体上仍是南盛于北,这是宋代渐已形成的趋势。南方江西学风很盛,经学仍是源于福建,以吉水、庐陵、安福、德兴、鄱阳等最盛。史学上元则不如宋,而地理学颇为发达,江西史学学风是源于安徽和福建。子学则以崇仁、临川为盛。文学在元代中期较盛,是承宋代学风,仍以庐陵、临川、安福、吉水为盛。"②教育方面,迄于宋末,江西与江浙一样,各州县儒学基本普及,私学发达。这种趋势在元代未发生逆转,江西的书院数量还多于江浙。因而,江西的文化和教育承两宋而来的优势在元代得以保持,并相沿入明。

由此,在元朝统治的80多年间,江西作为被蒙古人征服的原南宋一部分,尽管在政治上遭到压制,军事上受到忽视,经济上次于江浙而居于江南中游,但纵观历史,政治上的压制随着元朝的灭亡而消散,军事地位的重要与否部分受制于地理因素,真正体现历史地位变迁的是经济与文化。从这两个方面看,蒙元统治下的江西保持了两宋以来的发展趋势,没有倒退或停滞。就全国而言,江西堪称当时经济比较发达、文化非常兴盛的地区。

---

① 吴澄:《吴文正公全集》卷十四《送宋子章郎中序》。
② 王明荪:《人杰地灵——历代学风的地理分布》,载林庆彰主编《中国文化新论·学术篇——浩瀚的学海》,台湾联经出版事业公司1983年修订版,第411—463页。

# 第一章
## 元朝在江西的统治

### 第一节
### 元军在江西的征战与镇戍

13世纪初,蒙古部首领铁木真逐渐统一蒙古高原各部,并日益对金朝形成威胁。此时,金朝内部也日渐趋向动荡不安。得悉金朝处于内外交困之中,自隆兴和议(时在隆兴元年,1163年)之后与金朝处于势均力敌的对峙状态达40年之久的南宋遂试图打破僵局,收复河山。从1203年(南宋嘉泰三年)开始,南宋重臣韩侂胄从军事方面着手进行积极准备,并起用辛弃疾、叶适等主战人士。1206年(南宋开禧二年)春,铁木真在斡难河(今鄂嫩河)源称帝建国。同年夏五月,南宋开始分道攻金,史称"开禧北伐"。此次北伐以南宋惨败告终,宋、金于1208年(南宋嘉定元年)订立和约,仍称伯侄之国,疆界维持绍兴时期的状态(即东以淮河中流,西以大散关为界)。南宋得以暂安。此时,日益强大的大蒙古国已对西夏、金、宋虎视眈眈,于1227年(南宋宝庆三年)灭西夏,1234年(南宋端平元年)灭金,并屡次攻掠南宋的四川关外之地。1251年(南宋淳祐十一年),蒙哥登上大蒙古国汗位,将征宋正式列入议事日程,制定了先占大理,形成侧后包抄之势,再全取南宋的战略。1255年(南宋宝祐三年),大理国五城、八府、四郡之地相继被蒙古征服,南宋遂直接处于蒙古军队的兵锋之下,随时面临蒙古人的大规模进攻。

## 一、元军在江西的推进

　　1255年征服大理后,蒙古完成了对南宋的侧后包抄,此时,宋、蒙东部边界还基本保持在原来的宋金旧界,即淮河一线。1257年,蒙哥派宗王塔察儿统领左翼军进攻京湖、两淮,自己于次年统领右翼军进攻四川。因塔察儿久战无功,1259年春,左翼军改由忽必烈统领。忽必烈渡淮而南,在阳逻堡(在今湖北省武汉市东北长江北岸)附近强渡长江,进围鄂州(治今湖北省武汉市)。近两月不克。同时,协同忽必烈平定大理后的兀良合台率军从云南取道广西、湖南北上,与忽必烈会合。进师途中,八月,蒙古军进击临江军(治今江西省樟树市临江镇),江西制置使徐敏子屯兵隆兴(治今江西省南昌市),不施救援,知军事陈元桂登城督战,兵败遇害。蒙古军再入瑞州(治今江西省高安市),知州陈世昌逃遁。兀良合台于当年十一月进抵潭州(治今湖南省长沙市),发动攻城之役。潭州城池坚固,蒙古骑兵又不善攻城,兀良合台军在潭州城下久围无功。在南宋诸路大军陆续抵达长江中游,形势对南宋颇为有利时,统领诸路援鄂大军的南宋右丞相兼枢密使贾似道却遣使求和,愿割江为界,岁奉银20万两、绢20万匹。面对日益不利的攻宋形势,加之蒙哥汗在进攻四川合州(治今重庆市合川市)钓鱼城时负伤而死,急于北返争夺汗位的忽必烈顺势许和,于当年岁末撤围北还。蒙古攻宋战争暂告一段落。

　　蒙哥时期(1251—1259年)的攻宋战争中,江西全境除西部的临江军、瑞州短暂地遭受蒙古军队攻击外,其余州郡未被扰动。次年,宋廷蠲免江西被兵州郡的夏秋两税,江西承平依旧。

　　至元五年(1268年),中原汉地的统治秩序渐趋稳定时,忽必烈再次将目光投向富庶的南宋。攻宋战争从夹汉水而峙的樊城、襄阳开始。经过六年苦战,在忽必烈采"元"为国号的第三年,即至元十年(1273年),樊城被攻破,襄阳守将吕文焕降元,南宋沿边防线被撕开一个大裂口。次年三月,元廷调兵数十万,兵分三路,从江汉、淮西、淮东大举攻宋,荆湖行省左丞相伯颜所率攻略江汉之军为主力。九月,伯颜领军自襄阳沿汉水直趋郢州(今湖北省钟祥市),元朝灭宋战争开始。

　　当年年底,伯颜占领长江中游重镇汉阳、鄂州后,留阿里海牙领兵4万规取荆湖,自己亲率主力沿江东下。至元十二年(1375年)二月,丁家洲(在今安徽省铜陵市西北长江中)一役,南宋13万军队溃败,伯颜很快进占建康(治今江苏省

# 第一章
## 元朝在江西的统治

忽必烈像

图片来源：[法] 德阿·托隆著，宝音布格历译，《蒙古人远征记》，上海社会科学院出版社2003年版，第57页。

南京市）、镇江。同时，阿里海牙在荆湖进展顺利，二月，湖南门户岳州（治今湖南省岳阳市）被攻破，四月，重镇江陵降。除潭州外，元军在荆湖几乎未遇顽强抵抗。五月，伯颜奉诏赴阙议事，灭宋战争暂歇。

在至元十一年（1274年）九月至次年五月的攻宋战争中，元军主力由汉水沿江东下，直趋江浙，偏师经略荆湖，以解除东下之军的后顾之忧。江西不是元军的攻略重点，只有北部沿江滨湖的部分州县卷入战事。至元十二年（1275年）正月十日，元军进入江西沿江上游的蕲州（治今湖北省黄冈市）。十三日，驻守江州（治今江西省九江市）的南宋权刑部尚书、都督府参赞军事吕师夔（吕文焕侄）和知州钱真孙遣使至蕲州迎降，元军随即进军江州①。沿途攻下瑞昌后，元军被迎入兵精城坚的江州城，城中士庶"拜迎马首"②。宋南康军（治今江西省星子县）知军叶闾至江州请降。伯颜以吕师夔知江州，随即令阿尤领水师东下安庆，自己亲率水陆主力跟进。阿尤进至彭泽时，该县主簿颜希孔统民兵八百，于江中迎战，重挫元军，"力屈被害"③。伯颜进至湖口时，令元军架设浮桥，企图渡过鄱阳湖口，后因下游安庆、池州归降而弃之东下。二月丁家洲之战后，伯颜分兵攻取鄱阳湖东岸重镇饶州（治今江西省鄱阳县），知州唐震率民抵抗。二月二十七日，饶州城破，唐震阖门遇难，寓居城中的南宋前丞相江万里投池死节。数日后，从郢州（治今湖北省钟祥市）领兵入卫临安（今浙江省杭州市）的张世杰道经饶州，举兵收复该城。

---

① 脱脱等：《宋史》卷四七《瀛国公纪》，中华书局1977年版。
② 刘敏中：《平宋录》卷上，墨海金壶本。
③ 陆心源：《宋史翼》卷三二《颜希孔传》，续修四库全书本。

在这一阶段的战事中,虽然江西绝大部分州县仍处于南宋的掌控之中,但江州、南康的投降已使江西门户洞开。元军没有乘势直驱江西腹地,一方面是因其主要目标在长江下游,而下游的安庆等地亦急于降附①,同时,文天祥率所募一二万勤王之师正驻扎于江西,有效遏制了元军的继续深入。

针对元军主力已东下至长江下游,偏师留滞荆湖,战线过长,两军之间缺乏呼应,易受宋军威胁的不利局面,至元十二年(1275年)七月,伯颜在上都(即开平,在今内蒙古正蓝旗东五一牧场)向元世祖忽必烈敷陈平宋方略。世祖下诏,令伯颜率诸将直捣临安,右丞阿里海牙继续攻略荆湖,而以蒙古万户宋都带、汉军万户武秀、张荣实、李恒、兵部尚书吕师夔建立行都元帅府,规取江西,作为二军的声援,使元军由荆湖至浙西完全连成一片。元军对长江以南展开全面进攻,江西就此大规模卷入宋元战争。

至元十二年(1275年)七月,南宋都城临安告急,文天祥率所部勤王义军离开吉州(治今江西省吉安市),奔赴临安。九月,宋都带建行都元帅府于江州,开始大规模攻略江西。他与李恒率军南驱,攻下建昌县(今江西省永修县),擒都统熊飞,十一月中旬进至隆兴(治今江西省南昌市)。江西制置使黄万石怯于应战,退驻抚州,防守隆兴城的宋江西转运使、知府刘槃在兵败无援的情况下,开城投降。

宋都带进入隆兴城,传檄江西诸郡,然后遣主力向东南追击黄万石。十一月二十五日,李恒、张荣实、吕师夔兵逼抚州,与驰援隆兴的抚州都统密祐猝遇于进贤。密祐兵败被执,不屈而死。黄万石由抚州继续退至建昌军(治今江西省南城县),抚州通判施至道献城而降。元军移师建昌,黄万石再退入福建,建昌通判程飞卿奉城归降。

占领建昌后,江西行都元帅府兵分两路,一路由李恒率领,自隆兴南进西趋,兵锋直指临江、瑞州(治今江西省高安市)、吉州(治今江西吉安市)诸州军,一路由吕师夔、武秀率领,专事攻略鄱阳湖东岸。

李恒所部一路势如破竹。至元十三年(1276年)正月,元军兵迫临江,临江知军事鲍廉及清江令孟济死于战事;二月,瑞州安抚姚文龙及元帅张文显降元。元军乘胜进击吉州,吉州知州周天骥献城归服。元军挺进赣州和南安军(治

---

① 按:伯颜尚在江州时,安庆守将范文虎遣使来见,称不愿降附于攻略淮西的南宋降元将领刘整,"愿俟丞相",希望伯颜速至安庆。于是,伯颜率水陆大军离开江州,沿长江东下。见刘敏中《平宋录》卷上。

# 第一章
# 元朝在江西的统治

今江西省大余县),顺利攻取二地。

吕师夔、武秀所部从浮梁开始进攻。至元十三年(1276年)正月攻下浮梁后,移师饶州,通判常福以城降。时任信州(治今江西省上饶市)知州的谢枋得举兵救援,与元军决战于团湖坪(在今江西省余干县西北)。元军获胜,谢枋得逃奔信州。元军随即东进,攻取安仁(今江西省余江县)后,与驻守在信州城外的谢枋得交战,谢枋得兵败而遁。其后,鄱阳湖东岸诸州县为元军所有。

就在江西行都元帅府全力经略江西时,负责攻取湖湘的阿里海牙于至元十三年(1276年)正月进驻潭州,开廪赈饥,随即遣使诏谕诸郡,江西西陲的袁州(治今江西省宜春市)降于阿里海牙。至此,南宋江西十三州军,除南丰、广昌以及赣南部分州县外,悉数收入大元版图。其时距宋都带开江西行都元帅府于江州不过大半年的时间,元军在江西的推进基本未遭遇如李芾坚守潭州那样的顽强抵抗。

就在这年三月,伯颜进入南宋都城临安,宋恭帝、全太后和其他皇室成员及官员被驱北上。五月一日,陈宜中、张世杰、陆秀夫拥立益王赵昰即帝位于福州。其后,赵昰君臣奔窜于闽、粤,暂延赵宋国祚。正是这个在南国颠沛流离的小朝廷,使江西南部的部分州县卷入了元军与宋军的反复争夺中。

至元十三年(1276年)五月下旬,被元军羁押后伺机逃脱的文天祥辗转到达福州,投奔赵昰,临危受命,担任枢密使、同都督诸路军马。南宋行朝制定了立足福建,规取两浙、赣南的战略。浙、赣、闽三地闻诏,多有响应,东南地区南宋残部的抗元斗争由是形成两次声势较大的短暂高潮。江西正是两军争夺的重要地区。

七月,文天祥开府于南剑(治今福建省南平市),部署进兵江西。其中,吴浚聚兵广昌,以收复南丰、宜黄、宁都为目的,意欲打通闽、赣通道。七月上旬,吴浚在南丰被李恒部将击败。八月,张世杰派都统张文虎与吴浚合兵十万,李恒遣将迎战,败之于兜岭。吴浚退奔宁都。文天祥收复建昌、打通闽赣的努力告于失败。

针对南宋行朝的抗元活动,元廷决意出师剿灭。九月,元军分别从浙江、江西挺进闽、广,其中塔出、吕师夔、李恒等南出梅岭,进兵广东,又专令也的迷失侧出福建,协助出师浙江的元军。

十月,文天祥引军西进,驻扎汀州(今福建省长汀县),遣将攻取宁都、雩都(今江西省于都县)等地,并积极联络赣州、建昌等地的抗元力量,拟向江西挺进。江西中南部诸邑响应,形成第一次抗元高潮,有些地方得以暂脱元军控制,如吉州永丰人罗开礼克复永丰县,南城张日中、抚州赵孟溁率军出战屡捷等。

是时,元军克灭两浙的残宋势力,由浙东直趋闽地。至元十三年(1276年)岁末,元军基本控制赣南,次年正月,这支元军进趋汀州,文天祥退至漳州,残宋在福建的势力几近瓦解。恰在此时,元朝北边发生宗王叛乱。为集中精力应付西北诸王之乱,元廷撤回征宋部队,戍守中原。残宋军队绝处逢生,在闽、赣展开了第二次较大规模的抗元攻势。

至元十四年(1277年)三月,文天祥移师梅州,五月,越南岭复入江西,连破会昌、雩都、兴国。之后,宋军以兴国为据点,兵分三路,发动反攻,张汴、赵时赏、赵孟溁所率攻略赣州城一军为主力,其余两路进军永丰、吉水和太和(今泰和县)。经过殊死战斗,赣州十县复其九,仅余赣州一座孤城;吉州八县复其六,仅余庐陵、安福二城。残宋在江西中南部的活动得到广泛响应,抚州、隆兴、袁州、瑞州诸郡的抗元势力都十分活跃,其中吴希奭收复萍乡。江西中南部多数州县得以复奉赵宋正朔,元军对江西的控制难称稳固。

七月,江西行中书省设立,专事征讨文天祥部。行省参知政事李恒一面分兵救援赣州、永丰、太和诸地,一面亲领精兵潜至文天祥所在的兴国。文天祥撤离兴国,李恒率众追至空坑,宋军尽溃,文天祥从间道脱险。空坑一役,元军收降宋军20万,很快恢复了对赣州、吉州诸县的控制,文天祥则转战至岭南屯戍。此后,虽然文天祥与江西的抗元势力仍有联系,甚至在至元十五年(1278年)十二月兵败被俘之前,一度试图第三次进入江西,以求摆脱张弘范和李恒分别从闽、广两路同时发动的夹击。但是,自至元十四年(1277年)文天祥撤离后,江西已牢牢处于元军的控制之下,元朝在江西八十余年的统治开始。

## 二、元朝在江西的军事部署

元朝的地方镇戍军主要有蒙古军、探马赤军、汉军和新附军,承担江南三行省镇守任务的主要是后二者,以汉军为主力。汉军主要来自原金朝统治区,进入江南后,以万户府、元帅府的形式驻扎各地,名称多以军人户籍所在地命名,如保定万户府、归德万户府等。新附军是降元的原南宋军队,在江南镇戍系统中的地位不太重要,后经过不断改编、战争消耗和自然减员,到元后期,新附军几近消亡。

# 第一章
## 元朝在江西的统治

江西地区的汉军主要是在征服战争及随后镇压反元斗争的过程中逐渐集结形成的。至元十四年(1277年)江西行省初设时,官员主要是负责征讨江西的军将,后来,他们所率部队中有一部分成为江西的驻军。江西行省最初的9名主要官员中,塔出的军队次年仍在江西承担战守之责,张荣实所领保定水军万户在至元二十二年(1285年)镇守南康路,李恒所率军队为益都淄莱新军万户,长期留驻抚州、吉安等地①。这批万户是江西境内较稳定的镇戍军。此外,因镇压反抗的需要,元廷陆续调集万户进入江西,如至元十四年(1277年)邸浃所率归德万户移至江西后,长期驻守在龙兴、吉安、赣州等地,后移驻惠州②;至元二十三年(1286年),枣阳万户调镇饶州,元贞元年(1295年),原驻惠州的季阳万户又移驻袁州,等等。

江西地区的新附军一部分分散于各汉军万户府中,如抚州万户府中有部分新附军;一部分组建成专门的寨兵(寨军)万户府,如至元二十九年(1292年)南丰的寨军万户府"连营相望,气势重大"③,大德二年(1298年)组建的赣州路南安寨兵万户府是由寨兵、南宋旧役弓手及抄数漏籍人户构成,职责是镇戍兼屯种④。

留驻江西的军队分守各地。估计江西地区最初设立的专职管军机构是元帅招讨司。元朝灭宋后,至元十九年(1282年)才开始在江南地区系统周密地布置军队。这年二月,元廷命唐兀带考察沿江州郡适宜驻军之处,并令鄂州、扬州、隆兴、泉州四行省商议戍守之事。江西地区的镇戍部队自此开始系统建立。至元二十一年(1284年)三月,置赣州、吉州、抚州、建昌四地戍兵,其中抚州万户府由汉军与新附军共同组成,共8翼⑤。二十二年(1285年)二月,元帅诏讨司所属军队改编为上、中、下三等万户府,具体情况不明,只知李恒所领益都新军万户改为下万户,枣阳中万户在改编后的次年移镇饶州,成为江淮、江西三十七翼万户中的两翼,而跨越岭南岭北的江西行省一度拥有226所驻军。大德三年(1298年),元廷令各省合并驻军,江西行省的226所驻军被裁撤162所,仅存

---

① 李治安:《行省制度研究》,南开大学出版社2000年版,第288页。
② 《元史》卷一五一《邸顺传》。
③ 刘壎:《水云村泯稿》卷五《南丰郡志序目》,清道光爱余堂刊本。
④ 《元史》卷一百《兵志三》。
⑤ 虞集:《道园类稿》卷二六《抚州万户府重修公宇记》。虞集记抚州万户府设立的时间是至元二十二年(1285年)。可能是下令时间在二十一年,建成时间在次年。

64所。至于这64所驻军中究竟有多少分布于今江西境内,已不得而知。元末明初人叶子奇说元代各路立万户府,各县立千户。史料反映,元代江西地区确实置有江州、隆兴(龙兴)、抚州、瑞州、南安、吉安、临江、袁州、建昌等万户府,某些军事要冲甚至驻有两个万户府。如至元三十一年(1294年)裁撤江淮行枢密院时,其管下的处州(治今浙江省丽水市)万户府留镇抚州,与原抚州万户府共同镇守该地①。江西州县也确实驻有千户所,其下设百户所,分守各州县的军事要地,如南丰州长期驻扎着隶属建昌万户府的千户所,乐安曾田人夏雄则担任当地百户所的百夫长。

元朝行省兼管军事,各万户听从行省调遣,但在发生重大军情、一省之力不足以镇遏时,元廷就权宜设立行枢密院(简称行院),作为中央军事管理机关——枢密院的派出机构,以便集合数省军力,就便处理军务。世祖至元时期,江西设置行院的时间长达十年,元末的动荡中也曾设置。行院存设时,"行省见管军马悉以付焉"②,其分割了行省的军事镇压职能。

至元二十一年(1284年)正月,因福建地区动荡不安,元廷令设江西行院,治抚州③。至元二十四年(1287年)十月,福建钟明亮起事,声势浩大,行院副使月的迷失请求增调江南诸省1万兵力进行征讨,最后由江西行省给付5000军士。次年七月,月的迷失又请求调集江西、江淮、福建三省1万兵力进行支援。至元二十七年(1290年)五月,钟明亮降而复起,元廷以行院剿"贼"不力,诏罢之,将江西行省移治吉州,以就近"捕盗"④。六月,再给江西行省军印,以便其纠合诸省军力。这说明,元廷是以江西行省取代原行院的职能。当年岁末,这次波及数省、延续数年的大规模民众起事终于趋向平息。为加强控制,至元二十八年(1291年)二月,元廷下令在江淮、湖广、江西、四川四处普遍设立行院,其中江西行院治汀州(今福建长汀)⑤,正位于至元中后期最为动荡的闽西。后因行枢密院位置偏东,不利于兼控广东,七月,其治所迁至赣、闽、粤交界地带的赣州。

---

① 虞集:《道园类稿》卷二六《处州万户府重建公宇记》。
② 《元史》卷九八《兵志一》。
③ 按:至元二十一年设江西行枢密院事见于《元史》卷十三《世祖纪十》,同时设立的还有江淮、荆湖、四川三处行枢密院。据同书卷八十六《百官志二》,"(至元)二十一年,立沿江行(枢密)院。二十二年,立江西行院,马军戍江州,步军戍抚州"。两处记载有矛盾。这两年间,江西行枢密院的设置可能有变化,但详情不明。
④ 《元史》卷十六《世祖纪十三》。
⑤ 《元史》卷十六《世祖纪十三》。当时福建地区并入江西行省。

# 第一章
## 元朝在江西的统治

世祖末年,社会渐趋安定,行院存在的必要性淡化,江南三行省屡请废罢行院。至元三十一年(1294年)十一月,江西行院裁撤,军务复由行省兼管。这一时期,江西行院的存在对稳定江西及周边地区起到了重要作用。元末顺帝至元年间(1335—1340年),各地的武装反抗风声渐起,江西及周边地区又开始骚动不安,元廷于后至元三年(1337年)九月设湖广江西行院,以事镇遏,次年二月裁罢①。至正二十六年(1366年),元朝在江西地区的统治业已崩溃,福建则由陈友定控制,奉元正朔。八月,元廷设福建江西等处行枢密院②,试图由陈氏以福建为基地复取江西。估计该行院一直存设至洪武元年(1368年)陈氏被朱元璋攻灭。

长江以南的江西、江浙、湖广、福建、广东诸地,江浙为财赋重地所在,反映在军事部署上,长江下游便相应集结了大部分的汉军和新附军,其次是境内多"苗蛮獠峒"的湖广,元廷对江西、福建、广东一带的防守采取权宜之计③。大德三年(1298年)调整各省戍军,江浙地区有227所,福建地区只有53所,跨越岭南岭北的江西行省也只有64所。如此布兵的后果是,江西行省时常成为元廷控制力不从心的地区。一旦地方稳定陷入危机,元廷就紧急调兵,以弥补镇遏力量的不足。如至元十五年(1278年)三月,元廷以江西行省初立,辖地广远,又多山溪之险,却"军为最少"④,令铁木儿不花领军1万赴江西,与行省右丞塔出所部共备战守。至元二十二年(1285年)九月,江淮行枢密院所辖蒙古兵移戍江西。至元二十五年(1288年),因闽西钟明亮起事,江西行省平章忽都铁木儿和江西行院副使月的迷失均以地广兵寡为由,请求增兵。四月,元廷调江淮行省一个下万户整翼移镇江西,次年正月,再集江淮、福建兵力至江西。至元二十六年(1289年)五月,钟明亮假降,元廷以为危险解除,令江淮、福建、江西三省军队各还本翼。江西军力复显薄弱,钟明亮乘时复起,元廷不得已至元二十七年(1290年)六月再调各省军队到江西,以备镇戍。这次集结兵力,仍要求"俟盗贼平息,而后纵还"⑤。由此可见,元廷对江西的军事防御不够重视,权宜色彩很

---

① 贡师泰:《玩斋集》卷九《建安忠义之碑》,景印文渊阁四库全书本;《元史》卷九二《百官志八》。
② 《元史》卷九二《百官志八》。
③ 萧启庆:《元代的镇戍制度》,见萧著《元代史新探》,台湾新文丰出版公司1983年版,第121页。
④ 《元史》卷九九《兵志二》。
⑤ 《元史》卷九八《兵志二》。

重。不仅如此,元廷还多次从江西调兵外出,如至元二十年(1283年)正月调江西驻军护送远征占城的粮船,至元二十三年(1286年)又调江西戍军从征交趾。元后期,这种情况仍在延续。元顺帝至正六年(1346年),福建汀州连城县罗天麟、陈积万反元,攻陷长汀县,江西协同江浙出兵,将其镇压下去。次年,湖广行省瑶民吴天保攻陷靖州,江西又协同湖广进行征讨。

镇戍力量比较薄弱,使江西容易成为动荡之区。世祖至元时期,江西、福建、广东交界地区民众起事频发,与此不无关系(此待后文详述)。即使是在相对安定的元中期,江西也是小警不断,大警不乏。如赣南的信丰、会昌、龙南、安远一带山深林密,"贼人出没",巡检、弓手等常规治安力量根本无力控遏,但元廷未曾考虑在当地增戍重兵,只是于大德二年(1298年)"发寨兵及宋旧役弓手,与抄数漏籍人户,立屯耕守,以镇遏之"[①],即设立军屯,且耕且守。结果当地一直难以安靖。再如仁宗延祐年间(1314—1320年)赣州路宁都州蔡五九率众起事,一度围攻州城,并转战福建,攻下汀州宁化县,发展成元中期江南地区规模最大的民众起事。这与江西守军不足有很大关系。至于元末江西地区较早出现骚动,元末大起事爆发后,红巾军在江西进展神速,势如破竹,均与此有关。可以说,元代江西地区镇戍力量薄弱是导致江西成为南方相对动荡地区的重要原因之一。

## 第二节
## 元朝在江西的行政建制

作为一个由北方游牧民族建立起来的大一统王朝,元朝的统治制度既继承和发展了中原王朝的汉制,又保留有若干蒙古旧制,呈现出与以往汉族王朝不同的特征。其中,行中书省(简称"行省")制度是其在行政区划和政治制度方面的重大变革,对后世产生了深远影响。元世祖忽必烈的前中期,行省制度尚未定型,行省先后以临时处理军政事务和半固定化两种形式出现,世祖末成宗初才最终演化为地方最高官府[②]。行省之下,通常分为路、府、州、县四等。路一

---
① 《元史》卷一百《兵志三》。
② 李治安:《行省制度研究》,第3—17页。该书有专章论述江西行省,为本书提供了重要参考。

# 第一章
## 元朝在江西的统治

般领有州、县。府或隶于路,或直隶于行省,下领州、县,或只领县。州亦或隶于路,或隶于行省,有些领县,有些则没有属县。路、州、县据人口的多寡、地土的广狭,分为上、中、下三等。总体而言,元代的地方行政管理体系"显得零乱复杂,缺乏秦汉隋唐统一王朝整齐划一的二级制或三级制","具有其过渡性和不成熟性"[①]。具体到江西地区,当时境内设有行省、路、州、县,没有府一级地方行政区;有些是行省、直隶州两级管理,有些为行省、路、州或县三级管理,有些则是行省、路、州、县四级管理。

### 一、江西行省

元朝全境共划分为12个一级行政区,除吐蕃之地和中书省直辖的腹里[②]外,其余10个为行省,江西行省是其中之一。江西行省是"江西等处行中书省"的简称[③],还可进一步简称为"江西省"。其设立和变迁与元初的形势紧密联系在一起。

至元十年(1273年)九月,元廷设立荆湖行省和淮西行枢密院,负责攻略南宋。次年九月,元军自襄阳沿汉水趋郢(今湖北省钟祥市),开始大举灭宋。一年后,主力攻至建康(今江苏省南京市)、镇江,偏师在两湖地区也进展顺利,但两军之间缺乏呼应,于是,至元十二年(1275年)九月,蒙古军万户宋都带率汉军万户武秀、张荣实、李恒、吕师夔等建行都元帅府于江州,经略江西,声援两军。这是元朝在江西地区设立的第一个统治机构。十一月,元军占领隆兴府(今江西省南昌市),行都元帅府随即迁往隆兴,并设立安抚司,管领南昌、进贤、丰城等八县,还设立录事司,管理隆兴在城事务。同年,江州设江东西宣抚司,主要管领沿江被占领区,次年改为江西大都督府,但隶属长江下游的扬州行省。

至元十三年(1276年)二月,元军进入南宋都城临安(今浙江省杭州市)。为

---

① 张金铣:《元代地方行政制度研究·前言》,安徽大学出版社2001年版,第2页。
② 腹里:据《元史》卷五八《地理志一》,"中书省统山东西、河北之地,谓之腹里,为路二十九,州八,属府三,属州九十一,属县三百四十六"。腹里包括今河北、山东、山西三省及内蒙古部分、河南一部分地区,元季由中书省直辖。
③ 按:元朝灭南宋后,因理财需要,至元二十四年(1287年)二月到至元二十八年(1291年)五月、至大二年八月(1309年)到至大四年(1311年)正月间,两度设尚书省,并将六部及天下行省从中书省划归尚书省管辖。在此期间,行省为"行尚书省"之简称,江西行省即"江西等处行尚书省"的简称。

迅速而有效地控制新占领区,当年六月,元廷下令:"设诸路宣慰司,以行省官为之,并带相衔;其立行省者,不立宣慰司。"①在随后的一年多时间内,新占领区先后设置了12道宣慰司,其中,江西道宣慰司与浙西道、浙东道、江东道、湖北道同时设置于该年十二月②。这是一个军政合一、军官兼管民政、具有浓重军事色彩的统治机构。江西都元帅塔出改任江西道宣慰使。

至元十四年(1277年)三月,文天祥移师梅州。此后的几个月间,江西掀起了反元高潮,中南部的许多州县复奉赵宋正朔。为稳固地统治江西,有效打击南宋行朝及其领导的抗元力量,元廷于七月设江西等处行中书省于隆兴,其官员以攻略江西的军将为主体而被赋予更多权限。如原江西都元帅、江西宣慰使塔出任行省右丞,随宋都带降隆兴、平抚州的张荣实任行省参知政事,原江西行都元帅府左副都元帅李恒亦任行省参政。这些人都具有中书省派出官员的身份,制定某些重大决策可不必上禀中央。可以说,江西行省的设立是元廷意欲加强对江西被占领地区的控制、进而帮助元军向广东、福建推进的结果。

最初设立的江西行省是作为中书省的派出机构而存在,具有临时就便处理军政事务的色彩。此后的十几年间,江西行省经历了多次变迁。

至元十五年(1278年)六月,元廷裁汰江南冗官。江南原设淮东、湖南、隆兴(即江西行省)、福建四处行省,结果将江西行省并入福建行省,治福州,江西地区改设宣慰司。但此时南宋行朝已游移至广东南部,无论是行省治所福州,还是宣慰司治所隆兴,均有鞭长莫及之虑。七月,元廷复改江西宣慰司为行中书省,迁治赣州,以江西、福建、广东三地隶之,以便就近追击南宋行朝。行省官员仍多为征伐江西的军将,塔出任右丞,吕师夔任左丞,贾居贞任参知政事,李恒以参政之职兼任都元帅,率蒙古、汉军出师广东,塔出留镇赣州,以供军需。

至元十六年(1279年)二月,从浙江南下的张弘范军与从江西南趋的李恒军会合,向停驻在崖山的南宋行朝发起总攻。宋军溃败,陆秀夫负幼帝赵昺自沉,南宋彻底覆灭。广东局势趋于平静,江西行省迁回隆兴。

此后,一度成为南宋行朝基地的福建地区一直不平静,或大或小的抗元斗争时有发生。为加强震慑,至元十七年(1280年)正月,元廷复置行中书省于福

---

① 《元史》卷九《世祖纪六》。
② 《元史》卷九《世祖纪六》。《元史》卷六二《地理志五》载至元十四年(1277年)改元帅府为江西道宣慰司,似与《世祖纪》所载相左。实际上,《世祖纪六》载,至元十三年(1276年)十二月任命浙西、江西等五道宣慰使,他们到任并改革机构当在次年,故并不矛盾。

# 第一章
## 元朝在江西的统治

州。此时,江西、福建地区设有福州、泉州和隆兴三处行省。四月,元廷以"隆兴、泉州、福州置三省不便,命廷臣集议以闻"①。廷臣商议的结果是将福建行省并入泉州行省,隆兴行省(即江西行省)继续保留。七月,再将泉州行省并入隆兴。江西行省所辖遂又包括赣、闽、粤三地。但是,福建地区依旧很不平静。五月,汀州、漳州的廖得胜反元刚被平息,七月又出现了陈吊眼领导的抗元斗争。陈吊眼于该年八月攻入漳州城,队伍很快发展到十万人。邵武、福州、南剑州纷起响应。元廷被迫再设福建行省于泉州。不久,又进一步将江西行省并入其中,以便集中两地军力就近镇压。此时,江西地区只设宣慰司处理军政事务。

至元十九年(1282年)四月,陈吊眼被平,罢江西宣慰司,复设江西行省于隆兴。此后,江西行省的设置趋于稳定,即使福建地区后来发生如钟明亮那样规模浩大的反元起事,也只是就近设置行枢密院处理军务,而未撤销江西行省。之后,江西行省所发生的主要变化是与福建地区的分分合合以及行省治所的迁移。

至元十九年(1282年)五月,因减汰江南冗官,再次将福建行省并入江西②。至元二十二年(1285年)正月,经卢世荣请求,福建行省又并入江西③,次年改隶江浙。至元二十八年(1291年)二月,改福建行省为宣慰司,复隶江西行省④,次年,福建行省复又设立⑤。此后,福建地区再未并入江西,并于大德三年(1299年)二月正式改属江浙,而江西行省的辖区在至元二十九年(1292年)以后也基本稳定。

江西行省的治所一度迁移发生在至元二十七年(1290年)。当时,汀州(今福建长汀)人钟明亮领导的反元斗争波及闽、赣、粤三地,五月,钟明亮进攻赣州,元廷罢江西行枢密院,移江西行省于吉州,以便就近进攻⑥。岁末,这次反元斗争趋向平息,可能在此前后,江西行省治所即迁回龙兴。

除废置不常和迁徙不定外,至元时期江西行省的辖区也变动不居。与福建地区的分分合合已见于前述,此外,还有其他变化。例如,元初沿江重镇江州(治今江西省九江市)先后隶属江浙、江西和荆湖,至元二十二年(1285年)以后

---

① 《元史》卷十一《世祖纪八》。
② 《元史》卷十二《世祖纪九》。关于这次合并,究竟是福建行省并入江西,还是江西行省并入福建,未见史料明确记载。据同书同卷,至元十九年(1282年)九月"福建宣慰司获倭国谍者"之语,很有可能是福建行省并入江西,而在福建设立宣慰司。
③ 至元十九年到二十二年之间,福建行省何时分立,情况不详。
④ 《元史》卷十六《世祖纪十三》。其间福建行省何时从江浙分立出来,情况不详。
⑤ 《元史》卷一六二《高兴传》。
⑥ 《元史》卷十六《世祖纪十三》。

才稳定地归属江西行省。江州南部的小郡南康路(治今江西省星子县)原隶江淮行省,至元二十三年(1286年)十月后正式隶属江西。袁州路(治今江西省宜春市)因最初由经略荆湖的阿里海牙攻占,故初隶湖南行省,至元十九年(1282年)十一月划归江西行省。饶州路(治今江西省鄱阳县)和兴国路(治今湖北省阳新县)一度在江西行省辖区之外,均于至元十九年(1282年)十一月改隶江西行省,后又从江西行省分割出去,前者隶江浙行省,后者属湖广行省。南部广东地区的肇庆、德庆、封州、连州等则在至元后期由湖广行省改隶江西行省。

从至元十四年(1277年)初置到至元二十九年(1292年)基本稳定,江西行省在十余年间几经变化,无论是设立与废除,还是官员设置、辖区、治所,都具有两个突出特点,即军事色彩浓重、建置很不稳定。这既与元代行省制度尚未完全定型有关,更是当时政治军事形势变化的结果。

至元末期江西行省辖区稳定后,共辖18路、9州、13个路属州和78县,辖境跨越南岭南北,包括今江西大部和广东大部。从辖区看,行省南北狭长,南北两地间隔有天然屏障——南岭,两地的山脉水系自成系统,风物人情亦有很大差异,治所设于龙兴,明显偏北,不符合行政区划设置的一般原则。虽然元廷为了解决由此出现的弊端,在广东地区设立宣慰使司都元帅府,一般军政事务由宣慰司处理,不必上禀行省①,但在实际的军政实践中,还是产生了诸多问题。这是由元朝的既定统治政策决定的。在元廷看来,江南地区总体上是元朝的重要财赋供应地和一个大军区,至关重要的是经济上的南财北运和军事上的以北制南,故江南三大行省(江西行省、江浙行省和湖广行省)均具有辖区狭长、重心在北、以北制南的特点②,江西行省自然不能例外。

元末,随着徐寿辉天完政权和陈友谅汉政权不断在江西攻城略地,元廷在江西的控制区不断萎缩,行省治所随之变化。先分省于吉安,再移至赣州;元朝统治在江西瓦解后,再分省于广州,勉强维持其在原江西行省南部的统治③(详见本书第四章第二节"元朝统治在江西的终结")。至正二十六年(1366年)八

---

① 按:两地在元代的划分情况如下:江西行省直辖龙兴路、吉安路、瑞州路、袁州路、临江路、抚州路、江州路、南康路、赣州路、建昌路、南安路、南丰州,共计11路、1州,由江西湖东道肃政廉访司监管。广东道宣慰使司都元帅府管辖:广州路、韶州路、惠州路、南雄路、潮州路、德庆路、肇庆路、英德州、梅州、南恩州、封州、新州、桂阳州、连州、循州,共计7路、8州,由海北广东道肃政廉访司监管。
② 李治安:《行省制度研究》,南开大学出版社2000年版,第305页。
③ 《元史》卷四六《顺帝纪九》,卷一九五《忠义传三·朵里不花传》。

# 第一章
# 元朝在江西的统治

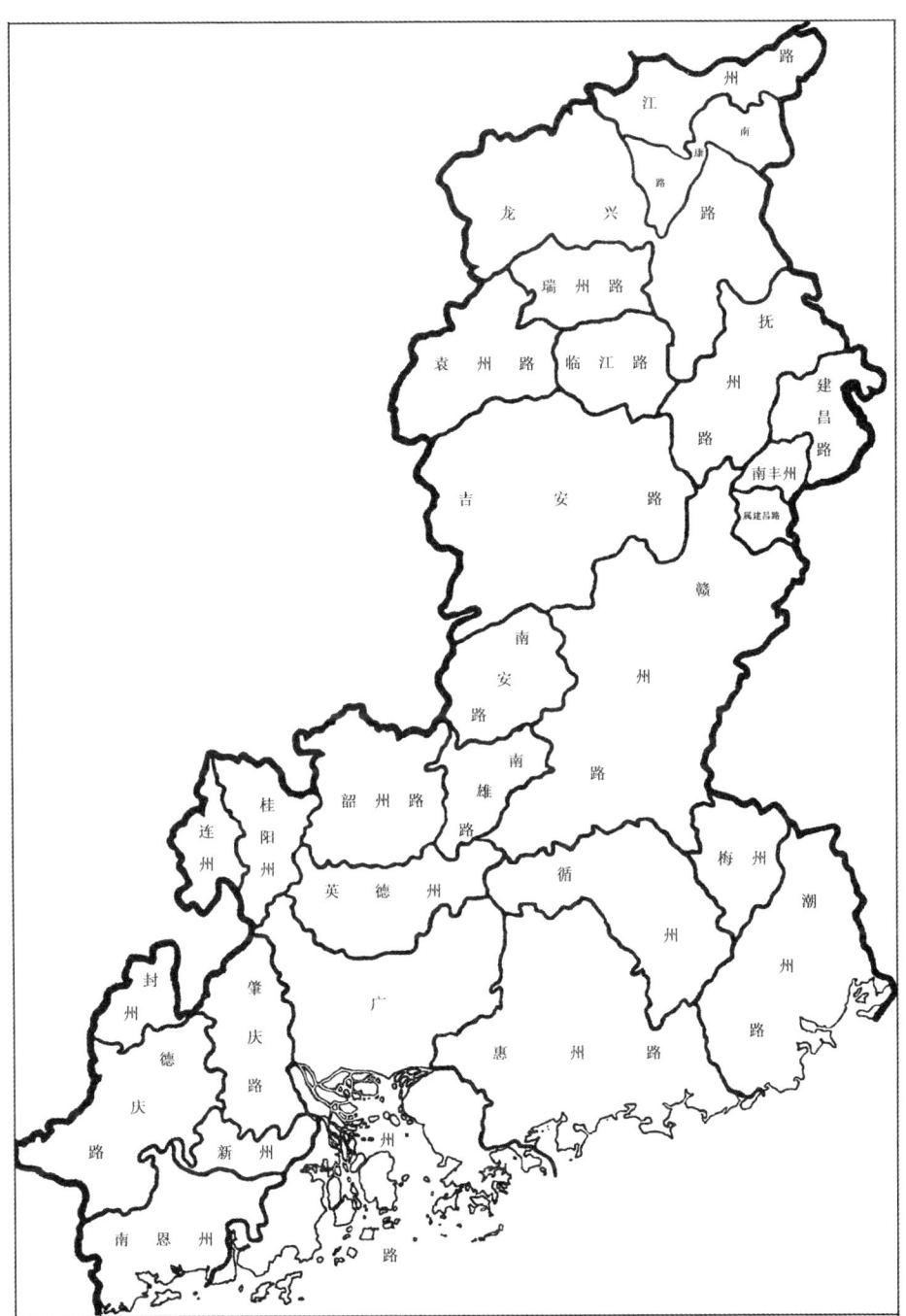

至顺元年(1330年)江西行省

图片来源:据谭其骧主编《中国历史地图集》第七册"元明时期·江西行省",地图出版社1982年版,第30—31页。

月,元廷再置福建江西等处行中书省①,企图以福建为基地复取江西。洪武元年(1368年),朱元璋部擒获占据福建的陈友定,该行省遂废。

## 二、江西的路州县

元中后期,江西地区分属13路、2个直隶州和1个路属州,其中13路共辖12录事司、48县、16州,16州中的2州又辖3县。具体情况如下:

1.龙兴路(治今南昌市),上路②。南宋为隆兴府,至元十四年(1277年)改为路总管府。至元二十一年(1284年),因隶皇太子真金位下,改名"龙兴"。领司1、县6、州2。

龙兴录事司,至元十三年(1276年)以南宋的城内六厢设立,为路治所在。

南昌县,上县③,为倚郭县④,至元二十年(1283年)割录事司所领城外二厢和东南两关来属。新建县,上县,亦是倚郭县。进贤县、奉新县、靖安县、武宁县,俱是中县。

富州(今丰城市),上州⑤,因至元十九年(1282年)开始隶皇太子位下,二十三年(1286年)升为富州。宁州,中州,至元二十三年(1286年)正月,于武宁县置宁州,领武宁、分宁(今修水县)二县,大德八年(1304年),武宁直隶龙兴路,宁州遂徙于分宁。

2.吉安路(治今吉安市),上路。至元十四年(1277年)升吉州为吉州路总管府,元贞元年(1295年)改为吉安路。领司1、县5、州4。

吉安录事司,为路治所在。

庐陵县(今吉安县),上县,为倚郭县。永丰县,上县。万安县,中县。龙泉县(今遂川县),中县。永宁县(今井冈山市西北),下县,为元代新置县,至顺年间(1330—1333年),永新州地方官因该州胜业乡"去州城道险而遥,民疲征役,乞

---

① 《元史》卷九二《百官志八》。
② 按:元制,10万户以上者为上路,10万户以下者为下路。至元二十年(1283年)又规定,江陵路、龙兴路等12路,因地处冲要,虽不及10万户,亦为上路。此是针对北方人口较少和元朝初下江南,未行户口统计而言。江南统治稳定后,估计重新调整了江南诸路的等级划分,具体情况不明。
③ 按:至元二十年(1283年)规定,江南3万户以上者为上县,1万户以上者为中县,1万户以下者为下县。等第不同,官员设置亦不同。
④ 倚郭县:亦作倚廓县,宋元时期州治、路治所在之县。
⑤ 按:元贞元年(1295年)规定,江南10万户以上者为上州,5万至10万者为中州,4万5千以下者为下州。倚郭县,虽户口极多,亦不升州。等第不同,官员设置亦不同。

第一章
元朝在江西的统治

别置县"①,元廷即置胜业乡,取"长宁"之意而置该县。

吉水州、安福州、太和州(今泰和县)、永新州,前二者是中州,后二者为下州,俱于元贞元年(1295年)由县升州。

3.瑞州路(治今高安市),上路。至元十四年(1277年)升瑞州为路总管府。领司1、县2、州1。

瑞州录事司,至元十四年(1277年)设立,为路治所在。

高安县,上县,为倚郭县。上高县,中县。

新昌州(今宜丰县),下州,元贞元年(1295年)升县为州。

4.袁州路(治今宜春市),上路。至元十三年(1276年),元廷置安抚司于此,次年改为总管府,隶湖南行省。十九年(1282年)升路,十一月改隶江西行省。领司1、县3、州1。

袁州录事司,至元十三年(1276年)因置安抚司于袁州,曾于此设兵马司,次年,安抚司改为路总管府,兵马司相应改为录事司,为路治所在。

宜春县,上县,为倚郭县。分宜县,上县。万载县,中县。

萍乡州,中州,元贞元年(1295年)升县为州。

5.临江路(治今樟树市临江镇),上路,至元十四年(1277年)升临江军为路总管府。领司1、县1、州2。

临江录事司,至元十三年(1276年)因直隶江西行都元帅府,曾于此设兵马司,十五年(1278年)改为录事司,为路治所在。

清江县(今樟树市),上县,为倚郭县。

新淦州(今新干县)、新喻州(今新余市),俱是中州,均于元贞元年(1295年)由县升州。

6.抚州路(治今抚州市),上路。至元十四年(1277年)升抚州为路总管府。领司1、县5。

抚州录事司,至元十四年(1277年)废南宋旧城三厢设立,为路治所在。

临川县、崇仁县、金溪县、宜黄县、乐安县,前三者为上县,后二者是中县。

7.江州路(治今九江市),下路。至元十二年(1275年)设江东西宣抚司于此,次年改为江西大都督府,隶扬州行省。十四年(1277年)罢都督府,设江州路,由隆兴行都元帅府直辖。当年置江西行省后,直隶江西行省。十六年(1279年)改

---

① 雍正《江西通志》卷二《沿革一》,景印文渊阁四库全书本。

17

隶黄蕲等路宣慰司,二十二年(1285年)复隶江西行省,直至元末。领司1、县5。

江州录事司,至元十二年(1275年)因置宣抚司于此,曾设兵马司,十四年(1277年)改为录事司,为路治所在。

德化县(今九江县)、瑞昌县、彭泽县、湖口县、德安县,俱是中县。

8.南康路(治今星子县),下路。至元十四年(1277年)升南康军为南康路,隶江淮行省,二十三年(1286年)十月正式割属江西行省①。领司1、县2、州1。

南康录事司,非路治所在。

星子县,下县,为路治所在地。都昌县,上县。

建昌州(今永修县),下州,元贞元年(1295年)升县为州。

9.赣州路(治今赣州市),上路。至元十四年(1277年)升赣州为路总管府。领司1、县5、州2,州又领县3。

赣州录事司,至元十五年(1278年)设立,非路治所在。

赣县,上县,为路治所在地。兴国县,中县。信丰县、雩都县(今于都县)、石城县,均为下县。

宁都州,下州,大德元年(1297年)二月由县升州②。领县2:龙南县,下县,至元二十四年(1287年)一度并入信丰县,至大三年(1310年)复置;安远县,下县,至元二十四年(1287年)一度并入会昌县,至大三年(1310年)复置。

会昌州,下州,大德元年(1297年)二月由县升州③。领瑞金县。瑞金县,下县,大德元年(1297年)始隶会昌州。

10.建昌路(治今南城县),下路。至元十四年(1277年)改建昌军为路总管府。领司1、县3。

建昌录事司,至元十四年(1277年)设立,为路治所在。

南城县,上县。新城县(今黎川县)、广昌县,俱是中县。

---

① 按:《元史》卷十四《世祖纪十一》载至元二十三年(1286年)十月"以南康路隶江西行省",同书卷六三《地理志五》则载南康路于至元二十二年(1285年)割属江西。两处记载有矛盾,可能是至元二十二年将南康路割隶江西后,一度划分出去,次年重又隶江西。

② 按:《元史》卷十八《成宗纪一》载元贞元年(1295年)十一月升赣州路宁都县为州,以石城县隶宁都州,同书卷十九《成宗纪二》又载大德元年(1297年)二月升宁都为州,隶赣州路。《元史·地理志五》同后者。本书采后一说。

③ 按:《元史》卷十八《成宗纪一》载元贞元年(1295年)十一月升赣州路会昌县为州,以瑞金县隶会昌州,同书卷十九《成宗纪二》又载大德元年(1297年)二月升会昌为州,隶赣州路。《元史·地理志五》同后者。本书采后一说。

# 第一章
## 元朝在江西的统治

11.南安路(治今大余县),下路。至元十四年(1277年)改南安军为路总管府。次年,割大庾县(今大余县)在城四坊设录事司,十六年(1279年)废录事司。领县3。

大庾,中县,为倚郭县,路治所在。南康县,中县。上犹县,中县,至元十六年(1279年)改称永清县,次年复称上犹。

12.饶州路(治今鄱阳县),上路。至元十四年(1277年)升饶州为路总管府。至元十九年(1282年)十一月一度改隶江西行省,后划归江浙行省。领司1、县3、州3。

饶州录事司,至元十四年(1277年)以南宋的城内三厢设立,为路治所在。

鄱阳县,上县,为倚郭县。德兴县,上县。安仁县(今余江县),中县。

徐干州(今余干县)、浮梁州、乐平州,均为中州,同在元贞元年(1295年)升县为州。

13.信州路(治今上饶市),上路。至元十四年(1277年)升信州为路总管府。隶江浙行省。领司1、县5。

信州录事司,为路治所在。

上饶县,上县,为倚郭县。玉山县、弋阳县、贵溪县、永丰县(今广丰县),均是中县。

2个直隶州即铅山州和南丰州。

铅山州,中州。宋代属信州,至元二十九年(1292年),以铅山为别里古台大王封地,将上饶县乾元、永乐二乡和弋阳县新政、善政二乡划归铅山,直隶江浙行省。

南丰州,下州。原隶建昌路,至元十九年(1282年),因南丰为答里真大王封地,升格为州,直隶江西行省。

1个路属州即婺源州,属江浙行省徽州路管辖,下州,元贞元年(1295年)由县升州。

元代江西地区的13路、2个直隶州和1个路属州分属江西行省和江浙行省,其中龙兴路、吉安路、瑞州路、袁州路、临江路、抚州路、江州路、南康路、赣州路、建昌路、南安路和南丰州属江西行省,饶州路、信州路、铅山州和婺源州属江浙行省。

元代县级以下的基层,乡村置乡、都两级,分设里正、主首,主要职责是催征赋役,禁止违法。城市置隅、坊两级,分设隅正、坊正,主要职责与里正、主首类似。里正、主首、隅正、坊正都不是官吏,只是协助官府履行经济、治安等职能,属职役。乡村中还普遍设有旨在劝农的村社组织——社,原则上每50户立一社,置社长。元中期,江西行省每乡设里正1名,上等都设主首4名,中等设3名,下等设2名。龙兴路富州的里正多由富民担任,主首多是贫窭之民,饶州路安仁县的第八都则是当地最贫穷的都。这些都说明乡都制在江西地区得到推行。至元三十一年(1294年),袁州路推官石某说当地的社长自恃为官府所设之人,在乡间妄揽词讼,非理害民①,说明社制也在江西地区实行。至于隅正、坊正,设置情况不详。

# 第三节
## 元朝在江西的统治状况

元朝统治江西历时84年(1276—1359年)。根据通行的对元朝历史的分期和江西地区的实际历史进程,本书将这84年划分为三个时期:前期是世祖忽必烈统治时期(1276—1294年),中期是成宗铁穆耳至宁宗懿璘质班时期(1295—1332年),末期是顺帝妥欢贴睦尔统治时期(1333—1359年)。至正十九年(1359年),元朝在江西地区的统治崩溃后,江西先后处于徐寿辉的天完政权、陈友谅的汉政权和朱元璋的控制之下(名义上隶属以韩山童之子韩林儿为帝的宋政权),直到至正二十八年(1368年)明朝建立。本书将于第四章详述元顺帝时期的江西社会及几大势力在江西的争夺,本节只着重论述元朝前中期江西地区的社会状况。

### 一、元世祖时期江西的统治状况

至元十三年(1276年)二月,元军进入临安,占领江南大部。对于这块新占领区,元朝先是将注意力重点放在追击逃亡中的南宋行朝;南宋小朝廷覆灭于崖山后,元廷经营江南的重点是攫取巨额财赋,以满足其与西北宗王的战争、海外远征和赏赐诸王的需求,对政权建设和政治清明未予太多关注。在这种背景下,这一时期的江西在政治统治方面具有三个鲜明特征:

1.屡兴大狱,进行政治迫害。

南宋末年,文天祥的勤王之师以江西人为主,后又以闽、粤为基地规复江西,江西一度有许多州县复奉赵宋正朔,加之元初民众起事不断,元朝统治还不稳定。为此,江西行省采取一系列严厉措施,以防止江西民众与文天祥部沟

---

① 《元典章》卷五三《刑部十五·诉讼·词讼不许里正备申》,中国广播电视出版社1998年版。

# 第一章
# 元朝在江西的统治

通联络,根除抗元势力,尽快压制民众反抗。据载,行省曾发布文告,严禁民间存留与文天祥往来的书信,南宋颁发的官诰亦在禁止之列,"有者坐以连贼,无者谓为靳匿将为后用,诛论巨室逾三百家,犹有幽狱未断者"[1]。对参与抗元而转入民间的人士,官府的相应措施则更为严厉。如至元十四年(1277年)蕲州傅高起事失败后,逃至武宁,江西行省参知政事贾居贞发布公檄:"敢舍匿者,诛及其邻。"[2]至于以"谋反"名义实行大规模株连,也时有发生。如至元十三年至十五年(1276—1278年)李秉彝任江州总管期间,江州大族朱氏、陈氏被告以"谋反"[3]之罪,株连达一万一千人。至元十七年(1280年)都昌杜可用起事后,有人"列巨室姓名数百来上,云与贼连"[4]。在这种氛围之下,许多参与或试图抗元者在斗争失败后,或避祸自晦,或砥砺气节,多隐忍不出,甚至隐姓埋名。如信州谢枋得长期着道士服,隐匿在武夷山中;乐安何时削发,变姓名为"邓守约",号坚白道人,流落于汀、赣之间,以卖卜为生;何天声则侨寓宁都,隐于寺院达三年。

2.官员贪刻,吏治腐败。

至元十三年(1276年)十二月,元廷"定江南所设官府"[5],但是,此后的至元时期,元廷始终无暇进行认真的地方政权建设,江南"州县吏多便宜树置"[6],江西的地方官员则主要由军将、降官、南派官员和地方人士组成。

军将:江西行省设立后的首要任务是追击南宋行朝。为满足战争所需,初设的江西行省及各地官府具有浓厚的军事色彩,如至元十四年(1277年)江西行省的官员中,塔出、张荣实、李恒、吕师夔等均为攻略江西的军将,州县官员中不少是他们的部下。

降官:元军攻占江西时,为减少抵抗,迅速推进战事,对献城投降者许以保留官职、保护家人和财产的承诺,故所遇抵抗不多,战事推进顺利,而献城以降的官员多依旧担任所在州县长官,如宋建昌通判程飞卿降元后,仍任职当地,乐安县的元代首任县丞是故宋抚州之吏,故宋乐安县丞黄申则被要求担任新朝的县尹,等等。

---

[1] 姚燧:《牧庵集》卷十九《参知政事贾公神道碑》,四部丛刊初编本。
[2] 姚燧:《牧庵集》卷十九《参知政事贾公神道碑》。
[3] 胡祗遹:《紫山大全集》卷十八《正议大夫两浙都转运使李公墓志铭》,景印文渊阁四库全书本。
[4] 《元史》卷一五三《贾居贞传》。
[5] 宋濂等:《元史》卷九《世祖纪六》,中华书局1976年版。
[6] 虞集:《道园类稿》卷十八《黄纯宗遗诗序》,元代珍本文集汇刊本。

南派官员:江西各地的新政权相继建立后,大批官员从北方南来。自靖康二年(1127年)宋廷南徙至临安,南北隔绝一个半世纪,北方人对江南感到极其陌生,其贤者"间有视江南为孤远,而有不屑就之意"①,于是,吏部任命的南派官员中,"屠沽驵侩、市井无赖群不逞之徒,十居七八"②。他们人数众多,时人目之为"海放"③。

地方人士:江南新附,人情危疑,迫切需要安定社会,稳定人心,地方人士在这方面作用巨大。于是,一批地方人士得以任用。他们或为归乡的前宋官员,或是身膺众望的名门望族,还有的是广拥资财的殷实富户。如建昌新城(今黎川县)人、南宋进士胡梦魁还乡后,被任命为新朝的本路判官。崇仁人傅文镇在故宋官员逃亡、新设官员未至的情况下,被抚州军府任命为县尉。到任后,他积极平息反抗,安抚民众,不久升任该县主簿。乐安人徐通在地方政权草创之际,先是敛瘗尸骸不计其数,继而慨然担任县尉,安辑流散,抚慰人情。金溪人邓希颜则被授为该县的云林巡检,担负起安定该县东部的重任。

以上人员中,军将出身者多贪于"子女金帛"④,"海放"至江南的官员"侵渔掊克,惨于兵凶"⑤,故宋降官常借机强夺田宅产业,地方人士中则多有"豪横吞噬之徒"⑥。而元廷无法采取有效的抑制贪刻的措施,致使官员贪刻成为至元时期江西吏治的典型特征,官员对百姓甚至达到"肉既尽而虎狼吞噬如昨"⑦的地步。

3.豪民盘踞,鱼肉乡民。

在封建时代国家政权设置的系列链条中,县作为一级行政实体处于链条的末端,元朝自不例外。每县为数不多的几位官员,履行着征收赋税、维持治安、审理刑狱、昌明教化的职责。由于至元时期江西的地方官员或不谙民情,或不懂文治,或习于贪刻,加之公务繁杂,致使他们或主动或被动地与地方豪民结成互相倚重的关系,形成豪民盘踞官府、鱼肉乡民的局面⑧。《元典章》对此有

---

① 程钜夫:《雪楼集》卷十《吏治五事·通南北之选》,清宣统陶氏涉园景刊明洪武本。
② 胡祗遹:《紫山大全集》卷二三《杂著·民间疾苦状》。
③ 王恽:《秋涧先生大全文集》卷九十《便民三十五事·议保举》,四部丛刊初编本。
④ 虞集:《道园类稿》卷四九《李仲华墓表》。
⑤ 王恽:《秋涧先生大全文集》卷三五《上世祖皇帝论政事书》。
⑥ 虞集:《道园类稿》卷四八《艾圣传墓志铭》。
⑦ 吴澄:《吴文正公全集》卷三七《故乡贡进士郑君碣铭》。
⑧ 吴小红:《元代抚州乡绅研究》(南京大学历史系中国古代史专业蒙元史方向2004年申请博士学位论文,高荣盛指导)对此有详细论述,可参阅。

# 第一章
# 元朝在江西的统治

详细描述：

> （江西）所辖路、府、州、县、司吏即系土豪之家买嘱承充,外而交接权豪,侵蠹民产,内而把持官府,捏合簿书。本身为吏,兄弟、子侄、亲戚人等置于府、州、司、县写发,上下交通,表里为奸,起灭词讼,久占衙门,不肯出离乡土。但遇新官到任,多方揣摩,必中奸计。倘不(引者注:"不"疑为衍文)清政者,不得而入。有贪邪之官,初缘小利侵入,不经旬日,便作腹心,委以家事。浸润既深,搬唆同僚,改坏官事,残害良民。吏弊之大,莫甚于此……吏人既久,人情亦熟,在县分管乡都科差、词讼,公行贿赂,变是为非,那上攒下,悉由于己,使亲戚盘扰乡都,影占人户,走变田粮,脱放盗贼,私和人命,无所不作……遇科差则高下其手,以致赋役不均;词讼变乱是非,连年不决;和雇和买,放富差贫,要一科十;刑名曲直不分,刑狱枉滥。受贿为非,欺公害民,不能遍举。①

可见,江西地方豪民通过从事吏职盘踞官府、蠹民害政的情况非常严重。对此,元廷一直没有找到合适的对策,致使这种弊病长期延续。江西在至元时期社会动荡,元末又较早出现动荡,均与此有重大关系。

这一时期,江西豪民势力之强大可由临江路(治今樟树市临江镇)胡颐孙一案窥见一斑。

胡颐孙,原姓张,临江路新淦州(今新干县)胡制机养子。胡氏为当地豪富,因无子而领养颐孙。后制机育有亲子,仍以颐孙为长。元初,颐孙携巨资游于达官显宦之门,贿取江西宣慰使一职。其获职时间估计是在至元十七年至十九年(1280—1282年)江西行省被撤,改立江西宣慰司期间。当时正值西域人阿合马当政后期,国事以理财为重。阿合马在理财方面颇有成绩,深得世祖欣赏,他借机贪横不法,凡献巨资美女者,一律可获高官厚爵。胡颐孙所获江西宣慰使一职是从二品,为当时江西地区的最高长官。元制,二品以上的职官任命出自皇帝圣裁。胡颐孙很可能是通过阿合马或其同党,从内廷获得任命。短短几年间,胡氏由豪富之家一跃成为江西最显赫的家族。

---

① 《元典章》卷十二《吏部六·吏制一·司吏·迁转人吏》,中国广播电视出版社1998年版。颁布这段公文的时间为大德七年(1303年),距至元时期为时不远。考虑公文反映的状况系积年而成,故于此选用。

阿合马于至元十九年(1292年)被刺身亡,许多理财机构相继被撤,元朝财政随即陷入困境。不久,擅长理财的卢世荣上台,因缺少朝中的有力支持,当政四个月后被诛。至元二十四年(1287年)开始,另一精于理财的吐蕃人桑哥被重用,主政达四年之久。在此背景下,至元二十六年(1289年)闰十月,胡颐孙请求在江西创设行泉府司。泉府司设立于至元十七年(1280年)十一月,负责皇室、诸王的高利贷和商业事务,为从二品衙门。江西行泉府司应是泉府司的派出机构,主管皇室、诸王在江西的高利贷和商业营运。胡颐孙申请了千锭至元钞作为该司的本金,允诺每年向上输纳珍异宝物作为利息,因而被遥授为江西行省参知政事(从二品)、泉府大卿、行泉府司事。胡颐孙创设这一机构,不仅有力支持了桑哥的理财之政,更架起了联通内廷的桥梁。此前此后,胡制机亲子取得总管一职(正三品)。元制,三品职官的任命由中书省(或尚书省)提请,上呈皇帝决断。可见,胡氏已与元朝上层包括皇室建立了稳固的关系。另,胡颐孙亲弟张珪取得提举一职,品级不详,很可能也是出于颐孙的苦心经营。

在蒙古、色目贵显把持上层官位的元朝,像胡氏这样的江南富豪之家仅用十年左右的时间就官至上品,跻身显赫,实在非同寻常。

至元二十八年(1291年),桑哥败亡,包括江西在内的桑哥党羽多受牵连,胡颐孙却仍居高位。但是,胡氏家族内部出了问题。随着胡制机亲子任职总管,胡颐孙深恐失去专制家事、专理家财的权力,遂与亲弟张珪密谋,结盗买凶,杀害制机亲子,全取胡氏家资,并回复张氏本姓。事后,颐孙遍行贿赂,归罪于无辜之人。他所以能逍遥法外,很可能是倚恃与内廷的关系。

闹得沸沸扬扬的胡氏案不久有了转机。案发不久,胡氏家仆胡忠四处诉冤,时任江西行省左丞的董士选力主将其治罪。董士选出生于著名的真定路(治今河北省正定县)藁城董氏,其家族自成吉思汗时代起即功勋卓著,一门数代簪金缨紫,家族的政治实力远在胡氏之上。同时,大德时期(1297—1307年),元廷有鉴于江南豪强势力过大,也有意抑制,于是,大德四年(1300年)四月,张颐孙、张珪兄弟被诛杀在龙兴闹市,直接行凶的王庭、罗铁三同时被诛,帮凶谢贵先、熊瑞遭流放,颐孙之子张脱因被迫将强占的房舍、田产、家财悉数归还胡氏①。

---

① 《元史》卷二十《成宗纪三》;《元典章》卷四一《刑部三·诸恶·不睦·胡参政杀弟》。《元史》将胡颐孙兄弟被诛的时间记为大德四年(1299年)四月,《元典章》记为五年,本书采《元史》之说。

# 第一章
# 元朝在江西的统治

该事件是成宗时代大规模抑制豪强的先声①。两年后,依靠海运成为江南豪霸的朱清、张瑄被处置。

胡颐孙是至元时期江西豪霸势力的代表,也是官员的代表。虽然当时江西行省也不乏如参知政事贾居贞那样体恤民瘼、励精图治的官员,但更多的是如胡颐孙般通过非正常渠道进入官僚系统的官员,由此造成的吏治腐败是至元时期江西社会不稳定的重要因素,也是江西士人迟至世祖、成宗之交才从心理上认同新朝的原因之一②。

经济方面,灭宋之初,元廷注重安抚江南民众,宣布免除故宋的繁冗科差,公私逋欠一概蠲免。当时,江南各地的正额赋税较之宋代有所减轻③。但是,至元时期,元朝财政紧张,世祖急于广开财源,为此先后重用善于理财的阿合马、卢世荣、桑哥等人,三人相继得秉大权达21年之久。在此期间,作为江南财赋重地之一的江西地区自然成为经济攫夺的对象,元廷为此采取了一系列相应措施。

首先是以追征"逋负"为目的的理算活动相继在包括江西在内的江南地区展开④。所谓"逋负",指历年地方官府应当上缴而未缴的赋税,一般以南宋时期的赋税旧额为标准追征。桑哥等人宣称理算是"民不加赋而岁倍入"⑤,即不必增加民众的赋税额度而能给元廷增加收入,于是元廷屡行理算。至元二十二年(1285)十月,郭佑言:"自平江南,十年之间,凡钱粮事八经理算。"⑥至元二十五年(1288)十月,元廷又"从桑哥请,以省、院、台官十二人理算江淮、江西、福建、四川、甘肃、安西六省钱谷,给兵使以为卫"⑦。这些理算活动给江南带来很大伤害。

一是当时江南尚不安定,民众起事此伏彼此,社会生产难以迅速恢复,民

---

① 胡颐孙一案,日本学者植松正有细致研究,详见植松正《元代江南政治社会史研究》第二部第五章《元代江南の一高官の犯罪》,东京汲古书院1997年版,第336—359页。本文又刊于《香川大学一般教育研究》第三〇号(1986年)。
② 陈得芝:《论宋元之际江南士人的思想和政治动向》,载陈著《蒙元史研究丛稿》,人民出版社2005年版,第571—595页。本文初刊于《南京大学学报》(哲社版)1997年第2期。
③ 周良霄:《忽必烈》,吉林教育出版社1986年版,第125页。
④ 按:除"理算"外,还有主要针对侵占官田的"括勘"。因其主要实施于江浙地区,本书略而不述。请参阅植松正《元初江南における徵税体制について》,见植松正《元代江南政治社会史研究》,第23—67页。
⑤ 吴澄:《吴文正公全集》卷三四《有元翰林学士承旨资德大夫知制诰兼修国史加赠宣猷佐理功臣银青荣禄大夫少保赵国董忠穆公墓表》。
⑥ 《元史》卷十三《世祖纪十》。
⑦ 《元史》卷十五《世祖纪十二》。

众缴纳赋税的能力大大降低。江南州县"逋负"甚多的主要原因即在于此(另一原因是地方官吏侵吞钱粮,将其数额妄指为百姓积欠)①。理算活动其实是将战乱造成的财赋损失强加于民。当民众确无能力补缴自南宋灭亡以来的历年积欠时,理算实际演变为毫无原则的暴敛。

二是追征积年"逋负"的方法是依据故宋钱粮籍册,以各户为单位进行;当该户无力补缴或逃散死亡时,亲属和邻里代为补足;再不足,则将相关人员收监。②这种方法在民间造成很大恐慌,时人即说理算"害民特甚,民不聊生,自杀者相属。逃山林者,则发兵捕之"③,故而理算需要派兵作为护卫。

其次,至元时期的诸役繁重与和雇和买是民众的极大负担。至元二十四年(1287年)的一份公文说:"江南税户自归附以来,日益凋瘵。除水旱站赤、牧马、淘金、打捕、医、儒诸项占破等户外,其余户计应当里正、主首、和买和雇,一切杂泛差役,已是靠损。"④可见,入元以后的十年间,江南诸役与和雇和买繁重病民之弊已经比较严重。对江西而言,由于处在控扼岭海的战略位置,江西行省设立之初的主要任务是追击奔窜于闽广的南宋行朝,随后又成为镇压闽广民众起事的前线,由此,军旅经行造成的频繁需索和转输重任使江西百姓疲于奔命,时人谓"王师一出,馈饷百须,有司乘之以厉民"⑤。如抚州,"时闽、广、吉、赣军马经过,要索不绝"⑥。南丰一地,"壤接闽赣,适当兵冲,至元丙戌(引者注:即至元十三年,1276年)以来,阅历六寒暑,震撼万状。虽城市幸完,然军马经从,无岁无之。至其急也,则无日无之。惊扰需求,比屋俱弊,村落殆有甚焉。粟空于廪,鱼竭于池,犬鸡蔬果俱不得有。加以捶系淫滥,视寇虐特不杀而已"⑦。

海外远征引发的和雇和买亦是江西民众的沉重负担。至元时期,元朝多次发动海外远征,如至元十八年(1281年)征日本,次年征安南、占城,至元二十年(1283年)征缅国,至元二十九年(1292年)征爪哇,等等。每次出征前,元廷都以

---

① 《元典章》新集《吏部·官制·职官·长官首领官提调钱粮造作》。
② 即"延蔓以求,失其主者,逮及其亲。又失,代输其邻,追系收坐"。见姚燧《牧庵集》卷十四《平章政事徐国公神道碑》。
③ 《元史》卷一七二《赵孟頫传》。
④ 《元典章》卷二一《户部七·钱粮·押运·纠察运粮扰民》。
⑤ 危素:《危太朴续集》卷九《书张承基传后》,吴兴刘氏嘉业堂刊本。
⑥ 弘治《抚州府志》卷十七《名宦·县令》。
⑦ 刘埙:《水云村泯稿》卷一三《汀寇钟明亮事略》,清道光爱余堂本。

# 第一章
## 元朝在江西的统治

和雇和买的形式在民间征集军需和役夫，江西多牵涉其中。如至元十六年（1279年）备征日本，"敕扬州、湖南、赣州、泉州四省造战船六百艘"①，江西没能如期完成任务②；至元十九年（1282年）备征安南、占城，"敕平滦、高丽、耽罗及扬州、隆兴、泉州共造大小船三千艘"③；至元二十年（1283年），"令隆兴行省遣军护送占城粮船"④；至元二十一年（1284），元廷"命阿塔海发兵万五千人、船二百艘助征占城。船不足，命江西行省益之"⑤；至元二十二年（1285），世祖"敕枢密院计胶、莱诸处漕船，高丽、江南诸处所造海舶，括佣江淮民船，备征日本"⑥，等等。除船只外，其他"造作、军器、衣甲、百色物料，皆出于民"⑦，且"强以土产所无"⑧，不给实价，又强行拘刷水手。海外远征引发的征物征夫使包括江西在内的江南地区"当役税户多致破产"⑨。吴澄说至元时期抚州"数有重难之役"⑩，姚燧说抚州"始以日本之师，继以交趾之师，供亿百需，一令之下，急逾星火，动裁以失军兴法"⑪，均与海外远征有关。经历这些"重难之役"后，江西民众"率至疲瘁"⑫。

元朝平定江南后，虽然采取了一些减轻百姓负担的措施，但由于政治上的腐败和经济上的攫夺，百姓不仅没有获得改朝换代之后必要的休整时机，还被种种负担压得无片刻喘息，造成包括江西在内的江南地区在入元之初的近二十年间，社会总体呈现动荡不安的特征。

## 二、元世祖时期江西的民众起事

至元时期的江南，战事不断，民众起事此伏彼起，"大或数万，少或千数，在

---

① 《元史》卷十《世祖纪七》。"赣州行省"即江西行省，当时江西行省迁驻赣州，故称。
② 姚燧：《牧庵集》卷十九《参知政事贾公神道碑》。
③ 《元史》卷十二《世祖纪九》。"隆兴"在至元二十一年（1284年）后改称"龙兴"，治今南昌。江西行省当时驻地隆兴，故称。
④ 《元史》卷十二《世祖纪九》。
⑤ 《元史》卷十三《世祖纪十》。
⑥ 《元史》卷十三《世祖纪十》。
⑦ 吴澄：《吴文正公全集》卷四三《大元故御史中丞赠资善大夫上护军彭城郡刘忠宪公行状》。
⑧ 《元史》卷一七三《崔彧传》。
⑨ 吴澄：《吴文正公全集》卷四三《大元故御史中丞赠资善大夫上护军彭城郡刘忠宪公行状》。
⑩ 吴澄：《吴文正公全集》卷三六《故逸士游君建叔墓表》。
⑪ 姚燧：《牧庵集》卷十四《徽州路总管府达噜噶齐兼管内劝农事虎公神道碑》。
⑫ 吴澄：《吴文正集》卷八二《故苍山居士徐君墓铭》，景印文渊阁四库全书本。

在为群"①。据官方统计,至元二十年(1283年)江南的民众起事"凡二百余所"②,六年后激增为"四百余处"③,其中心地是福建山区,人数众多、涉及极广、绵亘数年的黄华、钟明亮起事均以畲民为主体、以福建山区为转战地。江西虽然不是民众起事的漩涡中心,但局面亦不平静。在元初的十余年间,由于吏治贪刻、差役繁重、经济攫夺以及军事控制不力等原因,时常有自发的或响应福建的民众起事。虽然这些起事的规模不算很大,但足以令江西社会骚动。

元军占领江西的最初几年,民众自发的小规模起事遍及全境。至元十四年(1277年),抚州崇仁人谢监军、罗辛二率民众起事,县达鲁花赤忻都逃遁,县令罗实斋毙命,其后,抚州民众一直依托岩洞山寨,反抗元朝统治④;次年,赣州崖石寨、太平岩起事民众被镇压,几年后,赣州民众再起,与之同起的还有吉州民众⑤;至元十六年(1289年),李梓发起事于南安路,据守大庾(今大余县),江西行省参知政事贾居贞率军前往镇压,李梓发自焚而死⑥;同年,饶州民众进逼都昌县,被江西宣慰使张弘略镇压⑦;至元十七年(1280年),南康路都昌县人杜可用利用白莲教组织发动民众起事,自称天王,设置官属,以谭天麟为副天王,都昌西山寺僧为国师,建号"万乘",拥众数万。后,元廷遣史弼会同江西行省所派方文共同镇压,杜可用失败,被磔于龙兴街头,我国历史上第一次由白莲会(教)组织发动的民众起事被镇压⑧;至元二十年(1283年),龙兴路武宁县董琦等率众起事,次年瑞州起事民众晏顺等被俘送京师;至元二十三年(1286年),饶州路安仁县蔡福一起事。可见,这一时期,江西民众自发的起事此伏彼起,但

---

① 姚燧:《牧庵集》卷十九《参知政事贾公神道碑》。陶希圣在《元代长江流域以南的暴动》一文中,列举了元初至元十一年(1274年)至三十年(1293年)的二十年间长江流域以南发生的民众起事84条,占至元十一年至至正八年的74年间长江流域以南民众起事共113条的74%,足见世祖时期江南的不安定。见《食货》第三卷六期(1936年),第35—44页。该文对元代长江流域以南民众起事的统计虽然多有遗漏,但从这些数字中可看出元代长江流域以南民众起事的时段与地区分布特点。

② 《元史》卷一七三《崔彧传》。

③ 《元史》卷十五《世祖纪十二》。

④ 如至元十九年(1282年),宜黄县民众起事于县东的仙佳乡南坑,后由路达鲁花赤虎益、招讨郭昂率军平息。见虞集:《道园类稿》卷四九《李仲华墓表》。

⑤ 《元史》卷一五一《邸顺传》。

⑥ 姚燧:《牧庵集》卷十九《参知政事贾公神道碑》。

⑦ 《元史》卷一四七《张弘略传》。

⑧ 杜可用又名杜万一,号杜圣人。见苏天爵辑《元文类》卷四一《杂著·招捕》,国学基本丛书本;姚燧《牧庵集》卷十九《贾公神道碑》;苏天爵《滋溪文稿》卷十五《赵伯成神道碑》,元人文集珍本汇刊本。

# 第一章
## 元朝在江西的统治

规模都不大,主要活动于山寨岩洞之间,没有开展大规模的攻城略地。

至元二十四年(1287年),福建汀州(今福建省长汀县)人钟明亮起而反抗元朝统治,"拥众十万,声摇数郡"[1],活跃于闽、赣、粤交界地带。雩都(今于都县)、石城、瑞金等县成为钟明亮部往来之区。次年,广东董贤举等7人起兵,进攻南安。江西中南部多有响应者,规模较前扩大。至元二十六年(1289年),建昌路广昌县邱元起事,与钟明亮互为犄角,形成呼应。同时,赣州路有胡海、信州有鲍惠日的起事[2]。至元二十七年(1290年),钟明亮进攻赣州,江西民众的响应四面蜂起,达到高潮。邱元自称"大老",率民众千余人布阵于南丰的河田、九陂、小莱等处,围攻南丰州城,后由江西行省参知政事李世安率军镇压[3]。此外,南安的钟大獠、赣州和吉州的谢主簿、刘六十以及乐安的卢大老、南丰的雷艾江等亦率民众活跃于各地[4],吉州龙泉县(今遂川县)的数千民众则纵横驰骋在赣、湘交界之处的龙泉、酃县一带[5]。最后,元廷调集江淮、江西、福建、湖广诸省军队,并将江西行省治所就近迁至吉州,同时允许吉州、赣州两地及闽、粤、湘维持地方治安的尉兵持有弓矢,才将这次声势浩大的民众起事镇压下去。

世祖后期这次漫及数省的民众起事平息后,至元二十七年(1290年)岁末,元廷重申江南军器严禁令,"命枢密院括江南民间兵器及将士习武"[6],彻底解除江南的民间武装。次年二月,在汀州设立江西行枢密院,加强对这一地区的军事控制,七月,又将行枢密院的治所迁至赣州,直接控遏赣、闽、粤交界山区。同时,元廷蠲免瑞州、赣州、南安、建昌、南丰等路州的赋税,以期缓和社会矛盾。自此,在经历了宋元更迭和至元时期长达十几年的动荡之后,江西步入较为安定的时期。

---

[1] 刘壎:《水云村泯稿》卷十三《参政陇西公平寇碑》,明天启刊本。史载钟明亮起事时间不一,或云至元二十四年,或云至元二十五年,详见陈高华:《元代前期和中期各族人民的反抗斗争》,见陈著《元史研究论稿》,中华书局1991年版,第231—256页。
[2] 《元史》卷十五《世祖纪十二》。
[3] 刘壎:《水云村泯稿》卷十三《参政陇西公平寇碑》。邱元又作"丘元"。
[4] 刘壎:《水云村泯稿》卷十三《汀寇钟明亮事略》,清道光爱余堂刊本;《元史》卷十六《世祖纪十三》。
[5] 《元史》卷一六二《刘国杰传》。
[6] 《元史》卷十六《世祖纪十三》。

## 三、元中期江西的统治状况

至元三十一年(1294年)正月,忽必烈逝,其孙、太子真金第三子铁穆耳继位,是为成宗。元朝统治进入中期。

江西在经历了世祖时期近二十年的动荡与疲惫后,世祖、成宗之交,重又恢复至"世道清平"①。成宗奉行"重简守成"之策,内外都强调"惟和",元贞、大德(1295—1307年)年间,"天下享和平清静之乐"②。但是,守成的"惟和"政治逐渐造成纲纪废弛,吏治不清。其后继位的武宗海山在至大年间(1308—1311年)对贵族滥行封赏,经济方面重在开辟财源,增加国入,吏治愈益腐败。海山之弟爱育黎拔力八达于至大四年(1311年)登位,是为仁宗。仁宗登位前接受了较多的汉文化熏陶,继位后,采取抑制吏员、科举取士、编纂法规格例等措施,力图用儒术澄清吏治,但因答己太后集团的掣肘,不仅以上措施效果有限,延祐二年(1315年)在江南三省经理田亩还引发了社会动荡。其后,仁宗之子硕德八剌继位,在至治三年间(1321—1323年),前期依旧受制于祖母答己,无所作为;答己死后,大量起用汉族官僚和士人,似有意追踵先父,澄清吏治,但因政策太过雷厉,又缺乏有力支持,最终被反对派弑杀。这是元中期最高统治集团内部的一次大变故。继之而起的泰定帝也孙铁木儿为抚平疮痍,安定人心,政策重心强调"惟和",故在泰定年间(1324—1328年),尽管自然灾害频发,尚属"天下无事"。泰定帝死后,元朝爆发了最高统治层争夺皇位的两都之战和"明、文之争"。经过血腥鏖战,天历元年(1328年),武宗次子图帖睦尔登位,是为文宗。文宗天历(1328—1330年)、至顺(1330—1333年)年间,经历了前几次大变故的蒙古高层内部躁动不安,人心难聚,社会经济又面临比较严重的困难,文宗难有作为,只能做些建奎章阁、修《经世大典》之类粉饰文治的工作,社会矛盾在进一步激化。到至顺四年(1333年)年仅13岁的妥欢贴睦尔即位时,蒙元统治已是积弊难返,开始进入风雨飘摇的元后期。

在成宗至文宗的近40年间,江西的社会面貌呈现如下特点:

首先,近40年间,尽管元朝最高统治层发生几次大变故,但除两都之战时江西行省两位平章政事牵涉其中外,其余争斗对江西没有产生直接影响,百姓基本能够安居乐业,社会经济在前代的基础上继续发展。

---

① 吴澄:《吴文正公全集》卷三六《故逸士游君建叔墓表》。
② 程钜夫:《雪楼集》卷二一《燕公楠神道碑》。

# 第一章
# 元朝在江西的统治

其次,尽管仁宗、英宗、文宗等倾向儒治,但所行措施的规模和影响均有限,儒人在元代的地位始终没有得到有效的大幅提高,作为江西地域社会中坚力量的知识分子没有得到很好的笼络和保护,由此,江西社会缺乏稳定有力的支撑。这是元代江西社会稳定期为时不长的重要原因之一。

复次,元朝统治者缺乏"文禁"意识,不重思想钳制,政治文化氛围相对宽松,因此,元中期社会稳定时,江西的教育与文化在宋代的基础上继续发展,成为当时文教最盛的地区之一。许多外地人,包括蒙古人、色目人到江西为官、求学、经商,文化交流活跃。

最后,世祖时期已经出现了较为严重的吏治腐败,此后,仁宗、英宗等屡次试图澄清吏治,均告失败。吏治不清成为元朝的痼疾。在此背景下,贪官刻吏和与之深相勾结的地方豪霸始终是游荡在江西民众身边的魔影,且日形猖獗。其间,因官吏贪刻引发了元贞二年(1296年)兴国刘六十起事、延祐二年(1315年)宁都蔡五九起事、延祐五年(1318年)雩都刘景周起事以及至治三年(1323年)宁都民众再起,围攻州城等。而豪民虽然经过成宗后期的抑制①,势力仍然强大。略以抚州路为例。

该路金溪县民陶甲"厚积而凶险,尝屡诬陷其县长吏罢去之,由是官吏畏其人,不敢诘治,陶遂暴横于一郡"②。显然,陶甲广蓄资财,性情凶悍,把持官府,挒制官长,其势力已经超出本县而横行一郡。而发生在该路临汝书院的一起命案更彰显了当地豪霸势力之强大和社会关系之深广。案件梗概如下:

> 抚州民吴甲,以资致身郡吏,又欲援其子乙领临汝书院钱谷计。山长万士元持不可。甲怒,假他事属郡倅廷辱之。士元不能堪,归自刭而不殊。乙遽来受事,士元益痛愤,引刀绝吭而死。士元无子,唯一力。甲欲灭其口,复假他事俾有司逮系之。诸生皆骇散。邻僧收士元尸而瘗焉。乙后自陈考满,挟宪府公牒于堂,补儒学官。子迪时为都曹掾,按儒台故牒,得士元死与乙受事月日,白其状,罢遣之,且为文吊祭士元。御史来监治者欲为乙地,而莫能夺其议也。子迪既调官去,乙得行其计,遂取临江儒学录。其在

---

① 元成宗时期抑制江南豪民的情况,详见日本学者植松正著《元代江南政治社会史研究》第二部第四章《元代江南の豪民朱清、张瑄について——その诛杀と财产官没をめぐって》和第五章《元代江南の一高官の犯罪》,第297—359页。

② 《元史》卷一九二《良吏二·杨景行传》。

临江数自警,谓"万山长至"云。①

临汝书院创建于南宋淳祐八年(1248年),是抚州最著名的书院。南宋末年,该书院"有宿儒揭领于上,有时彦曳裾于下,肩相摩,踵相接,而谈道义、论文章者彬彬也。昼之来集者如市,夜之留止者如家"②。宋末进士娄南良、吴可孙和元代名臣程钜夫、大儒吴澄等均曾厕身其间。元中期,该书院却发生了山长万士元被逼引刀自绝之事。该案的缘起看似简单,只是一个卑微的书院直学之职给予与否的问题,但是,案件背后的事实远非如此。

元代,直学掌学校和书院的钱谷出纳,虽然卑微,却是一个包含着切实的经济利益和可能的政治利益的职位。经济方面,临汝书院学产丰厚,直学可借机侵吞书院资产,有背景的直学甚至能够拥有凌驾于山长之上的权力③。从政治利益来说,元代以直学为起点,经过逐级升迁后进入流官系统者多有其人,所以,当时"市井之徒携重资自献"④,争任直学。但是,元朝对直学的任职资格有明确要求,规定须是"性行端方、才干通敏"⑤的在学生员。从上文分析,吴乙似乎不具备这种资格。山长万士元出于保护书院财产、严格直学选任的目的,坚决反对吴乙担任临汝书院直学。

但是,万士元以一介儒士,根本无力抗拒身为地方豪霸的吴氏父子,因为,吴氏拥有一张庞大的关系网。首先,任命直学须经路及廉访司考试,可见吴甲与路官及廉访司官员有勾结;其次,万士元拒纳吴乙为直学时,吴甲"假他事属郡倅廷辱之",万士元自戕后,仆从被"有司逮系",可见,抚州路的官吏均听命

① 黄溍:《金华黄先生文集》卷二二《跋临汝记》。按:此案本是杨舟所记,原名《临汝记》,"亡虑二千言"。原记已佚,无法知悉该案的详情。上文所引出自黄溍为《临汝记》所作的跋,尽管简略,但案情基本明了。杨舟,字梓人,慈利州(今属湖南省)人,至治进士,仕于州县二十余年,后任翰林待制。文中的子迪即申屠駉,字子迪,东平路寿张人,时任江西行中书省掾。杨舟与申屠駉交谊甚笃,《临汝记》实是杨舟为称颂申屠駉而作。至治三年(1323),申屠駉正要调任江西行省掾,故此案应该发生在此之前的延祐时期(1314—1320年)。
② 吴澄:《吴文正公全集》卷十八《送临汝书院山长黄孟安序》。
③ 如吉安路豪强陈小峰之子陈宁为龙溪书院直学,"握出内之柄,每与山长抗礼",见宋濂《宋学士全集》卷六四《故歧路经历熊府君墓铭》。
④ 唐元:《筠轩集》卷十三《与孙斡卿书》,景印文渊阁四库全书本。
⑤ 至元二十一年(1284年)规定,直学"于本学在前执人内,选保性行端方、才干通敏者,止从本路出给付身勾当",后改为"从郡守及宪府官试补"。见《庙学典礼》卷六《山长改教授及正录教谕格例》;《元史》卷八一《选举一·学校》。

# 第一章
## 元朝在江西的统治

于吴甲;再次,江西行省掾史申屠駧决定罢遣吴乙时,"御史来监治者欲为乙地",即为吴乙说情撑腰,此处的御史当是江南行台御史,可见南台御史亦牵涉其中;最后,尽管吴乙一度被申屠駧罢遣,但在申屠駧离任后,吴乙顺利升任临江儒学录,元制,"学录、教谕拘该行中书省亲临路分拟受本省剳付"①,临江路由江西行省直辖,那么,直接管理教务的江西儒学提举司官员无视吴乙被罢遣的经历而给予升迁,当也身涉此案。由此可见,为了一个直学职位,吴甲织就了一张网罗了上至南台御史、下至抚州胥吏的庞大关系网。从吴甲"以资致身郡吏"分析,这张网的经纬线极可能是资财。

而且,这张关系网极富韧性。首先,万士元是由行省任命的书院山长,是处于国家官僚系统中的官员,但是,在为保护书院利益而与豪强吴甲产生的对抗中,他身处劣势,终至捐躯异乡,仆从亦身陷囹圄。其次,申屠駧以显宦之胄②、上级官员的身份,曾尽力撕破了这张关系网,坚持罢遣吴乙,但是,他一离任,吴乙便顺利升为儒学录,申屠駧费力撕开的口子终又缝合。最后,该案历经冲突初起、万士元自戕未绝、再戕身死、仆从被执等几个阶段,在当地尤其是书院引起了骚动,然而,骚动的结果只是"诸生皆骇散",万士元由僧人草草裹埋。可见,无论是普通民众,还是如万士元这样的学官,抑或是如申屠駧这样有背景的上级官员,对这张关系网的韧性都无可奈何。有此关系网的庇护,豪民吴甲可以通过"假他事"、"复假他事"的种种借口,"欲行则行,欲止则止"③,而历仕州县二十余年的案件记录者杨舟最后只能宿命地指望万士元的冤魂对吴乙施以惩罚。

元人说当时地方上"有一等哗徒专务把持官府为生。或因前项官员请托不从,多方计嘱在上衙门非理,不时差委,使其奔驰道途,不得安坐。设使此计不行,即虚捏事件,直经上司谎告,买人对证。如此设计倾陷,甚是不便"④。吴甲正是此类拥有煊赫之势的地方豪霸典型。

总体看来,元中期的江西,除蔡五九起事影响较大外,其余均规模不大,为

---

① 《庙学典礼》卷六《山长改教授及正录教谕格例》。
② 申屠駧是以"清修苦节,耻事权贵"著称的南台御史申屠致远第四子。申屠致远曾出巡江西,"当时士大夫幽远传诵,想望风采,恨不得相见"。这说明申屠致远在江西有较高的威望与一定的社会基础。详见《元史》卷一七〇《申屠致远传》;刘将孙《养吾斋集》卷十八《申屠致远博古堂记》,四库全书珍本初集。
③ 《元典章》卷五七《刑部十九·札儿忽歹陈言三件》。
④ 《元典章》卷四八《刑部十·诸赃三·杂例·罗织清廉官吏》。

时不长,波及不广,社会是平静中略有动荡的微澜,经济在发展时捎带着吏治的阻抑,文教的兴盛间掺杂有儒人的沮丧。

## 四、"延祐经理"与蔡五九起事

延祐经理土地与宁都蔡五九起事是元中期江西社会的两件大事,后者因前者而起。元朝平定江南之初,基本沿用南宋的土地登记籍册。但是,历经兵燹后,南丰、临川等部分州县的土地登记册被毁,加之时势变迁,土地占有状况也有一定变化。为避免贫民产去税存、富户隐匿租税的情况,元朝屡次试图经理田亩,即重新核实土地数字,使之与民众赋税负担基本一致。至元二十六年(1289年),元廷下令统计江南户口,同时进行包括土地在内的事产登记。史料显示,这次统计重在清查户口,对土地登记未予重视,许多地方仍沿用前朝的土地籍册。至元三十年(1293年),元朝重设行大农司,清理出隐占的官私田6万多顷,清理规模有限①。

元仁宗延祐初年,有鉴于"民之强者田多税少,弱者产去而税存"的状况日益严重,仁宗痛下决心,决定大规模经理田亩。这是仁宗推行的诸项改革中重要的经济措施之一。延祐元年(1314年),平章政事章闾(引者注:一译作"张驴")建言:世祖时期曾经理田亩,但欺隐尚多,有以熟田为荒田者,有躲避差役而析户者,有富民买贫民田而冒旧名纳税者,由此造成赋税不增,小民困顿。如果实行"经理",让有田之家及诸王、寺观、学校、财赋提举司等从实上报土田,并以之作为征赋差役的依据,此后将租税无隐,徭役均平②。仁宗采行该建议,派章闾等往江浙行省,你咱马丁等往江西行省,陈士英等往河南行省经理田亩。为处理因此而起的纠纷,平息可能产生的动荡,仁宗同时令行御史台和枢密院派员镇遏防护。

此次经理土田的方法是:事先出榜示民,限其在40日内将所有田地自行向官府上报。若有人以熟田为荒地,或以田地为苇荡,或隐占逃亡之家的田产,或侵盗官田作为民田,或将民田枉作官田,以及僧道以田土作弊,许诸人举报。经查实后,欺隐十亩以下者,杖七十七;二十亩以下者,加罪一等;一百亩以下者,杖一百零七;一百亩以上者,流放北边;所隐田土俱行没官。各郡县正官若不行

---

① 以上内容详见陈高华、史卫民《中国经济通史·元代经济卷》,经济日报出版社2000年版,第223—228页。
② 《元史》卷九三《食货志一·经理》。

# 第一章
# 元朝在江西的统治

查勘,致有脱漏,量事论罪,重者除名。

"延祐经理"的初衷是好的,对违令者,其法也不可谓不严峻。这是元廷试图在尽可能短的时间内,借助酷法,实现对富庶的江浙、江西、河南三行省的土地清查。但在实际执行过程中,由于官员多只意在增加田地数量或增收田赋,以邀功赏,而不注重据实清丈土地,富民黠吏又借机结纳为奸,致使经理转变为暴政,并因遭到巨大阻力而旋即停罢。但是,从一定程度推论,这次行动确实给元廷增添了大量国有土地。譬如,在"奉行者率务增加以为功"的普遍情况下,号称不苟且从事的湖州路归安县尹尚且增田50顷①,其他地区就可想而知了。从至顺《镇江志》的记载看,通过这次经理,各地建立了新的"经理册","寸畦尺畛,咸入版图";泰定四年(1327年)又据此册重加考核,增加的土地最终得到确定。

在江西,经理期间虚增田亩和税粮的方式有多种。从宜黄、乐安、信丰、南康等县的情况分析,主要有四种方式:一是由于官田租率高于民田税粮,遂强占民田民地,将其变为官田;二是将坟场、宅基等非耕地强变为耕地;三是缩小每亩田地的实际面积,达到增加顷亩的目的;四是直接增加每亩土地的纳粮数。如在信丰县,拆毁民房1900多处,甚至夷墓扬骨,将房基和墓地括作田亩。在南康县,"会以例地不胜,乃有指山为田,以竹为稼穑,苟备簿帐而不计其为贻害也"。宜黄县的经理官吏"横加酷虐,甚至撤民庐舍,倍增顷亩"②,结果,"各县官田每亩科粮一石,本县(引者注:指宜黄县)每亩科粮三石七斗有奇;且二百四十步为亩,天下皆然,本县独以一百九十步为亩……是以民散田荒,死亡相续"③。经理之后,宜黄的田赋由宋代的13890多石骤增至38940多石,乐平州

---

① 黄溍:《金华黄先生文集》卷三一《奉议大夫御史台都事李公墓志铭》。
② 俞希鲁等纂:至顺《镇江志》卷五《田土》,卷六《学校》,宋元方志丛刊本,中华书局1990年版。郭木孙:《南康免粮记》,载刘节纂修:嘉靖《南安府志》卷二五《艺文志》,天一阁藏明代方志选刊续编本。道光《宜黄县志》卷十《田赋志》。
③ 道光《宜黄县志》卷十《田赋志》。以上数字反映的是至正二十年(1350年)陈友谅汉政权所委抚州同知周复初给宜黄加赋一万零九百多石以后的田租与田地单位面积的情况。在增加的一万零九百多石税粮中,民田税粮增加了七千九百四十五石多,那么,此次官田税粮只比延祐时期增加了二千九百多石,增加了11.4%。如果暂不考虑田地单位面积的变化,将至正时期每亩科粮三石七斗多减去这11.4%,那么,延祐经理以后,宜黄官田每亩科粮亦有三石二斗多。元代"闽宪职田,每亩岁输米三石,民率破产偿之"(苏天爵:《滋溪文稿》卷九《元故太史院使赠翰林学士齐文懿公神道碑铭》)。职田亦属官田。宜黄官田应是收租谷,以70%的出米率计算,每亩折收租米二石二斗多,较福建廉访司职田租额为低。

增派浮寄之粮,民众负担增加3倍以上,安福州的税粮则较经理之前增加1100余石。

由于经理官吏未遵循据实清丈的原则,无端增加民众负担,终于激起民众的反抗。赣州路雩都县承乐乡"集溪洞间豪民三十余家,相取亡命,约所征粮弗与"①,最后在县尹靳孟亨的努力下,没能发展为大规模的武装抵抗。延祐二年(1315年)四月宁都州爆发的以蔡五九(一作蔡午玖)为首的反抗则发展成波及两省、震动朝廷的武装抗赋。

延祐二年四月,蔡五九率宁都三个乡的民众起事。他们聚集在兔子寮五王庙,执锡楞刀枪,杀猪设酒,誓师起事。蔡五九自号洞主。自此直到蔡五九被擒,战争共分三个阶段。

第一个阶段是蔡五九部与宁都弓兵交战,进展顺利,时在六七月间。六月,蔡五九等开始出寨,攻击村落郡邑。赣州路令宁都州知州某和同知赵某进行抵御。但是,宁都州素无常驻军士,只设有不足百人的捕盗弓手,且自至元末期以来,当地武备不修,弓手们既无弓箭,更无营垒。七月初七,赵某与蔡五九部发生遭遇战,赵某被杀。蔡五九部继续向宁都州城进发。

第二阶段是蔡五九部与赣州路及南安万户府官军作战,蔡五九部两次围攻宁都州城,先胜后败,最终撤围,同时攻占福建宁化县,时在七八月间。赵某之死使赣州路对蔡五九部不敢再掉以轻心,他们当即购买弓箭,急送至宁都,同时请求南安万户府派兵镇压。七月九日,仁宗下诏,发兵缉捕,南安万户府遂出兵。宁都则开始缮修壁垒,加强警备。七月十日,蔡五九部兵临宁都城下,焚毁城外四关民居,州判官彭淑率民兵出城迎战,击杀蔡五九部五六十人。同时,南安万户府军冲破蔡五九部的包围,进入州城,分守四面。经过七天的战斗,十六日,蔡五九部撤围。二十三日,两军再战于宁都州延福里,因蔡五九部事先设有埋伏,元军失利,蔡五九部再围州城。城中彭淑死守城池,同时征发城外两个乡的民兵7000人,由巡检率领,屯驻于城外七里。八月三日,蔡五九部万余人攻城,彭淑开门迎战,与巡检所领民兵内外夹攻。蔡五九部难以抵挡,试图渡过城外小河撤退。恰值河水上涨,蔡五九部溺死过半。撤围后,蔡五九回驻兔子寮,自称蔡王,出行竖立汉高旗,布列仪仗和卫队,并设战棚,加强守御。其间,蔡五九派兵攻陷了江浙行省汀州路的宁化县。

---

① 苏天爵:《滋溪文稿》卷七《大元赠中顺大夫兵部侍郎靳公神道碑铭》。

# 第一章
## 元朝在江西的统治

第三阶段是蔡五九部与江西、江浙两行省军队交战,蔡五九部最后失败,时在八九月间。当蔡五九部再次兵围宁都州城时,江西行省平章政事李世安移文枢密院,请求增兵。八月六日,李世安率部至宁都。十日,因蔡五九部攻陷宁化县,仁宗令江浙行省平章政事章闾率部进讨。九月,进攻蔡五九部的军队达六个万户军[①]。同来督视的还有御史台、肃政廉访司的要员及赣州路长官。两省军队以彭淑为先导展开进攻,直击兔子寮。弓兵宋伏成在兔子寮木麻坑擒获蔡五九。蔡五九被杀,余众或擒或散。九月十七日,仁宗下诏,封赏军士。元中期波及两省、延续近半年的蔡五九起事最终失败。

"延祐经理"使江浙、江西、河南三省民众同受荼毒,惟有宁都州的反抗规模大,影响广,这是由多种因素共同促成的。

首先,宁都州的户籍和田粮登记册向来混乱,"富无实粮,贫有虚额"[②]。每年催征赋税,富户的赋额常由贫户代输,因之破产者甚多。"延祐经理"再度虚增田粮,对民众无异于雪上加霜。他们起而反抗,实属自然。

其次,你咱马丁在江西经理田亩,对宁都民众荼毒尤深,时称"赣为甚,宁都又甚"[③]。吴澄也说:"宁都官吏经理田粮,残虐启衅。"[④]受害愈重,反抗愈烈,亦是人之常情。

复次,宁都州民众多隶南安万户府军籍,习于武事。他们是新附军,每户需出1名男丁从军,驻扎南安。这些新附军在宁都的家小由官府支给米盐,他们不能像汉军那样拥有免税的土地,所有土田需与民户的田土一样缴纳租赋,承当差役。太平无事的年月,宁都州尚且时有"啸聚"之事发生,当"延祐经理"直接侵害他们的利益时,他们遂倚恃险关,起兵抗拒。而且,南安万户府出兵以后,仍不能有效遏制蔡五九部的攻势,致使战事蔓延到江浙行省,可能与南安军中多反抗者的亲朋故旧有关。

又次,蔡五九是一位具有反抗经历和作战经验的领袖。蔡五九在宋末动荡期间,一度游走在抚州、赣州一带,曾联合崇仁县曾伯三、杜五二等夜劫崇仁王

---

① 刘岳申:《申斋刘先生文集》卷八《高师鲁墓志铭》载,此次镇压共动用三省的军队,但《元史》《经世大典》《吴文正公全集》等均载只派遣了江西、江浙两行省的部分军队。
② 吴澄:《吴文正公全集》卷四十《元承事郎同知宁都州事计府君墓志铭》。
③ 刘岳申:《申斋刘先生文集集》卷九《元奉议大夫吉安路吉水州知州骁骑尉永丰县子孙君墓志铭》。
④ 吴澄:《吴文正公全集》卷四二《江西行省平章政事李公墓志铭》。

乔、仙童二寨，杀张达翁一家，劫其家财。后，文天祥在江西招兵勤王，其中王道翁一支在应召之前进击王乔、仙童二寨。山寨被攻破后，曾、杜二人被擒，蔡五九逃至宁都。王道翁与其子伯高在兴国会兵，继续进攻蔡五九。文天祥抗元失败后，王道翁所部余兵亦散，蔡五九遂得以安处宁都①。估计在元军入赣之初，蔡五九仍控制着一支武装。至元时期，赣州频发民众起事，其中某些可能与蔡五九不无关系。可以说，蔡五九是一个具有一定领导才能、丰富作战经验和较强反官府倾向的人。"延祐经理"期间，蔡五九虽是垂垂老者，但不妨碍其成为反抗者的领袖。

最后，延祐初，江西各地发生了严重的自然灾害。延祐二年春季青黄不接时，江西从北部的江州到南部的赣州、南安均出现饥馑。当天灾与人祸并至时，四月，面临饥荒与加赋双重困境的宁都民众终于奋起为生存斗争。

蔡五九起事虽然失败，但促使元朝统治者在荼毒百姓方面有所收敛。当年十一月，元廷以"星变赦天下，减免各种差税有差"②。其中，"河南、江浙、江西三省经理自实出隐漏官民田土，合该租税，自延祐三年为始，与免三年"③，即三省新括田地免税三年。延祐五年(1318年)，三年免税期届满，六月，御史台建言："昔遣张驴等经理江浙、江西、河南田粮，虚增粮数，流毒生民，已尝奉旨俟三年征租。今及期，若江浙、江西当如例输之，其河南请视乡例减半征之。"④即江浙、江西两省新增田赋正式开始征收，河南省减半收取。仁宗同意了该请求。

蔡五九被杀，新增赋税开始征收，"延祐经理"似乎以胜利告终，但民众的反抗没有停息。延祐五年十月，征赋令下，与宁都相邻的雩都县民在里胥刘景周的率领下，再次起事，聚众抗征。为防止起事蔓延扩大，仁宗被迫再次下旨，暂且免征新租。至此，"延祐经理"在江西引起的社会动荡暂告消退。其后，虚增的赋税中有相当一部还是成为江西民众的负担，并相沿入明，继续荼毒百姓。

## 五、宗亲勋臣在江西的封户

分封制度在我国由来已久。秦始皇废封建，设郡县，似乎废除了分封，但此

---

① 按：蔡五九在宋末元初的活动详见谢胤瑺修、刘寿祺纂、陈潜续修雍正《崇仁县志》卷四《武勇传·王道翁》，清代孤本方志选第一辑。
② 《元史》卷二五《仁宗纪二》。
③ 《元典章》卷三《圣政二·复租赋》。
④ 《元史》卷二六《仁宗纪三》。

# 第一章
## 元朝在江西的统治

后的汉、明两代,少数民族王朝如匈奴、突厥,莫不实行分封,只是形式与内容不尽相同。蒙古人建立的元朝亦实行分封,称投下分封制度,其植根于草原游牧民族的家产分配和成吉思汗黄金氏族共权的原则,随着蒙古人的征服推行于广阔地域①。作为最晚被蒙古征服的地区之一,投下分封制度亦施行于江西。

所谓投下,指蒙古大汗分封给诸王、驸马、后妃、勋臣的人户或封地,主要有草原兀鲁思、汉地五户丝食邑、江南户钞制、投下私属等形式。投下分封制度在江西地区的体现是众多人户被分封给宗亲、勋臣,作为他们的封户而承担相应的户钞,属于江南户钞制。至元二十年(1283年),元廷规定,江南封户每1万户纳钞100锭,由中书省转拨给各投下主(封主)。中统钞1锭为50贯(两),1贯(两)共1000文,那么,1万户纳钞100锭,平均每户纳钞500文(5钱)。元成宗时期,江南每户钞数由500文增加至2贯(2000千文),较原额增加3倍②,增加部分由官府承担。宗亲、勋臣在江西的封户分布和所得户钞具体如下③:

至元十三年(1276年),分拨信州路30000户给野苦大王(太祖成吉思汗弟搠只哈撒儿大王之子),计钞1200锭;

至元十八年(1281年),分拨南丰11000户给答里真官人(太祖成吉思汗之叔)④,计钞460锭;

至元十八年(1281年),分拨建昌路65000户给按只台大王(成吉思汗弟哈赤温之子),计钞2600锭;

至元十八年(1281年),分拨铅山及周围地区18000户给成吉思汗异母弟孛罗古梏⑤,计钞720锭;

---

① 杨志玖:《元代分封制度研究序》,载李治安《元代分封制度研究》,天津古籍出版社1992年版,第1页。以下关于江西封户的论述,参考了该书部分内容。

② 按:江南户钞以中统钞为支付手段,而元代中统钞贬值很快,故成宗时期江南户钞额虽然较世祖时期增加3倍,但封主所得并没有相应地增加3倍。

③ 《元史》卷九五《食货志三·岁赐》,第2411—2444页。以下所列户钞数均为元成宗时期调整以后的户钞额,即每万户纳钞400锭。从《元史》记载来看,每万户所纳户钞数实际上有超过400锭的,如答里真官人从南丰所得户钞即是。

④ 刘壎:《水云村泯稿》卷五《南丰郡志序目》(清道光爱余堂刊本)载:"(至元)十九年,升邑为州,被旨以户万有二千拨属谒里干大王,余悉系官。"与《元史》记载有左。兹据《元史》。

⑤ 《元史》卷九五《食货志三·岁赐》记为"分拨铅山州一万一千户",至元十八年(1281年)时,铅山尚未设州,至元二十九年(1292年)因铅山为别里古台大王封地,将上饶县之乾元、永乐二乡,弋阳县之新政、善政二乡划归铅山,设州,直隶行省。故当时分封时,应是将铅山及其周围四乡民众分拨于别里古台大王。

至元十八年(1281年),分拨抚州路104000户给阿里不哥大王(成吉思汗第四子拖雷之子,忽必烈弟),计钞4160锭;

至元十八年(1281年),分拨隆兴路105000户给真金太子(忽必烈次子),计钞4200锭,同时分拨瑞州路上高县8000户给其四怯薛(伴当),计钞330锭,真金逝后,由其皇后继承;

至元十八年(1281年),分拨吉州路65000千户给安西王忙哥剌(忽必烈三子),计钞2600锭①;

至元十八年(1281年),分拨赣州路20000户给成吉思汗大斡耳朵(成吉思汗正妻的宫帐),计钞800锭,15000户给成吉思汗第二斡耳朵,计钞600锭,21000户给成吉思汗第三斡耳朵,计钞840锭;

至元二十一年(1284年),分拨袁州路分宜县4000户给世祖第二斡耳朵,计钞160锭;大德四年(1300年),增拨袁州路萍乡州42000户,计钞1680锭,共计1840锭;

至元二十一年(1284年),分拨饶州路4000户给勋臣哈剌赤秃秃哈(钦察人,任钦察卫都指挥使、枢密副使),计钞160锭;

至元二十一年(1284年),分拨袁州路万载县3000户给勋臣必阇赤(宫廷某书记官),计钞120锭;

至元二十二年(1285年),分拨临江路65000户给北安王那木罕(忽必烈四子),计钞2600锭;

大德三年(1299年),分拨袁州路宜春县40000户给世祖忽必烈大斡耳朵,计钞1600锭②;

大德八年(1304年),分拨瑞州路65000户给怀宁王海山(忽必烈之孙答剌麻八剌次子,后为元武宗),计钞2600锭;

---

① 按:安西王忙哥剌死于至元十五年(1278年),至元十七年(1280年),其子阿难答袭王位,故吉州路实是封给阿难答。大德十一年(1307年),阿难答与海山(即元武宗)争夺汗位失败,阿难答被赐死,其封地被转赐给皇太子爱育黎拔力八达。故《元史》卷二二《武宗纪一》载,大德十一年十一月,皇太子爱育黎拔力八达言:"近蒙恩以安西、吉州、平江为分地,租税悉以赐臣。"同月,他又说:"吾之分地安西、平江、吉州三路……"吉州早在元贞元年(1295年)已改称吉安,此时不应称吉州,误。

② 《元史》所记分拨给世祖忽必烈大斡耳朵的封户为1万户,数量有误。该处记宜春县这1万封户需缴户钞1600锭,是额定的4倍,数额过高。另,世祖第二斡耳朵有4万多封户,第三和第四斡耳朵各有近3万封户,若大斡耳朵只有1万封户,相对太少。故,世祖大斡耳朵的封户是4万户,而非1万户。

# 第一章
## 元朝在江西的统治

大德十年（1306年），分拨袁州路宜春县29750户给世祖忽必烈第三斡耳朵，计钞1190锭，分拨袁州路万载县29750户给世祖第四斡耳朵，计钞1190锭；

皇庆元年（1312年），分拨南康路65000户给晋王甘麻剌（忽必烈之孙，真金太子长子），钞数不明①；

延祐三年（1316年），分拨江州路德化县29750户给伯蓝也怯赤（忽必烈次子真金太子皇后），计钞1190锭；

天历元年（1328年），分拨南康路给豫王阿剌忒纳失里（忽必烈第七子西平王奥鲁赤曾孙）作为封地，封户、钞数不明②。

元代宗亲、勋臣在江西的封户有如下特点：

首先，元朝在江西的分封主要发生在世祖朝，尤其是至元十八年（1281年），其后的成宗朝、武宗朝、仁宗朝和文宗朝相继有所增加。至元十八年（1281年）分拨给宗王、勋臣的民众共计799279户，其中江西地区有462000户，占58%；元代江西共有839250封户③，其中分封于至元十八年（1281年）的占55%，世祖朝分拨的封户则有538000户，占江西总封户的64%。

其次，江西的封户主要是分拨给成吉思汗第四子拖雷一系中的忽必烈诸子、后妃、阿里不哥等，成吉思汗直系亲属中的诸叔、诸弟和后妃有小部分封户，只有极少是拨给勋臣的，驸马、公主等在江西地区则没有封户。这种分封格局或许与江西的地理位置有关。因为，拖雷一系既然是蒙元帝国的核心部分，那么，体现在分封上，拖雷系所封食邑亦尽可能位于核心部位。江西恰位于江南三省的中部，故对应地主要成为拖雷系的封地。江西839250封户中，分拨给拖雷系的有652250户，占总数的78%，皇太子真金的封地更是位于江西的核心地区——隆兴（龙兴）。

最后，江西封户众多。《元史·食货志·岁赐》记载的江南封户约194万户，其中江西地区有近84万户，占总数的43%。这与江西地区的封主多为元朝最尊贵的宗亲，故所得最多有关。如太子真金的封户高达105000户，是元代拥有江南

---

① 《元史》卷九五《食货志三·岁赐》未记载分拨给晋王甘麻剌的南康路65000封户所纳户钞。若依每万户纳钞400锭计，当有2600锭。

② 《元史》卷九五《食货志三·岁赐》在"阿剌忒纳失里豫王"下记有"天历元年，分拨江西行省南康路"，未明言封户数量与户钞数额。

③ 未包括天历元年（1328年）分拨给豫王阿剌忒纳失里的南康路不明数量的封户以及后妃、爱育黎拔力八达在吉安的封户。

封户最多的封主。居于第二位的是忽必烈幼弟阿里不哥,拥有抚州104000封户。各宗亲、勋臣在江西的封户约占江西官方统计总户数(279万户)的30%。有些地方比例更高,如在赣州路约占78%①,在抚州路约占48%②,在南丰州约占44%③,而南康路在皇庆元年(1312年)将65000户分拨给当时的仁宗生父晋王甘麻剌后,封户约占该路总户数的68%,到天历元年(1328年),又有部分人户分拨给豫王阿剌忒纳失里。

元廷将江西地区的民众大量分拨给宗王、勋臣,对江西的影响,主要体现在政治统治、行政建制和经济三个方面。

政治统治方面,元朝规定,诸王分地的达鲁花赤(一地最高监临官)可经封主举荐,由朝廷任命,以保证封主的利益,并在一定程度上体现封主的权利,故,各封地达鲁花赤中有相当一部分是封主的宿卫、近臣等私属人员,部分总管、县尹等亦是封主的亲旧。如隆兴路(龙兴路)成为太子真金的封地后,真金召宋衢严格选任该路达鲁花赤④;南昌富民伍真父,资甲一方,娶诸王女为妻,充龙兴路总管⑤;信州路永丰县达鲁花赤火失答儿是受永丰封主势都儿派遣来任职⑥。封主所选达鲁花赤虽然与总管、县尹等流官共同署理政务,但因达鲁花赤为掌印官,拥有最后决定权,故能对政务施加相当的影响,有些达鲁花赤甚至借封主之势巧取豪夺,鱼肉乡民。另,有些封主还在封地设置投下私属官府,专门管理封户,催办差役,如服务于太子真金的詹事院下设江西财赋提举司,专掌真金在江西的事产、户口、钱粮、造作等事,真金的怯薛在上高县的8000封户则专设户计司管领。这些投下私属官府与朝廷所设官府不相统摄,对地方政务造成很大干扰。《元典章》中的一段公文反映了分宜和万载两县的投下私属官府对地方政务的影响:

---

① 据《元史·地理志五》,至元二十七年(1290年)赣州的官方统计人口数是71287户,成吉思汗三个斡耳朵在赣州的封户是56000户。
② 至元二十七年(1290年)抚州的官方人口统计数是218455户,阿里不哥大王在抚州的封户是104000户。
③ 至元二十七年(1290年)南丰州的官方统计人口数是25078户,答里真大王在南丰的封户是11000户。
④ 《元史》卷一一五《裕宗传》。
⑤ 《元史》卷一八一《虞集传》。
⑥ 虞集:《道园类稿》卷四六《靖州路总管捏古台公墓志铭》。

# 第一章
# 元朝在江西的统治

延祐六年三月 日,袁州路奉江西行省札付来申,分宜县怯怜口(引者注:指私属人口)四千户长官司、万载县三千户计勾当,元拨户设置止是催办本投下差役,今恃倚别无亲管上司钤束,又与本路不相统摄,往往违例受理刑名词讼,擅便断决,妄招户计,影避差徭,相关有司约问事理,迁延岁月,不能杜绝。又每岁合办钱粮、差发,本路官吏圆签认状,分宜、万载县出给印信由帖,本司另设主首、保甲催办,民受重扰。岁终不能齐足,负累有司,实伤治体。①

从该公文可看出,投下私属官府对地方政务的干扰来自以下几个方面:一是"违例受理刑名词讼,擅便断决",干扰地方司法;二是"妄诏户计,影避差徭",搅乱地方户籍与赋税科差制度;三是不与地方官府配合,拖延政务的处理进程;四是另设催征科差人员,百姓受扰;五是届期没能完成催征任务,由地方官府赔付,累及地方财政。

行政建制方面,为保证封主不受各级地方官府的重重牵制,元廷适当提高部分封地的行政级别,以体现对宗亲、勋臣的怀柔之意,江西地区有几处行政建制或行政辖区因而出现相应的变动。南丰原是县级行政区,至元十九年(1282年),因其为答里真大王封地,遂升格为州,直隶江西行省。丰城县因隶属皇太子真金位下,至元二十三年(1286年),升为富州,又改"隆兴"为"龙兴"。至元二十九年(1292年),因铅山为别里古台大王封地,元廷将上饶县乾元、永乐二乡和弋阳县新政、善政二乡划归铅山,升其为州,直隶江浙行省。

经济方面,宗亲、勋臣在江西的封户近84万户,以每户纳钞2贯计,每年江西地区上缴给宗亲、勋臣的户钞高达三万三千多锭。虽然其中的3/4不由民众直接承担,但相对于元中期江西行省六万余锭的商税、各五万余锭的夏税和酒税而言②,户钞位居第五,不可谓不重。此外,各地官吏为讨好贵为皇亲国戚的封主,往往在额定的户钞之外,尽力多缴,如江西行省曾想将超收的四十七万贯岁课献给皇太子真金,这个数字是当时真金在龙兴路户钞的近9倍③。另,封

---

① 《元典章》新集《刑部·诉讼·约会·户计司相关词讼》。

② 商税、夏税、酒税数字分别见《元史》卷九三《食货志一》、卷九四《食货志二》,均指元代的江西行省而言,非今日江西辖境。

③ 按:此事发生在世祖至元时期,当时每户纳户钞500文。真金在龙兴路有封户105000户,户钞共计52500贯。此次上献的470000贯,相当于真金额定数钞数的近9倍。这次上献被贤明的真金拒绝。

主们还凭借权势控制了江西某些重要财源，使之成为户钞之外的另一项重要收入。如瑞州路上高县的蒙山银场银课巨大，而瑞州最初是拨给怀宁王海山的，当海山成为元武宗后，该路转为皇太后的汤沐邑①，由皇太后下辖的徽政院直接管理，其主要官员由皇太后经徽政院直接任命，银课则直接上缴徽政院。至于封主选派的达鲁花赤倚势强取豪夺，可能比较普遍。如龙兴路达鲁花赤达纳任满之时，"藏获（引者注：当作'臧获'）数千指，牛羊马驼蹄角亦数千，田屋、资货犹不与"②。他不仅拥有大量牲畜、田产，还占有数百名驱口。这些东西先由达纳献于封主真金皇后伯蓝也赤，再上献于忽必烈。

宗亲、勋臣在江西地区拥有大量封户，是元代江西政治、经济生活中的重要特点。封主们虽然身不在江西，但产生了重要而广泛的影响：部分官吏直接来自封主，将封主的政治、经济、司法影响带至江西；有些江西人通过结纳封主，踏上仕途；有些蒙古、色目人则通过管领封地踏足江西，接受汉文化的影响，成为汉化的代表。

---

① 即瑞州路上交的户钞主要作为皇太后的汤沐之资。
② 《牧庵集》卷十一《普庆寺碑》。"臧获"是对奴婢的贱称。

# 第二章
## 元代江西的经济

### 第一节
### 人口、土地、赋役与诸色课程

　　人口和土地数量是一个政权必须掌握的基本数据。元朝的户口登记制度不够完善，唯一一次全国性的户口统计发生于世祖至元末期，数据却不够准确。元朝的户籍制度颇具特色，实行的是诸色户计制度。"色"即种类，"计"指账簿，"户计"即户籍。诸色户计制度是根据人户的种族、等级、职业、所属机构等多种标准进行分别登记，以便让他们承担国家运行所需的各种义务。人户一旦籍入特定户计，一般不能随意更动，且子孙世袭，除非政府根据特定需要重新划定。这是元朝户籍制度的一个显著特征。同时，元代户籍按财产和丁口状况，分为三等九甲，即实行户等制。元代的江西地区亦实行诸色户计制度和户等制。

　　元朝政府对全国的土地数字也无法准确掌握，由此造成的国家赋税流失、民众负担不均曾是元廷试图加以解决的问题。当仁宗时期声势浩大的"延祐经理"以虚增税粮告终而没有达到清丈田亩的最终目的后，元廷遂放弃此类努力，故元朝的土地籍册与实际占有状况一直存在较大差距。江西地区虽有部分地方官为此努力，但成效有限，贫民产去税存、富者田多税少的弊端始终存在。民田和官田是元代江西地区分属于民间和官方两大系统的田土,而以前者为主。

基于土地和人口的元代赋役制度比较复杂,包括税粮、科差、杂泛差役、和雇和买诸多名目;江南不同北方,江南三省之间亦有所不同。其中,税粮是江南民众最重要的负担,科差对江南民众影响较小,摊派杂泛差役时存在放富差贫的现象,本是应急而产生的和雇和买在元代成为常制。江西地区的多数民众均有这些负担和义务。

诸色课程是指税粮、科差之外的各种税收,主要针对商业、采冶、打捕、酿造、养殖、畜牧等非农业生产活动征收,是国家财政收入的重要组成部分。江西作为江南经济比较发达的地区,其税课收入相当可观,但本节只略述其中几项,其余将在各相关产业中详述。

## 一、人口与户籍

元朝在灭宋的过程中,比较注意接收各地的户口登记册。至元十二年(1275年)三月,元军占领江东部分地区,得2府、5州、2军、43县,831852户,1919106口,饶州、信州可能在其中。十一月,南宋江西转运使兼隆兴知府刘槃开城投降,元江西都元帅府传檄各地,江西诸郡相继降元,元军据有江西6府州、4军、56县,接收各地户籍,得1051829户,2076400口。依以上数字计算,江东地区平均每户2.31口,江西诸郡平均每户1.97口,与宋代的户口统计制度相符,显然是宋末的户籍册。

占有江南后,元廷将北方的诸色户计制度推广到江南(此待后文详述)。至元后期,南方渐趋稳定,元朝便在江南实行大规模的户口登记。至元二十六年(1289年)二月,忽必烈下诏,"籍江南户口,凡北方诸色人寓居者亦就籍之"[①]。十月再次下诏。登记办法是:包括诸王所属人户、山林隐居人户和江河湖浮居人户在内的各类人户均在登记范围之内;各类人户自行赴所在府州司县登记,登记后,由官府给付印押户贴;各类人户编立保甲,互相监督,以防止擅自迁移;隐漏瞒报,处以死罪;邻里知漏报而不告发,处以杖刑一百零七下。从内容看,这次登记的人户范围广,违者处治严,给江南社会造成了很大骚动,以致忽必烈在至元二十八年(1291年)三月亲下诏旨,安定人心。

江西这次户口登记的部分结果保留在《元史·地理志五》中,列表如下:

---

① 《元史》卷十五《世祖纪十二》。

# 第二章
## 元代江西的经济

| 政 区 | 户 数 | 口 数 | 户均口数 | 备 注 |
|---|---|---|---|---|
| 饶州路 | 680235 | 4036570 | 5.934 | |
| 信州路 | 132290 | 662258 | 5.006 | |
| 铅山州 | 26035 | 缺 | | 至顺钱粮数 |
| 龙兴路 | 371436 | 1485744 | 4.000 | |
| 吉安路 | 444083 | 2220415 | 5.000 | |
| 瑞州路 | 144572 | 722302 | 4.996 | |
| 袁州路 | 198563 | 992815 | 5.000 | |
| 临江路 | 158348 | 791740 | 5.000 | |
| 抚州路 | 218455 | 1092275 | 5.000 | |
| 江州路 | 83977 | 503852 | 6.000 | |
| 南康路 | 95678 | 478390 | 5.000 | |
| 赣州路 | 71287 | 285148 | 4.000 | |
| 建昌路 | 92223 | 553338 | 6.000 | |
| 南安路 | 50611 | 303666 | 6.000 | |
| 南丰州 | 25078 | 128900 | 5.140 | |

对上表需要说明的是：首先，上表所列只是这次户口登记的部分结果。因元代实行诸色户计制度，各类人户在登记时被予以区别对待。上表所列可能主要包括民户、站户、儒户、匠户等，僧道等特殊人户可能未包含在内；北方侨寓户早在至元二十一年(1284年)已经单列；至于军户，其数量属重要机密，可能根本未列入登记范围。故，有些地方志所载元代的户口数与上表所示相左。如上表中抚州路有218455户，弘治《抚州府志》则载元代该路南北户共计218977户，后者比前者多522户。元代在江南地区只进行过这一次全面的户口统计，两个数字均应是这次统计的结果。那么，这多出来的522户很可能是"北户"，即从北方迁居抚州者。此外，抚州路还有僧、道、尼、女冠13787名，未显示在上表中。同样的情况也出现在南安路。上表载元代该路有50611户，嘉靖《南安府志》引旧志所载，元代该路有南北户51667户，二者相差1056户。这1056户很可能也是"北户"。

其次，应审慎对待上表所列数字。除部分人户未包含在上表外，细看上表，可以发现，除饶州、信州、铅山州、瑞州和南丰州外，其余路州户均口数均为整数。饶、信等五路州中，前三者隶江浙行省，后二者属江西行省，而瑞州路户均口数亦十分接近整数。如果采用百衲本《元史·地理志》所载瑞州户口数,那么,瑞州路有144472户,722360口,平均每户恰是5口。再查《元史·地理志》,可以发现相似的情况亦出现在江西行省所辖而今属广东省的各路州户口中。兹列表如下:

| 政　区 | 户　数 | 口　数 | 户均口数 |
| --- | --- | --- | --- |
| 广州路 | 170216 | 1021296 | 6.000 |
| 韶州路 | 19584 | 176256 | 9.000 |
| 惠州路 | 19803 | 99015 | 5.000 |
| 南雄路 | 10792 | 53960 | 5.000 |
| 潮州路 | 63650 | 445550 | 7.000 |
| 德庆路 | 13705 | 32997 | 2.408 |
| 肇庆路 | 33338 | 55429 | 1.663 |
| 梅州路 | 2478 | 14865 | 6.00 |
| 南恩路 | 19373 | 96865 | 5.00 |
| 封　州 | 2077 | 10742 | 5.172 |
| 新　州 | 11316 | 67896 | 6.000 |
| 桂阳州 | 6356 | 25655 | 4.036 |
| 连　州 | 4154 | 7141 | 1.719 |
| 循　州 | 1658 | 8290 | 5.000 |

上表显示,除封州和桂阳州两地户均口数较正常外,其余路州,或太过整齐,或少至1.663人,或多至9人,均不正常。再查户口登记时属江西行省、至元三十年(1293年)划归湖广行省的兴国路(治今湖北省阳新县),《元史·地理志》载其50952户,407616口,每户平均8口,也是一个不正常的数字。

那么,是不是元代户口登记要求将数字略作处理呢?查梁方仲《中国历代户口、田地、田赋统计》对元代各行省户均口数所作统计,除陕西行省奉元路(治今陕西省西安市)、江浙行省宁国路(治今安徽省宣城市)和集庆路(治今江苏省南京市)外,其余户均口数都不是整数。可见,元代没有对户口数字略作处理的制度性要求。江西之所以会出现如此整齐划一的户均口数,唯一的解释就是行省和各级地方官员基于种种原因,对数字进行了处理,换句话说,江西行省的户口登记存在造伪现象①。

---

① 关于元代江西户口登记造伪,部分参考了日本学者植松正的《元代江南社会政治史研究》,第90页。

# 第二章
## 元代江西的经济

但是,通过与其他史料进行比对,可以发现,这些经过造伪的数字也不是虚得太过离谱。以抚州为例,《元史·地理志》和抚州地方志均载元代抚州有21万多户,这一点得到崇仁人虞集的证实。他曾明确说抚州人口繁阜,在20万户之上。上表载南丰州有25000多户,邑人刘壎亦说元初南丰户数2万余,王澄则在元末说该州"户不满三万"[①],均与《元史·地理志》所载相差不大[②]。由此,《元史·地理志》所载至元后期江西的户口登记数虽不实,但仍可部分地作为分析元代江西人口状况的依据。

最后,对饶州路的户口数字尤应慎重。上表显示,至元后期饶州路户数为680235,居全国第二位,口数为4036570,位列第一。这有悖于南宋以来饶州人口发展并无特出之处的情况。再分析该路下属州县的行政等级。其辖下有3个中州、2个上县和1个中县。元制,户数5万至10万者为中州,4万、5万者为下州,3万户以上为上县,1万户以上为中县,附廓县户数虽多,也不升格为州。据此,以上限计算,该路余干、乐平、浮梁3个中州各计9.9万户,上县德兴计3.9万户,中县安仁计2.9万户,附廓县鄱阳乃大县,计9.9万户,6州县合计也不过46.4万户,距68万户尚差21.6万户。故饶州路的户口数明显有误。有学者认为,《元史·地理志》所载饶州路户口数实际是该路所在的江东建康道肃政廉访司所辖宁国、徽州和饶州三路户口的合计。若减去前两路的户口数,所得290226户、2049567口,便是饶州路的户口数字[③]。

除发生在至元后期的全面籍户之外,江西某些路州还进行过局部的户口统计,如瑞州路有至治二年(1322年)的籍户数,较至元数多出382户[④],龙兴路有至正年间的籍户数,较至元数减少169643户,346046口[⑤]。

由宋至元,江西各路州人口有升有降。总体上看,多数路州几乎没有经过抵抗便成为大元版图,战争对这些地区的人口没有很大影响,加之南宋末年和入元以后,外来人户陆续迁入江西,使部分路州的人口在南宋的基础上有所增长。这时迁入的人口主要停留在江西的中北部。南宋末,四川最先受到蒙古攻

---

① 王澄:《重创鼓楼记》,载王墍、程三省等纂修:万历《南丰县志》卷七《艺文志》,台北成文出版有限公司1989年版。
② 按:也许虞集、刘壎亦是据官方登记的户口数而言,但已无从考究。
③ 葛剑雄主编:《中国人口史》第三卷《辽宋金元时期》(吴松弟著),复旦大学出版社2000年版,第324页。
④ 陶屡中等纂修:崇祯《瑞州府志》卷十《户田志一》,台北成文出版有限公司1983年版。
⑤ 范涞修,章潢纂:万历《南昌府志》卷七《典志类·户口》,台北成文出版有限公司1989年版。

击,荆湖继之,两地人士流寓江西者颇多,江州为此特建景星书院,以养淮蜀之士;南康路曾收容流亡4万余口;江北流民70余人则长期活动在赣中的临江、富州一带,因得不到妥善安置,结党400余人,发展成祸害地方的一股势力;赣东北则因位处三地交界处,北方南徙之人多有侨寓于此者。元代江西以临江、瑞州两路人口增加最为明显,抚州、信州、建昌较南宋后期略有减少[①];中南部的南丰、赣州等地人口损失较大。南丰陈捷、江七龙在响应文天祥失败后,所领士卒"死于兵刃者甚众,士民之不及避者死尤众,横尸路衢,府寺、民庐、廛肆一炬几尽"[②]。南丰在开庆元年(1259年)主客户共计49300多户,元初仅存2万余户,人口损失超过一半。入元以后人口减少最明显的是赣州路。该路不仅深深卷入文天祥的抗元之战,有些属县由宋入元的战争也进行得异常惨烈,其后又成为至元时期民众起事的频发地区。如上犹县在至元十六年(1279年)被元军攻陷后遭到屠城,"邑廨舍仓库及一千四百一十六家之生灵玉石俱焚,纵有苟免于城者,又不免于四境,万有余人同日而死"[③]。加上人户的逃亡,次年,该县城中仅存72家。由此,赣州路的官方统计人口由宝庆年间(1225—1227年)的321356户减为至元中期的10万户以上[④]。至元二十年(1283年)以后,该路又受到福建钟明亮起事的波及,人口再减,石城县民胡廉在起事平息后回归故里,"满目蓬莱,死者过半,田无人耕。一二邻旧虽为编茅盖头,然稿(引者注:当作'槁')无生意"[⑤]。至元二十七年(1290年)进行户口登记时,赣州路只剩71287户,仅及宝庆户数的22%。南宋绍兴(1131—1162年)初,赣州已有"地广人稠"[⑥]之称,到元代,许多村镇沦为狐豹出没之所,偌大的信丰县,元代只有4179户,20780口(时龙南并入信丰)[⑦],而龙南、安远二县则因人口稀少,在至元二十四年(1287年)到至大三年(1310年)间一度被废除。

元代江西境内的人口分布基本延续了南宋以来的趋势,以鄱阳湖沿岸、赣

---

① 详见下文《宋元江西人口密度表》。
② 刘壎:《水云村泯稿》卷一三《汀寇钟明亮事略》,清道光爱余堂刊本。
③ 黄文杰:《上犹县治记》,载陈奕禧等修、刘文友等纂:康熙《南安府志》卷十八《艺文志上》,台北成文出版社有限公司1989年。
④ 按:至元二十年(1283年)定诸路等级,规定十万户之上者为上路。《元史·地理志》载赣州路为上路,可知其在至元二十年左右户数在十万以上。
⑤ 吴澄:《吴文正公全集》卷三五《石城胡际叔妻徐氏墓表》。
⑥ 徐松辑:《宋会要辑稿》方域六之二六,中华书局1957年版。
⑦ 嘉靖《赣州府志》卷四《食货·户口》。

# 第二章
## 元代江西的经济

江中下游及其主要支流所在的平原为人口的主要聚集区。下表显示了宋元时期江西各地人口密度的变化:

**宋元江西人口密度表(单位:户/平方公里)**

| 政 区 | 太平兴国五年<br>(980年) | 元丰元年<br>(1078年) | 崇宁元年<br>(1102年) | 南宋<br>中后期 | 至元二十七年<br>(1290年) |
|---|---|---|---|---|---|
| 龙兴<br>(洪州、隆兴) | 5.5 | 13.7 | 13.9 | | 19.9 |
| 瑞州(筠州) | 9.4 | 16.1 | 22.6 | 18.4[I] | 29.3 |
| 袁州 | 9.7 | 15.8 | 16.1 | | 24.1 |
| 临江 | | 18.4 | 18.9 | 20.8[II] | 32.6 |
| 抚州 | 6.2 | 15.8 | 16.3 | 25.0[III] | 22.2 |
| 建昌 | 2.5 | 15.3 | 21.5 | 22.4[IV] | 15.6 |
| 吉州(吉安) | 5.5 | 11.8 | 14.5 | | 19.2 |
| 赣州 | 2.8 | 3.2 | 9.0 | 10.6[V] | 2.4 |
| 南安 | | 5.7 | 6.0 | | 8.1 |
| 饶州 | 3.1 | 12.5 | 12.5 | | 19.3 |
| 信州 | 3.0 | 9.9 | 11.5 | 15.0[VI] | 11.3 |
| 江州 | 4.2 | 16.6 | 14.7 | | 14.6 |
| 南康 | 6.2 | 16.3 | 16.3 | | 22.1 |

资料来源:葛剑雄主编,吴松弟著:《中国人口史·辽金宋元时期》,第495—496页。

说明:I:宝庆二年(1226年)数;II:咸淳五年(1269年)数;III:景定三年(1262年)数;IV:开庆元年(1259年)数;V:宝庆二年(1226年)数;VI:绍熙二年(1191年)数。

元代的江西是全国人口最稠密的地区之一。据《元史·地理志》及饶州路户口修正数,元代江西地区约有240万户,1200余万口,较南宋嘉定十六年(1223年)的268万户略有减少。至元末,全国总户数约1400万①,江西占17%,基本延续了南宋时期在全国人口中的地位。据研究,元代江西地区的人口密度约为16户/平方公里,仅次于包括杭州、镇江、苏州、台州、太平州、池州、江宁等在内的江南地区(约相当于今浙江、上海两省市及安徽、江苏两省南部,其元代人口密度为27户/平方公里)而居第二位②。另,至元二十年(1283年),元朝规定,"十万

---

① 吴松弟:《中国人口史·辽宋金元时期》,第259页。
② 吴松弟:《中国人口史·辽宋金元时期》,第474—475页,第495—496页。

户之上者为上路,十万户之下者为下路。当冲要者,虽不及十万户亦为上路"①。江西13路中,9路为上路,只有江州、南康、建昌、南安4路为下路②。元贞元年(1295年)五月规定,"户至四万五万者为下州,五万至十万者为中州",上州户数自然在10万之上。经过调整,"凡为中州者二十八,下州者十五"③。江西境内有18州(上州1个,中州10个,下州7个),其中有12个是在这次调整中由县升格为州的,占元贞元年县升州总量(43州)的28%,由此可见江西地区人口的繁富。

元代江西的户口登记与其他地区一样,实行的是诸色户计制度。江西的诸色户计分类始于何时,史无明载,但江南儒户的定籍始于至元十三年(1276年)的入元之初④,可能民户、僧道户等户计的分类也始于此时,其他户计则设置于政府需要的时候,如站户划定于创设驿站系统之初,投下户始设于分封之际,等等。至元二十七年(1290年)进行户口登记时,多参照元初的户籍,其后的户计纠纷则多以至元二十七年(1290年)户籍为定。

江西地区以民户为主。所谓民户,是指除儒户、军户、站户、投下户等各种专有名目之外登记在册的人户,其中既有城市居民,亦有乡村居民,而其主体是农民,是国家赋税差役的主要承担者。此外,江西还有许多户计。

站户:元代江西境内共有100多处驿站,分为马站和水站两种。南方签发站户以税粮为标准,马站户"以粮七十石出马一匹为则。或十石之下,八、九户共之,或二、三十石之上,两、三户共之",或"纳粮百石下、七十石之上,自请独当站马一匹"⑤,即原则上以70石税粮出站马1匹,粮多者独自承担1匹站马,少者数户共同承担。因水运成本低于陆路,签发船户(水站户)的标准低于马站户。《经世大典》记载了至元(1264—1294年)末期江西地区除饶州路3处水站和赣州路3处权设水站之外的40处水站的船只数和船户数量,共有站船389只,船户中正户2454户,贴户6578户,二者合计9032户。若加上饶州路和赣州路6处水站

---

① 《元史》卷九一《百官志七》。
② 至元二十七年(1290年)户口统计时,赣州路只有7万多户,不及10万户,但《元史·地理志》载其为上路。可能在至元二十年时,赣州路超过10万户,后经历黄华、钟明亮起事,人口减少;或者,因赣州是岭南岭北的交通要地,乃"当冲要者",因而列为上路。笔者倾向于前者。
③ 《元史》卷一八《成宗纪一》。
④ 佚名著,王颋点校:《庙学典礼》卷三《抄户局攒报儒籍始末》,浙江古籍出版社1992年版。
⑤ 解缙、姚广孝等:《永乐大典》卷一九四一八《经世大典·站赤》"至元二十五年二月"条,中华书局1960年影印本。

# 第二章
## 元代江西的经济

的船户,元代江西地区约有船户1万户左右。江西马站户的数量缺乏明确记载,估计不超过3万户①。以此推测,当时江西地区约有4万户站户。"民之受役,莫重于站赤"②,站户属于负担较重的户计之一。如崇仁人杨汝玉入临川云山马站充站户,入站之初有6顷多田地,家境殷实,10余年后,因"当站困乏,节次出卖田产"③,直至一无所有。至元后期,龙兴、吉州、赣州有些人户由民户改签为水站户,当站数年,一直未能蠲免其作为民户时的种种负担,承担着民户与站户的双重责任,困窘可想而知。至于临江路的马站户因"连年倒死马匹",出卖田土,自购好马当役,官吏却妄称这些好马系老弱之马,不予烙印,然后勒令站户高价收买官吏所售之马,以致"逼人身死"④这类事情,可能并不罕见。

军户:元代江西境内驻有多个万户府,士兵有些是来自北方的汉军,其户籍在原籍;有些是由原南宋军队改编而来的新附军,部分新附军的家口就在江西,属于军户。如宁都州民多军户,隶南安万户府;抚州路民户黎孟一的叔叔黎千三,南宋时为寨兵,入元后,被编入新附军籍。黎千三死后,万户府强行将黎孟一改充军户,被制止。另外,成宗大德二年(1298年),赣州路新设南安寨兵万户府屯田1处,"发寨兵及宋旧役弓手,与抄数漏籍人户,立屯耕守"⑤,共有3265户,可能全系军户。元代军户由各万户府管辖,中央枢密院总辖,地方官府无从掌握具体数字,故元代江西军户数量不明。

儒户:至元十三年(1276年),江南分拣儒户,"亡宋登科发解、真材硕学、名卿士大夫"等均应编入儒籍。但是,当时官府草创,儒籍多"止凭坊里正人等取到诸色户数,一时报应须知"⑥,加之许多人避乱离乡,元初登记儒籍多有遗漏,如孔子五十四代孙孔雷龙、范仲淹子孙、饶州名儒傅初庵等均未列其中。后,江南各儒学教授、教谕、书院山长等陆续添补儒户。至元二十七年(1290年)户口登记时,儒户根据"手状"(自行申报)入籍。江西是宋元时期的文化昌盛之区,儒户数量应不会太少,但缺乏具体数字,只知部分路州确有儒籍。如信州路在

---

① 参阅吴小红《元代江西驿站及站户考》,载《江西师范大学学报》(哲社版)2000年第3期,第144—151页。
② 黄溍:《金华黄先生文集》卷二四《定国忠亮公第二碑》。
③ 《永乐大典》卷一九四二〇《经世大典·站赤》。
④ 《元典章》卷三六《兵部三·驿站·违例·官吏货中站马》。
⑤ 《元史》卷一百《兵志三》。
⑥ 《庙学典礼》卷三《儒户照抄户手收入籍》。该公文所述为江浙行省之事,江西的情况可能与此相似。

入元之初籍定儒户,至元二十七年(1290年)登记户口时,只有4户在历经10多年后,情况未发生大的改变;抚州路临川县入元之初"正儒籍"时①,吴长翁名在前列,同县丁应桂亦隶儒籍,任县学教谕。

匠户:元代的手工业分官府手工业和民间手工业两大系统,在官府手工业局、院、场中从事生产的工匠便是匠户。元代江西地区设有诸色人匠提举司、江西织染田赋局、赣州路纹锦局等官营手工业机构,建昌路和抚州路亦有官营丝织机构。这些机构均有专属匠户,如江西诸色人匠提举司管领着1000多匠户,抚州路的织锦工某"尝籍于官,竟遁入武昌"②,赣州路"纹锦局吏窜毁匠籍"③等。

僧户、尼户、道户、女冠户等宗教户计④:这些宗教户计的义务是"告天祝寿",在赋役方面享有种种优待,属负担较轻的户计之一。至元二十八年(1291年),全国仅僧、尼就有21万余人⑤。元代江西地区仅抚州路就有僧、尼、道、女冠共计13787户⑥。元代的僧道户,"大约是一处为一户"⑦,即一寺、一庵、一宫或一观计作一户,每户人口多寡不等。如此,元代仅抚州路有寺庵、宫观13000余处,僧、尼、道、女冠的总数可能超过儒户、匠户、站户等户计。

据崇祯《瑞州府志》,"元制,户有南人户、北人户、军户、匠户、儒户、民户、医户、站户、弓手户、铺兵户、打捕户、僧民户、道士户、客户、元管户、生户、炼银户、老幼残疾户"⑧。从"炼银户"乃指瑞州路上高县蒙山银场的冶户分析(详见本章第四节"蒙山采银业"),此处所谓"元制"下的诸色户计,应是该路分类登记的各类人户,可见,当时江西地区在上述人数较多的民户、站户、军户、儒户、匠户等之外,还有数量相对较少而种类庞杂的诸色户计,如医户、弓手户、铺兵

---

① 李存:《俟庵仲公李先生文集》卷二五《舅氏隆卧先生吴公墓志铭》。
② 宋濂:《宋学士全集》卷十《元故文林郎同知重庆路泸州事罗君墓志铭有序》,四部丛刊初编集部。
③ 黄溍:《金华黄先生文集》卷三三《茶陵州判官许君墓志铭》。
④ 据弘治《抚州府志》卷十二《版册一·户口》,"僧、道、尼、女冠曰名",即这四种宗教户计总称为"名户"。下文"13787户"即元代抚州路的名户总数。
⑤ 《元史》卷十六《世祖纪十三》。
⑥ 弘治《抚州府志》卷十二《版册一·户口》。
⑦ 陈得芝主编《中国通史》第八卷《中古时代·元时期(上)》,第770页。
⑧ 陶屡中等纂修:崇祯《瑞州府志》卷十《户田志一》,台北成文出版有限公司1983年版。文中将"南人户"、"北人户"与军户、匠户等并列,此南北"人户"应是民户。

# 第二章
## 元代江西的经济

户、打捕户、客户、老幼残疾户、元管户、炼银户等。此外,还有未见诸崇祯《瑞州府志》的淘金户、阴阳户、投下户、乐户、牧马户等户计。

医户:元朝规定路州县设医学三皇庙,教育和管领医户。江西绝大多数的路和部分州县设有三皇庙,有一定数量的医户(详见本书第五章第一节"官学")。

弓手户:弓手户是维持地方治安的人户。江南签发弓手以税粮为标准,每10石税粮签发弓手1名①。江西各路州县均有这种人户,但数量不多。

铺兵户:元代江西地区设有比较完备的急递铺系统,用于传递军政文书。铺兵主要从民户签发而来,身份世袭,成为铺兵户(详见本章第五节"驿站和急递铺")。

打捕户:打捕户是以狩猎为主、上贡皮货和羽毛等物的人户。皇庆元年(1312年)前,南康路曾设有打捕提领所。

客户:据史料分析,元代之"客户"似指江南没有田产而靠受雇于人为生者,与宋代的"客户"有继承关系②,或许也有乡村客户与城郭客户之分。至元十九年(1282年)山南湖北道按察司副使杨少中曾主张"将前项地客(引者注:指佃户)户计取勘实数,禁治主家科派,使令地客与无税民户一体当役"③,即建议分立客户户籍,令其当役。因事关中书省户部,山南湖北道按察司的上级机关御史台未置可否。从瑞州路的情况分析,后来江西部分地区立有客户户籍,立籍时间可能是在延祐七年(1320年)开征包银之际,因为包银的征收对象是"江南无田地人户"中的"做买卖、有营运殷实户计"④,故须对城乡无田产者进行登记,如饶州路便"立局籍民数"⑤。除部分从商的殷实客户短暂地交纳过包银外,元代的客户对国家基本上没有赋役义务,即"江南无田地人户是甚差发不当"⑥,乡村客户的主要负担是向佃主缴纳地租。

老幼残疾户:元制,"男子十五曰幼,年尚少也";"六十曰耆,言至老境无从

---

① 《元典章》新集《户部·赋役·差发·十石粮签弓手》。
② 《元典章》卷四二《刑部四·诸杀一·杀奴婢娼佃、主户打死佃客》中,将佃户称为"客户";租佃关系结束后,此佃户就不再是主户的"客户",即"作客过日,即非客户"。
③ 《元典章》卷五七《刑部十九·诸禁·禁典雇·禁主户典卖佃户老小》。
④ 《元典章》新集《户部·差发·江南无田地人户包银》。
⑤ 黄溍:《金华黄先生文集》卷三一《正奉大夫江浙等处行中书省参知政事王公墓志铭》。
⑥ 《元典章》卷二一《户部七·钱粮·科征包银》。

力役也";"七十曰老,蒿也,谓年高而言乱也";"疾病:终身之恶。药石难疗者谓之疾,偶有所苦曰病";"残疾:谓一目盲,二耳聋,手无二指,足无三指,手足无大拇指,久漏下,重大瘿肿也。废疾:痴、哑、侏儒、腰脊、折一肢疾者。笃疾:哑疾、癫狂、二肢折、双目盲之类"①。老幼残疾户应指家中仅有耆老、孤幼、残障、瘸疾或兼而有之,无法自存的人户。他们需要官府给予接济。此类人户,各地均有。

元管户:元代北方地区进行过乙未籍户(1235年)、壬子籍户(1252年)、至元七年籍户(1270年)等数次户口调查与户籍整理,其中,以前括户时曾经登记入籍、再次籍户时没有发生变动的人户称"元管户"。由此,只有进行过至少两次籍户的地区才有元管户。前文显示,瑞州路有世祖至元后期和英宗至治时期的两次籍户,则两次籍户时未发生变动者在至治户籍中作"元管户"。这两次籍户间隔30余年,能够躲开世事流转而寂然不动的元管户当为数不多。

冶户、淘金户:淘金户是从事淘金的户计,冶户则是从事采冶业的户计。乐平、乐安、富州、上高先后设有金场、银场或金银场,各场均有专隶的淘金户或冶户,如上高蒙山银场的冶户(炼银户)有3700户,龙兴路富州则有淘金户300家。

阴阳户:阴阳户是从事占卜、风水等职业的户计。元代各地设有阴阳学,教授阴阳户子弟,江西龙兴、抚州二路即设有该学(详见本书第五章第一节"官学")。

投下户:投下户是指分给诸王、公主、驸马、勋臣的人户,其中既有农民,也有工匠、猎人等,设有专门机构进行管理。如徽政院(管理皇太后位下钱粮、造作、选法等事的机构)辖下有江西财赋提举司、桑落娥眉洲管民提领所、龙兴打捕提领所、瑞州上高县户计长官司等,分别管理龙兴、江州、瑞州等地属于皇太后位下的人户。

乐户:乐户是承担各类官方仪式中奏乐和表演的人户,人数不多,吉安路儒学的重要典礼一度由乐户承当,后改由儒学生员为之。

牧马户:牧马户在江西地区较少,只知在后至元元年(1335年),顺帝拨庐州、饶州牧地100顷赐宣让王贴木儿不花,设达鲁花赤进行管理,故饶州当有牧

---

① 徐元瑞:《吏学指南·老幼疾病》,见杨讷点校《吏学指南(外三种)》,浙江古籍出版社1988年,第86—87页。

# 第二章
## 元代江西的经济

马户①。

至于崇祯《瑞州府志》中提到的"生户",笔者亦未审为何户计。

元代还有也里可温户(信奉基督教聂思脱里派者)、蛮失答户(职业伊斯兰教士)、盐户、糯米户、脂粉户等户计。由于笔者尚未发现江西的这类史料,无法确定当时江西地区是否存在这些户计。

元代在进行户口登记时,将各类人户依资产状况的不同分成若干等级,作为摊派徭役与和雇和买的依据,即实行户等制。元朝的户等制实施于中统五年(1264年),江南在至元十九年(1282年)实行,要求"验人户气力产业,品答高下,贫富均摊"②。划分户等的依据主要是土地,同时,由于江南土地肥瘠不同,产量相差很大,税粮数亦是重要标准。皇庆元年(1312年),江西改革里正、主首(属于差役)的差派方法,规定"粮多极等上户殷富者充里正,次等户充主首"③,即以户等为差派依据;龙兴路靖安县派役时,是"验户籍高下,以次受役"④;南昌县是"上户金鹭爵,轻重官崇卑。中户领盐据,运艖南海湄。大男附书至,名列中下资"⑤;抚州路金溪县是"户役一以资产高下为等第"⑥;饶州路安仁县(今余江)是"千中得一称上户"⑦;赣州路赣县是"其他赋役,皆以粮为差等,上焉以供海运,次应差役,下则供杂泛之劳"⑧,等等。这些说明,元代江西各地普遍实行了户等制,并以之作为摊派徭役的依据。从"粮多极等上户"和"以粮为差等"两句分析,江西确定户等的标准是税粮,多者为上。这是由江西的土地状况决定的。

综上所述,元初江西多沿用南宋户籍,至元二十七年(1290年)进行了大规模的人口登记,其数字保留在《元史·地理志》中,但不能真实反映元代江西的人口状况。元代江西人口的规模可能略小于南宋后期,是当时人口最稠密的地区之一;临江、瑞州等路人口增加较明显,赣州路锐减,人口的地域分布格局则

---

① 《元史》卷三八《顺帝纪一》。
② 《元典章》卷二五《户部十一·差发·验贫富科赴库送纳》。
③ 《元典章》卷二六《户部十二·赋役·户役·编排里正主首例》。
④ 吴澄:《吴文正公全集》卷三九《故承直郎崇仁县尹胡侯墓志铭》。
⑤ 刘绅:《田父辞》,载魏元旷辑《南昌诗征》卷一,台北成文出版有限公司1970年版。
⑥ 吴澄:《吴文正公全集》卷十九《廉吏前金溪县尹李侯生祠记》。
⑦ 李存:《番易仲公李先生文集》卷四《义役谣》,明永乐三年(1405年)李光刻本。
⑧ 苏天爵:《滋溪文稿》卷七《大元赠中顺大夫兵部侍郎靳公神道碑铭》。

未发生大的改变。江西实行诸色户计制度,以民户最多,儒户、站户、匠户、军户、宗教户计等相对较多。各类户计主要据税粮状况分成上、中、下三等,作为摊派徭役与和雇和买的依据,即实行户等制。

## 二、土地占有

据研究,传统中国各王朝,在籍土地数字与实际占有状况有相当的差距,且时代越后,中央政权对土地的实际控制能力越下降。至少自宋代以后,中央政权已无法掌握全国实际的土地数字。为了保证赋税的征收不至于逐年下降,中央政权只好采取维持原额的办法,即以前代征收赋役的一般情况作为新朝赋役征收的标准。元朝对江南亦如是。初下江南时,元军尽量保护故宋的土地、户口、赋税籍册,之后"因之以收赋税,以诏力役"①。如征收江南诸色课程时,"照勘旧额数目,比之今日见办课程到官数目,须要逐月增羡,依期比附羡余申报"②,即以故宋旧额作为征收课程的基础而略有更动。

入元以后,江西部分州县亦沿用故宋土地籍册。临川县益塘里王氏的坟山在元初被豪强占据,后,地方官府据故宋旧籍将坟山判归王氏③。但是,有些州县的故宋土地籍册在经历兵燹后被毁,如南丰,"咸淳中,南丰行自实法,凡有田者各书其户之顷亩租收实数,悉上于官,以为版籍……归附初,兵毁交至,籍书煨烬"④。有些州县的旧宋土地册虽在,但"吏漫其籍,官与民两病"⑤,即官吏故意涂抹改篡土地册,以便为某些人户逃避赋役提供方便。更重要的是,经历朝代更替和交易买卖,土地的所有权变动很大,"夫民力不齐,大者三十年,小者十年,强弱异矣"⑥,由此,清丈土地势在必行,否则将造成赋役分担不均。但是,世祖时期为避免"履亩增税,以摇百姓"⑦,在至元二十七年(1290年)登记江南户口时,本来要求一并登记事产,但实际上没有认真进行。元中期,为解决土地登记严重不实的弊端,仁宗下旨在江浙、江西、河南三省实行土地清丈(即

---

① 苏伯衡:《苏平仲文集》卷六《核田记》,四部丛刊初编本。
② 《元典章》卷二二《户部八·课程·江南诸色课程》。
③ 虞集:《道园类稿》卷四九《王母龚孺人墓志铭》。
④ 刘壎:《水云村泯稿》卷五《南丰郡志序目》。
⑤ 吴澄:《吴文正公全集》卷四三《故临川处士陈君墓碣铭》。
⑥ 吴海:《闻过斋集》卷一《美监郡编役序》,正谊堂本。
⑦ 《元史》卷十一《世祖纪八》。

# 第二章
## 元代江西的经济

"延祐经理")。这次清丈的结果是,河南行省总计官民荒熟田1180769顷,江西行省474693顷,江浙行省995081顷。由于今江西辖境在元代分属于江西、江浙两行省,而江西行省又包括今广东大部,故难以确知今江西辖境的田亩数。加之"延祐经理"亦没有真正实现清丈田亩的目的,最后以虚增税粮告终,所以,终元之世,土地籍册与实际占有状况一直存在相当大的差距。其后果是赋税不均,社会矛盾日渐加剧,导致元朝国祚不长。

为使土地册尽量反映实际占有状况,元代江西部分地方官进行了核产均税的努力。元初临川县尹郭某曾核实田产①;至元、元贞年间(1264—1297年),崇仁县达鲁花赤麻合谋"稽核版籍"②;大德年间(1297—1307年),金溪县尹赵某核实田产③;元中期,永新州判官杨景行奉吉安路之命,"核民田租,除划宿弊"④;元统年间(1333—1335年),抚州路总管府令乐安县达鲁花赤燮理溥化对临川县的田赋加以核实⑤,等等。但是,有些地区的核产均税效果甚微,如临川县经历了元初的郭某核产和延祐二年(1315年)的经理田亩,元统年间(1333—1335年),该县又恢复到"民籍之税不实"⑥的状态;而金溪县在核产以后的二三十年间,"簿书往往有缘绝,经界欲慢将安尤"⑦。

元代江西的土地分为民田和官田两大系统。民田是私有土地。官田属国家所有,有些继承自宋代,有些是强夺民田而来,有些是无主荒田收归国有,还有些则是没收或购买而来。元代江西的官田有多种名目,如学田、职田、屯田、赐田、没官田等。下文略作说明。

学田:元代江西绝大多数路、州、县都设有官学,有些州县还有系官书院。这些官学和书院多有一定数量的学田,"以供祭祀之牲币、粢盛器皿与师弟子之饮食"⑧。其来源有四。一是继承自宋代。据至元十九年(1282年)粗略统计,"江东、江西、浙东、浙西四道诸路、州、县学并杭州太学,赡学田产约有数万来

---

① 吴澄:《吴文正公全集》卷四三《故临川处士陈君墓碣铭》。
② 雍正《崇仁县志》卷四《名宦传十三》。
③ 危素:《危太朴文续集》卷一《休宁县尹唐君核田记》。
④ 《元史》卷一九二《良吏二·杨景行传》。
⑤ 虞集:《道园类稿》卷四八《傅民德墓志铭》。
⑥ 虞集:《道园类稿》卷四八《傅民德墓志铭》。
⑦ 李存:《俟庵集》卷二《金溪尹德政诗》,景印文渊阁四库全书本。
⑧ 虞集:《道园学古录》卷三五《吉安路三皇庙田记》。

亩"①,这些学田基本上是由宋相沿入元。同年,乐平修建慈湖书院,以故宋贡士庄田若干亩作为该书院的学产,且在其后的"至元二十七年抄籍,延祐二年经理田亩俱作赡学田土"②。抚州路学、临汝书院、临江路学等亦有相当数量的学田是宋代旧有学产。二是官府拨给。元朝规定,无学田的官学、书院,由官府从荒闲田土中酌情划拨。江西在南宋时期已是人稠地狭,估计以荒闲田拨作学产的情况不多。三是私人捐献。元代江西士人热衷办学,私人捐田助学的情况很普遍。如庐陵邓明远以其所得赏田之半捐给吉安路三皇庙学(医学),弋阳蓝山书院的学田来自张卿弼父子的购置及乡里的捐赠,富州贞文书院的学田亦是乡里好义者所捐。元代江西的新增学田,尤其是新建书院的学田多源于这种方式。四是购置民田,如南康路白鹿洞书院在元中期"视学田之入而节缩其冗泛,计其资之积可易民田百亩",南康路教授王肖翁"乃能亲行田,视其肥硗去取之,故所得皆上壤"③,即该书院以已力购置民田百亩。江西的这些学田并非全系官田。来源不同,性质亦不同。若继承自宋代或由官府拨给,则为官田;若系民间捐赠或书院购置,则为民田。

职田:职田是元代官吏俸禄的组成部分。元下江南后,于至元十五年(1278年)七月,"定江南俸禄职田"④,至元二十一年(1284)五月,再令江淮闽广"于无违碍系官荒闲地内"拨付官员职田⑤。江西部分官员拥有职田,如新城县(今黎川县)的职田比较荒瘠⑥;临川县尉一度没有职田,后经县尉张零向行省力请,获得了1顷原属于路治中的职田⑦。据弘治《抚州府志》,南宋理宗时期(1234—1264年),临川县有职田34顷24亩,金溪县有28亩多,元代抚州的职田很可能与前朝有渊源关系。总体说来,江西职田数量不多,且呈现日益减少的趋势,如抚州路五县的地方官到元中后期均没有职田了。职田属于官田,一般与民田无涉。

屯田:元代江西地区有1处军屯,即赣州路南安寨兵万户府屯田,起因是赣

---

① 《庙学典礼》卷一《省台复石国秀尹应元所献学田》。
② 危素:《危太朴文集》卷《乐平州慈湖书院赡学记》。
③ 虞集:《道园学古录》卷七《白鹿洞书院新田记》。
④ 《元史》卷十《世祖纪七》。
⑤ 《通志条格》卷十三《禄令·俸禄职田》。
⑥ 雍正《江西通志》卷六二《名宦六·建昌府·王暄》。
⑦ 吴澄:《吴文正公全集》卷十九《临川县尉司职田记》。

# 第二章
# 元代江西的经济

州路所辖信丰、会昌、龙南、安远等处,"贼人出没",成宗大德二年(1298年)正月,"以发寨兵及宋旧役弓手,与抄数漏籍人户,立屯耕守,以镇遏之"①。这处军屯共有3265户,524顷68亩土地。同年,还在吉安立屯田,情况不详。另,至元二十六年(1289年)十月,赣州胡海抗元失败,湖广行省令其率部众屯田自给。因十月已过农时,为防止其再反,赣州路发米1890石赈之。胡海屯田之地不详,有可能在赣州。吉安屯田与胡海屯田的性质不清,但无论军屯民屯,土地均属官田。因屯田主要以荒闲田地为之,而江西此类田土有限,故屯田规模不大。

赐田:赐田是皇帝赐给贵族、官僚以及重要寺观的土地。元代的赐田多分布在北方和江浙,江西境内不多,主要有至大二年(1309年)将江州稻田5000亩赐予度支院使铁哥,泰定三年(1326年)以吉安、临江二路田千顷赐大天源延圣寺,后至元元年(1335年)拨庐州、饶州牧地100顷赐宣让王贴木儿不花,其中饶州牧地数量不详。赐田是官田,属国家所有,受赐者只享有土地收益。

没官田:户绝、无主或因犯罪而没收的田地均为没官田。江西地区有部分这样的土田,如宜黄、乐安二县百姓"带耕没官之田,田薄而赋重,倍于正数"②。没官田是官田,其收益归国家。

各地官田所占比例不一。低者如上高县,其民田的税粮是24892石余,官田税粮只有890石多③,后者仅为前者的3.6%;若再将官田税率远远高于民田的因素考虑在内,官田的面积比率将更低。高者如临川县,其民田税粮30556石,官田税粮18254石,后者占前者的60%。金溪县民田税粮16794石,官田税粮4238石,后者为前者的25%,居于二者之间。

学田、职田、没官田等官田的经营一般采取出租的形式,既有分成租,亦有定额租。分成租的租率一般在"什五以上"④,即超过50%。定额租是在分成租的基础上,为刺激佃种人户的生产积极性而派生出来的,临川县尉的1顷职田,"岁收之米以斗计可三百五十有奇"⑤,即属定额租。

官田租佃既有农户分别承租,亦有包佃。包佃有自愿的,也有强制抑配的。学田以自愿包佃者多。学官、豪民等常凭借权势或地位,通过包佃,大肆侵占学

---

① 《元史》卷一百《兵志三》。
② 虞集:《道园类稿》卷四三《天水郡侯秦公神道碑》。
③ 嘉靖《上高县志》卷上《赋产·田赋》。
④ 吴澄:《吴文正公全集》卷二八《题进贤县学增租碑阴》。
⑤ 吴澄:《吴文正公全集》卷十九《临川县尉司职田记》。

田租入。曾任江西行省长官的姚燧说:"江南学田,……又有身为教官,自诡佃民,一庄之田,连亘阡陌,每岁入租,学得其一,己取其九。"①姚燧所言是学官包佃学田。铅山州知州李荣祖任内曾"革豪户之扑佃(学田)者"②。"扑佃"即包佃。可见,铅山学田是由豪民包佃。对于职田,因地租率偏高,且不论丰歉,均足额收取,承佃者难以承受,往往逃亡,于是"官抑配于富户以取赢焉"③,即强制富户租佃职田。至于大德五年(1301年)中书省的一份公文所言"江南各处见任官吏,于任所佃种官田,不纳官租,及夺占百姓已佃田土"④,所指可能既有学田,又有没官田。

在江西,居于主体地位的还是民田,其中既有普通农户的田土,还包括学田和寺观田中的自购或捐赠部分以及助役田。所谓助役田,是一定范围的百姓为了津贴当役者而共同捐出的田地。倡立助役田起于宋代,最初是民间的自发行为,英宗至治三年(1323年)四月,元廷正式下令:"行助役法,遣使考视税籍高下,出田若干亩,使应役之人更掌之,收其岁入以助役费,官不得与。"⑤泰定(1324—1328年)初,助役法略有改变,且更加明确,规定"江南民户有田一顷之上者,于所输税外,每顷量出助役之田,具书于册,里正以次掌之,岁收其入,以助充役之费。凡寺观田,除宋旧额,其余亦验其多寡,令出田助役焉"⑥。这次规定明确要求出助役田者是拥有土地1顷之上者,寺观则在宋代旧有土地之外按一定比例划拨助役田。这些土地最初均是民田,变为助役田后,性质不变。江西部分地区有助役田,如庐陵王思道,"民困徭役,公乃义以济之。首捐田五十亩倡,以次出有差。共得田二百五十亩,岁收粟五百石以供科役"⑦;太和萧如愚,"尝捐田三百石助里人役费"⑧;安仁县的助役田则由徐某倡首,众人相和,"出

---

① 姚燧:《牧庵集》卷五十《崇阳学记》。
② 程端礼:《畏斋集》卷五《铅山州修学记》。
③ 吴澄:《吴文正公全集》卷二八《题进贤县学增租碑阴》。
④ 《通制条格》卷十六《田令·佃种官田》。
⑤ 《元史》卷二八《英宗纪二》。
⑥ 《元史》卷九三《食货志一》。江南有些寺观在元代获赐官田,按泰定初的助役法,这部分官田似同样应按比例划拨助役田。考虑到获赐官田的寺观多具权势,且常常免役,故从寺观官田中划拨助役田的可能性不太大。
⑦ 王礼:《麟原文集》卷二《照磨王公墓志铭》。
⑧ 刘岳申:《申斋刘先生文集》卷十一《萧明熙墓志铭》。

# 第二章
## 元代江西的经济

多出少由厚薄,若小若大皆欢愉"①。

江西的普通农户中有自耕农,亦有田连阡陌的大地主。前者如吉安永丰的余湘,"躬耕五亩之田以为生,终三时,无一隙"。因其精耕细作,"以深耕胜广亩,亩常收二亩半"②,逐渐富裕起来。金溪危永吉躬耕田亩而不足以赡养妻儿,遂以医术补贴家用。后者如金溪县眉山里曾斗南,"身督耕桑不少懈,且示人以恩信",看来是个拥有大片耕地与山林,且宅心仁厚的地主。因地租收益丰厚,曾家在经历宋元更替的社会动荡后,不久就"故物完复如初"③。吉安的贺良权"有田入稻岁万石"④,毫无疑问是个大地主;上饶徐耕道"督奴灌畦"⑤,可能土地与佃仆亦不少。

与官田一样,民田的地租亦有分成租、定额租两种形式。分成租一般是五五分成,超过则显太重,正如吴澄所说:"惟豪民私占田,取其什之五以上,甚矣其不仁也。"⑥包括江西在内的江南,许多地方民田的私租较重,地主索要分成较多,以致大德八年(1304年)成宗特下诏旨:"江南佃户承种诸人田土,私租太重,以致小民穷困。自大德八年,以拾分为率,普减贰分,永为定例。"⑦这道诏旨最后是否得到贯彻,不得而知。至于定额租,可能不如分成租普遍。金溪县厚赛院僧人守敬"作佛事受施,所入节衣缩食,得田五十石"⑧。此处以租额作为田地的计量单位,显然是定额租。前述太和萧如愚所捐助役田亦采取定额租的形式。

江西的官民田一般收取实物地租,可能也存在货币地租。如临川县尉的1顷职田,年收米350多斗;崇仁县平籴仓、平济仓以"早晚田八千把,收其租"⑨作为储备粮的来源,均属实物地租。而乐安县的没官田,因乐安山路崎岖,百姓纳租不便,经抚州路总管秦起宗向行省申请,官田之租以"时估折价,稍宽其转输"⑩。元代乐安县的民田秋粮多次改收轻赍(钞),此处官租以"时估折价",可

---

① 李存:《番易仲公李先生文集》卷四《义役谣》。
② 刘岳申:《申斋刘先生文集》卷八《余士南墓志铭》。
③ 李存:《俟庵集》卷二三《曾存心行实》。
④ 陈旅:《安雅堂集》卷七《东斋记》。
⑤ 戴表元:《剡源戴先生文集》卷十七《徐耕道迁葬碣》。
⑥ 吴澄:《吴文正公全集》卷二八《题进贤县学增租碑阴》。
⑦ 《通制条格》卷十六《田令·江南私租》。
⑧ 危素:《危太朴续集》卷一《金溪县厚赛院置田记》。
⑨ 雍正《崇仁县志》卷四《名宦传·重喜》。
⑩ 虞集:《道园类稿》卷四三《天水郡侯秦公神道碑》。

能也是将实物改为货币,以减轻佃种者的转输重负。此类货币地租在江西地区当属少见。

综上所述,元初江西沿用故宋土地籍册,延祐二年(1315年)进行了全面的土地清丈,此外还有区域性的核产努力,但始终无法解决田土登记不实以及由此产生的赋役不均的社会问题。江西地区以民田为主,官田所占比例不大;租入分配既有分成租,又有定额租;所缴地租一般为实物。

## 三、赋役状况

元代的赋役包括税粮、科差、杂泛差役、和雇和买诸多名目。江南的赋役制度与北方多有不同,江南三行省之间亦有所不同。下文试就元代江西地区的赋役状况略作陈述。

首先是税粮。元代江南的税粮制度总体上继承了南宋的夏、秋两税。前文已述,元朝在征服江南的过程中,注意保护和接收南宋的各类籍册,其后征收秋粮,总体上以南宋版籍为基础。延祐七年(1320年),元廷决定,"除福建、两广外,其余两浙、江东、江西、湖南、湖北、两淮、荆湖这几处,验着纳粮民田见科粮数,一斗上添答二升"[①],即江西等行省的民田秋粮在原来的基础上加收20%。有学者怀疑这次增收两分税粮是否真正实行[②]。现查明、清两代江西方志,抚州临川、崇仁、金溪三县在南宋嘉定年间(1208—1224年)的民田税粮分别为35559石、22072石和19070石,元代则只有30556石、19110石和16794石,较南宋分别减少了14%、13%和12%[③]。上高县宋代"苗正额二万八千九百六石三斗八升",除去马料谷正米、义仓米、官兵请俸粮等后,"实催一万六千七百四十七石一升八合五勺五抄一撮"。元代,该县"总科二万四千八百九十二石二斗五升九合"[④],除去蒙山课银工本粮六千九百五十四石一斗"后,"实征一万七千九百三十八石一斗□升九合",税粮总额较宋代亦略有减少。道光《宜黄县志》在论及宋、元两朝本县四次骤增田赋时,亦并没有提及这次增收二分

---

① 《元典章》卷二四《户部十·租税·科添二分税粮》。
② 参阅陈高华、史卫民著《中国经济通史·元代经济卷》,第554—555页。
③ 弘治《抚州府志》卷十二《版册二·贡赋·秋税》。"石"之后的"升""斗"等余数均被略去。
④ 嘉靖《上高县志》卷上《赋产·田赋》,康熙《上高县志》卷三《户田志》。崇祯《瑞州府志》卷十《户田志一·田赋》载至治二年(1322年)上高县"田粮"计"三万五百三十六石九斗",较前二者所载为多。此处存疑。

# 第二章
# 元代江西的经济

税粮之事①。可见,前述怀疑是正确的。

南宋时期,江西部分秋税折收绵、绢等杂物。至元十九年(1282年),经高安人姚元建议,江南税粮依南宋旧例,依然折输绵、绢等杂物。当年二月,元廷明确规定,江南税粮输米1/3,其余折纳中统钞。但是,因朝廷对木绵布的需求量大,江西又是重要的木绵布产地,至元二十九年(1292年),元廷规定江西行省"于课程地税内折收木绵白布,已后年例必须收纳"②,即部分赋税折收木绵布。史料反映,成宗元贞元年(1295年),吉州、抚州等路的部分税粮即是折收木绵白布③。元贞二年(1296年),定江南夏税之制,于是秋税只输粮,改以夏税折输木绵、布、绢、丝绵等物,或随时价改征中统钞,但江西不在开征夏税之列,故未执行秋粮全部输米的规定。如至大三年(1310年),建昌路部分税粮折收木绵布7000匹,吉安路万安、永丰等县亦有折收④。官府折收木绵布时,有时要求百姓另交商税,如建昌路折收7000匹木绵布,商税为至元钞14锭,万安县则为至元钞2锭20两余。若折收的木绵布、绢、绵等物色非当地所产,还可依价折钞缴纳,如"抚境地税,户部赋木绵织布,民病非所产,即令输直"⑤,即抚州秋税折纳的木绵布非当地所产,于是折收钞两。此外,一些地处偏远、山路崎岖的州县,经过体恤民瘼的地方官员力请,秋粮亦可权宜折纳货币。如"乐安僻在万山间,输租负肩阻且艰……舴艋不达羊肠迂"⑥,经邑义士王顺初、县主簿吴肯和达鲁花赤燮理溥化的努力,元代曾几度将该县的秋粮折收钞两,其中一次延续达20余年。元仁宗初,江西行省右丞郝天挺因为宜黄、武宁、新城(今黎川县)、广昌等县"地依山,民输官负担六七百里",也曾建议这些县的秋粮"当折纳钱"⑦。

关于秋税的征收额度,没有固定标准。《元典章》有言,江南地区向来是"田地有高低,纳粮底则例有三、二十等,不均匀一般"⑧,即江南田土肥瘠差异太

---

① 道光《宜黄县志》卷十《田赋志》。宋、元两朝,宜黄县田赋四次骤增的时间分别是北宋熙宁五年(1072年)方田均税,绍圣年间(1094—1098年)籍没豪产,元代的延祐二年(1314年)经理田亩以及至正后期陈友谅汉政权控制期间。
② 《元典章》卷二六《户部十二·科役·和买·体察和买诸物》。
③ 《元典章》卷十四《吏部八·公规二·差委·路官州官通差》。
④ 《元典章》卷二二《户部八·免税·折收物色难议收税》。
⑤ 马祖常:《广平路总管邢公神道碑》,见苏天爵编《元文类》卷六七。
⑥ 康熙《乐安县志》卷三《田赋志·轻赍》。
⑦ 刘岳申:《申斋刘先生文集》卷二《送郝右丞赴河南序》,元代珍本文集汇刊本。
⑧ 《元典章》卷二四《户部十·租税·科添二分税粮》。

大,每亩征收的税粮数难以划一。元末,江西中部"各县民田一亩科粮不过四升"①;抚州宜黄县,元末每亩科粮7升8合,属于较高的税率;赣北的瑞昌县,明初每亩税粮自5升余起科②,估计元代与此相去不远。故,元代江西民田每亩科粮多不超过1斗。官田的税率远高于民田。吴澄说:"什一中正之赋,通古今可行,至今官之取于民者不过此。惟豪民私占田,取其什之五以上,甚矣其不仁也。而近世公田因之,亦什五以上。"③即民田的税率约为10%,私租超过50%,官田的税率亦超过50%。临川县尉司的1顷职田,岁收米350石,以出米率70%计算,每亩租谷约为5斗。分宜县学田1顷23亩余,岁租73石多,每亩收租6斗左右,与临川尉司职田相差不多。如果以前述民田租率约为10%,缴粮多不超过1斗计,当时江西土地亩产量多不超过1石(本章下节对此有详述),那么,两地官田租率确实在50%以上。但是,当时江西许多地区的官田租率远远高于临川、分宜两地。元后期,江西中部"各县民田一亩科粮不过四升","官田每亩科粮一石"④,官田税率是民田的25倍。更有甚者,元末宜黄县官田每亩科粮3石7斗多,是民田(每亩科粮7升8合)的47倍。即使是水肥、光照等条件最好的农田,如此高的税率也是佃种者无力承担的,故宜黄民众疲于应命。另,有些具有公益性质的民田租率亦很高,如庐陵的250亩义役田,岁租500石⑤,计每亩收租2石,其租率甚至高于许多官田。

元代江西地区的秋税总额不明。据《元史·食货志一》,元中期,天下岁入粮12114708石,其中江西行省1157448石,占总额的9.55%,次于江浙行省的4494783石、河南行省的2591269石和腹里地区的2271449石而居第四位。考虑到赣东北隶属江浙行省的饶州、信州,虽为重要产粮区,但二州的秋粮总额不一定高于属于江西行省的岭南8路2州,故,估计元代江西地区的秋税占全国总额的9%—10%应该没有问题。这一比率低于北宋的1/4和南宋的1/3⑥,反映了元代江西地区粮食地位的下降。

元代江西部分路州县税粮总额较宋代变化不大,如南丰在咸淳年间

---

① 道光《宜黄县志》卷十《田赋志》。
② 隆庆《瑞昌县志》卷三《赋役志·贡赋》,天一阁藏明代方志选刊本。
③ 吴澄:《吴文正公全集》卷二八《题进贤县学增租碑阴》。
④ 道光《宜黄县志》卷十《田赋志》。
⑤ 王礼:《麟原前集》卷二《照磨王公墓志铭》。
⑥ 许怀林:《江西史稿》,江西高校出版社1998年版,第270—271页。

# 第二章
# 元代江西的经济

(1265—1274年)的秋粮是12727石余,大德时期(1297—1307年),正租(引者注:可能是民田税粮)12088石余,另有官田租粮2000多石①,比南宋末期略有增加。有些路州县税粮额较宋代则有很大增加。主要增加在两个时期,一是"延祐经理"期间,二是陈友谅汉政权控制江西期间。前者可以抚州路宜黄县为例。该县淳熙元年(1174年)官民田税粮总额为13894石,延祐二年(1314年)经理田亩时,负责江西经理事宜的你咱马丁"横加酷虐,甚至撤民庐舍,倍增顷亩",使该县税粮较淳熙旧额骤增25100石左右,达到38941石多②。此次所增主要是包括学田、屯田、职田等在内的官田税粮。抚州五县中,除金溪外,其余四县的官田税粮均有不同程度的增加,详见下表:

|  | 南宋嘉定(1208—1224年)官田税粮数(石) | 元代官田税粮数(石) | 宋元官田税粮变化率(以嘉定数字为100) |
| --- | --- | --- | --- |
| 临川 | 16872.77 | 18254.2 | 108.19 |
| 崇仁 | 6239.01 | 7541.9 | 120.89 |
| 宜黄 | 876.48 | 25816.44 | 2945.47 |
| 金溪 | 4375.23 | 4238.29 | 96.87 |
| 乐安 | 3870.63 | 20772.27 | 536.66 |
| 合计 | 32234.12 | 76623.1 | 237.71 |

资料来源:弘治《抚州府志》卷十二《版册二·贡赋·秋税》。

说明:原书南宋数字称"屯田苗米",元代数字称"官屯租米",二者均为官田税粮。该志虽未标明所收税粮的时间,但通过与道光《宜黄县志》等抚州各县县志比对,可知所载是元中期的田赋数字。为方便计算,"升"之后的"勺""合"等余数均被略去。

上表显示,除金溪县官田税粮略有下降外,临川、崇仁两县增加不多,乐安县有大幅增加,而以宜黄增加最多,该县的官田税粮是南宋时期的近30倍,全路的官田税粮则是南宋的近2.4倍。同样的情况可能也出现在"延祐经理"期间发生激烈民众反抗的赣州宁都、雩都等地。

陈友谅汉政权控制江西期间,许多路州县被加派税粮,以龙兴、瑞州、袁州为最。龙兴路南昌县,"宋税苗米三万八千七百八十四石四斗六升,元仍宋额",经过加派后,洪武年间(1368—1398年),"岁征秋粮官米一万六千三百六

---

① 刘壎:《水云村泯稿》卷五《南丰郡志序目》,清道光爱余堂刊本。
② "石"之后的"升""斗"等余数均被略去。

石九斗五升一合三勺,民米十一万二百二十三石三升五合三勺,派带夏税米麦二百六十七石九斗一升九合五勺,共一十二万六千七百九十八石一斗七升六合一勺"①,其中官民田秋粮约为宋代的3.26倍。瑞州路上高县,元代税粮28000多石,加派后增为49000多石②,后者是前者的1.75倍。民国《南昌县志》编修者称,元代三路除武宁外,其余州县视"宋额皆浮加三倍"③。所言虽有浮夸,但基本反映了加派的事实。除上述三路外,其他地区受汉政权控制期间,亦有加派税粮者。如至正二十年(1260年),陈友谅汉政权所委抚州同知周复初在宜黄县清查田粮,因索贿不得,给宜黄加赋一万九百多石,使该县税粮增至49932石。

元代江西民众的秋税负担中有一事必须提及,即量器的问题。至元十九年(1282年),元廷规定江南"其输米者,止用宋斗斛"④,后改用省斛,但纳粮数不变。改用省斛的具体时间不详,应当在至元十九年以后的世祖时期(1282—1294年)。宋斛即文思院斛。从现有记载看,元代省斛与宋文思斛之间存在三种比例,一是文思院斛1石折省斛7斗,即10∶7,二是省斛1石抵文思院斛1.5石,即10∶6.66,三是省斛与文思院斛容量之比为10∶6.85⑤。江西"收粮的斛比亡宋文思院斛收粮的斛抵一个半大有"⑥,即省斛与文思院斛之比为10∶6.66。这意味着,在纳粮数额不变的情况下,元代所纳秋粮实际比南宋时期增加50%。此外,民众纳粮时还要带缴储运过程中的损耗及仓官、库子等人的薪酬,称"鼠耗、分例",其数额是"江南民田税石,合依例每石带收鼠耗、分例七升"⑦,即加收7%。

再看夏税。元下江南之初,除江东、浙西外,其余地区只征秋粮,不收夏税,故江西地区的饶州路、信州路(含后来设置的铅山州)和婺源州征收夏、秋两税,其余路州只征秋粮。元贞三年(1297年)起,浙东、福建、湖广起征夏税,江西

---

① 民国《南昌县志》卷十《赋役志上·税粮》。志书未明言洪武年间税粮较宋代大增是陈友谅控制期间骤增所致,但从"元仍宋额"四字可知,元朝统治期间,该县税粮没有大幅增加。
② 嘉靖《上高县志》卷上《赋产·田赋》。
③ 民国《南昌县志》卷十《赋役志上·税粮》。
④ 《元史》卷九三《食货志一》。
⑤ 参阅陈高华、史卫民著《中国经济通史·元代经济卷》,第557—560页。
⑥ 《元典章》卷二四《户部十·租税·起征夏税》。
⑦ 《元典章》卷二一《户部七·仓库·收粮鼠耗分例》。

# 第二章
## 元代江西的经济

行省仍在免征之列①,原因是江西收粮用省斛,百姓负担较用宋文思院斛的地区更重,即"元行初江西以省斛,较文思院斛,民多纳米三斗奇,故免夏税"②。但是,元中期,江西行省还是起征了夏税,具体时间不详。夏税以秋粮为基础折收货币,"粮一石或输钞三贯、二贯、一贯,或一贯五百文、一贯七百文"③。江西有些地区的夏税率相当高,如粮1石输钞3贯者,有龙兴等路。《元史》载,夏税是针对民田而言,官田因税率远高于民田,故不科夏税,但从文献记载分析,有些官田亦收夏税④。弘治《抚州府志》在记载全路及五县的"官屯租粮米"之后,均有"租钱"一项,很可能是官田的夏税⑤。天历元年(1328年),江南三省的夏税总计中统钞149273锭30贯,其中江西行省52895锭11贯,占总数的35.44%。具体到各路州县,夏税情况不详,目前只知道极少州县的夏税额,如宁都州的夏税为中统钞655锭11两1钱3厘。

除秋粮、夏税外,科差亦是民众的负担。元代科差最初有丝料和包银两项⑥,主要针对北方民众征收。元下江南后的至元二十年(1283年),将针对投下封户收取的丝料改为户钞,即"敕诸王、公主、驸马得江南分地者,于一万户田租中输钞百锭,准中原五户丝数"⑦,这就意味着,封户每户出钞500文给投下主(封主)。但是,此项户钞是由中央的万亿库向各投下主发放,是元廷从国库中拨出的款项,换言之,户钞并未成为江南民众的实际负担。至元三十一年(1294年),新近即位的元成宗为笼络诸王,江南户钞由500文增到2贯(2000文),依然是"不宜增赋于民……从今岁官给之"⑧,即仍由国库支出。所以,户钞不是一项正式向江西民众征收的赋税,江西的地方志中根本见不到此类记载。

---

① 参阅陈高华、史卫民著《中国经济通史·元代经济卷》,第559—561页。此次定江南夏税之制而江西免收,还见于杜春生辑《越中金石记》卷七《绍兴路嵊县尹佘公遗爱碑》(清道光刊本)、刘岳申《申斋刘先生文集》卷十一《元故奉议大夫泉州路总管府推官周君墓志铭》、雍正《江西通志》卷六十《名宦四·瑞州府·实都沙》等篇。

② 杜春生辑:《越中金石记》卷七《绍兴路嵊县尹佘公遗爱碑》。

③ 《元史》卷九三《食货志一·税粮》。

④ 参阅陈高华、史卫民著《中国经济通史·元代经济卷》,第570—571页。

⑤ 弘治《抚州府志》卷十二《版册二·贡赋》。抚州全路的"租钱"是180锭41两多,金溪县则只有1锭4两。若此项为民田夏税,显然太少,故可能是官田的夏税。

⑥ 北方的科差后来增加俸钞一项,作为官员的俸禄,实是包银的扩大。因江南地区的官员多有职田,此项俸钞没有在江南实行。

⑦ 《元史》卷十二《世祖纪九》。

⑧ 《元史》卷十八《成宗纪一》。

至于包银,始于延祐七年(1320年)。这年四月,元廷规定,江南"除与人作佃、庸作、赁房居住、日趁生理、单身贫下小户不科外,但是开解库、铺席、行舡、做买卖、有营运殷实户计,依腹里百姓在前科差包艮(银)例,每一户额纳包艮(银)二两,折至元钞一十贯"①,同时还规定"课回回散居郡县者,户岁输包银二两"②。可见,此次征收包银的对象是江南开典当铺、旅店、做买卖等商人户计以及散居全国郡县的回回人户(引者注:元代的回回人主要指当时中国境内信奉伊斯兰教的阿拉伯人、波斯人以及中亚的突厥各族人,多从事商业)。这是因为,没有土地的商人只承担了税率较轻的商税,无须缴纳夏税、秋粮,负担比普通民户轻。包银征收的标准是每户2两(至元钞10贯),实际征收时,并非按户均摊,而是"验着各家物力高下,品答均科"③,即依资产高下承纳不同数额,平均每户为2两。

包银令下,在江南许多地方造成很大骚动,如饶州路"立局籍民数,多或征其十倍,少亦倍于元科"④,大大增加了民众负担。部分州县则基本按规定办理,民不受大扰。如上高县缴纳包银的南人商人有103户,缴银208两,折至元钞1040贯(20锭20贯),略高于征收标准;回回1户,纳银2两,折至元钞10贯,是按标准征收。赣州路录事司录事许晋孙"钩校物力之薄厚以应令,民用不扰"⑤,即依产状况分摊包银,百姓安辑。崇仁县则是"令民自推,择事末利而赡者乃与征",百姓同样"晏然无动摇"⑥。泰定二年(1325年),因江南包银病民太甚,经吴澄等人建议,包银被取消。至此,江南包银共实行了5年,其中全额征收的只有一年(至治元年,1321年),半额征收的亦是一年(延祐七年,1320年),其余三年均免征⑦。但是,回回人户的包银一直保留下来。

总体说来,科差没有成为元代江西民众的沉重负担,病民更甚的是杂泛差役与和雇和买。所谓"杂泛",指各种无偿力役,包括出人夫、车牛、船只等,用于递送官物、修造城池官舍、疏浚沟渠、修筑堤防等。"差役"则指各种职役,用于协助官府执行某些职能,如催征赋税、禁止非法等。严格说来,元代差役只有六

---

① 《元典章》卷二一《户部七·钱粮·科征包银》。
② 《元史》卷二七《英宗纪一》。
③ 《元典章》新集《户部·差发·回回当差纳包银》,《户部·差发·江南无田地人户包银》。
④ 黄溍:《金华黄先生文集》卷三一《正奉大夫江浙等处行中书省参知政事王公墓志铭》。
⑤ 黄溍:《金华黄先生文集》卷三三《茶陵州判官许君墓志铭》。
⑥ 吴澄:《吴文正公全集》卷三九《故承直郎崇仁县尹胡侯墓志铭》。
⑦ 参阅陈高华、史卫民著《中国经济通史·元代经济卷》,第613页。

# 第二章
# 元代江西的经济

种,即里正、主首、隅正、坊正、仓官和库子;元中后期,本为劝农而设的社长兼具部分职役性质①。元成宗继位后,尤其是大德七年(1303年)以后,朝廷多次申明,除边远出征军人和大都、上都间诸驿站的站户外,其余户计均应承担杂泛差役。但在实际执行过程中,儒户、僧道户、投下户等常受免役的优待,承担杂泛差役的主体是民户,其他户计人数较少。差派杂泛差役的总体原则是"先富强,后贫弱"②,即根据资产和丁口状况进行摊派③。如金溪县"户役一以资产高下为等第,来岁之役定于岁杪。数户俱差,则考验其力,以多寡其日分,如衡之平,无所低昂"④,靖安县亦是"验户籍高下,以次受役"⑤。

先说说江西杂泛(力役)的承充之法。以赣州路赣县为例。至大三年(1310年),赣县奉命起架浮桥,以利使者往来和官物转输。赣县丞靳孟亨籍各乡下等户2300家,令其依据税粮多寡,共造大小船300只,起架浮桥。各船的尾部署上船主姓名,由船主负责维修与更新。所有船只被分为三等,每10船编为1甲,有事则集,无役散归,约十年轮役一次。其他力役亦"以粮为差等","上焉以供海运","下则供杂泛之劳"⑥,即差派上等富裕户转运漕粮,因这类力役耗时长且花费大,下等贫弱小户只承当修筑、建造等所费无多的力役。可见,赣县民户无论贫富,均要承当力役;差派的依据是税粮,原则上税粮多者承当重役,少者承担轻役。饶州路的情况与此类似。至元二十四年(1287年),饶州路装运20000石米前往鄂州,官府规定,"每米伍伯石,差上户一名充押运头目"⑦,也是以税粮为依据,用上户承充转运重役。

关于江西诸职役的承充之法,以里正、主首最为明确。大德七年(1303年),江西行省改革里正、主首承充办法,以解决差役不均的弊端。兹将该公文节录如下:

> 亲民州县提调正官、首领官吏将本处概管见科税粮薄(引者注:当作"簿")籍从实挨照每乡都诸色户若干,内税高富实户若干,税少而有蓄积

---

① 参阅陈高华、史卫民著《中国经济通史·元代经济卷》,第683—691页。
② 《通制条格》卷十七《赋役·科差》。
③ 参阅陈高华、史卫民著《中国经济通史·元代经济卷》,第683—691页。
④ 吴澄:《吴文正公全集》卷十九《廉吏前金溪县尹李侯生祠记》。
⑤ 吴澄:《吴文正公全集》卷三九《故承直郎崇仁县尹胡侯墓志铭》。
⑥ 苏天爵:《滋溪文稿》卷七《大元赠中顺大夫兵部侍郎靳公神道碑铭》。
⑦ 《元典章》卷二一《户部七·仓库·押运·纠察运粮扰民》。

人户若干,并以一石之上为则,一体当役。若有税存产去而无蓄积者及一石之下人户,俱不在当役之限。每一乡拟设里正一名,每都主首,以上等都分拟设四名,中等都分拟设三名,下等都分拟设二名,依验粮数,令人户自行公同推唱供认。如是本都粮户极多,愿作两三年者,亦听自便。上下轮流,周而复始,仍每年于一乡内自上户轮当,一乡里正、各都主首如自愿出钱雇役者,听从自便。如该当之人愿自亲身应役者,亦听。仍从百姓自行推唱定愿认役人户粮数、当役月日,连名画字入状,赴本管州县官司更为查照无差,保勘是实,置立印押簿籍,一本付本都收掌,一本于本州县收掌,又一本申解本路总管府,类申行省,牒呈本道廉访司照验,严加体察,永为定例,再不动摇更换。官司不许非理干预骚扰。①

据上引公文,江西行省是依据纳粮数划定承担里正、主首的人户范围,凡纳粮1石以上者均应承充,贫弱小户无需承当;行省境内,每乡设里正1名,上等都设主首4名,中等3名,下等都只设2名;轮派时,由各乡都人户自行排定,以上户为始,一年为期,上下轮流,周而复始,粮多之户可自愿连任两三年;不愿亲身应役者,可出钱雇役;里正、主首排定后,置印押簿籍3份,分别交由本都、本州县和本路总管府收掌,以便监督执行。赣东北隶江浙行省的饶州路差派里正、主首亦是"第物力有高下之不同",但与江西行省略有差异。江西行省是依税粮数确定承充人员,饶州路则是"验田之多寡"②,即以田土作为差充依据。

元代江西隅正、坊正、仓官、库子的差充方法不甚明了,但有一点与里正、主首是一致的,即尽量从富裕人户中选择,以便在出现亏空短少时,任职者有能力赔补,也可避免贫弱小户因之倾家荡产。元朝规定,库子应"有抵业"③,故元初江西"择民甲户主仓库"④。如临川人艾圣传,家境优裕,曾主管抚州路仓库⑤。至元三十一年(1294年),江西行省协同江南行台陈告:"南方税家子孙相承,率皆不晓事务,唯以酒色是娱,家事一委干人。归附之后,提充仓库官,并不谙练钱谷,

---

① 《元典章》卷二六《户部十二·赋役·户役·编排里正主首例》。
② 黄溍:《金华黄先生文集》卷三一《正奉大夫江浙等处行中书省参知政事王公墓志铭》。
③ 《元典章》卷十二《吏部一·库子·定差库子事理》。
④ 虞集:《道园学古录》卷十五《户部尚书马公墓碑》。
⑤ 虞集:《道园类稿》卷四八《艾圣传墓志铭》。

# 第二章
## 元代江西的经济

又不通晓书算,失陷官钱。追陪之后,破家荡产。亏官损民,深为未便。"①即许多富户承充仓官、库子后,由于赔补亏空,往往倾家荡产。为此,元廷将广济库副使、各路仓库大使、副使、秤子等责任重大的仓库官改由吏员、曾在官府任事者或殷实的金银匠户等充任,以部分解决普通人户不谙晓"钱谷书算"的问题。但是,多数仓官、库子仍作为职役,由富裕人户充任。元贞二年(1296年),南方库子是"于税粮叁石之下户内差充"②。大德三年(1299年),元廷又进一步将各司、县的祗应仓官、广盈库子都改由"司县有抵业见役请俸司吏内公选"③,大德九年(1305年)再定"江北及行省所辖路分库子,依已拟于司县司内差补"④,从而使这两种职役累民的情况得以改善。

由此可见,江西摊派杂泛差役多以税粮为依据,赣东北的饶州等少数地区则以田亩为依据。这种情况之所以出现,是因江西的田地肥瘠不同,产量相差很大,比较而言,税粮比田亩数更能真实地反映贫富状况。然而,在具体执行时,未必能按上述原则合理摊派,放富差贫的现象屡见不鲜,杂泛差役往往成为普通民众的沉重负担。以差设里正、主首为例,有些富户雇人当役,却勒令贫民小户津贴所雇之人,或者该当役而不当,临事时令其他人户承当;有些退闲吏员或外乡泼皮无赖承揽这些职役,以借机多取赋税;有些富裕之家分户析产,分散税粮,降低户等,躲避差役;甚至还有富户担任里正却不负赔补之责,而将责任推给物力相对较小的主首,等等。大德七年(1303年)改革里正、主首差设之制后,江西行省很快又出现了"各路点差里正、主首不均","放富差贫,那(挪)移作弊"等问题。9年后的皇庆元年(1312年),江西行省不得不进一步改革役法。兹再节录公文如下:

> 亲民州县官从新斟量所管乡都地面远近户计多寡,可设里正、主首名数,除远征军人、大都上都其间站户外,其余不以是何户计,当官从公推排,粮多极等上户殷富者充里正,次等户充主首,验力挨次,周而复始,亲丁当役。截自至大三年为始,应充周岁,满替。⑤

---

① 《元典章》卷九《吏部三·官制三·仓库官·选差仓库人员》。
② 《通制条格》卷十七《赋役·差拨祗候》。
③ 《元典章》卷十二《吏部六·吏制·库子·定差库子事理》。
④ 《元史》卷八三《选举志三·铨法下》。
⑤ 《元典章》卷二六《户部十二·赋役·户役·编排里正主首例》。

与大德七年(1303年)规定相比,这次的改革主要有三点:一是改变了承担里正、主首者的条件,规定"极等上户"充里正,次等户充主首,而此前的规定是税粮1石之上者轮流承当;二是官府据民意排定里正、主首,而此前完全由民间自行排定,上报即可,"官司不许非理干预";三是必须亲身应役,不能再雇人当役。可以看出,此次里正、主首役法改革完全是针对前述诸多弊端的,且加强了官府的干预。但是,因里正、主首由官府排定,相信不久以后,大德七年(1303年)改革之前出现的"江西路府州县差设里正、主首,官吏人等那上攒下,卖弄以为奇货,大为民害"①的情况会再次出现。

　　以上所说是江西行省差设里正、主首的总体情况,具体到各路州县,里正、主首等职役确实成了贫弱小户的沉重负担。以龙兴路富州为例,该州各乡设里正,里正为富民,不肯代输当地不能完纳的金课。各都设主首,主首"力微弱,又多贫窭,故代输者皆主首尔。凡金一两重,费至元钞多至百廿贯,总之为钞三千六百贯矣。因之破家者又比比有焉"②。可见,该州承担赔补之责的多是贫窭的主首,因之破家者甚多。隶属江浙行省的赣东北同样如此。如饶州路"事悉取具于主首,而里正坐视其成",即真正任事担责者只有主首。那么,主首又是些什么人呢?该路安仁县八都"奉公往役名主首,半是摘篛担柴夫"。"担柴夫"成为主首,是因"或因苗麦仅升斗,或忝殷实元空虚。千中得一称上户,土赤聊当辰砂朱"。原来,财产被虚捏,贫弱的"担柴夫"成了"富户"而应当主首。既然当役,辖区内不能按期完纳"课程茶酒"、"逃粮"、"职田子粒"等赋税,就须如数赔补;如若不能,则"公家督促过星火,唯听捶挞生虫蛆"③。

　　至于和雇和买,同样存在放富差贫的问题。所谓和雇和买(包括和籴),是指官府以公平的价格向百姓雇佣所需的车、船等运输工具,搬运官物,或者购买马匹、粮、布、绢、纸张、漆、建筑材料等物品。和雇和买通行于有元一代,它实际转为赋役负担的一项内容而成为民众挥之不去的义务。

　　官府在江西行省和买的物品以木绵布最为重要。至大三年(1310年),该行省置办木绵布80000匹,其中双线、单线各40000匹。除部分以税粮折收外(如前

---

① 《元典章》卷二六《户部十二·赋役·户役·编排里正主首例》。
② 危素:《危太朴续集》卷十《富州蠲金纪事》。
③ 李存:《番易仲公李先生文集》卷四《义役谣》。

# 第二章
## 元代江西的经济

文所述建昌路该年部分税粮折收木绵布7000匹），不足之数，"验出产之处，对物估体支价，收买夹密宽阔、堪中支持木绵数足，两头条印关防打角，分作运次，差官管押，限至大三年九月终赴都纳足"①，即以和买方式补足8万匹的数量。

木绵布是元朝在江西行省经常性和买的大宗物品。此外，还有各种名目的常年或不时之需。瑞州路上高县官办的蒙山银场所需木炭长期在龙兴、瑞州、临江等路和买，属常年和买物品；至元十八年（1281年）以后的几年间，信州、铅山、饶州承当了打造海船、粮船、哨船的任务，在此期间，抚州路可能分配有和买船铁的任务，元中期，乐安县承诺修造卤簿器仗等，均属不时之需。

和雇和买也有一些原则性规定。如和雇运力，官府便针对水路、旱路支付不同的价钱。至元三十一年（1294年）之前，江西行省和雇船只将漕粮运至真州（今江苏省仪征市），每石顺水一百里，价钞3分。因船户收不抵支，该年，每石粮顺水百里的运价增为钞6分。大德五年（1301年），元廷为和雇增价，规定每千斤百里，旱路中的山路为中统钞15两，平川为12两，水路中的逆水为8钱，顺水为7钱②。有关和买的基本规定是：一，"照依街市实直，两平收买"，即依市价进行；二，"验出产停蓄去处，分俵均买"，即在出产地进行和买；三，尽量于"上中户计、开张门面之家收买"，即尽量向殷实富户收买；四，"随即支价"，或先支七分，核实后再支三分，不许任意拖欠和买款项；五，必须支付好钞，不许以烂钞坑民。由此可见，有关和雇和买的规定似乎是合理的，问题在于执行时的实际情况。时人论元代和买时说："今日和买，不随其所有而强取其所无。和买诸物，不分皂白，一例施行，分文价钞并不支给，生民受苦，典家卖产，鬻子雇妻，多方寻买，以供官司。而出产之处为见上司和买甚物，他处所无，此处所有，于是高抬价钞，民户唯知应当官司和买，不敢与较，惟命是听。如此受苦，不可胜言。"③此外还有"以高作低，以好作歹"、"贱买贵卖，损民取利"、"好钞移易昏钞"，等等。以赣东北承造船只而言，"打造海船、粮船、哨船，行省文字并不问某处有板木，某处无板木，某处近河，采伐利便，又有船匠，某处在深山，采伐不便，又无船匠，但概验各道户计敷派船数，遍行合属宣慰司。宣慰司仍前遍行合属总管府……信州、铅山等处，亦就饶州打造。勾唤丁夫，远者五六百里，近者二三百里，离家

---

① 《元典章》卷二六《户部十二·科役·和买·和买诸物对物估体支价》。
② 《元典章》卷二六《户部十二·赋役·脚价·运粮脚价钱数》及《添支水旱脚价》。
③ 《元典章》卷二六《户部十二·赋役·科役·和买·出产和买诸物》。

远役,辛苦万状,冻死病死不知其几。又兼木植或在深山穷谷,去水甚远,用人扛抬,过三五十里山岭不能到河,官司又加捶楚……又所用木植、铁炭、麻灰、桐油等物,官司只是椿配民户,民户窘急,直一钱物一两买纳"①。由此,和雇和买实是元代江西民众的一项沉重负担。

综上所述,元代江西地区的税粮制度总体上继承了南宋的夏、秋两税,元初部分秋税可折输绵、绢等物,至元十九年(1282年)始,输米1/3,其余折纳中统钞,至元二十九年(1292年)又改为部分折收木绵白布,不产木绵处则可折纳钞两;部分偏远地区因输粮不便,可直接把粮折为货币缴纳。关于秋税的税率,一般民田为10%,每亩科粮多不超过1斗,官田超过50%,远高于民田,高者达3石多。元代江西地区的秋税总额约占全国的9%—10%,不及宋代。部分路州县秋税较宋代变化不大,有些则有很大增加,主要增加在"延祐经理"和陈友谅汉政权控制江西期间。元代江西行用省斛作为量器,使民众的秋税负担无形中较南宋增加50%,鼠耗、分例加收则按7%的额度收取。元初除赣东北外,其余地区不征夏税,元中期始全部征收,龙兴等部分路州县的夏税率较高,但总额不详。科差中,包银曾短暂扰民,户钞基本没有成为民众的负担。江西地区的杂泛差役以税粮、田亩或依据前二者确定的户等为差充标准,原则上是富户当重役,贫者承轻役,但在实际执行过程中,放富差贫的现象非常普遍。和雇和买是元代江西民众的一项常规义务和沉重负担。元代江西地区安定时间不长,较早出现动荡,与赋役不均有极大关系。

## 四、诸色课程

元代的诸色课程是指税粮、科差之外的各种税收,名目繁多,大者如盐课、茶课、商税、酒课、醋课、市舶税(海外贸易税)等常课,各有定额;小者如煤炭课、醋课、山泽课、鱼苗课、鱼课、契本、河泊课、山场课等,共计32种,属于不在常年定额岁课中的杂课(额外课)。其中有些税课是不在江西行省征收的,如漆课、荡课、乳牛课等,有些税课,江西行省则在其中占有重要地位,如茶税等。因本章以下几节对江西的茶业、瓷业、矿冶业、商业等各有专论,将涉及金课、银课、铁课、铅锡课、商税、茶课等常课以及部分额外课,同时,最重要的税课——

---

① 程钜夫:《雪楼集》卷十《民间利病·江南和买物件及造作官船等事不问所出地面一切遍行合属处处扰害合令拣出产地面行下》。

# 第二章
# 元代江西的经济

盐课一般不由江西行省征收,而由两淮盐司或两浙盐司管理①,故此处仅略述其他几项有史料记载的江西诸色课程。

酒醋课:酒醋课是常课之一,岁有定额,始于窝阔台汗时期,制度屡有变化。江西有些地方的城中酒业由官府垄断,实行专卖,征收高额酒课。如吉安录事司,"城中禁酿五十年,目断吹秫江东烟……务中税增沽愈贵,举盏可尽官缗千。先生嗜饮终无钱,指点青旗但流涎"②,"官酿苦薄空费钱"③。刘诜的这几句诗反映了当地酒业实行专卖,酒价高昂而酒质苦薄的情况。有些地方(主要是乡村)允许自行酿酒。从进贤县李渡镇元代烧酒作坊遗址分析,当时江西乡间重要津关的酿酒规模还不小,商业目的十分明显④。在许可自行酿酒

进贤李渡无形堂元代烧酒作坊遗址

图片说明:2002年6月发现,当年7月至11月,江西省文物考古研究所进行了抢救性发掘。其中,元代酒窖共13个,直径在0.65—0.95米之间,深度在0.56—0.72米之间。

图片来源:《南方文物》2003年第4期封底。

---

① 按:元朝统一全国后,先后设立了9处盐司,各盐司有各自的"行盐地面",即固定的销售区。其中,两浙盐司"行盐之地,两浙、江东凡一千九百六万余口",两淮盐司"行盐之地,江浙、江西、河南、湖广所辖路分"(《元史》卷九七《食货志五·盐法》)。具体到江西地区,赣东北的饶州、信州、铅山州等属江东,为浙盐销售区,其余路州为淮盐销售区。元代盐的销售主要有三种方式,一是商运商销的行盐法,此时,盐税是一种间接税,由各盐司征收,各地方税务机关无权收取;二是计口售盐的食盐法,三是常平盐局法。后两种售盐法中,盐税是直接税,由各地官府收取。元代的江西地区是否实行过后两种售盐法,情况不明,不过可以肯定的是,商运商销是江西地区售盐的最重要方式。在这种情况下,江西行省自然无权征收盐税。

② 刘诜:《桂隐集·万户酒歌》,见顾嗣立编《元诗选二集·己集》,中华书局1987年版。诗中"江东"似指建康路、宁国路等处,实指庐陵一带。原诗有序:"泰定乙丑(引者注:泰定二年,1325年),真定吴侯来守庐陵,议行万户酒。申请垂定,郡民预喜,赋诗相贺。"

③ 刘诜:《桂隐集·山村腊酒》,见顾嗣立编《元诗选二集·己集》。

④ 江西省文物考古研究所:《江西进贤县李渡烧酒作坊遗址的发掘》,载《考古》2003年第7期。

的地区,酒课多据税粮数征收,如靖安县,"酒课额有定,而民之贫富无常,贫或数赢,富或数缩。侯(引者注:指靖安县尹胡愿)为均派,随粮之多寡定课数,贫民大便"①。靖安县的酒课实际成为一种依据纳粮数摊派的税课。至元时期(1264—1294年),江南的酒课、醋课较元军入江南之初增加10倍以上②。至元二十八年(1291年)之前,江西的酒醋课由茶运司兼领,其后由地方官府措办。至元二十九年(1292年),江西与湖广两行省的酒课合计9万锭,远少于江浙行省的27万余锭。经丞相完泽建议,江浙行省的酒课减去1/5(54000锭),改由江西等三行省分担。天历元年(1328年),江西行省酒课58640锭16两8钱,在10个地区中次于江浙、河南和湖广行省而居第4位;醋课951锭24两5钱,在8个地区中排第6。

契本:即交易田宅、人口、牲畜时的纳税凭证,由买主在交易完成之后,赴务投税时一并支付;不用契本,视同匿税。使用契本,一可防止官吏贪污税金,二可方便税户日后查验,三可增加政府收入。至元二十二年(1285年),每道契本为中统钞3钱,至大三年(1310年)增为至元钞3钱(合中统钞1两5钱)。天历元年(1328年),全国契本总计303800道,计中统钞9114锭,其中江西行省的数量不明。嘉靖《上高县志》保留了该县元代的契本额,共468道,计中统钞14锭2两。

河泊课:元代的江河湖泊属国家所有,未经纳税获得许可,严禁打捕。至元二十二年(1285年)起,元廷规定:"交各处官司兼管湖泊,招收打鱼船户,官为应付网索拦闸神福等。外据打算鱼数,十分为率,渔户收三分,官收七分。"③即官府出备部分工本,招收打鱼船户,所得以三七分成,渔户得30%,官府收70%。官收的七分中,除去工本外,即是河泊课。元朝在河泊之利较大的地区设置16处江河湖泊管理机构,负责征税,品级从正七品到从八品分四等。其中江西行省有两处,一在江州路德化县,为从七品衙门,一在龙兴路宁州,为正八品衙门④。这两处河泊管理机构所收税课当处中等。河泊之利不太大的地区,河泊课由当地官府或其他征税机构兼理。鄱阳湖滨的饶州路,岁收河泊课5万余缗(1000多锭)。遭遇灾年时,官府弛江河湖泊之禁⑤,以利赈灾。如元贞元年(1295年)六月,"江

---

① 吴澄:《吴文正公全集》卷三九《故承直郎崇仁县尹胡侯墓志铭》。
② 程钜夫:《雪楼集》卷十《民间利病·江南诸色课程多虚额妄增宜与蠲减》。
③ 《元典章》卷二二《户部八·河泊·湖泊召人打鱼》。
④ 《元典章》卷九《吏部三·场务官·内外税务巢阙》。
⑤ 《元史》卷十八《成宗纪一》。

# 第二章
# 元代江西的经济

西行省所辖郡大水无禾,民乏食,令有司与廉访司官赈之,仍弛江河湖泊之禁",饶州路的河泊课则一度被废止,听民采捕①。天历元年(1328年),全国河泊课总计钞57643锭23两4钱,江西行省的数量不详。

额外竹木课:天历元年(1328年),江西行省额外竹木课590锭23两3钱,在留有记载的4个地区中,次于江浙行省、河南行省和腹里而居第四位。

门摊课:按户征收的一种税课。天历元年(1328年),江西行省门摊课是360锭1两5钱,仅占总额26899锭19两1钱的1.34%。

池塘课:针对池塘养鱼、栽莲、种藕等收益而设的税课。天历元年(1328年),江西行省的池塘课是985锭3两8钱,占总数1009锭26两5钱的97.57%,是全国最重要的池塘课征收地。当时,江浙行省的该项税课仅有34锭22两7钱。

荻苇课:针对河岸泊荡出产荻苇而设的税课,仅在河南、江西两行省收取。天历元年(1328年),江西行省荻苇课为80锭1两8钱,仅占总量724锭6两9钱的11.5%。

酵课:针对制造发卖酿酒用酵母而征收的税课。天历元年(1328年),全国酵课总额为29锭37两8钱,其中江西行省是6锭12两5钱。

鱼苗课:鱼苗课是针对买卖鱼苗而设的税课,仅在龙兴一路征收。天历元年(1328年),该路鱼苗课总额是65锭8两5钱。

另有历日钱、山场课、房地租钱等税课,在各地统一征收,江西行省所收数额不详。此外,《元史·食货志二·额外课》"鱼课"项下仅有"江浙省钞一百四十三锭四十两四钱"②一条记载,似此项税课仅在江浙一行省征收,其实,江西行省有些地区亦需缴纳,如至治二年(1322年),瑞州路"商税、鱼课等中统钞七千四百二十七锭、银三十三两五钱六分"③。

以上所列是江西行省的部分课额,具体到各路州县,情况不尽一致。嘉靖《上高县志》详细开列了元代该县在城务、麻塘务和蒙山务三处课税所征收的诸色课程,兹罗列如下:

(在城务):

---

① 黄溍:《金华黄先生文集》卷三一《正奉大夫江浙等处行中书省参知政事王公墓志铭》。
② 《元史》卷九四《食货志二》。
③ 崇祯《瑞州府志》卷十《户田志一·课程》。

课程：钞二百三十四锭四十八两一钱三分。

酒课：钞四百四十一锭六两三分。

醋课：钞七锭一十两。

门摊课：钞二锭一十二两一分。

茶引：钞一百八十九锭四十三两五钱一分七厘。

契本：二百二十九道。

麻塘务：

课：钞一百一十四锭四十九两四钱。

酒课：二百六十六锭二十两一钱二分。

契本：一百一十道。

蒙山务：

课：钞六十七锭三两。

酒课：九十六锭一十两八钱。

契本：六十八道。①

以上项目中，"课程"或"课"当指商税。另，该县蒙山银场还有巨额银课，因不归地方官府掌管而没有开列其中。上述上高县的诸色课程比较简单，除门摊课属杂课，其余商税、酒课、醋课、茶税等均是常规课程，每年的总额超过1400锭。与上高交通条件、商业活动比较相近的抚州崇仁县岁办税课为中统钞1200锭②，与上高相差不大。这个数额在江西应属中等，代表着江西地区多数属县的一般情况。

# 第二节
## 农业

习于游牧、不谙农事的蒙古统治者起初对农业极不重视，占据北方后，甚至有蒙古人建议"虽得汉人，亦无所用，不若尽去之，使草木畅茂，以为牧地"③。忽必烈即位后，这种情况有了很大改变。他"首诏天下，国以民为本，民以衣食

---

① 嘉靖《上高县志》卷上《赋产·课程》。
② 弘治《抚州府志》卷十二《版册二·榷课》。
③ 宋子贞：《中书令耶律公神道碑》，载苏天爵编《元文类》卷五七。

# 第二章
# 元代江西的经济

为本,衣食以农桑为本"①,并采取了一系列劝农措施。攻宋时,元军总体上改变了过去军事活动以劫掠为主要目的的做法,注意保护当地的农业生产。至元十五年(1278年),忽必烈发布《省谕军人条画》,要求"管军官员严切禁治各管军马屯驻并出征经过处,除近里地面先有圣旨禁治外,但系新附地面(引者注:指新近攻占的原南宋统治区),不得牧放头匹,踏践田禾,咽咬花果桑树"②。统一全国后,元廷将在北方施行的劝农措施推广到南方,先后设立的江南行御史台、各道提刑按察司、大司农司以及劝农营田司等机构都以劝课农桑为首要职责,并多次刊行《农桑辑要》,颁发各路,用于指导农业生产。在这种背景下,元代江西地区的农业得以继续发展,粮食生产保持了一定的水平,部分经济作物的生产技术和水平有明显的进步和提高。江西成为元朝的财赋重区之一。

## 一、粮食生产与漕粮转输

在元朝重农政策的影响下,加上元中期以后,江西社会维持了半个世纪左右的基本安定,百姓安辑,部分地方官员又很重视农业生产,江西地区与农业生产相关的田土垦辟、水利兴修、农技推广等事业遂相继得以恢复和发展③。

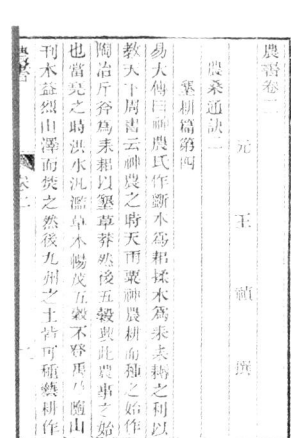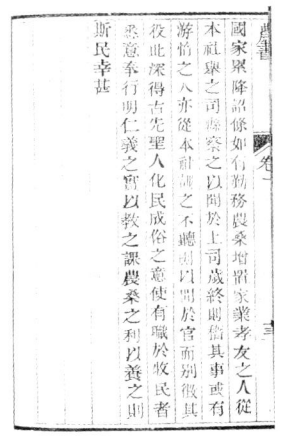

王祯《农书》

图片说明:中国国家博物馆藏清乾隆活字本。

图片来源:《文物中国史》第7册"宋元时代",山西教育出版社2003年版,第232页。

---

① 《元史》卷九三《食货志一·农桑》。
② 《元典章》卷三四《兵部一·正军·省谕军人条画》。
③ 关于元代江西的粮食生产,吴宏歧的《元代农业地理》(西安地图出版社1997年版)和陈高华、史卫民著《中国经济通史·元代经济卷》的相关章节作了许多有益的探索,并请参阅。

王祯《农书·梯田图》

图片说明：中国国家博物馆藏清乾隆活字本。

图片来源：中国国家博物馆编《文物中国史》第7册"宋元时代"，山西教育出版社2003年版，第95页。

江西地方官员重视农业生产，以王祯为代表。王祯，山东东平人，所撰《农书》在中国农学史上占据重要地位。他一向关心农业，注重农技。任信州永丰（今广丰县）县尹之前，他在旌德（今属安徽）当县尹期间，"岁教民种桑若干株。凡麻苎、禾黍、牟麦之类，所以莳艺芟获，皆授之以方。又图画所为钱镈、耰耧、杷耢诸杂用之器，使民为之"①。到永丰后，他继续"以课农兴学为务，常买桑苗及木绵子导民分艺"②，并著《农书》，刊刻于庐陵，以之指导农业生产。同为永丰县尹的宋祥任内也是"务农桑，筑陂塘以备旱潦"③。在赣州，靳孟亨任雩都县尹时，"辑农书，导民稼穑"④。部分地方官员的重视有利于江西农业生产的发展。

这一时期，田土垦辟的成就主要体现在梯田的开发和赣南的屯田两个方面。江西中北部人口繁庶，宋代已显人多地少，民众开始垦辟梯田。入元以后，这一趋势在继续。曾在皖南和赣东北任职的王祯写道："梯田，谓梯山为田

---

① 戴表元：《剡源戴先生文集》卷七《王伯善农书序》。
② 雍正《江西通志》卷六三《名宦七·广信府·王祯》。
③ 雍正《江西通志》卷六三《名宦七·广信府·宋祥》。
④ 苏天爵：《滋溪文稿》卷七《大元赠中顺大夫兵部侍郎靳公神道碑铭》。

## 第二章
## 元代江西的经济

地也。夫山多地少之处,除磊石及峭壁例同不毛,其余所在土山,下自横麓,上至危巅,一体之间,裁作重磴,即可种艺。如土石相半,则必叠石相次,包土成田。又有山势峻极,不可展足,播殖之际,人则伛偻蚁沿而上,耨土而种,蹑坎而耘。此山田不等,自下登陟,俱若梯磴,故总曰梯田。上有水源,则可种秔秫。如止陆种,亦宜粟麦。盖田尽而地,地尽而山,山乡细民必求垦佃,犹胜不稼。其人力所致,雨露所养,不无少获。"① 王祯所述不一定专指江西,但《农书》成书于他任职信州永丰期间,而永丰一带在南宋时期已是"岭皆创为田,直至其顶"②,故,他对梯田的叙述可能部分来自当地的见闻。与信州毗邻的饶州路东南"山多田占少"③,开垦梯田也属当然。南宋时期,赣中的吉安、抚州和赣西的袁州均已垦辟梯田④,进入元代,当地民众自会继续向丘陵山地要田。

赣南地区在入元以后人口大量减少,户数由宝庆年间(1225—1227年)的32万余户降为至元末期的7万多户⑤,因而出现大量的无主荒地,为屯田准备了条件。大德二年(1298年),立赣州军屯,有3265户,524顷多土地⑥。但是,这处军屯在次年即出现"军兵多死瘴疠"的情况⑦,其实际垦田面积可能没有达到最初的要求。此外,吉安一度也置有屯田。

元代,江西从北到南均有新修的水利工程。临江路清江县北郭的赣江边,"水由大江入者,有长堤以捍之。由西南来者,开数窦以疏之,大为民便"⑧;龙兴录事司城西的新坊,每逢春夏湖水上涨,"人马俱病,溺者不可胜数"⑨,至正八年(1348年),总管安谦命修堤若干丈,并筑石桥、水门;龙兴路富州,"增修堤防,又筑挡数百丈","筑堤三百丈,又修境内坏堤六十四处,水复故道";建昌路新城,"修筑堤防,免南津水患";信州路永丰,"筑陂塘,以备旱潦";南康路,"修朱子所造江岸石闸,以御风涛,商旅泊舟得安";南安路,"作石堤以息水患"⑩,

---

① 王祯著,王毓瑚校:《农书·农器图谱集一·田制》,农业出版社1981年版。
② 杨万里:《诚斋集》卷十三《西归集》,四部丛刊本初编本。
③ 王义山:《稼村类稿》卷二《宿安仁县市》。
④ 参阅许怀林《江西史稿》,江西高校出版社1998年第2版,第258—260页。
⑤ 嘉靖《赣州府志》卷四《食货·户口》。
⑥ 《元史》卷一百《兵志三》。
⑦ 姚燧:《牧庵集》卷十六《荣禄大夫福建等处行中书省平章政事大司农史公神道碑》。
⑧ 赵文:《青山集》卷五《临江路高平桥碑记》。
⑨ 危素:《危太朴文集》卷三《安公堤记》。
⑩ 以上诸条俱见雍正《江西通志》卷五九至六五《名宦》。

王祯《农书·秧马图》

图片说明：中国国家博物馆藏清乾隆活字本。

图片来源：中国国家博物馆编《文物中国史》第7册"宋元时代"，山西教育出版社2003年版，第94页。

等等。以上水利工程的规模均较小，远远比不上江浙行省的太湖整治工程。这与地方官府困于财力，无力建设大型水利工程有关。如抚州的千金陂自唐代始修，一直是当地农业和交通的命脉。入元，该陂失于修治，无法发挥水利功能；若能修成，可灌溉田地数千顷，故江西行省右丞郝天挺建言修治该陂。但从文献记载看，元代始终没有修筑千金陂。当时江西有些较大规模的水利工程是民间所修，如吉安路太和州人李英叔捐钱2万缗，修茶滩、啁石二陂。水陂修成后，可灌溉螺溪良田30万亩，乡人称之为李公陂。抚州路崇仁县周信甫祖孙二人各捐私田，凿沟渠，修筑了可灌溉官民田地8000余顷的茭陂，等等。

元代江西地区的农技推广体现在诸多方面。首先是高效农具的使用。吉安文人刘诜描绘了赣中一带农民使用插秧工具秧马的情形："江南二月秧事急，水田千亩肩雁随。壁间木马忽湍沸，焰若起废逢明时。背轻腹滑骑不蹶，昂昂首尻过高犁。方畦曲畎翠分路，意会规矩无差池。"①这首诗体现了秧马省力与插秧整齐的特点。其次是选用适宜的粮食品种。水稻是江西的传统粮食作物，经过历时漫长的选育与引进，北宋已有40多

---

① 刘诜：《桂隐集·秧马歌和萧养吾》，载顾嗣立编《元诗选二集·己集》，第791页。

## 第二章
## 元代江西的经济

个品种①。入元,江西民众根据不同条件,选种不同的品种。如南丰州,"山深地寒,止宜晚禾。惟有近郭乡村,略种早稻。通计十分之内,早稻止有三分"②,即南丰民众在山深地寒之处栽种成熟较晚的水稻,在地势低平、阳光充足的农田栽种成熟期较早的水稻。临江路和吉安路的一些丘陵山地则种植黍、粟、豆等旱地作物③。这说明,当时的江西民众已知晓根据田土的高度、朝向、土质、水源等情况选择合适的农作物品种,并适当栽种一些旱地作物。复次是麦稻轮作制的普及。元代江西有春麦和冬麦两种。史料显示,饶州、南康、吉安、建昌等路均种麦,通常的情况是麦收后随即插稻秧。刘诜对赣中稻麦轮作期的生产场景是这样描述的:"三月四月江南村,村村插秧无朝昏。红妆少妇荷饭出,白头老人驱犊奔。五更负秧载南田,黄昏刈麦渡东船。我家麦田硬如石,他家秧田青如烟。"④麦收之后随即栽插稻秧,于是一大片农田中,既有金黄的麦田,又有青绿的稻秧田。但是,如果麦收恰逢久雨不晴,则会出现"麦已熟而不收,秧既老而莫种"⑤的情况。最后是灾荒出现后,江西民众知道及时播种各类作物,以减少饥荒的危害程度。江西的救灾作物主要有荞麦、芋、粟等。大德十年(1306年),南丰出现严重饥荒,知州聂伯达劝民众广种荞麦,结果,荞麦喜获丰收,"民得麦续食,不复有饥"⑥。吉安一带也产荞麦。明初,太和人刘崧远游赋诗,有"顺承门外斜阳里,荞麦花开似故乡"⑦之语,由此,太和种荞麦可能较普遍。芋则见于赣中,人们喜在冬日用地炉烤芋,以之待客⑧。粟亦是江西民众的救灾作物之一,故有"岁歉有稚粟,尚可分炊晨"⑨之诗。

---

① 北宋哲宗时期,太和人曾安止著《禾谱》,记录的泰和、吉安一带的水稻品种达42个。参阅曹树基《〈禾谱〉及其作者研究》,载《中国农史》1984年第3期。
② 刘埙:《水云村泯稿》卷一四《呈州转申廉访分司救荒状》,明天启刊本。
③ 梁寅:《新喻梁石门先生集》卷一《明农轩记》载临江路"宜黍、稷、秔、稻"。刘诜:《桂隐集·饮谷平李氏》(载顾嗣立编《元诗选二集·己集》,第789—790页)描绘吉安一带的景色:"粟黄黍短沙连浦,白发涉江寻故towards。"揭傒斯:《揭文安公全集》卷五《送黄判官归江西》有"邻人邀种南山豆,野老同寻北谷芝"之句。
④ 刘诜:《桂隐集·秧老歌三首》,载顾嗣立编《元诗选二集·己集》,第805—806页。
⑤ 任士林:《松乡文集》卷十《省府祈晴意旨》。
⑥ 刘埙:《水云村泯稿》卷一四《呈州转申廉访分司救荒状》。
⑦ 刘崧:《槎翁诗集》卷八《送别叔铭金宪出顺门门》。
⑧ 刘诜:《桂隐诗集》卷三《地炉拨芋》:"道人山房棕为帘,凿土燎火防冬严。红蒸椰木森怪兽,灰中蹲鸱香可拈。黑肤黯淡露玉质,温润可以当劫灰。人闻宰相君莫可,跌坐且荐春醪甜……"
⑨ 刘诜:《桂隐集·山中二首》,载顾嗣立编《元诗选二集·己集》,第767页。

至于元代江西的粮食亩产量,本章上节"赋役状况"通过秋粮税率推算,当时江西土地亩产量多不超过1石。这在江南处于何种水平?有学者论:"水稻单位面积产量(元制),江浙地区上田五到六石,中田三石到四石,下田二到三石,湖广地区上田三石,下田二石,实际就是宋代(主要指南宋)所达到的水平。"①对此,有反对者认为估计太高,笔者亦持此见。陈高华、史卫民细致研究了浙西、浙东的粮食亩产量,认为浙西"每亩产量平均应在一石至二石之间,或者可作高一点估计,即每亩一石半至二石","浙东地区粮食产量高的可达米2石甚至更多一些,低的则仅2、3斗,就多数而言,应在1石至1.5石之间。从南方的农业生产情况来说,浙西应是上等,浙东应是中等。也就是说,浙东的平均亩产量,大体上代表了南方的平均产量"②。即元代江南平均亩产粮食在1石至1.5石之间。笔者认为陈、史二人的研究是严谨可信的。据此,再将江西行用元代省斛、江浙使用宋代文思院斛、二者比率为10∶6.66的因素考虑进去,那么,元代江西亩产量多不超过1石,换算为文思院斛,则多数田地亩产量不超过1.5石,与浙东持平,处在当时江南地区的平均水平。

江西是元代重要的粮食产区。至元十九年(1282年),赣州通判尹应元向中书省报告:"应元自江西来,为见江南地面,米只是三两钱籴一石,麦只是五分钞买一斤。自从河北道以至大都,米、麦增价数倍。"③虽然尹应元的报告不是专指江西,但他来自江西,所述应包括江西在内。这充分说明了江西粮食的富足。江西地区重要的粮食产地集中在自然条件相对优越的鄱阳湖平原和赣江中下游,诗人描绘赣中的吉安一带是"丰年五谷贱如土"④。

民众所缴秋税粮为漕粮。宋代的江西即是漕粮的重要来源地,进入元代,情况依旧如此。本章上节"赋役状况"已述,元代江西地区的秋粮约占全国总额的9%—10%,虽不及两宋比例之高,仍不失为一处重要的粮食产地。而且,当财赋重地江浙遭遇歉收,难以足额上缴漕粮时,江西常承担代输的重任。大德十一年(1307年)十月,中书省奏:"常岁海漕粮百四十五万石。今江浙岁俭,不能如数,请仍旧例,湖广、江西各输五十万石,并由海道达京师。"⑤仁宗同意了该建议。"仍旧

---

① 陈得芝主编《中国通史》第八卷《中古时代·元时期(上)》,第718页。
② 陈高华、史卫民著《中国经济通史·代经济卷》,第169页,第172—173页。
③ 《庙学典礼》卷一《省台复石国秀尹应元所献学田》。
④ 刘诜:《桂隐集·万户酒歌》,载顾嗣立编《元诗选二集·己集》,第800页。
⑤ 《元史》卷二二《武宗纪一》。

## 第二章
## 元代江西的经济

例"表明,大德十一年(1307年)以前,江西、湖广两行省在江浙岁俭时补运漕粮已成常例。当年,实际海运粮食1644679石至大都,江西行省代输的占30%,加上该省例运漕粮,比例应远远高于此数。此后,即使江浙年丰,代输之法继续施行,以致至大四年(1311年)郝天挺任江西行省右丞时,请求将江西代输的江浙海运粮"罢还江浙,不当为例"①。但郝天挺的意见未被采纳。当年十二月,因浙西水灾,"免漕江浙粮四分之一,存留赈济,命江西、湖广补运,输京师"②。此后,江西代输之事仍时有发生,如后至元四年(1338年)正月,"江浙海运粮数不足,拨江西、河南五十万石补之"③。元末张士诚据苏州后,江浙海运不通,江西一度成为大都重要的粮食来源地④。此外,江西地区还时常接济荆湖一带,如至元二十四年(1287年),饶州路承命装运20000石米给鄂州⑤。但是,元代最重要的粮食产区还是江浙,元人陈旅曾说江浙行省"土赋居天下十六七"⑥。加之江西境内,即使是富庶的赣北、赣中,有些路州仍不能自给,遭遇歉收时,情况更甚。如南康路,"山城小郡,产米有限,余靠荆、湘、淮、浙米谷通相接济"⑦;临江路清江县,"薪米仰北道"⑧,即粮食有赖输入。所以,当江西歉收时,亦需要浙西等地的粮米接济。

至大四年(1311年)以前,江西包括赣南在内的多数地区的漕粮(包括秋粮折收的木绵布等物)是由地方官押运至真州(治今江苏省仪征市)⑨,装上海船,经海道运至北方⑩。隶属江浙行省江东道的饶州,常由海船逆长江西上装运其漕粮,称"上江粮米"⑪。因江船与海船形制不同,如此接运漕粮,易损坏船只,至

---

① 刘岳申:《申斋刘先生文集》卷二《送郝右丞赴河南序》。
② 《元史》卷二四《仁宗纪一》。
③ 《元史》卷三九《顺帝纪二》。
④ 叶子奇:《草木子》卷之三上《克谨篇》,第47页,中华书局1959年版。
⑤ 《元典章》卷二一《户部七·仓库·押运·纠察运粮扰民》。
⑥ 陈旅:《安雅堂集》卷九《浙省题名记》。
⑦ 《元典章》卷三《圣政二·救灾荒》。
⑧ 赵文:《青山集》卷五《临江路高平桥碑记》。
⑨ 《元典章》卷十四《吏部八·公规二·差委·路官州官通差》:"元贞元年,吉州等路税粮折收木绵,除差官起运外,抚州等路木绵白布,合委长押官。"本章上节论杂泛差役时,述及赣州路赣县以富裕上户"供海运",说明远至赣南的漕粮都要运至真州。
⑩ 危素:《元海运志》(丛书集成本):"至大四年,……又湖广、江西之粮运至真州泊入海船,船大底小,亦非江中所宜。"
⑪ 危素:《元海运志》:"至大四年,……时江东宁国、池、饶、建康等处运粮,率令海船从扬子江逆流而上。江水湍急,又多石矶,走沙涨浅,粮船俱坏,岁岁有之。"并请参阅高荣盛《元代海运试析》,载《元史及北方民族史研究集刊》第七辑。

大四年(1311年)后,元廷规定江西、江东、湖广的漕粮不再海运,改以嘉兴、松江的秋粮及江淮、江浙两财赋总管府的粮食充海运粮。但是,此后,江西、江东漕粮海运之事仍时有发生,如前述后至元四年(1338年)拨江西、河南粮海运即是。至正(1341—1368年)初,抚州路总管杨益在"赋税之日","律己以率,下千里输赋无傍落羡费"①,从路程计算,似乎也是将"赋税"送至真州。但是,江西地区有些偏僻州县的秋粮可留存当地,不必上送,如"婺源州距总府数百里,山路峻险,转输莫可,赋粟每岁留州。忽有令诣府送纳,州民震怖。官畏上令之严,不敢以请。侯(引者注:指婺源州判官胡愿)白上府,陈利害。府不能夺侯议,民得免诣府仓"②。即婺源州的秋粮一直留存当地。至于乐安等地将秋粮折纳钞两,更是无需远送。

运送秋粮至真州是江西民众杂泛(劳役)的一种,属无偿服务,充役期间的衣食由自己承担,甚至还要赔补损失,加上耗时漫长,风险时有,原则上多由富裕人户承当(本章上节所述赣州路赣县以富裕上户"供海运"即是)。但是,摊派徭役时放富差贫乃平常现象,故漕运粮食是江西民众的一项沉重负担。

## 二、江西等处榷茶都转司与江西茶业

进入元朝,"早晨起来七件事,柴米油盐酱醋茶"已成民间俗谚③,上自王公贵人,下至贱夫卒吏,日常生活都离不开茶。自唐代德宗贞元九年(793年)正式征收茶税开始,茶税日益成为国家财政的重要来源之一。元朝大体继承了宋代的榷茶制度,对茶业实行严格控制,茶课主要来自江南,而江西是其中的一个重要地区。

至元十二年(1278年),江西尚处在元军的征伐之中,年初已归降的江州即有人建议征收茶税,来年征得茶课中统钞1200余锭。次年十二月,元廷诏谕江南官吏军民,"其田租商税、茶盐酒醋、金银铁冶、竹货湖泊课程,从实办之"④,茶在江南各地与盐、酒等共同成为征税对象。

至元十七年(1280年),元廷在江州正式设立榷茶都转运司。至元二十五年

---

① 虞集:《道园类稿》卷二六《抚州路总管题名记》。
② 吴澄:《吴文正公全集》卷三九《故承直郎崇仁县尹胡侯墓志铭》。
③ 武汉臣:《李素兰风月玉壶春》,载臧晋叔编《元曲选》,中华书局1958年版,第474页;佚名:《月湖和尚度柳翠》,载臧晋叔编《元曲选》第1335页。
④ 《元史》卷九《世祖纪六》。

# 第二章
# 元代江西的经济

(1288年)二月,该司改称"江西等处都转运司",除茶课外,兼领酒醋课,次年正月移至龙兴,同年复称"江西等处榷茶都转运司"①。这是正三品衙门,统领江西、湖广、河南、江浙四行省的茶税征收,设运使、同知、副使等官员,天历二年(1329年)被撤销。此后,茶课一度转由路府州县征收。因地方官常借机扰民,元统元年(1333年)十一月,顺帝下诏:"江西、湖广、江浙、河南复立榷茶运司。"②同年,置湖广江西榷茶都转运司,治所不详。次年,江西榷茶运司重新设置于江州。至正十四年(1354年),元朝已陷入大动荡,年底,茶运司被撤。

江西等处榷茶都转运司在重要茶产地置提举司(从五品衙门)。四行省中,多的时候有16处提举司,即杭州(今属浙江省)、宁国(治今安徽省宣城市)、龙兴、建宁(治今福建省建瓯市)、庐州(治今安徽省合肥市)、岳州(治今湖南省岳阳市)、鄂州(治今湖北省武汉市)、常州(今属江苏省)、湖州(今属浙江省)、潭州(治今湖南省长沙市)、静江(治今广西壮族自治区桂林市)、临江、平江(治今江苏省苏州市)、兴国(治今湖北省阳新县)、常德府(今属湖南省)、古田建安等处(今在福建省古田、建瓯一带)。以上茶司中,7处位于江浙行省,6处位于湖广行省,江西有龙兴、临江2处,河南行省只有庐州1处。榷茶提举司几经调整。在另一则与江西等处榷茶都转运司相关的文献中,罗列了该司下辖的15处茶司,比上文所列少了鄂州与湖州,多了江州③。这样一来,江浙行省茶司减为6处,湖广行省降至5处,河南行省依旧1处,江西则增至3处。此外,至元二十三年(1286年),复立岳州、鄂州、常德、潭州、静江茶司,二十七年(1290年),复立南康、兴国茶司,庐州茶司则于大德八年(1304年)被裁撤。延祐时期(1314—1320年),建昌州(今永修县)也设有茶司,分宁则置分宁等处茶司。顺帝时期,江西榷茶运司下辖提举司只有7处,远少于元中期,具体情况不详。茶司的兴废基本可以反映各地征收茶课的数量多少和稳定与否,南康、建昌州、兴国、江州等提举司的废置则可能与邻近都转运司治所的设置有关。

江西等处榷茶都转运司及下辖各茶司的职责是通过发卖茶引收取茶课。

---

① 虞集:《道园学古录》卷三七《榷茶运司记》记江西等处都转运司"(至元)二十八年复榷茶名",即复称"江西等处榷茶都转运司"。《元史》卷十五《世祖纪十二》载,至元二十六年八月,"诏两淮、两浙都转运使司及江西榷茶都转运司诸人,毋得沮办课",则江西等处都转运司的改名应在至元二十六年。具体情况不得而详,此处暂采《元史》之说。

② 《元史》卷三八《顺帝纪一》。

③ 《元典章》卷七《吏部一·官制一·职品·内外文武职品》,卷九《吏部三·官制三·场务官·茶场巢阙处所》。

所谓茶引，就是售茶的纳税凭证。多数时期，一引为90斤。元代每引的价格从最初的4钱、5钱上升到后来的12两5钱，上涨20多倍。每年十二月初，榷茶都转运司召集辖下各提举司官吏领取次年的茶引和公据（由中书省户部下发），回提举司发卖。从以上茶司的地理分布看，江州以其交通便捷、位置适中的优势，成为都转运司的最佳所在。它可使各茶司关领茶引与公据时，不致因路途迢远而耽误办课大事。所以，该司除短暂迁于龙兴外，一直位于江州。

至于茶课的具体征收办法，《元典章》和叶子奇《草木子》有所记载：

> 客旅兴贩茶货，纳讫正课宝钞，出给公据，前往所指山场，装发茶货出山。赍据赴茶司缴纳，倒给省部茶引，方许赍引随茶，诸处验引。发卖毕，限三日已（引者注：当作"以"）里，将引于所在官司缴纳，即时批抹。违限匿而不批纳者，杖六十。因而转用或改抹字号，或增添夹带斤重，及引不随茶者，亦同私茶断。仍于各处官司将客旅节次纳到引目，每月一次，解赴合属上司缴纳。①

> 元朝于江西及湖广立提举司，使之产茶路分卖引，照茶以行。批验所验引无弊，即放行，至卖处收税。②

具体说来，就是茶商事先确定要贩卖的茶货数量、种类等，向茶司缴纳钱钞。后者出给公据后，茶商前往指定的茶园。茶户根据公据，向茶商发卖茶货。茶商装货出山后，再回到茶司缴上公据，换取茶引。售茶时，茶引必须与茶货相随，以备各地批验所查验，否则以私茶论处。售茶完毕的三日之内，茶商必须在售卖地将茶引上缴当地官府，缴纳商税。各官府则将收纳的茶引每月一次解送上级，以备核实。整个过程中，茶商需三次支付钱钞，第一次是向榷茶提举司购买公据，缴纳茶课，第二次是向茶户支付工本钱，第三次是在售茶地缴纳商税。茶司只能控制第一次收费，即收取茶课。

江西等处榷茶都转运司征收的茶课，至元十三年（1276年）为中统钞1200

---

① 《元典章》卷二二《户部八·课程·茶课·贩茶例据批引例》。
② 叶子奇：《草木子》卷之三下《杂制篇》。上引两段文字中，《元典章》反映了元前中期的情况，元末明初人叶子奇所言应指元统初复设榷茶运司以后的情况。虞集《榷茶运司记》云，江州复设茶运司后，"总治之规率如故事"，即沿用旧规，则二者当无抵牾。

# 第二章
## 元代江西的经济

余锭,两年后的至元十五年(1278年)迅速增加到6600余锭(时尚未设立江西等处榷茶都转运司),延祐五年(1318年)达250000余锭,延祐七年(1320年)进一步增至289000余锭。40多年间,茶课收入增加了20多倍,是元朝财政的重要来源之一。其中各提举司征收的茶课数量难以查明,只知延祐五年(1318年)的250000余锭茶课中,榷茶都转运司在江州、兴国两地直接收取了35000余锭,占当年茶课总额的14%。

江西成为榷茶都转运司所在地,除位置适中外,与其自身也是重要的茶叶产地有关。龙兴、临江两处茶司的稳定存设说明其征收的茶课既多又稳。当时,江西境内所设茶司虽不及江浙、湖广多,但是,若将南康、江州、建昌州、分宁四地茶政多由都转运司直辖的因素考虑进去,则江西境内当有6处茶司,并不弱于江浙。元末明初人叶子奇说,元代"御茶则建宁茶山别造以贡,谓之噉山茶……民间止用江西末茶、各处叶茶"。① 这直接说明江西的茶叶产量很大,行销全国各地,是民间饮用茶最重要的来源地之一。

叶氏所言还表明,江西制作的主要茶品为末茶。所谓末茶,是将茶芽摘下后,烘焙使之干燥,入磨碾碎,制成茶末。末茶中的上品是蜡茶,"蜡茶最贵,而制作亦不凡。择上等嫩芽,细碾入罗,杂脑子诸香膏油,调剂如法,印作饼子,制样精巧。候干,仍以香膏油润饰之"②。叶茶是现在常见的条形散茶,嫩叶经过炒青即成。宋代的江西地区,末茶与叶茶并重,入元,如叶子奇所说,以末茶为主。江州道观太平宫加工茶叶的场所称茶磨,共有4所,显然生产末茶。两宋时号称"草茶第一""草茶极品"的双井茶(属叶茶)出产地分宁,进入元代后,以出产双井团茶著名。此团茶是以末茶进一步加工制成的蜡茶。金华文人柳贯到江西任儒学提举之前,便"旧闻双井团茶美"。由此可见,叶氏所言不虚。从末茶、叶茶并重到独重末茶,这种转变可能与蒙古人、色目人饮茶习惯的影响有关。当然,江西也产叶茶,如一芽两叶的燕尾茶在元代即跻身名品。

龙兴应是当时江西最重要的茶产地。龙兴西北一度设置分宁等处榷茶提举司,说明分宁(大德八年,1304年以后升为宁州)是该路的主要产茶地。柳贯曾这样描述南昌城西的景象:"豫章城西江上舟,船翁夹舵起红楼。官盐法茗有饶乏,市利商功无算筹。"③ 诗中的"法茗"指缴纳了茶课的合法茶货。盐船茶舡

---

① 叶子奇:《草木子》卷三下《杂制篇》。
② 王祯:《农书·百谷谱集之十·茶》。
③ 柳贯:《柳待制文集》卷六《洪州歌》。

汇集在南昌城西的河道中,给商人带来巨大利润。

龙兴所产茶不仅量多,而且质优。柳贯品过双井团茶后,赞誉道:"不到洪都领佳绝,吟诗真负九回肠。"①该路所产优质茶不仅行销民间,而且作为贡品上献给皇太子真金之妃②,至大元年(1308年),真金妃更进一步将巨额的龙兴茶课收入囊中③。

龙兴外,江西中北部亦普遍产茶。以临江为中心的赣西地区,包括临江、袁州、吉安、瑞州等地,因临江位于赣西的交通要冲,故将茶司设于该路。这些地区在宋代即出产多种茶品④,进入元代,茶业依旧兴盛。大德年间(1297—1307年),袁州路总管荣显祖兼管内劝农事,并"提调造茶勾当"⑤。江州、南康、抚州等其他路份以及隶属江浙行省徽州路的婺源州也产茶,且数量不菲。如江州太平宫有茶山42盘,茶磨4所,能仁禅寺有茶地若干,抚州金溪佛寺疏山寺也种有大量茶树。道观寺院尚且如此,民间植茶当更普遍。处于丘陵地带的婺源州,茶课逐年增加,元中期增至最初的7倍,多达5万余缗,以致榷茶官惊呼:"国初天下茶课不过五万余缗耳,婺源一州乃七倍国初,天下民何以堪哉!"⑥

茶叶是元代江西地区最重要的经济作物之一。此外,木绵(即棉花)、麻、桑、蔗、蔬菜、果品等亦是常见经济作物。其中,木绵的大规模种植是元代江西农业发展的重要表现(木绵、桑、麻等将于下节"纺织业"中详述),其余则多是继承南宋以来的既有态势。试看文人刘诜笔下庐陵一带的乡村景色:"老托园林困雪霜,橘株枯病悴蕙黄。荼蘼独擅春风力,无数新花出短墙。桃花梨花争满园,金沙玉棠蜂鸟喧。"⑦"沙边一树谁家李,岁岁逢渠白作堆。"⑧显然,赣中乡民种植橘、桃、棠、李等经济作物乃寻常之事。至于蔗,刘诜曾赋诗:"儒官如蔗杪,妄意近佳境。"⑨长期居于乡里的刘诜将儒学官比作看似甘甜实则无味的蔗梢,足见他对甘蔗非常熟悉,也反映了当地不乏植蔗者。

---

① 柳贯:《柳待制文集》卷六《洪州歌》。
② 姚燧:《牧庵集》卷二九《临江路总管府判官夏君母夫人张氏墓志铭》。
③ 《元史》卷九四《食货志二·茶法》。
④ 《宋会要辑稿》卷二九之一《食货》。
⑤ 姚燧:《牧庵集》卷二二《金故昭勇大将军行都统万户事荣公神道碑》。
⑥ 刘岳申:《申斋刘先生文集》卷十《安抚同知罗荣可墓碣》。
⑦ 刘诜:《桂隐集·庚午春夏间闲居即事》,见顾嗣立编《元诗选二集·己集》,第833页。
⑧ 刘诜:《桂隐集·横石渡候舟有感》,见顾嗣立编《元诗选二集·己集》,第833页。
⑨ 刘诜:《桂隐集·送艾幼玉赴南安儒教》,见顾嗣立编《元诗选二集·己集》,第774页。

# 第二章
## 元代江西的经济

## 第三节
## 手工业

蒙元早期,蒙古统治者对手工业的重视远甚于农业,后来虽逐渐认识到农业的重要性,但手工业作为重要的经济门类,一直受到严密掌控。故,元代的官营手工业十分发达,民间手工业则受到一定压制。主要生产部门有纺织、陶瓷、制盐、造船、军器、印刷、造纸、食器加工等。总体说来,元代手工业在前代的基础上有新的发展,江西则在某些方面具有领先优势。限于资料,本书仅就制瓷、印刷、纺织、造船、制墨五项略加陈述。

### 一、制瓷业

宋代的江西群窑林立,饶州景德镇、吉州永和窑、建昌南丰白舍窑、赣州七里镇窑、临川白浒窑等争奇斗艳,各有千秋。进入元代,上述诸窑继续烧造瓷器,此外还有抚州金溪的小陂窑、里窑,铅山江村窑,萍乡南坑窑,瑞金迳桥窑,宁都的璜陂窑、固厚窑,寻坞上甲窑等窑口。可以说,当时江西从南到北,从西到东,均有瓷窑,而以景德镇冠绝群窑,一枝独秀。

景德镇制瓷业拥有优质的瓷土和釉料资源、丰富的燃料、便利的交通等得天独厚的自然条件,元初永和窑陶工的流入①,大一统局面的形成又有利于其吸收南北各

---

① 蓝浦、郑廷桂著,欧阳琛、周秋生校,卢家明、左行培注《景德镇陶录》(江西人民出版社 1996 年版)卷七《古窑考·吉州窑》:"相传(永和)窑工作器入窑,宋文丞相过时,尽变成玉。工惧事闻于上,遂封穴不烧,逃之饶,故景德镇初多永和陶工。"此记载为传说,同时见于曹昭编著、王佐增补的《格古要论》以及相关地方志中,不足信。永和窑工大量进入景德镇,可能与文天祥在吉安募兵勤王有关。许多陶工应募抗元,入元以后,因惧怕镇压而逃到制瓷条件极佳的景德镇。

窑口的先进技术,加之景德镇瓷业分工细致,操作规范[①],诸多因素促成了元代景德镇在制瓷工艺上的长足进步,烧制出一些在中国制瓷史上具有划时代意义的新品。

元代景德镇制瓷工艺的进步首先体现在胎土配方的革新。入元,景德镇制瓷工匠开始采用瓷石加高岭土的"二元配方"法,克服了单纯采用瓷石制坯则胎骨质软,器物容易变形,单纯采用瓷土制坯则胎质太硬,器物容易碎裂的弊病,将两种原料按一定比例调制,各尽其长而避其短,提高了瓷器的烧成温度,减少了器物变形,因而能烧造颇具气势而胎质轻薄的大型瓷器,产品更臻精致。这种精致的大型瓷器很适合于大型建筑,为明清两代御窑设置于景德镇奠定了基础。其次,成功烧造了青花、釉里红和青花釉里红瓷器,将制瓷工艺与绘画技法完美结合,开创了明清两代釉下彩瓷的先河。青花是以氧化钴作颜料,在素胎上绘出图案,然后敷以透明釉,经高温焙烧,钴呈胶态分散,现出美丽的

釉里红彩斑堆塑螭纹高足转杯

图片说明:高安元代窖藏瓷器之一。高12.5厘米,口径10.1厘米,底径5厘米。侈口,深腹,斜壁,高圈足,把柄呈竹节状,底沿外扩,置放平稳。杯把与杯底结合处为"公母榫",可自由转动。杯外壁下腹堆塑一蟠螭龙匍匐其上,惟妙惟肖。器内模印折枝梅、缠枝菊和回纹,口沿内外分别饰釉里红带状纹,外壁及底心洒有釉里红彩斑数块。施青白釉,釉色泛青,湿润光泽。釉里红呈暗红色。此器物绘画工艺独特,以涂抹、泼的技法结合器物造型,设计奇巧,装饰别致,胎薄型美,工艺精湛,为元代釉里红的绝品。

图片来源:刘金成编著《高安元代窖藏瓷器》,朝华出版社2006年版,第71页。

---

① 据蒋祈《陶记》载,景德镇烧造瓷器,"陶工、匣工、土工之有其局,车坯、利坯、釉坯之有其技,印花、画花、雕花之有其法,秩然规制,各不相率",制瓷分工明确而精细。每一道工序都有严格的操作规程,瓷坯原料采用"进坑石,制泥精巧",釉料"炼灰,杂以槎叶木柿,火面加炼之,必剂以釉泥而后可用","探坯窑眼"采用"火照"技法,"以验生熟",等等。转引自《景德镇陶录》卷八《陶说杂篇上》。蒋祈的《陶记》是目前最早的全面记述景德镇制瓷业的著作。关于其人其书的年代,有南宋说、元代说两种观点。前者以刘新园为代表,认为《陶记》成书于南宋宁宗嘉定七年至理宗端平元年的20年间,即1214—1234年间,见刘撰《蒋祈〈陶记〉著作时代考辨》,载《景德镇陶瓷》1981年《陶记》研究专刊。后者见于乾隆七年《浮梁县志》及其后的地方志、《景德镇陶录》等书,为熊寥、梁淼泰等研究者所支持。因刘新园之文尚有牵强之处,姑沿用旧志,以蒋祈为元代人。

# 第二章
# 元代江西的经济

青花缠枝牡丹纹带盖梅瓶

　　图片说明：高安元代窖藏瓷器之一。通高 47.5 厘米，口径 6.1 厘米，底径 13.8 厘米。小口，唇口平折，短颈，圆鼓腹下收，矮圈足稍外扬，配覆杯形盖，中置宝珠钮，盖内置空心圆柱形管，合盖时不易晃动脱落。盖内壁及底均书"礼"字墨款。此器纹饰多达九层，肩腹部主题纹饰为如意披肩和缠枝牡丹纹，其他部位分别绘卷草、仰覆莲、锦地纹、弦纹等。

　　图片来源：刘金成编著《高安元代窖藏瓷器》，朝华出版社 2006 年版，第 61 页。

青花云龙纹荷叶盖罐

　　图片说明：高安元代窖藏瓷器之一。通高 36 厘米，口径 21.9 厘米，底径 20.5 厘米。罐口直立，鼓腹，浅圈足，荷叶式盖，盖有叶柄状纽，盖面绘叶脉纹，腹部主体绘有双龙戏珠纹，一龙作回头状，间以云纹。罐颈、肩及胫部辅以缠枝牡丹、莲、球纹等。在肩、腹、胫三层纹饰之间留出两条空白带，使主题纹饰更为醒目。胎白质坚，釉面光洁，白里略泛青，砂底有火石红斑，系元青花之精品。

　　图片来源：刘金成编著《高安元代窖藏瓷器》，朝华出版社 2006 年版，第 51 页。

釉里红芦雁纹匜

　　图片说明：高安元代窖藏瓷器之一。敞口，平底略内凹。芒口，砂底，流口下及相对的腹部饰有艳丽的红色彩斑各一。内壁环以宽带纹，内刻水波纹一周，辅以釉里红着色，底心绘飞雁衔芦纹。此器瓷质细腻，青白釉釉汁明润，在装饰上，先刻后绘，使图案地纹呈灰红色，轮廓刻线则显艳红色。整个画面生动成趣，乃元代釉里红成功佳作。

　　图片来源：刘金成编著《高安元代窖藏瓷器》，朝华出版社 2006 年版，第 69 页。

蓝色。釉里红是用氧化铜作呈色剂，罩釉烧制后，呈现稳定敦厚的红色。1980年发现的高安窖藏239件瓷器中，有23件属景德镇元代中晚期的青花、釉里红产品，是世界上目前为止出土元青花、釉里红瓷器数量最多、器型较大、器物最完整的一次①。这些釉下彩瓷器色彩浓艳，永不褪色，青花明净素雅，釉里红喜庆祥和，均是极具中国特色而盛烧不衰的瓷器品种。第三，成功烧制了红釉、蓝釉等彩釉新品，从而结束了传统瓷器以青白、黑褐等单调釉色为主的局面，"戗金"（贴金箔于瓷器之上）、"五色花"（以红、绿、黄、蓝、紫等料彩绘）更是将单色釉瓷推进到色彩缤纷的新阶段，使瓷器更兼具实用器与艺术品的双重特性。第四，瓷石加高岭土的"二元配方"使瓷器的烧成温度较以前提高，红釉、蓝釉等属高温釉，青花、釉里红亦需高温烧制，这反映出元代景德镇的窑炉也有改进。据考古资料，景德镇一座元代晚期的窑炉形制比较特殊，长度较短，火膛较深大，窑炉左右两壁外弧，炉壁近火膛处微内缩，尾部砌成圆弧形，且没有龙窑常见的排烟孔等设施。这说明，当时景德镇的龙窑已开始向葫芦形窑演变，将有利于提高窑内温度。以上技术进步使景德镇在元代迎来了空前繁荣，为日后该镇发展为全国的制瓷中心、赢得"瓷都"的桂冠奠定了基础②。

此外，景德镇继续烧造"青如天，白如玉，薄如纸，声如磬"的青白瓷这一传统产品，釉汁青白泛光，莹润透明，是大宗的民间日用瓷。乳白中略泛淡青的卵白釉瓷

元代青白釉透雕戏台式瓷枕
图片来源：《南方文物》
1993年第4期封面。丰城市
征集，江西省博物馆馆藏。

---

① 刘金成：《高安元代窖藏瓷器》，朝华出版社2006年版，第2—3页。关于元代景德镇青花原料和工艺的起源，学界尚未达成共识，多数认为受到伊斯兰地区陶瓷业的影响，钴料来自伊朗等地，部分器物的形式与花纹亦略具伊斯兰文化特征。

② 以上内容参阅余家栋《江西陶瓷史》，河南大学出版社1997年；刘新园、白琨《高岭土史考》，载《中国陶瓷》1982年第7期，第144—150页；王光尧、王上海、江建新《景德镇市丽阳乡元、明瓷窑址》，载《南方文物》2006年第3期，第49—50页，等等。

# 第二章
## 元代江西的经济

则是当时的名品。清人据此认为,景德镇的元瓷尚白①。这种卵白釉器最为崇尚白色的蒙古贵族所喜用。

在元代北方各大名窑逐渐衰退的背景下,景德镇制瓷业的长足进步凸显了其在制瓷业中的地位。元军进入江南后不久,朝廷就将目光投注到景德镇,至元十五年(1278年)设立浮梁瓷局,"掌烧造磁器,漆造马尾棕藤笠帽等事"②,秩正九品,设大使、副使各一员。浮梁瓷局隶属正三品的诸路金玉人匠总管府。该总管府"掌造宝贝金玉冠帽、系腰束带、金银器皿,并总诸司局事"③,即负责制造宫廷用宝石、珠玉、金银等饰物和冠帽、束带、瓷器等用具,下辖玉局提举司、金银器盒提举司、玛瑙提举司、温犀玳瑁局等机构,浮梁瓷局是其辖下的唯一一处制瓷机构。这充分说明了景德镇瓷器的精良。该镇所出卵白釉瓷,胎质较厚,釉呈失透状,沉厚乳浊,早期釉色白中略泛青,恰似鹅蛋色泽,晚则趋于纯白,辅以印花、划花、雕花等装饰技法,浑厚质朴而不失精致,极为蒙古贵族所喜爱,故,卵白釉瓷成为元代重要官署的定制瓷器。由蒙古贵族掌控的从一品军事机构——枢密

卵白釉印花折腰碗

图片说明:高安元代窖藏瓷器之一。高5.2厘米,口径11.8厘米,底径4.5厘米,重180克。折腰,斜壁,敞口,小圈足,足壁较厚,稍外扬,足端平切,足底无釉,足墙较高。外壁口沿下刻弦纹一道,内底心印折枝梅纹。釉面莹润光滑,胎质细腻,造型典雅,观赏性强。

图片来源:刘金成编著《高安元代窖藏瓷器》,朝华出版社2006年版,第76页。

卵白釉印花三爪龙纹高足杯

图片说明:高安元代窖藏瓷器之一。高9厘米,口径11.2厘米,底径3.8厘米,重165克。内壁印二条三爪行龙,首尾相交,间以火焰纹和朵云纹。内底心饰变体莲瓣纹,外壁光素。

图片来源:刘金成编著《高安元代窖藏瓷器》,朝华出版社2006年版,第87页。

---

① 《景德镇陶录》卷五《景德镇历代窑考》。
② 《元史》卷八八《百官志四》。
③ 《元史》卷八八《百官志四》。

院定制的卵白釉瓷,内壁模印"枢府"二字,称"枢府瓷";"掌神御殿朔望岁时讳忌日辰禋享礼典"的从一品机构——太禧宗禋院定制的卵白釉瓷,内壁则模印"太禧"二字。枢府瓷"土必细白埴腻,质尚薄。式多小足,印花,亦有戗金、五色花者。其大足器则莹素。又有高足碗、蒲唇弄弦等碟、马蹄盘、耍角盂各名式,器内皆作'枢府'字号。当时民亦仿造,然所贡者俱千中选十,百中选一,终非民器可逮"①。可见,蒙古贵族的喜好影响到民间,百姓亦喜用卵白釉器,但远不如上贡瓷精良。

虽然元代的官府手工业很发达,但笔者尚未见到在景德镇设置官窑的记载。元末孔齐《至正直记》记载了饶州的御土窑:"饶州御土,其色白如粉垩,每岁差官监造器皿以贡,谓之御土窑。烧罢即封土,不敢私也。或有贡余土,作盘盂、碗碟、壶注、杯盏之类,白而莹,色可爱。底色未着油药处,犹如白粉。甚雅,薄难爱护,世亦难得佳者。今货者皆别土也,虽白而垩□耳。"②后来,其表兄沈子成自余干州带回两件30年前所造御土窑碟,"其质与色绝类定器之中等者"③。此"御土"很可能是南宋后期景德镇渐趋枯竭的优质浅层瓷土,元代专用于烧造贡器。"烧罢即封土,不敢私也"说明了"有命则贡,无命则止"的状况,故"御土窑"并不表明当时景德镇有常年设置的系官工匠和窑场。浮梁瓷局上贡的瓷器应属官搭民烧,即官府用"御土"在民窑监造定制瓷器。

元代景德镇民窑应主要集中在离景德镇不远的近镇窑④,即今之距景德镇市区仅4公里的湖田窑。元制,瓷业实行二八抽分,即税率20%。因产量可观,元代在此设立浮梁县景德务征收税课⑤,泰定(1324—1328年)后,以饶州路总管兼理陶务。据蒋祈《陶记》,当地瓷窑的长短有特定的计量方法,以窑中放置坯匣的行路数籍税。各窑先须经官府丈量,登入簿籍,作为征税的依据,即"窑有尺籍,私之者刑"⑥。这是

---

① 《景德镇陶录》卷五《景德镇历代窑考》。原注:"质尚薄:从考古发掘的实物看,枢府器胎质厚,与此处所记有异。"

② 孔齐:《至正直记》卷二《饶州御土》。

③ 孔齐:《至正直记》卷四《窑器不足珍》。

④ 《景德镇陶录》卷二《镇器原起》,载"湖田器,仿于明,即元之近镇窑"。

⑤ 元贞元年(1295年),浮梁升为州,但《元典章》依旧记作浮梁县景德镇务。据此,似乎可以推断景德务设置于元贞元年之前。

⑥ 《景德镇陶录》卷五《景德镇历代窑考》。宋元时期,景德镇瓷器多足部矮短,有的几近平底,装烧时则普遍采用覆烧技法,瓷器多芒口,或在芒口处戗金银。之所以采用覆烧法,除因瓷石胎质较软,覆烧可减少碗口变形外,增加每窑装烧瓷器的数量,以少纳瓷税可能亦是重要原因。元代景德镇使用"二元配方"法后,瓷器不易变形,覆烧法减少,但并未停止。并请参阅刘新园《景德镇宋、元芒口瓷与覆烧工艺初步研究》,载《考古》1974年第6期。

# 第二章
# 元代江西的经济

永和窑褐彩波涛纹三足炉
图片来源:江西省博物馆编《江西省博物馆文物精华》,文物出版社2006年版,第74页。

针对窑主征收的。同时,"釉有三色,冒之者罚",即根据所烧瓷器的釉色征税。这是针对搭烧坯户征收的①。瓷器出窑后,由专人"拣窑",定出产品的优次,交易则要逐一登记于"店簿"之上,以备税务稽考。这是针对瓷器商户征收的。前两者可能属于二八抽分的窑冶课,后者则为商税。景德镇民窑集中的湖田设有湖田市,景德务岁办课程在500—1000锭之间,为正八品机构。这个设于县级以下的税务机构与饶州路、广州路的税务平级(均为正八品),而高于信州路、袁州路、赣州路、抚州路等路的税务机构(均为从八品),足见景德镇制瓷业的兴盛。

除景德镇外,宋代江西的一些名窑在元代继续生产。宋元更替的战争虽对吉州永和窑有一定影响,但该窑在元代依然兴盛②,继续烧制薄釉乳白瓷,南宋新出现的白地酱釉彩绘瓷在元代鼎盛一时,绿釉瓷也有很大发展,宋代极负盛名的黑釉瓷在入元以后则出现明显的衰落。瓷业的兴盛使当地税课亦相当可

---

① 参阅梁淼泰《明清景德镇城市经济研究(增订版)》,江西人民出版社2004年版,第13页。
② 关于永和窑的终烧时间,学界曾有"宋末终烧说""元末终烧说""明代终烧说"等几种意见,经过考古发掘与文献研究,学界逐渐趋同于"元末终烧说"。参阅江西省文物工作队、吉安县文物管理办公室《吉州窑遗址发掘报告》,载《江西历史文物》1982年3期,第1—25页;陈柏泉《吉州窑烧瓷历史初探》,载《江西历史文物》1982年第3期,第25—36页;陈立立、习罡华《吉州窑研究与永和镇旅游开发》,人民日报出版社2003年。

观。元代设有庐陵县永和务,为从八品税务机构,岁办课程在500—1000锭之间。受吉州窑强烈影响的永丰山口窑生产青白釉、黑釉等日用瓷。临川白浒窑的元代瓷器"土埴细,质薄。色多白、微黄,有粗花者"①。赣州七里镇窑在元代以烧制青白釉瓷和黑釉为主,南丰白舍窑的瓷器分白瓷和青白瓷两大类②,金溪的小陂窑以生产青釉器为主,里窑则多青白釉器,宁都的璜陂窑、固厚窑多生产白瓷、青白瓷、青黄釉瓷、褐黑釉瓷等,瑞金的迳桥窑和铅山的江村窑则烧制青釉的民间实用器。总之,元代江西境内窑场分布较广,除景德镇取得突出成就、拥有重要地位外,其余均以生产民间日用瓷为主,没有重大突破。

## 二、印刷业

尽管元朝是依靠金戈铁马建立起来的王朝,但自太宗窝阔台以来,有相当多的儒士得到重用,而渐次实行的尊经重儒、兴学立教、招贤举逸、开科取士等也利于文化的发展,加之元朝重视保护工匠,专立匠籍,诸多因素共同促成了与文化密切相关的印刷业的兴盛。

元代印刷业既有中央与地方之分,亦有官方与民间之分。江西既是当时的文化发达之区,又是造纸业较盛之地③,故印刷业颇为兴盛,既承接中央下派的刊刻任务,也在地方自行印制书籍甚至伪钞;既依托官方资源从事印刷,也有民间好文之家、业贾之肆以私力为之。

江西地区的官方所刻书籍中,少数为仰承中央各机构之命而刻,多数是江西各级官府、官学和系官书院因教学需要、表彰先贤、辅助教化而刻。元代江西承奉上命的刻书活动,如大德年间(1297—1307年)承命刻印王桢新近完成的《农书》22卷,延祐五年(1318年)奉令开雕陆淳的《春秋纂例》《辩疑》《微旨》三书及郝经的《陵州集》39卷;至治元年(1321年),奉命刊行王恽的《秋涧先生大全集》50卷;后至元五年(1339年),江西官医提举司奉命刻印危亦林的《世医得

---

① 《景德镇陶录》卷七《古窑考·临川窑》。
② 《景德镇陶录》卷七《古窑考·南丰窑》载:"(南丰窑)出旴江之南丰县,元代烧造。土埴细,质稍厚。器多青花,有如'土定'等色。"但据考古发掘,南丰窑未见元代青花瓷。
③ 按:造纸业是江西的传统优势手工业,但元代的总体情况不明,略可知者有临江和铅山的造纸业。另据刘诜《桂隐集·彭琦初用坡翁纸帐韵惠建昌纸衾次韵一首为谢》(载顾嗣立编《元诗选二集·已集》,第814—815页):"旴溪水暖楮藤连,练作云衾与老便。补幅全胜羊续布,裹身疑是邓侯毡。温欺泉絮娱霜夜,洁与梅花共雪天。要识故人淘莹意,可贪一暖但高眠。"可知,建昌路一带还以纸做被,是用常见的造纸原料楮与藤制成;此纸被颜色洁白,既轻又暖。

# 第二章
## 元代江西的经济

效方》20卷;至正五年(1345年),《辽史》160卷、《金史》135卷纂修完毕,元廷径下圣旨,令江浙、江西二行省开雕印行,次年又刻《宋史》496卷、目录2卷。江西地方官府发起的刻书活动也不少,或是令管下书院、儒学刻书,或者出资募人刻印官书和地方文献。如江西湖东道肃政廉访司于至正五年(1345年)下令抚州路儒学刊行虞集的文集《道园类稿》50卷,建昌路总管谷崈辅命路儒学刻印杜佑的《通典》(吴澄作序),浮梁州署刊刻臧廷凤新修的《浮梁志》,南丰知州捐俸募匠刻印刘壎所修《南丰州志》,等等。地方官学与系官书院的刻书活动更加兴盛。前者如至元二十九年(1292年)赣州路儒学刊刻张栻的《南轩易说》3卷,延祐元年(1314年)临江路儒学雕印张洽的《春秋集传》22卷,泰定(1324—1328年)初龙兴路儒学将《唐律疏议》30卷付梓,泰定四年(1327年)再刻《脉经》10卷,吉水县学刻行乡贤刘岳申的《申斋刘先生文集》15卷,临川县儒学刻张铉的《金陵新志》15卷,等等。江西地区系官书院的刻书活动则有大德三年(1299年)铅山州广信书院刻印辛弃疾的《稼轩长短句》12卷,大德十一年(1307年)抚州路临汝书院刊刻杜佑的《通典》200卷等[①]。此外还有地方官学与系官书院合作刻书,如信州路于大德年间受廉访司之命开雕《南史》和《北史》时,将任务分解到下辖的9所儒学与系官书院。

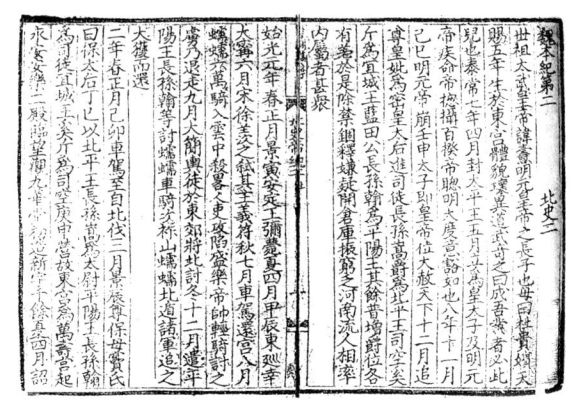

《北史》,大德年间信州路儒学刻本

图片说明:国家图书馆藏,残本,存36卷。框高22.9厘米,宽16.7厘米。每半叶10行,行22字,细黑口,四周双边。版心镌有刻版机构,计有信州路儒学、信州路象山书院、稼轩书院、蓝山书院、上饶县学、玉山县学、弋阳县学、贵溪县学、永丰儒学。

图片来源:任继愈主编,陈红彦著《中国版本文化丛书·元本》,江苏古籍出版社2002年版,第82页。

---

[①] 元代江西地区有些书院的性质不明,无法判断其是官办书院还是私家书院,因而其刻书活动到底属于官方还是民间亦无从判定,如至元二十年(1283年)庐陵兴贤书院刻王若虚的《滹南遗老集》45卷,泰定三年(1326年)庐陵武溪书院重刻宋淳祐《新编古今事文类聚》前集60卷、后集50卷、续集28卷、别集32卷、新集36卷、外集15卷、遗集15卷,共计236卷等。

元代江西地区官方刻书业的经费多数出自学田,其次来源于前朝所遗贡士庄;若前两项经费不足,则可取自官库,如开雕《辽史》《金史》的经费是"就彼有的学校钱内就用"①,开印《宋史》所用工本来自贡士庄;再不足,则以行省经费补充。由此,钱粮丰足的路儒学与系官书院是主要的刻书力量,尤以抚州路最为突出,该路先后开雕印行了多部卷帙浩繁之书。饶州路儒学就没有那么富足,该儒学于大德九年(1305年)承命刊刻《隋书》85卷,因无力独自承此重任,遂将任务分派到饶州路学、浮梁县学、鄱阳县学、余干县学、乐平州学以及忠定书院、锦江书院、长芗书院、初庵书院等多家儒学教育机构。

江西地区的私家刻书业也颇为兴盛,主体是冠以书院、精舍、书堂等名称的商业性书坊,如安福县彭寅翁的崇道精舍于至元二十五年(1288年)刻印《史记》"集解""索隐"及"正义"130卷,庐陵泰宇书堂刊刻《增修妙选群英草堂诗余前集》上、下卷,庐陵胡氏古林书堂刊行《黄帝内经素问》《黄帝灵枢经》《增广太平惠民和剂局方》等医书,建昌路孙氏刊刻《详音句读明本大字毛诗》四卷,等等。比较而言,以吉安路的私刻最盛。元中期,远在云南的中庆路(治今云南省昆明市)儒学都在吉安购求经史子集诸书。这与吉安文化昌盛、当地及邻近地

《史记》,至元二十五年安福彭寅翁崇道精舍刻本

图片说明:国家图书馆藏。框高18.3厘米,宽12.6厘米。每半叶10行,行21字。注文双行,行21字。细黑口,左右双边。

图片来源:任继愈主编,陈红彦著《中国版本文化丛书·元本》,江苏古籍出版社2002年版,第119页。

---

① 叶德辉:《书林清话》卷七《元时官刻书由下陈请》。

# 第二章
# 元代江西的经济

区盛产纸张等因素有关。元代吉安人喜选诗、选文,并到全国各地采诗,《皇元风雅》"前集""后集"12卷的实际编选者是庐陵人孙存吾,元代最早的词总集《名儒草堂诗余》编刊于庐陵凤林书院,较早的元代作品总集《天下同文》也是编刊于庐陵,庐陵文溪的艾存吾则往返万里,采得蜀诗600首,将在庐陵刻而传之,同为庐陵人的郭友仁亦以"采诗自名,而行四方。诗有可取,必采以去,锓之木而传之人,俾作诗者之姓名炳炳辉辉于一时"①。选文采诗活动的兴盛促进了当地印刷业繁荣。吉安北部临江路的造纸业颇具声名,居于江浙的孔齐就说临江纸"似旧宋之单抄清江纸"②。发达的印刷业还使庐陵一带衍生出书画装裱业,时称"表背"。儒人王祖文精于此业。南昌、抚州、建昌诸路的印刷业稍次于吉安,汪大渊的《岛夷志略》即在南昌付梓。

此外,寺院、道观也从事刻书业,主要刊刻佛经、道书及僧道著作。抚州路金溪县的疏山寺曾刊刻宋代高僧契嵩的《镡津文集》,临川道士朱思本的《舆地图》则以石印的方式印刷于贵溪龙虎山的三华院。

除书籍外,印制历书、私钞等也是元代江西印刷业的组成部分。元代禁止私印历书,举报者赏银百两,私印宝钞,更是从严禁治,犯者可量刑至死罪,所以,印制以上二者自然是官方行为。自至元二十二年(1285年)始,龙兴路成为元朝的两个历日(引者注:即日历)印制地之一,设有江西印历局(从九品),所印历日供给湖广、江浙等南方四行省,改变了此前南方历日取自京兆(治今陕西省西安市),路遥误期的状况。江西地区是否存在纸钞的印制基地,史料没有明确记载,但是,由于纸钞原料易得,技术不难,利益可观,元代江西地区的私印现象一直存在,甚至形于猖獗。至大四年(1311年)袁州路宜春县戴必荣、

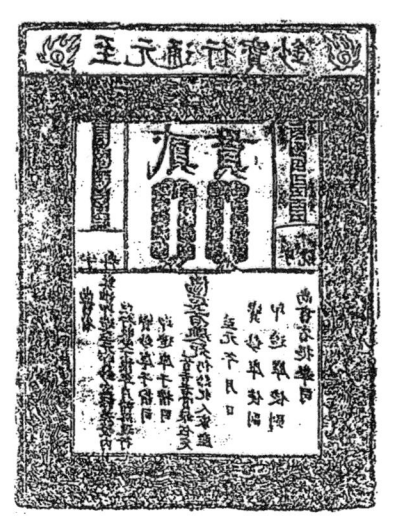

至元通行宝钞钞版

图片来源:李跃《略论元代流通纸币》,《南方文物》2004年第2期,第52页。

---

① 吴澄:《吴文正公全集》卷十三《诗珠照乘序》。

② 孔齐:《至正直记》卷二《白鹿纸》。

甘元亨雕刻二贯面额的至元宝钞印版，企图伪造纸币，事发被处置。铅山州"素多造伪钞者，豪民吴友文为之魁，远至江淮、燕蓟，莫不行使"①。甚至僻处赣南的石城县，亦有印造伪钞者。

元代江西地区印制的书籍，技术精良，精于校雠，兼具资料与艺术价值。广信书院所刻《稼轩长短句》12卷，以行书写刻上版，"笔墨飞舞，如龙蛇际空，捉摸不定。字画圆润，疏朗悦目，在元代刻书中别开生面，独树一帜，是不可多得的艺术珍品"②。黄丕烈也认为，《稼轩词》卷帙多寡不同，以此12卷本为最善。

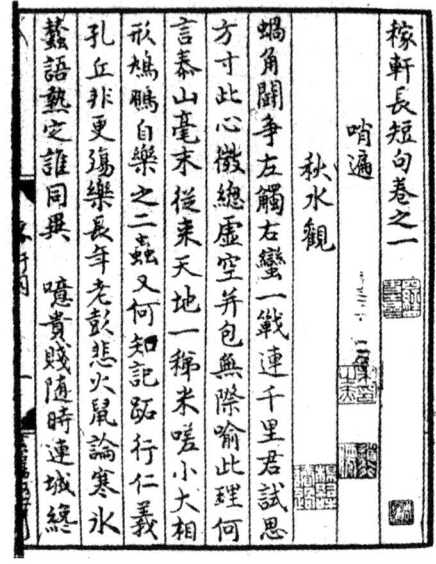

辛弃疾《稼轩长短句》，大德三年广信书院刻本

图片说明：国家图书馆藏，12卷，孤本。框高23.3厘米，宽17.8厘米。每半叶9行，行16字。细黑口，左右双边。

图片来源：毛春翔著《古书版本常谈》，上海古籍出版社2002年版，第58页。

关于元代江西的印刷技术，有一事必须提及，即王祯的木活字印刷术一度被带入江西。这种印刷方法是在北宋以来出现的木活字、泥活字、瓦活字、锡活字等印刷技术基础上的提高，在中国印刷史上占据重要地位。王祯是在旌德县任上改进木活字印刷术的，并用其成功印制了自撰的《旌德县志》约6万字。短短的一个月之内，就印成了100部。大德四年（1300年），王祯调任信州路永丰县

① 《元史》卷一九二《良吏传二·林兴祖传》。
② 陈红彦：《中国版本文化丛书·元本》，江苏古籍出版社2002年版，第101页。

第二章
元代江西的经济

尹,将木活字带至永丰,打算用其排版嵌印将要完成的《农书》。谁知《农书》完稿后,官方将其付梓,采用的是传统雕印法,木活字一时用不上,于是他将《造活字印书法》附于该书卷末,以期推广。但是,王祯的期待落空了,这种经过改进的木活字印刷术始终未能得到广泛应用。

元代江西地区印刷业的发展是建立在经济发达、文化昌盛的基础之上,虽然很兴盛,但就全国而言,并非最盛之区。当时的刻书中心是北方的大都、平阳(今山西临汾)和南方的杭州、建宁(治今福建省建瓯市),所刻书籍多风行全国,江西的刻书业难与比肩。当时江西的文章大家富州(今丰城市)揭傒斯、崇仁虞集等人的《揭曼硕诗集》3卷、《伯生诗续编》3卷、《道园学古录》50卷等均刻于福建,庐陵孙存吾编辑的《皇元风雅》"前集""后集"12卷则在杭州的勤德书堂付梓。但是,这些印刷兴盛之地可能不乏江西刻工的身影。如后至元年间(1335—1340年)徽政院主持刻印大藏经时,刻工中就有吉安人彭斯立、彭斯高兄弟和临江人周仁可①。

## 三、纺织业

元代江西地区的纺织业主要有棉织、丝织、麻织三类,以棉织业的发展最为突出。

我国不是棉花的原产国。棉花传入中国有两条途径,一由陆路自西北传入,一由海路自南方传入。据载,"江南百姓每的差税,亡宋时秋夏税两遍纳有。夏税木绵布、绢、丝绵等各处城子里出产的物,折做差发,斟酌教送纳有来,秋税止纳粮"②,由此可知,南宋时期,木绵布(即棉布)已经作为江南百姓上缴的夏税之一,其基础是当时南方部分地区已经较多地种植木绵。

笔者尚未见到南宋时期江西种植木绵的直接记载,但有史料间接反映当时江西可能有种植③。入元,从赣东北的信州到赣中的吉安,都有种植木绵的明确记载。饶、信一带在宋末元初是不种木绵的,谢枋得就说:"吾知饶信间,蚕月

---

① 董玮、方广锠、金志良:《元代官刻大藏经的发现》,载《文物》1984年第12期,第82—86页。
② 《元典章》卷二十四《户部十·租税·纳税·过征夏税》。
③ 间接史料:一是上文所引南宋时期江南夏税交纳木绵布的记载,但由于木绵布之外,尚可交纳绢、丝绵等,具体到江西,各州军交纳何种夏税,情况不明;二是宋末元初临川人艾可信的《木绵》诗明确记载了这一时期的抚州已经开始用木绵纺纱织布。详见漆侠《宋代经济史》(上),上海人民出版社1988年版,第142页。

如歧邠。儿童皆衣帛,岂但奉老亲……所以木绵利,不畀江东人。"①到元中期,农学家王祯于大德四年(1300年)从徽州旌德迁任信州永丰县尹,任内"常买桑苗及木绵子,导民分艺"②,信州遂有了明确的木绵种植记载。文人刘诜则描述了庐陵村民夜纺棉纱的情景:"月色夜夜照纺车,木绵纺尽白雪纱。"③这说明吉安一带已经种植木绵。

既然木绵已经广泛种植,木绵布自然不稀罕了。谢枋得元初隐匿在赣闽交界的山区时,福建友人馈赠两端木绵布。谢枋得认为这种布"洁白如雪积,丽密过绵纯。羔缝不足贵,狐腋难拟伦"④,即木绵布胜过丝帛与皮毛,弥足珍贵。欣喜之余,他甚至想到此布可以帮助北迁的宋室帝后度过严寒,并进而幻想将士们身穿木绵衣,驱逐蒙古人,恢复旧河山。然而,经过了几十年,到元中后期,木绵布日益普及,成为人们的家常衣料。崇仁虞集归田居乡时,他在五月的衣着是"木绵鹤袖小乌巾"⑤。绵布衣是虞集的日常服饰。当时,甚至江西罪囚的冬衣都有可能由木绵絮制成⑥。

木绵布不仅是江西民众的日常衣料,而且是上缴朝廷的大宗物资之一。元廷从江西获取木绵布采取过三种形式:

一是设立专门的木绵提举司,由官方组织工匠生产木绵布上缴。至元二十六年(1289年),"置浙东、江东、江西、湖广、福建木绵提举司,责民岁输木绵十万匹"⑦。江西木绵提举司是江南五处木绵提举司之一,处所不详,所缴木绵的具体数字也不清楚。至元二十八(1291年)五月,上述五处提举司岁输木绵被废止。

---

① 谢枋得:《叠山集》卷三《谢刘纯父惠木绵布》。
② 雍正《江西通志》卷六三《名宦七》。
③ 刘诜:《桂隐集·野人家》,载顾嗣立编《元诗选二集·已集》,第794页。
④ 谢枋得:《叠山集》卷三《谢刘纯父惠木绵布》。后有"三宫坐穹庐,雨雪或十旬。安得遗此惠,飞到君王身。塞上寒堕指,挟纩谁为温。人各赐两端,费银二万斤。大军四十万,谈笑却胡尘"等句。
⑤ 虞集:《道园学古录》卷二十九《目疾偶成二首》。
⑥ 元中期,江西行省监狱中的无家属囚犯,由官方出资,"每名支粗布二丈六尺,成造絮袄一领",以度寒冬(《元典章》卷四十《刑部二·刑狱·系狱·罪囚衣絮》)。此处的"粗布"未确指是麻布、葛布或棉布,"絮"亦未确指是棉絮还是丝絮。但是,元代木绵、土布等属"笨重物体",不能与丝绢匹帛等精细物件相提并论(《元典章》卷二一《户部七·仓库·押运·正官押运事理》),所以,此处囚衣之"絮"很可能是棉絮,而非丝絮。
⑦ 《元史》卷十五《世祖纪十二》。

# 第二章
## 元代江西的经济

二是以秋粮或夏税折收。至元二十九年(1292年)，元廷规定江西行省"于课程地税内折收木绵白布，已后年例必须收纳"①。此时，江西不征夏税，故而是以秋粮折收。元贞二年(1296年)，元廷确定江南的夏税制度，规定以后"秋税止命输租，夏税则输以木绵布、绢、丝、绵等物"②。夏税的征收是以秋粮为基准，如龙兴路秋粮一石折钞三贯，以此得出江西夏税总数后，再以时价折算出江西应该折纳的木绵布及其他实物的数量。史料反映，折收之令不仅在江西各路得到实施，而且数量很多。至大四年(1311年)，仅建昌一路，折收的木绵布就达7000匹。

三是和买，即官府出资向民间购买。至大三年(1310年)，江西行省上纳木绵布的额定任务是8万匹。完成定额的方式是：

> 先尽本省至大三年额定已定税粮认依例折收外，有不敷数目，摘委本省官、首领官拘该路分廉干正官、首领官，不妨本职提调，就于本省管下，不以是何系官钱内，验出产之处，对物估体支价，收买夹密宽阔、堪中支持木绵数足，两头条印关防打角，分作运次，差官管押，限至大三年九月终赴都纳足。③

由此可知，元廷将和买木绵布作为赋税折收的补充方式。若折收不足，则以官钱和买上缴。元廷在吉安路、临江路都曾和买过木绵布。和买原本是官府因临时的需求而向民间购买所需物资，后渐成"常法"，和买便转为百姓必须承担的一项义务，所以，和买木绵布有可能经常性地在江西实行。

相关记载表明，江西应是元代种植木绵较广、生产木绵布较多的地区。大德三年(1299年)，中央万亿赋源库总计收到各行省送纳的木绵布不下50万匹。11年后的至大三年(1310年)，江西行省所纳达8万匹。此时，即使中央所收有所增加，江西行省亦在其中占据相当份额。当然，江西行省所纳木绵布中，可能有相当一部分来自岭南的广东地区，但是，若加上隶属江浙行省的饶州、信州和铅山州所纳，比重也不会太少。另，江西境内的木绵种植与纺织分布不均。建昌

---

① 《元典章》卷二六《户部十二·科役·和买·体察和买诸物》。
② 《元史》卷九三《食货志一》。
③ 《元典章》卷二六《户部十二·科役·和买·和买诸物对物估体支价》。"先尽本省至大三年额定已定税粮认依例折收外"一句，"认"疑为衍字。

路、吉安路、临江路等应是重要产地，与建昌毗邻的抚州却不是。抚州的部分税粮，原来也折纳木绵布，即"抚境地税，户部赋木绵织布"，但"民病非所产，即令输直"①，即抚州当地不盛产木绵，只能输钞。

棉织业在江西的兴起并不能取代旧有的以种桑养蚕为基础的丝织业。如果说棉织业是以民间手工业为主要的话，那么，江西的丝织业则是官营、民营皆有。

元朝从中央到地方设有众多生产丝织品的官营局、院，百姓赋税负担中的丝料、赋税折收以及和买丝绵是这些局、院的原料来源。虽然江西不是最重要的丝织业分布地，但境内也设有江西织染田赋局（从五品）。行省还特意颁布许多条例来规范官营丝织业的生产。例如，江西行省详细开列每张织机综线所用的丝线数量，规定"熟机每张用泛子一十二片，每片用熟线一两七钱五分，花机每张用熟线一十五两二钱八分二厘五系，过线每副用熟线二两九钱

《元典章》"折收物色难议收税"条

图片说明：该段公文说明了建昌路、吉安路等地赋税折收木绵布的情况。

图片来源：《大元圣政国朝典章》（《元典章》）卷二二《户部八·免税》，中国广播电视出版社1998年影印元刊本，第988页。

---

① 苏天爵编《元文类》卷六七：马祖常《广平路总管邢公神道碑》。另，《元典章》卷十四《吏部八·公规二·差委·路官州官通差》："元贞元年吉州等路税粮折收木绵除差官起运外，抚州等路木绵白布，合委长押官。"

# 第二章
# 元代江西的经济

五分……大花过线八板每板用熟线一两二钱,小花过线六板每板用熟线六钱"①。还颁布生产纻丝的折耗比率,规定"纻丝六托每用正丝四十两,得生净丝三十六两,八托用正丝五十三两,得生净丝四十七两七钱"②。此外还有续头剪接折耗,具体是"八托每段折一两,六托每段折七钱"。以上措施都是为了保证各官营局、院能够利用尽量少的材料生产出优质丝织品。

除江西织染田赋局外,江西的丝织局、院一般以路为单位设置,赣州、建昌、抚州、袁州、龙兴、江州等路均有这类机构。赣州的纹锦局主要生产锦,有专隶该局的许多匠户③;建昌路的官营丝织机构有织机100张,每年造生熟缎匹2250段;抚州路只有25张织机,岁造生熟段匹450段④。

官营丝织机构生产的丝织品全部上缴,民间丝织业则用以满足赋税折收、和买及百姓穿着所需,故江西植桑养蚕比较普遍,普通家庭可能多有丝织业。吉安永丰人刘鹗在元中期归乡后,"辟园数亩,种桑柘三百株"⑤,庐陵人刘诜则这样描绘当地丝织业的普及:"南州织锦天下奇,家家女儿上锦机……君不见郭门十里桑柘村,蚕妇朝朝踏风雨。"⑥诗中"南州"即指江西一带。吉安路的百姓在寒食节、清明节踏青时,"久晴争试纨与绡"⑦。"纨""绡"皆为丝织品。赣东北地区栽桑养蚕亦很普遍。前文谢枋得之诗表明,饶、信一带在宋元之际是老幼皆穿帛。饶州安仁县陈恢叟有旷地数十亩,以植桑为业⑧,上饶陈某"浴蚕沙溪水,采桑玉山巅"⑨。故,入元以后,虽然木绵布生产日益兴盛,丝织品依然是百姓日常穿着的重要衣料,有很大市场。龙兴路开设缎子铺的常四一次性就收购生绢19匹⑩,抚州路的袁庆则在带着至元钞二贯前往桐林岭收买缎子时,不

---

① 《元典章》卷五十八《工部一·综线机张料例》。
② 《元典章》卷五十八《工部一·段匹折耗准除》。
③ 黄溍:《金华黄先生文集》卷八《茶陵州判官许君墓志铭》。
④ 程钜夫:《雪楼集》卷十《民间利病·建昌路分小于抚州而杂造段匹三倍抚州工役太不均宜只依抚州例诸处凡似此不均者比附施行》。
⑤ 揭傒斯:《揭文安公全集》卷十《浮云道院记》。
⑥ 刘诜:《桂隐集·织锦歌》,载顾嗣立编《元诗选二集·己集》,第800—801页。江西一带自汉代已被称为"南州",加之刘诜一直居于江西,故诗中所写当是江西之事。
⑦ 刘诜:《桂隐集·寒食》,载顾嗣立编《元诗选二集·己集》,第803页。
⑧ 程钜夫:《雪楼集》卷二十《静山处士陈君墓志铭》。
⑨ 戴表元:《剡源戴先生文集》卷二七《浴蚕沙溪一首为上饶陈烈妇作》。
⑩ 《元典章》卷二二《户部八·军人孙真匿税》。

幸被军丁李方一窃去本钱①。

此外,江西地区苎麻和大麻的种植仍然不少,麻布仍是民间的重要织物。如赣中的庐陵一带,凡常的村野人家是"遶屋桐树绕屋麻"②,可见植麻在当地比较普遍,人们还以大麻絮制成盖被以御寒取暖③。抚州的丝织业不发达,木绵布亦非土产,那么,当地应以生产麻布为主。

## 四、造船业

元代海外贸易发达,海路运输的漕粮数量也不少,至元时期的海外远征亦频繁,故对海船的需求量极大。内河航运方面,元朝统一全国,境内的南北人员与商业往来频繁,内河运输繁忙,故对内河船只亦有较大需求。而江西地区水面广阔,盛产优质木材,又居东西南北交通要冲,遂成为元代的造船基地之一,既制作海船,亦打造内河船只。

江西地区制造海船主要是在元世祖时期。平定江南后,元朝将目光转向海外,忽必烈多次发动海外战役,以期征服日本、安南、占城、爪哇诸国。江南是海上战船的重要供应地。至元十六年(1279年)二月,南宋行朝倾覆不久,元廷就下令"以征日本,敕扬州、湖南、赣州、泉州四省造战船六百艘"④。次年七月,江西完成修造战舰的任务,征日之役却在至元十八年(1282年)以惨败告终。紧接着,征服安南、占城又被排上议事日程。至元十九年(1283年),"敕平滦、高丽、耽罗及扬州、隆兴、泉州共造大小船三千艘"⑤。二十一年(1284年),元军唆都部在占城受挫,"船不足,命江西省益之"⑥。此时,江南地区已经因为征造海船,拘刷水手,民众起事此伏彼起,而元军尚在安南作战,忽必烈又不放弃远征日本,对海船的需求仍然很大。于是,至元二十二年(1285年)二月,元廷决定设立江西、江淮、湖广三处造船提举司,专事修造船只。当年五月,三处造船提举司撤销,以后也未见在江南大规模地征造海船。不过,从以上几次征造海船的情况

① 《元典章》卷五十《刑部十二·诸盗二·掏摸·掏摸钞袋贼人刺断》。
② 刘诜:《桂隐集·野人家》,载顾嗣立编《元诗选二集·己集》,第794页。
③ 刘诜《桂隐集·彭琦初用坡翁纸帐韵惠建昌纸衾次韵一首为谢》(载顾嗣立编《元诗选二集·己集》,第814—815页)中有"旴溪水暖楮藤连,练作云衾与老便……温欺枲絮娱霜夜,洁与梅花共雪天"之语,可知,刘诜常用盖被是用"枲絮"制成。"枲"是一种不结子的大麻。
④ 《元史》卷十《世祖纪七》。扬州、湖南、赣州、泉州四省分别指江浙、湖广、江西、福建四地。
⑤ 《元史》卷十二《世祖纪九》。
⑥ 《元史》卷十三《世祖纪十》。

## 第二章
## 元代江西的经济

看,江西始终是元廷重点关注的地区,不失为海上战船的制造基地之一。

相对于载重量较大的海船而言,地处内陆的江西更适宜打造内河船只,故而南城人程钜夫在至元时期建议:"今后凡是造海船,止于沿海州郡如建德、富阳等处打造,粮船、哨船止于江西、湖南、湖北等处打造。"①当时江西为应付人员往来、漕粮运输和巡防镇遏,需要相当多的哨船、粮船和普通运输船只。《经世大典》载元代江西地区有46处水站,额定站船389只。这些船只应是当地所产。至大四年(1311年)以前,江西除赣东北的饶州等地,其他路份上缴税粮需运至扬州路真州(今江苏仪征),转由海船经海道运至大都。这些粮船中的绝大多数应该也是江西所产。此外,江西境内河泊津渡众多,用于民间商旅往来的船只也不少。这些船只中,也许有一部分就如同袁桷对民间淮船的描述:"淮船船薄薄如纸。"②

元代的造船业有官府与民间之分。前述江南五处造船提举司辖下当有官营的造船局、院,但设置时间极短。此后,官府造船一般没有固定的局、院,打造船只多采用"和雇""和买"的形式,强征工匠与物资进行修造。抚州人陈帅机在至元时期就被摊派了缴纳船铁的任务,且因临期不能如数上缴而忧心如焚。至于江西的民间造船业,情况不甚明晰,可以肯定的是,滨江濒湖的近水之地应存在一些规模不等的民间造船厂坞。至元时期,信州、铅山等地摊派到的造船任务,均在饶州打造③,可从一个侧面表明民间船业布局的一般状况。

## 五、制墨业

江西是文化昌盛之区,与之相关的制墨业也得以发展。在官营手工业占据重要地位的元代,以民间个体手工业为主的江西制墨业生产规模较小,但市场需求可观,因而这项产业在元代获得显著发展,产生了新的工艺流派和大批优秀工匠。

在南北经济文化交流空前繁盛和部分儒士转而从事制墨业的背景下,江西墨工能够吸收南北之长,提高制墨工艺,成为当时重要的墨产地。以地区而论,龙兴路、抚州路、临江路、信州路为主要产地,代表人物则有南昌朱万初、清

---

① 程钜夫:《雪楼集》卷十《民间利病·江南和买物件及造作官船等事不问所出地面一切遍行合属处处扰害合令拣出产地面行下》。
② 袁桷:《清容居士集》卷八《淮船行》,四部丛刊初编本。
③ 程钜夫:《雪楼集》卷十《民间利病·江南和买物件及造作官船等事不问所出地面一切遍行合属处处扰害合令拣出产地面行下》。

江潘云谷、玉山魏景仁。朱万初是元代墨工的代表,出身儒家,吸取金代真定(治今河北省正定县)人刘法的"石刻墨法",将南北制墨工艺相融合,所制之墨"沉着而无留渍,轻清而有余润"①。天历二年(1329年),因虞集的推荐,他献墨于元文宗,深受称赏,授为艺文监直长,其墨则为奎章阁所用②。此后,他历任广州路总管府照磨、东阳县丞,元顺帝初年,再次因献墨而授为建宁路总管府经历。潘云谷亦是元代著名墨工。他在南宋时期浙江衢州人翁彦卿制墨工艺的基础上,穷四十年之力努力钻研,形成了自己独到的制墨工艺,方法是:"时至山谷,择松之膏馥,烈炬燃之,覆以密器,复穴旁以泻烟,使传数器而后烟始清弥……用金珠贵剂捣和,使久益光泽。"③通过严格的选料和松烟采集等工艺制造出来的墨块被誉为"玄玉",远销大都、江浙等地,深受诗文名家赞赏,潘云谷则被温州人张天英称为"玄香太守"④。魏景仁祖辈本是河北大名人,后徙居玉山,以制墨为业。他制造的墨块"玄光溢目,芳香袭左右",书写后的字迹"色莹而凝,透玺纸背"⑤元顺帝至正初,该墨被翰林国史院收购,定为编修宋、辽、金三史的书写用墨。

除朱、潘、魏三人,江西还有大批优秀墨工。元末明初人陶宗仪《南村辍耕录》卷二九《墨》条记录了11位元代墨工,其中5位是江西人,即清江潘云谷、南昌朱万初、金溪丘可行及其子世英、南杰⑥。此外,抚州胡湛然亦善制墨,其墨上贡内府,在宋元之际的七八十年间,民间"竞用湛然之墨"⑦,后人胡达义则能继承家法⑧。同郡艾文焕在胡湛然之后继起,以墨如玄玉而"取信于众,见售于时"⑨。临川朱思本族孙朱元吉制造的墨块"轻清芬馥,玄光照人"⑩,王景瑞、游寿翁、黄云仙、詹见翁、王时可、袁自心等也是抚州的著名墨工⑪。临江人周存义则

---

① 虞集:《道园学古录》卷三十四《朱万初制墨序》。
② 揭傒斯:《揭文安公全集》卷五《送墨工潘生还临江》。
③ 释大䜣:《蒲室集》卷十四《玄乡赞并序》,景印文渊阁四库全书本。
④ 张天英:《赠临江潘云谷》,见顾瑛《草堂雅集》卷三,陶氏涉园影刊元椠本。
⑤ 宋褧:《燕石集》卷十二《赠墨工魏元德序》,北京图书馆古籍珍本丛刊本。
⑥ 陶宗仪:《南村辍耕录》卷二九《墨》,中华书局1959年版。
⑦ 吴澄:《吴文正公全集》卷十六《赠墨工艾文焕序》。
⑧ 吴皋:《吾吾类稿》卷三《赠墨卿胡达义序》,豫章丛书本。
⑨ 吴澄:《吴文正公全集》卷十六《赠墨工艾文焕序》。
⑩ 朱思本:《贞一斋杂著》卷一《送族孙文中携墨游江湖诗序》,适园丛书本。
⑪ 见于吴澄《吴文正公全集》卷二七《王景瑞墨铭》《黄云仙墨铭》《詹见翁墨铭》《游寿翁墨铭》《菊庭王时可墨铭》《墨铭与袁自心》等篇。

# 第二章
## 元代江西的经济

继承了潘云谷的制墨之法,携墨售于大都①。

但是,元末孔齐认为,"江南之墨,称于时者三,龙游、齐峰、荆溪也……其长沙、临江皆不足取"②。这说明,元代江西地区虽有优秀墨工,墨块行销亦远,但还不是最重要的优质墨产地。元末,兵祸连年,江西墨业随之衰退。兵燹之后,外地已很难见到临江等地生产的墨了。

## 第四节
## 采矿与冶铸

矿冶业是元代重要的生产部门,有官、私之分,而以官营为主。采掘的矿产主要有金、银、铜、铁、铅、锡等金属矿和煤、石油、矾、玉、朱砂等非金属矿,并相应地建有各种冶炼场。江西的矿冶业以银矿采冶最著,铁矿亦占据重要地位,储量丰富的铜矿则因元代弃用铜钱而无需大量开采,但铜器铸造业颇具影响;江西其他非金属矿的开采,情况不明。

### 一、蒙山采银业

元代,纸币是通行全国绝大多数地区的法定货币。世祖中统元年(1260年)七月一度印行以丝为本的中统元宝交钞,三个月后即改为以银为本的中统宝钞,法定的银、钞比价为中统钞2贯同白银1两。钞法运行正常时,元廷多次禁止民间私自买卖金银,海外贸易则一直严禁金银外运。元代本银主要贮存于诸路平准行用库和国库中,是政府严加管制的本位货币。此外,银还是元廷给宗亲、勋臣的重要赏赐物,钞法败坏时则成为民间重视的流通物,又是铸造银器的基本原料。总之,银在元代的地位大大超越铜钱盛行的宋代,江西则是当时上缴银课数额巨大的地区。

《元史》载,天历元年(1328年),江西行省上缴银课462锭3两5钱,仅次于课额700多锭的云南行省。江西行省境内的银产地有韶州(治今广东省韶关市)、抚州、瑞州三处。韶州曲江县银场自至元二十三年(1286年)始,每年输银3000

---

① 梁寅:《新喻梁石门先生集》卷二《赠周存义序》。
② 孔齐:《至正直记》卷二《墨品》。

两(60锭)①；抚州乐安县小曹金银场以产金为主，银的产量估计不会很大；瑞州上高县的蒙山银场矿则一度是元代极受关注的银场之一。

蒙山位于瑞州、袁州、临江三地交界处，主峰在上高县南35里。南宋庆元(1195—1200年)初，该山多宝峰(今称太子壁)一带发现银铅矿。庆元六年(1200年)置银铅坑冶，民间自备工本开采，官府派遣监场，所得以二八分成，即官府抽20%，开采者获80%。宝祐三年(1255年)，蒙山冶户树立封禁碑，关闭银铅场，原因不详。南宋时期，该场共存在55年。进入元代，至元二十一年(1284年)，因"土人呈献"，元朝在此设置蒙山银场提举司(又称蒙山银冶提举司)，泰定二年(1325年)十一月罢司，银场继续存在。至正十年(1350年)五月，因矿洞土石崩塌，银场关闭。元代，蒙山银场提举司共存在41年，银场开采则超过66年。

蒙山银冶提举司的设置意味着该场为官办洞冶。官府从瑞州、袁州、临江三路中的五县"辍民户之有力者"3700户充当冶户。每炼银1两，冶户免田赋0.5石。至元二十九年(1292年)正月，江西行省官员伯颜、阿老瓦丁陈告："蒙山岁课银二万五千两。初制，炼银一两，免役夫田租五斗。今民力日困，每两拟免一石。"②世祖从之③。至此，蒙山冶户每炼银1两，免田赋1石。

蒙山银场所需原料，主要是冶银铸锭所需的薪炭。蒙山周回140里，山林茂盛。初期，薪炭可能多来自周围的山地，后"取木炭于瑞州、龙兴，不胜其扰"，又在临江路新喻州"以官估抑民市木炭"④，即由官府在瑞州、龙兴、临江等路进行强制性的和买，压价收购。延祐二年(1315年)以后，银场提举陈以忠"为言于当路……官自买炭，扰不及于二郡"⑤，即改由银场直接向民间购买薪炭。

蒙山银场的工本由三部分组成。一是冶户免纳的税粮。在官府看来，这些

---

① 《元史》卷九四《食货志二》。原文为"在湖广者，至元二十三年，韶州路曲江县银场听民煽炼，每年输银三千两"。中华书局标点本注："'在湖广者'至'韶州路曲江县银场听民煽炼'，按韶州路属江西行省，不属湖广，此处史文有脱误。"曲江银场属民间矿冶。若文中仅仅是韶州路所属行省有误，而输银量无差错的话，那么，以民间矿冶30%输官计，曲江银场每年产银量为200锭(10000两)。

② 《元史》卷十七《世祖纪十四》。当时蒙山银课已增至700锭，伯颜等所说500锭只指其中以冶户免粮作为工本的部分，其余直拨工本和炼银副产品折价部分未包括在内。详见下文。

③ 嘉靖《上高县志》卷上《古迹·蒙山务》载每银1两免粮1石事在至元二十六年(1289)。本书从《元史》所载。

④ 王逢：《梧溪集附补遗》卷六《故卿先执赣州兴国尹叶公挽诗有序》，丛书集成初编本。

⑤ 吴澄：《吴文正公全集》卷二十《瑞州路正德书院记》。

# 第二章
## 元代江西的经济

本应上缴而未缴的税粮其实是劳务支出。至元二十一年（1284年）签发3700冶户时，每炼银1两，冶户免田赋0.5石。时银场每年缴银500锭（25000两），每年的工本粮则为12500石[①]。至元二十九年（1292年）正月，每炼银1两的免粮数增为1石，这种形式的工本遂增为25000石。

二是官府直接拨付的工本。前期拨粮，后期改拨轻赍（钞）。至元二十三年（1286年），蒙山银场增办银课150锭（7500两），官府没有再行签发冶户，而是另拨粮7000石作为工本，即每银1两拨付工本粮0.93石。至元二十六年（1289年），因冶户生活困顿，官府规定500锭原课额，每银1两，另拨工本粮0.5石，共计拨粮12500石。至此，银场工本中，直接拨付的工本粮增至每年19500石。至大元年（1308年），银场改属徽政院管领，添拨粮5500石，官府直接拨付的工本粮遂增至每年25000石。延祐二年（1315年）以前，这种形式的工本逐渐增加至每年40000石，且由本色粮改为拨付轻赍（钞）。每石粮折中统钞40两（贯），40000石粮共计折钞160万两（32000锭）。延祐二年（1315年），高安人陈以忠提议以每石粮减钞10两，即折收轻赍30两作为工本，这样，银场年工本钞减为120万两（24000锭）。至治（1321—1323年）到泰定（1324—1328年）初，因银场矿、炭两绝，银课俱系冶户购买输纳，工本降至银1两给付官本14两[②]。不久，银场提举司就被裁罢。

三是炼银副产品折价为工本。蒙山银是以硫化物状态伴生在铅、锡等重金属矿石中，故在南宋时为银铅坑冶，既炼银又产铅、锡。后二者是铸造铜钱的原料。元代很少行用铜钱，铅、锡的重要性大大降低，官府遂许银场自行处理。至元二十六年（1289年），官府规定，以锡、黄丹（即一氧化铅，又称玉银）等炼银副产品折作工本，增办银课50锭。

关于蒙山银场的生产过程，根据史料与地质调查资料，主要有挖井（修坑）、取矿、炼银、铸锭诸程序，是集采、冶、铸于一体的银场。元人许有壬粗略描述了银场后期的采矿情形："近年以来，坑洞日以深远。每入取矿，则必篝火悬绳，横穿斜入。窦穴暗小，至行十余里，岩石之压塞，水泉之涌溺，其为险恶，盖

---

[①] 许有壬：《至正集》卷七五《蒙山银》；嘉靖《上高县志》卷上《古迹·蒙山务》。

[②] 许有壬：《至正集》卷七五《蒙山银》。文中未明言此事发生的时间。该文可能是许有壬至治二年（1322年）担任江南行台监察御史时，了解到蒙山银场情况之后所作（见《元史》卷一八二《许有壬传》）。此前，蒙山银场除去免粮和炼银副产品折价外，以直接拨付的工本计算，每银1两的工本为中统钞34两多。许有壬所记工本数额偏低，值得怀疑。但是，许文中两次提到"银一两官本十四两"，所记当也不误。此处存疑。

无可比。加以山岚毒气旦夕攻侵,枉死之人不可胜数。"①可见,银场采矿实行井巷作业,矿巷窄小,深长可至十余里;以篝火照明,以绳索悬垂矿工入井取矿,再用绳索将矿石吊出;井下时有土石坍塌、地下水渗漏等险情发生,而安全措施几付阙如。1982年冬,上高县文物局普查工作队对蒙山太子壁银洞进行调查,入洞考察了地质编号为二号的窾洞。此洞是沿自然矿带进行采掘,尚能见到部分采掘痕迹。洞内垂直深度达140米,水平长170米,最宽处为10.5米,最窄处仅0.5米。井下未见支护等安全防护设施。此洞可能是原坑洞坍塌后遗存的部分井巷,长度不及许有壬所说的"十余里"。

至于蒙山银场的冶炼,史料缺乏记载。据地质调查,蒙山银伴生在铅、锡等重金属矿石中,每吨含银量为148.2克,需对矿石进行冶炼提取。从蒙山银场炼银的同时出产锡、铅等重金属可知,当时是通过选矿使银富集于金属硫化物精矿中,在冶炼的过程中提取出银。今日蒙山太子壁银洞北麓尚存一条平缓的运矿小路,通向5华里之外的鉴里村,村中留有约50万吨矿渣。矿渣中心是较平坦的太子坪(又称炉坪),系当年炼银遗址。通过对表层矿渣取样分析,每吨矿渣含银量仅10克②。虽然表层矿渣不一定是元代所遗,但至少可以反映蒙山在明代万历年间封禁以前的冶炼水平。矿渣分析同时显示,当地的古代冶炉温度较低。

至于铸锭,1977年9月27日和29日,吉林省农安县先后出土两枚蒙山所铸银锭,可以反映该银场的铸锭水平。农安是元代辽阳行省开元路的路治所在,这两枚银锭可能是通过赏赐、购买、官拨等方式进入当地。其中,"元字号"银锭为元统三年(1335年)造,重1895克;"天字号"银锭是至正十年(1350年)造,重1904克,均为蒙山银场提举司废罢以后所铸。两枚银锭形制系按《千字文》顺序编号,基本相同,均呈亚腰形,质地洁白,含银量达95%。虽然铸造时间前后相距15年,但二者重量相差仅9克。元制,每锭为50两。据其他地区出土的元代银锭实测,元代每两约在31.3—40克之间,"元字号"银锭每两是37.9克,"天字号"银锭每两是38.08克,均属成色较足的银锭。③

---

① 许有壬:《至正集》卷七五《蒙山银》。
② 王庆莘:《上高县蒙山银矿遗址》,载《江西历史文物》1983年第4期,第35—36页;胡春涛:《江西蒙山古银矿小考》,载《江西文物》1990年第3期,第32—38页。鉴里村每吨矿渣含银量仅10克是1982年调查取样数据,见于王文。胡文据南延宗、杨振翰的《上高县蒙山地质矿产》(载江西省地质调查所《地质馆刊》第6号,1941年7月),鉴里村矿渣每吨含银量达24.4克。
③ 吉林、谷潜:《元代蒙山岁课银锭的发现和研究》,载《中国钱币》1986年第3期,第28—35页。

# 第二章
## 元代江西的经济

蒙山银场属官办洞冶，所产白银全部上缴。前文已述，其课额在至元二十一年（1284年）为500锭，至元二十三年（1286年）增至650锭，至元二十六年（1289年）再增至700锭。700锭的课额一直延续至泰定二年（1325年）银场提举司被废罢。课额只表示银场上缴的白银数量，并不代表实际产量。该银场的产量在设置之初也许短暂地达到过500—700锭的高额，此后便迅速下降。至元三十一年（1294年）十月，江西行省官员称："（江西）银场岁办万一千两，而未尝及数，民不能堪。"①江西行省境内有抚州、韶州、瑞州三地产银，尚且不足11000两（220锭），可想而知，至元（1264—1294年）末期，蒙山银场的产量远不及700锭。至大元年（1308年）后，该银场"拨属徽政院。每岁办纳不前，往往于民间收买回炉，销炼解纳"②，即银场多靠买银完成上缴任务。即使如此，课额依然难以完成。至大四年（1311年），银场欠课3000余两。后，银场同提举、保

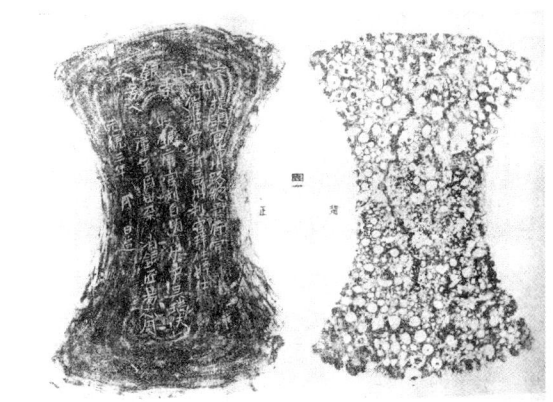

蒙山"元字号"银锭

图片来源：吉林、谷潜：《元代蒙山岁课银锭的发现和研究》，载《中国钱币》1986年第3期，第28—35页。

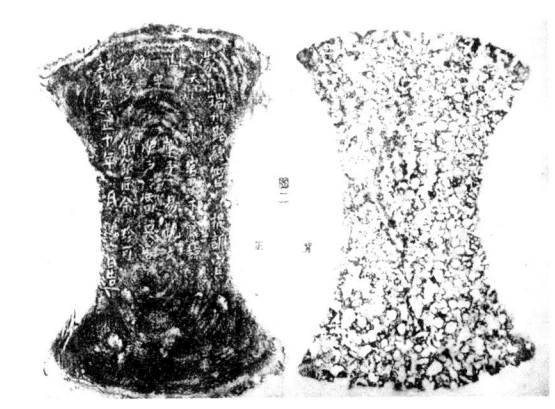

蒙山"天字号"银锭

图片来源：吉林、谷潜《元代蒙山岁课银锭的发现和研究》，载《中国钱币》1986年第3期，第28—35页。

---

① 《元史》卷十八《成宗纪一》。
② 许有壬：《至正集》卷七五《蒙山银》。

定人张震"禁外患,出内蠹,储炭以绝行贾之要,择工以断游食之费"①,勉强支撑700锭的课额。延祐二年(1315年),银场提举、高安人陈以忠以"官课不办,民力重困……为言于当路,凡场所输,杀四之一"②,即蒙山银场直接上缴的银课减去175锭,实际缴银量降至525锭。至治年间(1321—1323年),因蒙山"本处坑谷已空,薪炭已竭,人力凋敝已甚,侵渔已极,逃移者众,连年亏兑",经江西行省平章政事换住和银场提举陈以忠的努力,又将蒙山银课中的300锭改由湖广行省兴国路(治今湖北省阳新县)上输,名曰"协济煽办"③。至此,蒙山银场的直接课额只有225锭,但仍是"计无所施,勉强支撑"④。于是,陈以忠又建议在宁州(今修水县)等处开采新矿,"于所属改拨户粮",即打算将蒙山的部分工本改拨给宁州,以宁州所产弥补蒙山银场产量之不足。元廷未采行其建议。在陈以忠任提举的末期(可能是泰定二年,1324年),银场所欠银课累积至"万九千余定"⑤。如果虞集所记这19000余锭欠课属实,那么,设置蒙山银场提举司的40年间,总计应该缴银25500锭左右,实际缴银6500锭,年均纳课只有160余锭,其中还包括购买充抵之数。这样一算,蒙山银场课额虽高,却难称产量巨大,至元三十一年(1294年)江西行省官员所称全省缴银不足220锭也绝非虚言。

泰定二年(1325年)十一月,罢蒙山银场提举司,银场改由瑞州路管领。但是,"国有常额,难议除豁,朝廷所用必不可无"⑥,蒙山银课不能随着提举司的废罢而蠲免。对此,许有壬提出补救之策:"将所拨粮四万石折收银七百定,依江东诸郡金课例,每年立限,从有司征收解纳,则是每粮一石折收银八钱七分五厘,每银一两该免粮一石一斗四升二合八勺。官不失额,民不被害。"⑦至此,蒙山银课与蒙山银场已无直接联系。其4万石工本粮(钞)原由龙兴、瑞州二路共同承担,在提举司废罢以后,究竟是由二路分领700锭银课,还是龙兴路如前

---

① 虞集:《道园类稿》卷四三《顺德路总管张公神道碑》。
② 吴澄:《吴文正公全集》卷二十《瑞州路正德书院记》。
③ 刘岳申:《申斋刘先生文集》卷七《江西换住平章遗爱碑》。
④ 许有壬:《至正集》卷七五《蒙山银》。
⑤ 虞集:《道园类稿》卷四六《靖州路总管捏古台公墓志铭》。原文是:"瑞州蒙山产银,民陈(以忠)自以其赀富,力可办,欲因以求官。献其说,得为银治(引者注:当作'冶')提举。豪纵滥费,课不登,上司有所呵问,辄以贿免。省官使公(引者注:江西行省理问所相副官十里牙秃思)鞫之。重贿不得行,得课万九千余定,而坐陈如法。"十里牙秃思所得"课万九千余定",应是追缴的蒙山课额。
⑥ 许有壬:《至正集》卷七五《蒙山银》。
⑦ 许有壬:《至正集》卷七五《蒙山银》。

# 第二章
## 元代江西的经济

纳工本粮(钞)给瑞州路,而由瑞州路全额承办,不得而知。但是,从出土的顺帝时期所铸蒙山银锭和至正十年(1350年)五月"瑞州上高县蒙山崩"的记载来看,银场在提举司废罢以后仍然存在,可能以销银铸锭为主,兼有小规模的开采冶炼。

元朝政府对蒙山银场的管理前后不同。至元二十一年(1284年)蒙山银场提举司设立时,可能由瑞州路管领,所产白银作为赋税进入国库。大德八年(1304年),分拨瑞州路65000户给怀宁王海山,瑞州遂为海山封邑。大德十一年(1307年),海山登上汗位,是为武宗。次年,武宗将蒙山银场拨属徽政院(管领皇太后位下钱粮、选法、工役诸事的机构)。泰定二年(1325年),因课额长期难以完成,银课累民太甚,加之当年闰正月银场又出现严重饥荒,十一月,罢蒙山银场提举司,银场改由瑞州路管领。

元中期,该银场提举司为从五品衙门,设从五品的提举、正六品的同提举、从七品的副提举等职。其中提举、同提举等官员或出自太后懿旨任命,或由流官迁任。前者如前述高安人陈以忠是受"中旨",由白身超授为银场提举。此"中旨"应是皇太后懿旨。后者如保定人张震于至大四年(1311年)由正六品的抚州路判官迁任银场同提举,任满后升任从五品的荆门知州①。

蒙山银场提举毕竟只是区区从五品的中级官吏,故在提举司与徽政院之间有江西行省宰执官员一人和瑞州路总管兼领银场之事,由此建立起从蒙山银场直达太后的管辖链条。虞集曾说,银场隶属徽政院,其事是"虽宪府不与也",即监察机构无权监督银场,但从文献分析,江西肃政廉访司、江南行台和御史台等监察机构均行使了对银场的监督权。虞集所说可能是在武宗、仁宗之母答己太后擅权的时期,并非常态。

至于银场内部的管理,吉林农安出土的两枚银锭均錾刻有文字,其中"元字号"银锭上錾有"提调官瑞州路总管府官、催办官新昌州判官拜住将仕、收银库官刘自明、炉户吴瑞夫、库子周世荣、消银匠易志周"等字样,"天字号"银锭上錾有"瑞州路总管府提调官、库官丁谅、库子易观文、炉户雷兴吾、销银匠余珍可"等字样,据此,泰定二年(1325年)以后,蒙山银场银锭由瑞州路总管府提调,元统年间(1333—1335年)由新昌州(今宜丰)判官负责催办。银场内设有收银库官、库子等职,每枚银锭上均须明白錾刻炉户、销银匠、库子、催办官等责任人的姓名,以便在成色不足等情况出现时追究当事人的责任。

---

① 虞集:《道园类稿》卷四三《顺德路总管张公神道碑》。

蒙山银场另有一事值得一说。银场设置之初,有冶户3700户,且多为富户,故在提举司设置后的几年间,提举姜荣、亨兰奠等在当地创建正德书院,教育银场子弟。书院创设之初,田租薄少,屋宇简陋。延祐二年(1315年),提举陈以忠重修书院,增置学田。该书院规制齐备,有大成殿、明伦堂、致思堂、佑善堂、先贤祠等,官方为书院派设山长,分果行、育德、正蒙、修身、明道、丽泽六斋教授士子。书院田租收入达200石,用以维持书院运转。重修书院后,名士赵孟頫为之题额,名儒吴澄为之作记。由此,在元代的诸洞冶中,蒙山银场不仅以巨量课额值得一书,其文化建设更值得称道。

## 二、金、铁、铜等的采冶铸

与前代相比,元代金与铁在手工业生产中所处的地位没有很大变化,铜、锡、铅等重金属的地位则大大跌落,这是元代主要行用纸币导致的。江西作为重要的铜产地,其在采冶业中的地位随之下降,但铸铜业仍十分突出。

元代江西地区的产金量不大。《元史》载,天历元年(1328年),整个江西行省的金课为2锭40两5钱,远少于云南行省的184锭余、江浙行省的180余锭和湖广行省的80锭余。即使加上隶属江浙行省的饶州、信州两路所纳金课,元代江西地区的产金量可能依然难及其他地区。

江西地区的产金之地有饶州、信州、抚州、龙兴四地。至元二十四年(1287年),元朝设提举司,专领江浙行省境内的70余所金场,共有淘金户7365户。饶州、信州的金场在其管辖之内,鄱阳、乐平金场即是。不久,因建康(治今南京市)等地无金,革提举司,罢淘金户,但金课不免,百姓根据田赋的多少进行分担。抚州之金产于乐安县。至元二十三年(1286年),抚州路总管张国纪以乐安小曹溪所产100两金上献,次年,元朝置小曹金场,设提举、副提举等职,拨富民淘金,以所纳金课的多少相应地免除赋税。该金场为官办,所产黄金全部上缴,产量不明。龙兴之金产于丰城(后称富州)。至元十四年(1276年),分宁县人商琼率湖南淘金工30余人至丰城县长宁乡淘金,得金4两,于是行省在此设淘金场,由丰城管领。丰城金课最多时达29两9分6厘。

元代江西地区的产金量不大,但扰民不轻。如鄱阳不产优质叶金,但官府一度非叶金不收,民众被迫购买上缴,深受其苦。不过,受金课之累最深的还是丰城百姓。

丰城当地虽出金,但产量极其有限。当初设金场,乃是商琼希望借此献利

## 第二章
## 元代江西的经济

之举觅得一官半职。商琼最终得遂其愿,却遗留给丰城百姓半个多世纪的重负。淘金场设置后,根本无力完成课额,淘金户奔走于饶州、信州、徽州、衢州、婺州、江州、蕲州、黄州等地,购金完纳。商琼等人借机刻剥,或诬富民宅地、墓地有金,掘其庐舍冢墓,求取贿赂;或向淘金户多取多要,获其盈余。至元二十四年(1286年)乐安置小曹金银场后,商琼迁官小曹,丰城金场被裁,金课由小曹代输,但淘金户仍在。此时恰逢丰城升为富州,官吏往往驱使淘金户从事他役。淘金户不堪其苦,或逃亡,或败落。稍后,商琼迁任盐场官,小曹不愿再代输富州金课,金课遂落在富州淘金户的宗亲姻党身上。他们无力完纳,甚至杀子女以示抗拒。最后,富州勒令管下的5乡27都代输金课,因而破家者比比皆是。

为免除金课之累,富州的有识之士屡次申诉。如揭傒斯利用在奎章阁为皇帝讲解《太平政要》的机会,婉转提起富州金课之事,其侄孙揭车则在巡行江西的奉使宣抚、监察御史等人面前叩首痛哭,乞去民害,以致触怒御史,几遭牢狱之灾。经过上下努力,元统元年(1333年)十一月,富州百姓57年的金课之累终于被蠲免。

从富州金课及上文蒙山银课可看出,元代江西地区的金课、银课等并不代表实际产量,只代表朝廷的攫取量,它常常脱离实际的生产能力而成为江西民众的沉重负担。

元代铁课以湖广、江浙、江西三行省最多。天历元年,江西行省的课铁为217450斤,课钞为176锭24两,位于湖广、江浙之后而居第三位;若加上江浙行省中饶州、信州所纳铁课,元代江西地区的铁课当不止此数。具体说来,江西地区的产铁之地有饶州、信州、龙兴、吉安、抚州、袁州、瑞州、赣州、临江九路。各路铁矿开采、冶铸的情况不甚明晰,略可知者只有瑞州路新昌州(今宜丰县)的两所铁冶,一名上煌,一名黑口。这两所铁冶为官办还是民营,难作判断。另,庐陵人刘宗海在金牛大兴铁冶,常役使千人从事煽炼[1]。元代民营矿冶以十分之三输官,刘宗海在输官之外盈余甚多,由此致富。但是,金牛在今安徽省庐江县西北,而非江西境内。江西地区冶铁的品种不详,《元史》载当时铁的品种有生黄铁、生青铁、青瓜铁、简铁等,江西地区所产当不出其外。

江西还产铅、锡。天历元年(1328年)的铅锡课中,江西行省锡课为17锭7两,次于江浙行省24锭10两2钱的黑锡课。铅山州是江浙行省境内的铅产地

---

[1] 王礼:《麟原文集·前集》卷三《刘宗海行状》。

之一①。上高蒙山银场在产银的同时,亦出锡和铅。

铜在元代的重要性远不及宋代。元军占领江南后,禁止民间行用宋代的铜钱,改用中统钞。后来钞法大坏,元武宗实行币制改革,至大三年(1310年)正月颁定行钱法,设立资国院及诸处泉货监6处、提举司19处,铸造"至大通宝"和"大元通宝"两种铜钱。八月,开始行用铜钱。次年正月,武宗死,仁宗继位。四月,仁宗下诏废止铜钱,仍用钞。此次行用铜钱只有短短几个月的时间。至元十年(1250年),元代再次改革币制,铸造"至正通宝"铜钱,与历代铜钱并用。元末,钞法极坏,铜钱在民间交易中的地位较前重要。故,元代行用铜钱的时间较短,铜除在一小段时间主要用于铸钱外,其余时期只用于铸器,包括礼器、生活用器、兵器、铜印等。

至大通宝

图片说明:中国国家博物馆藏,直径2.1厘米。

图片来源:中国国家博物馆编:《文物中国史》第7册"宋元时代",山西教育出版社2003年版,第231页。

铜钱的弃用使江西的采铜业未能充分发展。天历元年的岁课中,只云南行省有2000多斤的铜课,包括江西在内的其他地区均无此负担。但是,一旦铜与币制联系在一起,江西之铜就以其产量大、炼法好、铸技精而备受瞩目。武宗时期第一次行用铜钱,王都中总管江淮泉货监,饶州德兴县在其管内。此地是故宋的重要铸钱基地,拥有丰富的铜矿资源和先进的工艺基础。王都中令工匠以德兴所出胆水(硫酸铜溶液)浸铁,置换出铜泥,再以火炼之,"悉成美铜"。几个月间,得铜数十万斤。以此铜铸钱,至为精美,时称"凡天下为监者六,惟江淮所

---

① 《元史》卷九四《食货志二·岁课》。

## 第二章
## 元代江西的经济

铸钱号最精"①。不久,铜钱废止,德兴的产铜铸钱业随之停歇。至正时期再次行用铜钱,江浙、江西等地于至正十一年(1351年)十月设立宝泉提举司,管领铸钱事宜。为解决铜料来源,次年三月,设饶州路德兴场、信州路铅山场、韶州路岑水场三处铜冶场,每场置提领、大使、副使等官员。前两处铜冶场隶江浙宝泉提举司,后一处隶江西宝泉提举司。这三处铜冶场是至正时期重要的冶铜铸钱基地,有两处在今日江西境内②。其中,又以德兴场较为重要。它的设立与德兴人张理有关。张理见朝廷重兴鼓铸,遂献上先人张潜在北宋时期所著的《浸铜要略》,指出德兴有三处胆泉可以浸铁成铜③。至正十二年(1352年)三月,中书省臣言:"张理献言,饶州德兴三处胆水浸铁,可以成铜,宜即其地各立铜冶场,直隶宝泉提举司,宜以张理就为铜冶场官。"④德兴场就此设立。至正二十四年(1364年),江西只有部分地区处于朱元璋的控制之下时,四月,朱元璋令管下的江西行省设置货泉局,设大使、副使各一人,专门铸造"大中通宝"大小五等钱⑤。绵延兵燹中,江西丰富的铜矿资源和高超的铸造工艺仍受到关注。

铜在元代主要不是用于铸钱,而是用于"炉冶之家销铸什器"⑥。江西铸铜业在当时声名远播,其中,吉安铸造的铜镜和铜礼器尤为时人所重。

江西地区在宋代有饶州和吉州两个铸镜中心,入元,吉州(吉安)的铸镜业依旧兴盛,饶州的情况则不甚明晰。目前,九江、南昌、安义等地分别出土或收集到多件元代铜镜,其中四件的背面铸有铭文"吉安路胡东有作"或"吉安路城隍庙下礼巷内住胡东有作"。这四件"胡东有"铜镜镜身质薄,缘边突起,纹样粗放,具有浓郁的仿汉、仿唐镜的风格。各镜的纹饰和大小均不一致,由此可知"胡东有"镜品种繁多。除江西地区发现有此种铜镜外,广西的柳州、桂林亦有

---

① 黄溍:《金华黄先生文集》卷三一《正奉大夫江浙等处行中书省参知政事王公墓志铭》。
② 据黄颐寿《"吉"字幕"至正之宝"》(载《江西历史文物》1981年第4期,第89—90页),清江县博物馆收藏有"至正之宝"大钱,直径8厘米,重320克,正面铸楷书"至正之宝"四字,背面铸楷书"吉"字及"权钞五钱"字样。丁福保认为此钱出自吉安,黄氏则认为是在至正时期的币制改革中所铸,"出自江西的可能性是大的"。中国国家博物馆所藏至正通宝直径仅3.4厘米,笔者认为此"至正之宝"大钱可能不是流通货币,而是寺院的供养钱,铸地不明。
③ 危素:《危太朴文集》卷十《浸铜要略序》。
④ 《元史》卷四二《顺帝纪五》。
⑤ 《明太祖实录》卷十四"甲辰(至正二十四年,1364年)夏四月壬戌",第193页。
⑥ 程钜夫:《雪楼集》卷十《铜钱》。

胡东有制铜镜背面

图片说明:直径19厘米,下部铸有铭文"吉安路城隍庙下礼巷内住胡东有作"。

图片来源:江西省博物馆原馆长彭适凡先生惠赠拓片。

出土,由此,"胡东有"镜不仅行销江西各地,更广销南方地区①。另,元中期南昌人何德正寓居长沙,以铸造铜镜为业,所铸铜镜的纹饰兼具宛细与粗犷的风格,形象工巧而苍劲。现湖南省博物馆和江西省高安市博物馆均有收藏②。这是江西铸镜技术的向外传播。

宋元时期的吉州(吉安)文化昌盛,多有精通礼制之士,如庐陵人曾巽初著《卤簿图》《卤薄书》《郊祀礼乐图》《郊祀礼乐书》各5卷,被不谙礼制的元廷采行,并任命其为大乐署丞。加上当地传承着宋代以来的精湛铸铜工艺,遂使吉安成为享誉全国的铜礼器铸造中心,时人称"江西冶铸良合古制……江西以吉安为尤良",吉安所铸铜礼器"仿古而尤工"③。吉安的铜礼器主要用于祭祀,有簠、簋、爵、坫、尊、勺、罍、洗等种类。元统三年(1335年),瑞州路儒学所需祭器在庐陵铸造,省外需祭器者亦不远万里,络绎而至,北有大都以南的涿州孔子

---

① 陈柏泉:《元明时期江西铸造的铜镜》,载《江西历史文物》1986年第2期,第107—109页。江西省博物馆原馆长彭适凡先生另惠赠"胡东有"铜镜背面拓片一件,纹样与陈文所言不同。
② 陈定荣:《元代江西籍铸镜师何德正及其作品》,载《南方文物》1992年1期,第106—107页。
③ 刘岳申:《申斋刘先生文集》卷六《云南中庆路儒学新制礼器记》。

庙,西南有云南的中庆路(治今昆明市)儒学,东面则有山东东阿县铜城镇的夫子庙。可见,吉安路所铸铜礼器已成为行销各地的著名商品。不仅如此,吉安冶工还常"送艺上门",以满足某些买家的特殊需求。大德十年(1306年),龙兴路儒学需要一批形制与以往略有不同的礼器,于是庐陵冶工杨荣甫亲至龙兴,在谙熟礼制的学官郑陶孙的监督下,以赵汝梅所绘《舍奠礼器图》为主,辅以郑氏所考,为该学铸造了太尊、山尊、著尊、献尊、象尊、壶尊等铜礼器共计96件,另有"羊、豕鼎各五,余器合从范金者,皆如礼定其数而补足之"①。杨氏此番铸造的礼器在百件以上,规模很大,且件件精良,获得了郑氏的认可,足见其技艺之娴熟、铸工之精湛。

# 第五节
# 交通与商业

元朝的疆域超越前代,其在交通方面取得的成就也非常突出。随着南北取直的京杭大运河的全线贯通、从刘家港(今江苏省太仓县浏河镇)到界河口(今天津市海河口)的海运主航道的开辟、连通全国的驿站系统的建立,完密的水陆交通网络将各地紧密联系起来。便捷的交通条件有助于商业活动的开展,加上南北统一、纸币通行全国、重商政策等有利因素,元代的商业呈现出较南宋有所发展的局面。江西作为全国交通网络的一部分,境内的驿站系统也很完善,商业活动比较繁盛。

**一、驿站和急递铺**

蒙元自成吉思汗建国,境内就开始恢复或新建驿站,至窝阔台汗时,贯通整个大蒙古国的驿站系统已经建立。忽必烈统一全国后,境内驿路四通八达,驿站星罗棋布,形成了以大都为中心的稠密交通网,驿站成为朝廷对地方进行有效控制的重要手段。据成书于至顺二年(1331年)的《经世大典》记载,元朝直辖的辽阔地域内,北至岭北、南到两广、东到浙江、西至吐蕃都建立了完善的驿站系统,驿站总数在1500处以上②。

---

① 郑陶孙:《舍奠礼器记》,见苏天爵编:《元文类》卷二七。
② 《永乐大典》卷一九四二三;陈得芝《元岭北行省诸驿道考》,刊于《元史及北方民族史研究集刊》第1辑。

蒙元时期的驿站官员

图片说明：陶制蒙元时期的驿站官员。

图片来源：[法] 德阿·托隆著，宝音布格力译《蒙古人远征记》，上海社会科学院出版社2003年版，第48页。

江西处于"控蛮荆而引瓯越，襟三江而带五湖"的交通要道，在沟通南北、联络东西方面历来具有重要地位。元代江西境内亦建立了完善的驿站系统。《元史·兵志四》载江西行省管内有154处驿站，其中以马匹为主要交通工具的马站85处，有马2165匹，轿25乘；以船只为交通工具的水站69处，有船568只。因今天的江西省与元代的江西行省辖区不尽一致，此记载不足以反映当时江西地区的驿站状况。据《永乐大典》中残存的元代官修政书《经世大典》"站赤"诸条记载，至元三十一年（1294年），今江西省境内共有112处驿站，其中马站66处，水站46处，没有南方多山地带常设的轿站和步站。这与鄱阳湖水系覆盖了江西绝大部分地区，沿着河流及河流两侧的低平地带便可通达省内各地有关。现将这112处驿站罗列如下[①]：

---

① 熊梦祥《析津志》亦记载了江西地区的驿站设置情况，但不如《经世大典》详细。详见《析津志辑佚·大都东西馆马步站》，北京古籍出版社2001年版，第132—133页。

# 第二章
# 元代江西的经济

龙兴路(11处)：在城马站(在今南昌市城区)①、土坊马站(在今进贤县架桥镇土坊村)、进贤马站、乌山马站(在今新建西部边界乌山绕村)、新城马站(在今新建县大塘坪境)、章江水站(在今南昌市西滨赣江处)、樵舍水站(在今新建县樵舍镇境)、吴城水站(在今永修县吴城镇境)、接陂水站(在今南昌县三江镇境)、金城水站(在今新建县昌良、联圩一带)、市汊水站(在今南昌县冈上镇市汊街一带)。

江州路(12处)：浔阳马站(在今九江市)、赤湖马站(在今瑞昌市赤湖沿岸)、瀼溪马站(在今瑞昌市南)、三山马站(约在今九江赛阳与黄老门之间)、蒲塘马站(在今德安县城)、新安马站(约在今湖口县凰村乡)、旧县马站(约在今湖口县文桥镇一带)、杨梓马站(在今彭泽县马挡镇)、九江水站、湖口水站、彭泽水站、城子水站(在今九江县城子镇境)。

南康路(4处)：在城马站(在今星子县城)、修江马站(在今永修县艾城境)、在城水站(在今星子县城)、团山水站(约在今都昌县城西南)。

饶州路(9处)：在城马站(在今鄱阳县城)、椒子马站(约在今鄱阳县碧山、田畈街一带)、石门马站(在今鄱阳县石门街镇境)、余干马站、润陂马站(约在今余干县润溪湖东岸)、安仁马站(在今余江县锦江镇境)、在城水站(在今鄱阳县城)、余干水站、安仁水站(在今余江县锦江镇境)。

信州路(11处)：在城马站(在今上饶市城区)、沙溪马站(在今上饶县沙溪镇境)、玉山马站、草萍马站(在今玉山县白云镇境)、弋阳马站、丫岩马站(在今横峰县境)、方桂马站(在今贵溪县境)、在城水站(在今上饶市城区)、玉山水站、弋阳水站、贵溪水站。

铅山州(3处)：在城马站(在今铅山县永平镇境)、车盘马站(在今铅山县分水关下车盘)、石溪马站(在今铅山县青溪乡石溪村)。

瑞州路(5处)：在城马站(在今高安市城区)、高岗马站(在今高安市新街镇高岗村)、华阳马站(在今高安市相城乡华阳村)、上高马站、在城水站(在今高安市南锦江边)。

袁州路(8处)：爱棠马站(约在今宜春市城区)、万载马站、黄庙塘马站(在今芦溪县境)、黄华马站(在今萍乡市湘东黄花桥一带)、乱石马站(在今万载县株潭镇境)、西村马站(在今宜春市西村镇境)、绣江马站(约在今宜春市城东)、

---

① 所谓"在城马站""在城水站"，是指驿站设置于路治或州治所在地的城中或近郊。

分宜水站。

吉州路①(11处)：螺川马站(在今吉安市城区)、南岭马站(约在今吉水县黄桥乡东北)、西昌马站(在今泰和县城东)、滩头马站(在今万安县窑头镇境)、五云马站(在今万安县城西)、造口马站(在今万安县沙坪镇皂口村)、在城水站(在今吉安市南赣江边)、白沙水站(在今吉水县黄桥乡东白沙村)、淘金水站(在今泰和县樟塘乡境)、浩溪水站(在今泰和县栖龙乡南浩溪村)、五云水站(在今万安县城西)。

建昌路(3处)：在城马站(在今南城县城)、蓝田马站(约在今南城严和乡洪门水库附近)、在城水站(在今南城县城)。

临江路(6处)：在城马站(在今樟树市临江镇境)、官洲马站(约在今新干县城附近)、峡江马站、在城水站(在今樟树市临江镇)、官洲水站(约在今新干县城附近)、峡江水站。

抚州路(6处)：在城马站(在今抚州市城区)、滕桥马站(在今抚州市滕桥镇境)、云山马站(在今抚州市云山镇境)、孔家渡水站(约在今抚州市湖南乡孔桥村)、石门水站(在今金溪县石门乡境)、清远水站(约在今抚州市桐源乡近抚河处)。

南丰州(2处)：在城马站(在今南丰县城)、在城水站(在今南丰县城)。

赣州路(14处)：在城马站(在今赣州市城区)、南田马站(约在今赣县五云乡南田村)、桂源马站(约在今赣县沙地镇北)、兴国马站、水西水站(在今赣州市水西乡境)、攸镇水站(在今赣县攸镇圩境)、兴国水站、富池水站(约在今兴国县龙口乡南)、唐村马站(权设站,约在今于都县城附近)、下官马站(权设站,约在今会昌县城附近)、瑞金马站(权设站)、雩都水站(权设站,约在今于都县城附近)、下官水站(权设站,约在今会昌县城附近)、瑞金水站(权设站)。

南安路(7处)：在城马站(约在今大余县城)、横浦马站(约在今大余县城南)、小溪马站(在今大余县新城镇境)、在城水站(在今大余县城)、小溪水站(在今大余县新城镇境)、南康水站、九牛水站(在今南康市潭口镇境)。

至元三十一年(1294年)后,江西境内的驿站有所调整。随着福建地区正式隶属江浙行省,处在两地交通枢纽位置的铅山州增设了汭口水站,赣闽通道尤

---

① 《经世大典》反映的世祖至元时期(1264—1394年)江西驿站的设置情况。成宗元贞元年(1295年),"吉州路"改称"吉安路",故此处仍称"吉州路"。

## 第二章
## 元代江西的经济

其是经由赣州进入江西的驿道重要性大大降低，赣州路的几处权设站可能被撤销。也许还有其他一些调整，但不管如何，元代江西境内的驿站总数应在100处之上。

这100多处驿站主要沿鄱阳湖和赣江、抚河、信江、锦江、渝水、章水、贡水等几大河流分布，形成了以行省治所南昌为中心、以章水——赣江——鄱阳湖为纽带、覆盖江西全境的驿站系统。这一系统不仅联通省内，而且通往四邻：北部经石门站可到江浙行省的池州路（治今安徽省池州市），西部经黄华站过老关可至湖广行省的天临路（治今湖南省长沙市），南部经横浦站过梅关可去广东道南雄路（治今广东省南雄市），东北经草萍站可往江浙行省的衢州路（治今浙江省衢州市），经车盘站过分水关可到福建地区的建宁路（治今福建省建瓯市），西南经蓝田站过杉关通往邵武路（治今福建省邵武市）。这一完善的驿站系统，将江西与元朝中央和全国各地紧密联系起来。

江西境内诸驿站中，最为繁忙的是章水——赣江——鄱阳湖沿线驿站。在这条驿路上，除正常的官员往来、贡赋转输外，还因联通广州外贸口岸，番货运输及相关人员往来亦络绎其间。龙兴路在城马站有站马120匹，在南方仅次于杭州路在城马站，而杭州作为南宋故都，影响犹存，由此可见这条驿路在沟通南北中的重要性。其次是经车盘、铅山、沙溪、草萍等站连通福建、江西和浙江的驿路。经杉关连通福建和江西的驿路则相对冷清。福建经陆路向北本有两条驿路，一条经江西，一条经浙江，即"福建赴北水陆驿程明有两路，建宁去江浙，邵武去江西"，但"出使人员多由江浙，不行江西"①。这与福建地区并入江浙行省有关。直到元末方国珍起事，江浙通道被阻断后，杉关通道的冷清状况才有所改变。最后，如果说章水——赣江——鄱阳湖沿线驿路既承担省内连通，又在省际交流中占据重要地位的话，那么，贡水、锦江、渝水等沿线驿站则更多地承担省内交流的任务，故元朝政府只在贡水沿线权设6处驿站，而锦江和渝水联系的广大赣西腹地只有13处驿站。

忽必烈即位后，在原有的驿站系统之外建置了急递铺系统，主要用于传递中央重要机构公文、各地官府紧急公文和军情文书。灭宋后，该系统推广于江南。急递铺的设置原则是"十里，或十五里，或二十里设一急递铺。十铺设一邮

① 《永乐大典》卷一九四二三。
② 《元文类》卷四一《经世大典序录·急递铺》。

长,铺卒五人","一昼夜走四百里,邮长治其稽滞者"②。大都则设有总急递铺提领所,总领铺务。

元代江西地区亦设置了急递铺系统,与驿站系统互为补充。驿站主要供使臣往来,急递铺专用于传递军政文书,二者在江西的分布路线基本一致,后者的数量则可能是前者的几倍。可以说,当时江西地区的通讯联络系统是比较完备的。

元代江西境内的驿站、急递铺系统以及以驿路为主干形成的发达交通网不仅加强了元朝对江西的控制,更有助于江西与外界的经济文化交流,大儒吴澄北上大都传播学术、航海商人汪大渊自泉州出海经商,都曾经由这个交通网络。

## 二、商人与商业

元代的商业发展客观上具备一些独特的有利条件。大一统局面的形成、畅达四方的水陆交通打破了南北阻隔,有利于经济的交流;纸币与白银等通行全国,赋税政策又规定必须缴纳一定数量的钞币和白银,夏税和秋税部分实行折收,这些条件在一定程度上促使商业化程度的深化和发展。更可注意的是,处于统治地位的蒙古、色目贵族向来注重商业活动,实行既重农又不抑末的政策,民间亦不以经商为耻。因此,得益于元代商业的发展,江西地区的商业风气颇为浓厚,商税收入也较为可观。

元代江西行商的足迹遍及大江南北、幽燕关陕、八闽两广、荆楚川蜀,而以京师大都、荆蜀一带为主。江浙诸暨人王冕《船上歌》描述了一户以船为家者在运河和长江中下游沿线的观感,其中有"君不见江西年少习商贾,能道国朝蒙古语。黄金散尽博大官,骑马归来傲乡故"之语①。这几句诗表明,当时江西经商者颇多,经商的最终目的是"博大官",习蒙古语和经商都是服务于此。要达到这种目的,高官云集的大都无疑是最佳去处。江西的著名墨工南昌朱万初、清江潘云谷携墨售于京师大都,前者即由此身登仕版。贵溪倪文宝、鄱阳童某以制毛笔为业,所制之笔亦远达大都。荆蜀一带也是江西商人比较活跃的地区,"江西走荆蜀,行行三十年。铃卒递羽檄,贩夫骈担肩"②。反映的正是这种的景

---

① 王冕:《王冕集·竹斋集卷下》,浙江古籍出版社 1999 年版,第 200—201 页。
② 方回:《桐江续集》卷三《石头田》,景印文渊阁四库全书本。

## 第二章
## 元代江西的经济

况。赣中吴伯让祖孙三代从元中后期到明初，主要在荆襄一带的襄阳、沔阳经商，有时又南下岭南，即使在元末动乱时期都不曾中辍[1]。新淦儒商周孟辉"致远以服贾，懋迁以赡生"，"尝越汉沔，由襄樊道秦关，抵雍凉而返"[2]，足迹远及西北。金溪王善"操奇赢之术，游七闽，家乃大穰"[3]，主要在福建经商。精于制墨的傅云心亦售墨于闽。金溪吴泰发"贾江湖"[4]，卒于衢州（治今浙江省衢州市），可能是以江浙为目的地。元代属于江浙行省徽州路的婺源商人非常活跃，为这一地域商人所崇奉的土神五通神（木材商人信奉之神）的分布地东至太湖流域的吴县，西南达广西梧州印证了这些商人在这一广大地域行商的踪迹。南昌商人汪大渊自20岁始，两次搭附海船，在东西洋从事贸易，是江西从事海外贸易的商人代表。

就现存文献看，元代江西大商人不多。永丰韩蒙，"家本江东大姓，善贾，至蒙益畜善田逾数万亩"[5]，这或许是很少得见的一位江西豪富，更多记载反映的是雄于一乡或"贩夫骈担肩"之类的中小商人。鄱阳刘谦，"善积居之术，以资雄于乡"[6]，吉水萧雷龙，"家多资，至宋季而贫，乃折节治货区，不数年间，竟倍加昔"[7]。刘、萧二位当是中等商人。而在龙兴开设缎子铺的常四[8]，"将带至元钞二贯文一十张前去桐林岭收买段子"[9]的抚州人袁庆之类，则属小商小贩。

除纯粹的兴贩商人外，江西还有许多身怀一技之长而游走各地的亦技亦商者。南昌制镜匠何德正寓居长沙，铸售精美铜镜；金溪曾德厚，"游四方，以数谈人福祸"[10]，吉安尹寿翁"挟雷法星书，走数百里外，藉是为井田取养"[11]，二人

---

[1] 详见邓雅《玉笥集》卷三《哭兄伯让》《忆外舅》，卷六《奉饯外舅之襄阳》等篇。王秀丽的《元代文人笔下的东南贾客》对此有梳理，载中国元史研究会编《元史论丛》第十辑，中国广播电视出版社2005年版，第180—197页。以下关于元代江西商业的论述，部分参考了该文。
[2] 梁寅：《新喻梁石门先生集》卷二《赠周孟辉序》。
[3] 宋濂：《宋文宪公全集》卷六《王府君墓志铭》。
[4] 危素：《危太朴文续集》卷九《书吴泰发妻黄氏笺子诗后》。
[5] 吴莱：《渊颖集》卷九《韩蒙传》，丛书集成本。
[6] 宋濂：《宋文宪公全集》卷六《刘府君墓志铭》。
[7] 宋濂：《宋文宪公全集》卷十五《萧府君阡表》。
[8] 《元典章》卷二十二《户部八·课程·匿税·军人孙真匿税》。
[9] 《元典章》卷五十《刑部十二·诸盗二·掏摸·掏摸钞袋贼人刺断》。
[10] 吴澄：《吴文正公全集》卷十六《赠曾德厚序》。
[11] 赵文：《青山集》卷一《送尹寿翁序》。

是以卜算之艺游食四方；上饶尹国寿工于篆书，以刻印技艺"游士大夫之门"①；富州雷友谅，"见器物，辄肖而为之，为之无不成，成之无不精"，即精于雕塑，他"将游匡庐，造武当，寻高僧高道，问向上事"②，实是靠为寺观塑像为生；江西罗某以"卖碑刻"③，游至苏浙一带；吉安人彭斯立、彭斯高兄弟和临江人周仁可擅长刻书，于后至元年间(1335—1340年)成为由徽政院主持的官刻大藏经的刻工④，等等。

外地商人亦有长期在江西经商者。徽州祁门人凌千十，长期离乡船居，"历涉江河有年，买卖轻重随其时"⑤。其经商的范围主要在赣东北的饶河和信江流域，长女嫁于鄱阳，幼女嫁于贵溪，本人则卒于鄱阳，葬于贵溪。

在缺乏系统完整的商业资料的情况下，商税的多少是商业活动兴盛与否的主要参照。元制，交易三十税一，即征收3.3%的商税。元中期，江西行省商税62000余锭，次于江浙行省的26万余锭、大都宣课提举司的11万余锭和湖广行省的68000余锭，居第四位。按照元前期的规定，岁课商税10000锭之上者，设从六品税务提领，全国仅有杭州在城务、江涨务、(大都)城南务及真州(治今江苏省仪征市)务4处。岁课商税5000锭者，有平江(治今江苏省苏州市)、潭州(治今湖南省长沙市)、太原、扬州、武昌等8处，江西地区没有。岁课3000锭之上者，全国共22处⑥，江西地区有龙兴路、吉安路、清江镇3处⑦。岁课1000锭之上者37处，江西地区有江州路、饶州路、萍乡州3处。岁课500锭之上者100处，江西的南昌县、赣州路、新喻州、浮梁景德镇、袁州路、万载县、建昌路、庐陵永和镇、宜春县、信州路、瑞州路、抚州路、富州、新淦州、分宜14处名列其中⑧。由此，元代江西地区专设税务总计20处，商税收入大概处于全国的中等水平。

---

① 吴澄：《吴文正公全集》卷十九《赠尹国寿序》。
② 吴澄：《吴文正公全集》卷十五《送雷友谅序》。
③ 孔齐：《至正直记》卷四《江西罗生》。
④ 董玮、方广锠、金志良：《元代官刻大藏经的发现》，载《文物》1984年第12期，第82—86页。
⑤ 曲利平、倪任福：《江西鹰潭发现纪年元墓》，载《南方文物》1993年4期，第25—27页。
⑥ 《元典章》卷七《吏部一·官制一·职品·内外文武职品》载岁课商税"三千定之上二十一处"，下面实列22处。查同书卷九《吏部三·官制三·场务官·额办课程处所》，岁课商税3000锭之上者亦是22处。《元典章》载录的公牍文书下迄于英宗至治二年(1322年)，反映的是元代前中期的标准和历史状况。
⑦ 《元典章》卷七《吏部一·官制一·职品·内外文武职品》及同书卷九《吏部三·官制三·场务官·额办课程处所》均未载萍乡州税务，但《吏部三·官制三·场务官·内外税务巢阙》载萍乡州税务为正八品。
⑧ 与萍乡务一样，抚州路、富州、新淦、分宜四务亦未见于前两条史料，仅见于《内外税务巢阙》条。

# 第二章
# 元代江西的经济

以上税务的设置基本反映了元代江西地区商业活动的分布情况,即赣江中下游和鄱阳湖沿岸最为兴盛,尤以龙兴、吉安、清江镇三地最为显著;处在省际通道上的萍乡、新喻、万载也很可观;具有特色产业且交通便利之区的商业活动同样引人注目,如浮梁县景德镇、庐陵县永和镇。龙兴路的商业辐射面较大,是江南重要的商业中心,南昌则是"舸舰迷津,富商大贾之会"①。有两出元杂剧提到了南昌,其一说,河南府路(治今河南省洛阳市)录事司醋务巷民户李德昌开着个绒线铺,"将带资本课银一十锭,贩南昌买卖"②;其二说,河南府路王文用"守本分做着些营生,度其日用","将带些小本钱,到江西南昌地面,做些买卖"③。至正二十二年(1362年),江西已处在陈友谅部与朱元璋部的反复争夺之中,烽火遍地,但仍有不少商人在南昌附近贸易④。另一方面,江西的商业发展也是不平衡的,一些僻处一隅的路州,商业活动比较沉寂。如抚州,"非舟车货财之聚,非都会官府之总","贫者尽力于耕,富者取利不出于田亩,不事商贾"⑤,本地大商人比较少见。抚州的外地客商亦不多,如崇仁县,"舟载之济,往多而来寡,无十百之利,大贾不至"⑥,乐安县"僻在万山,地瘠民贫,富商巨贾之所不至"⑦。估计建昌路、南丰州等地的情况与此类似。

另就商业的内部构成和运营方式而言,城镇与农村间的差异也很明显。"城郭之民,类多工商"⑧,始于延祐七年(1320年)的包银主要针对商人征收,在商业不算发达的瑞州路上高县,缴纳包银的商人有103户,回回1户,南昌、庐陵等地当更多。城镇商业一般按行业集中经营,多设有店铺。虞集对南昌城西桥

---

① 虞集:《道园类稿》卷二六《龙兴路新作南浦驿记》。
② 孟汉卿:《张孔目智勘魔合罗》,见臧晋叔编《元曲选》,中华书局1958年版,第1368—1388页。
③ 佚名:《硃砂担滴水浮沤记》,见臧晋叔编《元曲选》,第386—403页。
④ 《明太祖实录》卷十"壬寅(至正二十二年,1362年)春正月戊辰"(台湾"中央研究院"历史语言研究所校印本,第126页):"邓克明既逃归新淦,复收集旧部曲,仍肆劫掠。闻上(引者注:指朱元璋)至龙兴,远近皆降,惧不自安。欲复降,恐见诛,乃诈为商贾,乘小舟至龙兴城下,潜使入觇伺。"同书卷十一"壬寅(至正二十二年,1362年)三月癸亥"(第138页):"上即发使诣洪都,令二人(引者注:指祝宗、康泰)将所部兵往湖广,从徐达听征。二人舟次女儿港,遂以其众叛。适遇商人布船,因其布为旗号反,兵劫洪都。"这段话表明,至正二十二年兵乱时,南昌城外的江河中仍有不少商船往来。
⑤ 虞集:《道园类稿》卷二六《抚州路总管题名记》。
⑥ 虞集:《道园学古录》卷三七《崇仁县重修县治记》。
⑦ 黄德民:《乐安县志序》,见方湛等纂修康熙《乐安县志》卷首,台北成文出版有限公司1989年。
⑧ 王结:《文忠集》卷六《善俗要义》。

步门附近的商业景象有这样的描述:"间阎阛阓,列肆成市,居货充斥。"①饶州安仁人曾子翚"善植生","门有贸易之肆"②。农村一般有定期的"市"或庙会。景德镇有湖田市,主要交易瓷器,景德镇税务很可能设于此地。吉水有醪市,可能是以酒为主的集散地。庙会以婺源为代表。每年夏初的释迦牟尼诞辰日,"上穷荆越,下极扬吴"的四方祈福者汇集当地灵顺庙前,"衔舟塞川,重雾翳陌","富商大贾因人所聚以为市"③,庙前"百贾列区,珍货填积"④,经旬乃止,为当地一盛。

江西进入流通领域的商品以粮食为大宗。丰年,部分路州的粮食有赖客商转输;灾年,各路州都竭力拦截粮船,留境销售。江州是外地米谷进入江西的重要口岸,一度免征民米之税⑤。赣中的清江县,"薪米仰北道"⑥,粮食有赖输入。吉安录事司偶开酒禁,酿酒用粮的交易随即活跃,甚至出现"开城晓避麹车道"的情景⑦。赣北的南康路,"山城小郡,产米有限,余靠荆湘、淮浙米谷通相接济",逢上灾年,更需"客旅通行兴贩,庶几米谷周流,荒稔通济",而"所在官司妄分彼我,禁止米谷,毋令出境"⑧,容易造成粮荒。赣东南的南丰州,"本是穷原去处,山多田少,地狭民贫,虽遇丰年,犹有不给",常年仰赖"客船运米",饥馑之年,"州民前往下江贩运,多被龙兴、抚、建阑遏,不许到州"⑨,等等。土地亦是重要的商品,龙兴路靖安县民户舒仁仲即违规将岳父的25亩3分地私自出卖⑩。

除粮食、土地外,其他进入流通的商品种类繁多,盐、茶、蔬菜、鱼、鸟、蕨、鞋、纺织品、瓷器、柴薪等时鲜野味与日用所需都成为商品,以致元人有"列一百二十行经商财货"之说。文人柳贯描绘了元中期南昌城的商业景象:"豫章城西江上舟,船翁夹舵起红楼。官盐法茗有饶乏,市利商功无算筹……卖屦山翁归未归,洲南日日候荆扉……十里来城肩担重,新晴菜把贱如泥。"⑪可见,南昌

---

① 虞集:《道园类稿》卷二六《龙兴路新作南浦驿记》。
② 李存:《俟庵集》卷二三《曾子翚行状》。
③ 黄溍:《金华黄先生文集》卷三八《奉议大夫余姚州知州致仕范公墓志铭》。
④ 吴师道:《吴礼部文集》卷十二《婺源州灵顺庙新建昭敬楼记》。
⑤ 《元史》卷一六二《史弼传》。
⑥ 赵文:《青山集》卷五《临江路高平桥碑记》。
⑦ 刘诜:《桂隐集·万户酒歌》,载顾嗣立编:《元诗选二集·己集》,第800页。
⑧ 《元典章》卷三《圣政二·救灾荒》。
⑨ 刘壎:《水云村泯稿》卷十四《呈州转申廉访分司救荒状》。
⑩ 《元典章》卷十九《户部五·田宅·典卖·舒仁仲钱业各归元主》。
⑪ 柳贯:《柳待制集》卷二《洪州歌》,四部丛刊初编本。

# 第二章
# 元代江西的经济

城中,盐、茶、草鞋、蔬菜等都是商品。鄱阳湖畔的饶州盛产鱼类,渔民常将其制成干鱼,李高三即是贩卖干鱼的商人。庐陵城东赣江上的渔夫"举罾出鱼辄数十,落日光射金鳞鳞。枫桥烟起新酒熟,共穿小鱼饮西邻。大鱼虽肥且勿食,明朝卖与城中人"[①],即小鱼自食,大鱼出售。庐陵城外"土人"捕得黄雀,高价出售,"高明购买贵初出,但取悦口宁论资"[②]。野菜亦是庐陵城中人喜食之物,城外人"春采薇,婴儿拳,卖与豪门破肥鲜,年年得米不费钱"[③]。抚州路乐安县潘瑀,"凡以薪芻、线布等贸易者,不问可否,必随贾酬之"[④],可见,在乐安,薪柴、布匹等都是商品。

浮梁景德镇、庐陵永和镇等地所出瓷器是江西输往海外的大宗商品。当时,东南亚一些非印度化地区普遍存在着对中国陶瓷的崇拜观念,使中国的瓮、坛等粗陶和瓷器在这些地区一直保持旺销势头。东非沿海的伊斯兰文化区,穆斯林喜用中国的青花瓷碗、碟镶嵌成图案,用来装饰清真寺的天花板和门道上的拱腹、"柱墓"的外表及墓前大柱,今伊朗、土耳其等地的穆斯林则喜爱大盘、罐等日用青花瓷,以上地区对中国瓷器有很大需求[⑤]。元代瓷器出口以处州(治今浙江省丽水市)龙泉、泉州、景德镇等地瓷器为多,其中"青白花磁"和"青白磁"两类应主要产于景德镇。14世纪40年代,摩洛哥丹吉尔人伊本·白图泰游历广州,见该城"最大的街市是瓷器市,由此运往中国各地和印度、也门"[⑥]。广州的瓷器中,来自景德镇、永和镇以及赣州七里镇的可能占有相当大比重。1976年,在韩国西南部木浦港附近海底发现的一艘元中期从中国出发前往日本的货船上装有许多瓷器,其中的青白瓷、白地彩绘瓷可能来自景德镇与永和镇。此外,菲律宾、泰国、伊朗、土耳其、埃及、坦桑尼亚等国都出土有元景德镇所产青花瓷、卵白釉瓷或釉里红瓷,马来西亚、印度尼西亚亦出土了大批元景德镇青白瓷,其数量仅次于浙江龙泉系青瓷。这些都充分说明了元代江西外销瓷器的数量巨大。

元代以纸币作为基本的流通货币,间或使用铜钱和白银。一般情况下,中

---

① 刘诜:《桂隐集·小洲暮渔》,载顾嗣立编《元诗选二集·己集》,第793页。
② 刘诜:《桂隐集·谢王宜远馈黄雀》,载顾嗣立编《元诗选二集·己集》,第793页。
③ 刘诜:《桂隐集·后采薇歌》,载顾嗣立编《元诗选二集·己集》,第788页。
④ 何中:《知非堂外稿》卷四《元故石壁潘瑀翁妻黄氏孺人行状》,见李修生主编《全元文》卷六九〇《何中三》,江苏古籍出版社2001年版,第214—216页。
⑤ 高荣盛:《元代海外贸易研究》,四川人民出版社1998年,第136页;彭涛:《元代景德镇青花瓷器的外销及相关问题》,载《南方文物》2003年第2期,第101—107页。
⑥ 马金鹏译《伊本·白图泰游记》,宁夏人民出版社1985年版,第552页。

央户部之下设诸路宝钞都提举司、宝钞总库、印造宝钞库、烧钞东西二库等机构,地方则分设平准行用库和行用库两等,作为货币管理机构。其中,平准行用库为从七品,既可兑换金银,亦能倒换昏钞,一般设于商品流通活跃的路一级城市中;行用库为从八品,只能倒昏钞,多设于路、府或州。据载,元中期,全国共设平准行用库65处、行用库90处,江西地区有龙兴路、江州路、吉安路、赣州路、抚州路、临江路、袁州路、瑞州路、饶州路9处平准行用库和信州路、铅山州、南康路、建昌路、南丰州、南安路6处行用库[①]。1983年6月,九江市区出土一枚至元三十年(1293年)由中书省礼部铸造的"江西等处行中书省烧钞库"印[②],反映了当时江西行省遵制将各路州平准行用库和行用库倒换的昏钞集中于烧钞库进行烧毁的情况[③]。但是,元廷发行的纸钞不能满足江西商业活动的需求。由于江西的民间小额交易活跃,不乏菜把、草鞋、薪柴、线布之类价贱的小商品,而元朝发行的纸币一度零钞不足,或者"州郡库官不以便民为心,往往惮小劳而不领取",使民间交易缺少小额纸钞,由此造成的后果,南城人程钜夫如是说:"比来物贵,正缘小钞稀少,谓如初时直三五分物,遂增为一钱。一物长价,百物随例。"[④]为解决交易不便的问题,更为避免物价上涨,江西民间遂多有不顾铜钱禁令而私下行用者。大德七年(1303年),郑介夫说:"即今民间所在私用旧钱,准作废铜行使,几于半江南矣。福建八路纯使废钱交易,如江东之饶、信、浙东之衢、处,江西之抚、建,湖南之潭、衡,街市通行,颇是便利。"[⑤]可见,饶州、信州、抚州、建昌诸路,民间以铜钱作为小额货币是普遍现象。另外,当时,江西城乡还可能采用了茶帖、面帖、竹牌、酒牌等作为零钞的替代物,而这也在官府的禁治之例[⑥]。

---

① 《元典章》卷九《吏部三·官制三·仓库官·平准行用库裹阙》和《行用库裹阙》。
② 户亭风、王少华:《九江出土元代烧钞库印》,载《文物》1984年第10期,第41页。该文又全文转载于《中国钱币》1985年第3期,第61页,图片略有不同。
③ 据《元史》卷九三《食货志一·钞法》,各地所倒昏钞,"每季各路就令纳课正官,解赴省部焚毁,隶行省者就焚之"。又据《元典章》卷二十《户部六·昏钞·行省烧昏钞例》,至元二十八年(1291年)七月,江西行省接中书省公文,要求"行省所辖的路分里倒换昏钞",由"省官每、行台官每一处,若无行台的地面里,与廉访司官一同相关防省烧"。即江西行省内各路州倒换的昏钞均须解赴行省治所,由行省官员和肃政廉访司官员共同监烧。
④ 程钜夫:《雪楼集》卷十《民间利病·江南买卖微细宜许用铜钱或多置零钞》。
⑤ 郑介夫:《上奏一纲二十目·钞法》,见邱树森、何兆吉点校《元代奏议集录(下)》,第68页。
⑥ 《元典章》卷二十《户部六·钞法·杂例·禁治茶帖酒牌》。

# 第二章
# 元代江西的经济

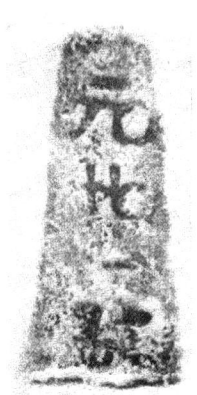

至元二十一年(1284 年)新渝州造铜权:左两张为实物正反两面图,右两张为正反两面的铭文拓片。2003 年 4 月新余市博物馆征集而至。青铜质,为六台体,上小下大,平底内微凹陷,方形圆孔权钮,底长 5.5 厘米,底宽 3.8 厘米,高 10.5 厘米,重 0.95 千克。正面铭文为"新渝州造",背面铭文为"元廿一□"四字,皆为阳文。

图片来源:章国任《新渝州造铜权》,载《南方文物》2003 年第 3 期,第 111 页。

商业活动必然不可缺少衡器。目前,江西是全国出土元代铜权(秤锤)较多的地区,南昌、瑞昌、吉安、新余、萍乡、赣州、安福、宜春均有发现。萍乡市博物馆收藏的两枚铜权,铸文分别为"袁州路总管府大德七年造""袁州路萍乡州大德七年造",另一枚发现于新余的铸有"新渝州造"字样的铜权,同样表明是由当地官府督造①。元制,斗、秤、尺等度量衡器由官府统一制造,颁行民间,即"各路总管府验所辖司县街市民间合用斛斗秤度,照依省部元降样制造成,委本路管民达鲁花赤、长官较勘相同,印烙讫,发下各处,公私一体行用,常切关防较勘"②。江西出土的这些铜权说明官府规定得到执行,这有利于公平交易。但是,在实际的商业活动中,私造度量衡的情况仍很普遍。在商业繁盛的吉安路,"河岸市井行铺之家多有私造斛斗秤尺,俱不依法,又有违禁使用亡宋但有蛮桶,大小不同"③。

---

① 刘礼纯:《瑞昌县出土元代铜权》,载《江西历史文物》1983 年第 2 期,第 9 页;涂伟华:《元代铜权考析》,载《南方文物》2006 年第 2 期,第 112—113 页。
② 《元典章》卷五七《刑部十九·诸禁·杂禁·禁私斛斗秤尺》。
③ 《元典章》卷五七《刑部十九·诸禁·杂禁·斛斗秤尺牙人》。

元代江西的商业活动中还有高利贷和典当业务。高利贷有官、私之分。斡脱总管府、泉府司、泉府院为元代官营高利贷的最高管理机构,"掌领御位下及皇太子、皇太后、诸王出纳金银事"①,即主要是为蒙古贵族经营高利贷业务。泉府司辖下有行泉府司,江西行泉府司是其中之一。临江路新淦人胡颐孙曾任职于该机构。大德二年(1298年),阿只吉大王遣人前往江南追索斡脱钱(高利贷)本息,江西行省名列其中。后,行省官员援引忽必烈圣旨:斡脱钱若是"为民借了,虽写作梯已文契,仰照勘,端的为差发支使,有备细文凭,亦在倚阁之数"②,即地方官员若是为完纳赋税而借高利贷,即使以个人名义支借,也可暂不归还。这说明,元代江西的官营高利贷中,有一部分是地方官府所借。典当铺在元代称解库或解典库。江西有些典当铺的资金比较雄厚,如龙兴路录事司熊瑞曾将1200多颗珍珠和6个玳瑁梳典于诚德库,典得中统钞125两③。

江西的部分商业活动中有牙人进行居间经纪。元朝规定,"客旅买卖,依例纳税。若更设立诸色牙行,抽分牙钱,刮削市利,侵渔未便。除大都羊牙及随路买卖人口、头匹、庄宅牙行依前存设,验价取要牙钱,每十两不过二钱,其余各色牙行,并行革去",即除人口、牲畜、田宅的买卖外,其余交易不许设牙人作为中介。但是,江西的许多商业活动中依然活跃着牙人的身影(因属官府禁治之列,故称私牙)。前述饶州李高三贩卖干鱼时,按规定不许以牙人为中介,但在实际的交易中,照例离不开牙人的参与④。吉安路"有一等诈称牙人,把柄行市,及将好米拌湿白面,插和米粉,情弊多端"⑤。所谓"诈称牙人",即不被官府所承认的私牙。他们把持行市,掺假造假,不利于商业的发展。

总体而言,元代江西商业在南宋的基础上应该有所发展,进入流通领域的商品种类繁多,城乡交易活跃,商人足迹遍及全国,境内以龙兴、吉安、清江三地为最重要的商业中心。就全国而言,江西大致处于中等水平,算不上商业最盛之区。

---

① 《元史》卷十一《世祖纪八》。
② 《元典章》卷二七《户部十三·钱债·斡脱钱·斡脱钱为民者倚阁》。
③ 《元典章》卷二七《户部十三·钱债·解典·解典金银诸物并二周年下架》。
④ 《元典章》新集《刑部·诸杀·戏杀·李杞一身死》。
⑤ 《元典章》卷五七《刑部十九·诸禁·杂禁·斛斗秤尺牙人》。

# 第三章
## 元代江西的蒙古人和色目人

　　自成吉思汗开始,蒙古贵族通过一系列征伐战争,建立起一个疆域辽阔的大蒙古国,它不仅包括"北逾阴山,西极流沙,东尽辽左,南越海表"的元朝直接管辖的地域①,名义上还包括西北各宗藩国,即钦察汗国、伊利汗国、窝阔台汗国和察合台汗国。这是一个境域覆盖了北至北极圈、西濒地中海、南临波斯湾、阿拉伯海和印度北部、东到太平洋西岸的庞大帝国。这些汗国名义上尊奉元朝为宗主,实际上与元朝的关系有亲有疏。各汗国之间有驿路相连,时称"我国家疆理之大,东渐西被,暨于朔南,凡在属国,皆置驿传,星罗棋布,脉络贯通,朝令夕至,声闻毕达"②。由于交通畅达,中亚、西亚以至东欧、北非不断有人进入元朝辖境,吉安人王礼说当时是"适千里者如在户庭,之万里者如出邻家"③。这使蒙元时期成为中国历史上前所未有的民族迁徙和混居的时代。

　　元朝灭南宋后,继承金朝旧制,根据民族和被征服地区的先后,把全国人口分成蒙古、色目、汉人、南人四等,在政治待遇、法律地位及其他权利、义务等方面有种种不平等的规定。蒙古为元朝国族,地位最高;色目人即西域人,其范围"极广漠,自唐兀、畏吾儿,历西北三藩所封地,以达于东欧,皆属焉"④,即包括玉门关、阳关以西直至欧洲广大区域进入元朝的人口;汉人概指淮河以北原

---

① 《元史》卷五八《地理志一》。
② 《永乐大典》卷一九四一六《经世大典·站赤》。
③ 王礼:《麟原文集》卷六《义冢记》。
④ 陈垣:《元西域人华化考》,上海古籍出版社 2000 年版,第 1 页。

金朝统治区的汉族、契丹、女真等族和较早为蒙古征服的云南、四川两省及高丽人;南人指最后为元朝征服的原南宋统治区内各族,具体说来,即江浙、江西、湖广三行省及河南行省的江北、淮南诸路人。江南虽属第四等,但其发达的经济、昌盛的文化、秀丽的风光、宜人的气候不断吸引着大量蒙古人、色目人和汉人进入,元朝实行的职官民族限制及驻军需要也使许多人不断被派至江南,时称"中土人士南走若水趋下,家而占籍者有之,衔命仕者又倍蓰焉"①。在这种背景下,元代的江西地区出现了许多蒙古人和色目人的身影,境内呈现出民族成分多样、文化交流活跃的特点。

## 一、蒙古、色目人进入江西的机缘

元代的江西地区,总体说来是汉族人口占绝对多数,但不乏蒙古人和色目人。至元二十六年(1289年)统计江南户口,规定"凡北方诸色人寓居者亦就籍之"②,即蒙古人、色目人、北方汉人等南来人口均登入户籍。元代抚州路有南北户218977户③,南安路南北户51667户④,瑞州路上高县南北户33384户⑤。其中的"南户"指当地旧有人户,"北户"则指北来的蒙古人、色目人和北方汉人。抚州、上高在江西属于较偏僻的地区,尚且有北来人户,那么,地处通衢的江州、龙兴、吉安、赣州等地,北来人户自然更多。大德二年(1298年),吉州请求下辖诸州设立译史(笔译人员),反映了蒙古人、色目人的频繁出现⑥。因当地色目人较多,死后多就地安葬,后该路达鲁花赤营建义冢,作为"西域氏族茔",专用于营葬西域诸族人。龙兴路亦有西域义冢,乃哈剌鲁人薛昂夫所建,"以待其故乡之归终于此者"⑦。王礼为此感叹:"西域之仕于中朝,学于南夏,乐江湖而忘乡国者众矣。岁久家成,日暮途远,尚何屑屑首丘之义乎!"⑧

元代蒙古人、色目人进入江西,或为官任宦,或镇戍驻守,或经商求利,或求学问师,或游历观光,或奉命出使,有些人因长期寓居而占籍成为当地人,有

---

① 许有壬:《至正集》卷五三《葛世荣墓志铭》。
② 《元史》卷十五《世祖纪十二》。
③ 弘治《抚州府志》卷十二《版册一·户口》。
④ 刘节:嘉靖《南安府志》卷二十《食货》,天一阁藏明代方志选刊续编本。
⑤ 嘉靖《上高县志》卷上《赋产·户口》。
⑥ 《元典章》卷十二《吏部六·吏制·译史通事·各州不设译史》。
⑦ 虞集:《道园类稿》卷二五《马清献公墓亭记》。
⑧ 王礼:《麟原文集》卷六《义冢记》。

## 第三章
## 元代江西的蒙古人和色目人

些人仅作短期停留。因后两类多属短期停留,下文将分析前四类进入江西的蒙古人和色目人。

任官。元中期共有品官22490人,其中30.12%为蒙古人与色目人,69.88%为汉人和南人①,后者比重明显高于前者。但是,为了保证人数较少的蒙古人的绝对统治地位,元朝规定某些重要官职必须由蒙古人及其助手色目人担任,汉人和南人不得染指,某些高级官职则多用蒙古人和色目人。如作为一方封疆大吏的行省重要官员,蒙古人、色目人居多。日本学者植松正统计元代四行省(江浙、江西、湖广、河南)宰相(含左丞相、平章政事、左丞、右丞、参知政事四类行省长官),江西行省有117位。这117人中,蒙古人和色目人有68位,占总数的58%②。其中,常制下的行省平章两员及非常时期的左丞相一员因兼管军事,总督本省军马,一般以蒙古人充任,间或择用色目人,汉人不得任职。上述117位江西宰相中,左丞相、平章政事(包括泛称的丞相)共43位,除史弼一人以汉人身份任平章外,其余均是蒙古人与色目人。而史弼通蒙古语,蒙古名塔剌浑,从攻南宋,是与蒙古上层深相沟通且功勋卓著的人物③。这充分说明了蒙古人、色目人在江西行省宰相级重要官员中的比重。至于行省以下的路、州、县及录事司,至元二年(1265年),元朝定制:"以蒙古人充各路达鲁花赤,汉人充总管,回回人充同知,永为定制。"④至元五年(1268年)、十六年(1279年),元廷两次大规模清除担任达鲁花赤的汉人⑤。元代江西地区有13路、12录事司,近20个州,近50个县,担任路、州、县、司达鲁花赤和路同知的蒙古人、色目人数量不会太少。元后期,随着进入汉地的蒙古、色目人日益增多,其汉文化水平逐渐提高,元廷进一步规定:"以蒙古、色目氏参佐簿书曹官"⑥,即蒙古人、色目人可以担任经历、主簿等参佐文职。江西地区的蒙古、色目官员进一步增加。江浙行省掾史月忽难就是在这种背景下获任临江路经历的。至正十二年(1352年)天完红巾军

---

① 《元典章》卷七《吏部一·官制一·职品·内外诸官员数》。
② 植松正:《元代江南政治社会史研究》,第190—209页。其中江西右丞郝天挺,植松正据《元史》本传列为朵鲁别人,属色目人。经萧启庆考证,郝天挺当为太原人,属汉人。见萧《元代蒙古人的汉学》,载《蒙元史新研》,台湾允晨文化实业股份有限公司1994年版,第95—216页。兹采萧说。
③ 《元史》卷一六二《史弼传》。
④ 《元史》卷六《世祖纪三》。
⑤ 《元史》卷六《世祖纪三》,卷十《世祖纪七》,卷八二《选举志二》。
⑥ 刘基:《诚意伯文集》卷五《送月忽难明德江浙府总管谢病去官序》,四部丛刊初编本。

进攻龙兴时,南昌城内仅右榜进士(即蒙古、色目进士)就有16人之多①。可以想见,当时在南昌的其他非进士出身的蒙古人与色目人当更多。

因官进入江西的蒙古人、色目人中,有些后来定居江西。著名文人马彦会,"其先西域人也,自祖始家于燕",自其父开始,相继任官于江西,于是"三世家豫章"②。高昌人袁州海牙,其祖也初任袁州税务大使,因而居于宜春③。崇仁县达鲁花赤麻合谋在该县任职15年后,"因家于邑之东耆",就此定居崇仁。其弟马雅志随其而居,后中至正十年(1350年)江西乡试④。有些人虽未留居江西,但在任期内深受汉文化影响,与江西儒人互为师友,甚至缔结秦晋。江西行省参知政事廉谡,出身畏兀儿显赫世家,工诗文,著《廉文靖公集》。任职江西期间,师事豫章大儒熊朋来,离职后,终身称门人⑤。

驻军。为保证对军队的绝对控制权,元朝军事机构的主要官员以蒙古人为主,辅以色目人。如中央枢密院中,知院多由蒙古人充任,少数色目人可跻身其列,同知也基本由蒙古人、色目人包揽,副使以下才参用汉人。元代江西行省几度临时设立枢密院的派出机构——行枢密院,其官员自然以蒙古人、色目人占优势。江西行省内的镇守军分设为诸万户府。至元二十一年(1284年)八月,元朝拟定军官条例,以蒙古人、色目人及不通汉语的女真人和契丹人充万户府达鲁花赤⑥。镇守抚州的有抚州和处州两个万户府,前者的元帅先后有阔阔出、党兀歹等,后者的元帅中则有蒙古人寿同⑦。千户的长官中也多有蒙古人与色目人,如临江万户府上千户所达鲁花赤是蒙古乃蛮氏也先不花,建昌路的千户中有哈剌鲁人(属色目人)抄儿赤。

这些蒙古和色目军人进入江西后,有些从此定居下来。如抄儿赤三世皆为当地戍军,至第四代开始学习汉文化,并与汉人联姻⑧。临江也先不花之子买奴亦兼习蒙古文与汉学。

经商。元朝支持商业活动,国内外贸易兴盛,但是,蒙古人自身不善经营,

---

① 包希鲁:《守城记》,见同治《南昌府志》卷十八。
② 甘复:《山窗余稿·送马彦会归豫章》,豫章丛书本。
③ 徐琏、严嵩纂修:正德《袁州府志》卷八《人物志》,天一阁藏明代方志选刊本。
④ 雍正《崇仁县志》卷四《名宦传·麻合谋》;弘治《抚州府志》卷十九《科第二》。
⑤ 《元史》卷一二六《廉希宪传》。
⑥ 《元史》卷十三《世祖纪十》。
⑦ 虞集:《道园类稿》卷二六《抚州万户府重修公宇记》《处州万户府重建公宇记》。
⑧ 揭傒斯:《揭文安公文集》卷四《送也速答儿赤序》。

# 第三章
## 元代江西的蒙古人和色目人

主要是色目人利用元朝对商业的保护,四方贸易。色目人中,尤以回回擅长贸易、精于理财。早在元初,周密就说,元初回回在江南者尤多。《明史》卷三三二《西域传·默德那》则载:"迄元世,其人(引者注:指回回)遍于四方,皆守教不替。"即元代回回遍于四方。对回回来说,中国东南是极好的贸易之区。摩洛哥人伊本·白图泰曾在广州、泉州、杭州等地游历,江西是其经行的地区之一。他的旅行经历证明了回回在这一带进行贸易既便利又安全:

> 穆斯林商人来到中国任何城市,可自愿地寄宿在定居的某一穆斯林商人家里或旅馆里。如愿意寄宿在商人家里,那商人先统计一下他的财物,代为保管,对来客的生活花费妥为安排。来客走时,商人如数送还其财物,如有遗失,由商人赔偿。如愿意住旅馆,将财物交店主保管,旅店代客人购买所需货物,以后算账。如来客想任意挥霍,那是无路可走的……对商旅来说,中国地区是最安全最美好的地区。一个单身旅客,虽携带大量财物,行程九个月也尽可放心。因他们的安排是每一投宿处都设有旅店,有官吏率一批骑步兵驻扎。①

元代江西地区应有不少经商的回回。延祐七年(1320年),江西行省上承中书省下发咨文,令回回当差并纳包银。包银的征收标准是"每户额定包银二两,折至元钞一十贯。验着各家物力高下,品答均科"②。这主要是由于回回多从事贸易,此前只需缴纳商税而不必承担其他义务,与其他人户相较,显得负担太轻。据嘉靖《上高县志》,元代该县"回回一户,该银二两,折至元钞一十贯,该中统钞一十锭"③,执行的正是上述标准。

江西地区回回的分布情况不太清楚。元人许有壬说:"我元始征西北诸国,而西域最先内附,故其国人柄用尤多。大贾擅水陆利,天下名域区邑,必居其津要,专其膏腴。"④估计江西境内以龙兴、临江、吉安等商业兴盛之地的回回较多,且多以分散的形式居住。有学者根据《伊本·白图泰游记》,认为建昌路有回回的聚居区。白图泰提到,他从杭州出发,经过十天航程,到达一个名为

---

① 马金鹏译《伊本·白图泰游记》,宁夏人民出版社1985年版,第550页。
② 《元典章》新集《户部·赋役·回回当差纳包银》。
③ 嘉靖《上高县志》卷上《赋产·课程》。
④ 许有壬:《至正集》卷五三《西域使者哈只哈泌碑》。

Kanjanfu或Qanjanfu的地方。他说:"这是一座宽阔美丽的城市,位于一大平原中间,四面绕以花园,恰似大马士革的郊区。"入城后,"法官、谢赫·伊斯兰和商人们都出城迎接。他们携带彩旗、鼓号,率领歌手,还牵来马匹让我们骑坐,而他们却在我们面前步行,陪同我们骑马的只有法官和谢赫·伊斯兰二人……该城有城墙四道……第三道城墙内由穆斯林们居住。我们即下榻于此。寄宿于他们的谢赫佐习伦丁·古尔俩尼家中"[①]。关于Kanjanfu或Qanjanfu,该书译者马金鹏译为干江府,张星烺在《中西交通史料汇编》中译为康阳府[②]。许多学者对该地进行考证,有认为其是今福建的福州,有坚持是今浙江的江山,或是江苏的镇江,还有学者推测其是陕西的西安,英国学者亨利·玉尔则坚信其为江西的建昌,众说纷纭,莫衷一是。亨利·玉尔的观点得到日本学者田坂兴道、中国元史专家杨志玖及修晓波、马建春等人的支持[③]。在学界给Kanjanfu或Qanjanfu以令人信服的答案之前,本书姑采建昌说,认为建昌境内有回回聚居区。

求学。元代江西教育发达,文化昌盛,一些倾慕汉学的蒙古人、色目人因而进入江西,或就读于官学,或问道于私家,江西学人中不乏他们的身影。如至正三年(1343年)的吉安路学中,"若徐、滕、淮扬、江浙、广海暨色目公卿之子弟为员积百二十有奇"[④]。吉安路学的120多名生员来自全国各地,不乏"色目公卿之子弟",显然是被吉安的兴盛文化吸引而来。次年为乡试年,这120名生员中,应乡试者超过50人,不可谓不盛。

以上四种是致使蒙古人、色目人在江西停留时间较长,甚至以江西为家的主要原因。此外,经江西南来北往的使臣、旅人中也不乏蒙古人与色目人。大体上,龙兴、吉安、信州、临江等地或为政治中心,或为交通枢纽,蒙古人、色目人可能多些,抚州、建昌、南丰等偏僻路州县则较少。他们共同构成元代江西民族多元的图景。

---

① 马金鹏译《伊本·白图泰游记》,第554—555页。
② 张星烺:《中西交通史料汇编》第2册,中华书局1977年版,第83页。
③ 参阅杨志玖《元代回族史稿》,南开大学出版社2003年版,第113—114页;修晓波《元代色目商人的分布》,见《元史论丛》第六辑,中国社会科学出版社1997年版,第174—188页;马建春《元代东迁西域人及其文化研究》,民族出版社2003年版,第105—106页。
④ 刘诜:《吉安兴学记》,见雍正《江西通志》卷一二八《艺文·记七》。

# 第三章
## 元代江西的蒙古人和色目人

## 二、蒙古、色目官员在江西的治绩

总体说来,元代进入江西的蒙古人、色目人中,为官者多有贪赃污滥之徒,戍守者不乏恃武跋扈之辈,如饶州路达鲁花赤乌伦赤"贪汙病民"①,南安路戍将朵儿横行地方,甚至公然箠打大庚县令②。但是,宅心仁厚、励精图治者也不少。如乐安县达鲁花赤、蒙古人燮理普化任职期间,"政尚清简,民用孚化,言色不动,患除利兴……取其邑之废弊而修补之,若官府学校、病涉之济、医师之官,凡所当为而力可为者以次为之,皆谨饬规制,善工美材,为经久之计,以待后之人"③,卸任之际,还核实临川田赋,造福于民。隶籍宜春的高昌人袁州海牙任进贤县达鲁花赤期间,"公勤廉能,兴利除害,增公廨,新学校,为士民仰戴"④。崇仁县达鲁花赤麻合谋,色目人,"莅政详明,鼎新县治、儒学,修盖黄洲桥,浚永丰陂,劝课农桑,稽核版籍,又收捕贼盗,整理祠庙。任十五年,民德之,为立生祠"⑤。状元忽都达尔于延祐五年(1318年)任饶州路同知,"在官三年以治最闻","任满将代,民攀恋不已,复为留二年"⑥。木撒飞任职崇仁,"莅政以来,凡所施设,无一不使民悦服,咸曰:'仁哉元侯,二三十年所未有也'。"⑦这些蒙古人、色目人为元代江西社会的稳定与发展作出了贡献。

致力兴学,化民成俗:虽然直到元末,有些为官的蒙古人、色目人仍不通文书,尤其是那些"不用识文字,二十为高官"⑧的贵胄子弟通过荫叙或怯薛入仕者。他们中有些人在签署文书的日期时,甚至将"七"的右钩写作左钩⑨,贻笑于人。但是,经过几十年的汉文化熏陶,到元中后期,许多蒙古人、色目人的汉文化水平较高,甚至出现诗文大家、书画巨擘。江西的蒙古、色目官员中即有这等文士。江西行省平章政事道童,"姿仪雄伟,尤工大字,能作双钩书"⑩,乐安县达鲁花赤、蒙古人燮理溥化为泰定四年(1327年)进士,江西湖东道肃政廉访司佥

---

① 苏天爵:《滋溪文稿》卷十《故河东山西道肃政廉访使赠礼部尚书王正肃侯墓志铭》。
② 宋濂:《宋学士全集·銮坡前集》卷三《汪文节公神道碑》。
③ 虞集:《道园类稿》卷二三《抚州路乐安县重修宣圣庙学记》。
④ 正德《袁州府志》卷八《人物》。
⑤ 雍正《崇仁县志》卷四《名宦传》。
⑥ 黄溍:《黄金华先生文集》卷二七《忽都达尔神道碑》。
⑦ 吴澄:《吴文正公全集》卷六《崇仁县元侯木撒飞仁甫字说》。
⑧ 陈高:《不系舟渔集》卷三《感兴之十七》,敬乡楼丛书本。
⑨ 叶子奇:《草木子》卷之四下《杂俎篇》。
⑩ 陶宗仪:《书史会要》卷七《大元》。

事、塔塔儿人察伋为元统元年(1333年)进士,江西行省参知政事脱欢、饶州路同知忽都达尔、进贤县达鲁花赤袁州海牙等亦是科甲出身。为官一方后,这些熟悉汉文化的官员多热衷于兴学兴教。蒙古人张信在元初任弋阳县主簿,捐俸建县学①。至治元年(1321年),江西肃政廉访司佥事萨德弥失倡修袁州路万载县儒学宣圣庙②。后至元元年(1335年),燮理溥化兴修乐安县学,又倡修《乐安县志》③。至正初,临江路达鲁花赤木八剌"崇儒兴学,爱民如子。卒于官,民哀之,声动城邑,郡人相与祠之学宫"④。至正八年(1348年),宁都州达鲁花赤、高昌人伯不华以兴学为己任,捐资修学宫⑤。有些蒙古、色目官员则深知化民成俗的重要性。信州路总管、高昌人买住知晓程朱理学,了解致治之道,认为"彝伦之斁不可不叙,旧俗之汙不可不斩"⑥,于是取朱熹守漳州时所刊陈古灵谕俗文广教郡人,期待风俗趋美。抚州路达鲁花赤塔不台在至顺三年(1332年)修王文公(安石)祠⑦,希冀文公的文章、政事、胸怀成为乡邦士子的楷模。

明审刑狱,澄清吏治:虽然吏治不清伴随着元朝的始终,是元代国祚不长的重要原因,但是,进入江西的蒙古、色目官员中不乏注重稳定民心、审理冤狱、澄清吏治者。江西行省参知政事、唐兀人(属色目人)李恒在元初人心不稳、疑忌重重、株连事件不断发生的背景下,焚毁文天祥发往江西各地的檄文和联络名籍,避免许多民众因抗元失败而受牵连⑧,有助于元初江西社会的稳定。行省平章政事、蒙古人脱欢任内"慴伏豪势,惠和不寡,不数月而江右震动,小民欢呼"⑨。行省平章政事换住"褫富民蒙山提举之爵,徵赃五十余万缗,而民悦"⑩。行省理问所相副官、蒙古捏古台氏十里牙秃思任职期间,"务从详恕,尤以名教为重"⑪。他以宗族敦睦为念,赦龙兴人安道族内诸人赌博忿争之狱;以家庭亲和

---

① 郑元祐:《侨吴集》卷十二《元从仕郎广济库提领张君墓志铭》,元代珍本文集汇刊本。
② 虞集:《道园学古录》卷三六《袁州路万载县重修宣圣庙学记》。
③ 虞集:《道园类稿》卷二三《抚州路乐安县重修宣圣庙学记》;燮理溥化:《乐安县志序》,见康熙《乐安县志》卷首。
④ 隆庆《临江府志》卷十一《名宦》。
⑤ 危素:《危太朴文集》卷四《宁都州儒学新作礼殿记》。
⑥ 徐明善:《芳谷集》卷二《信州路买住总管刊陈古灵谕俗文序》。
⑦ 虞集:《道园学古录》卷三五《王文公祠记》。
⑧ 刘岳申:《申斋刘先生文集》卷七《滕国武愍孝李公庙碑》(鲍廷博疑"孝"字为衍文)。
⑨ 刘岳申:《申斋刘先生文集》卷七《江西换住平章遗爱碑》。
⑩ 刘岳申:《申斋刘先生文集》卷七《江西换住平章遗爱碑》。
⑪ 虞集:《道园类稿》卷四六《靖州路总管捏古台公墓志铭》。

# 第三章
## 元代江西的蒙古人和色目人

之故,免上高某子成盗而父为自首之案;明辨案情是非,平瑞州黄某六年冤狱;坚拒重贿,将瑞州蒙山银场陈某依法拘捕,等等。

赈济灾民,体恤黎庶:由于地方财政困难和吏治腐败,元代的赈恤制度往往流于形式,但是,江西地区不乏倾力救赈民众的蒙古、色目官员。江西行省平章政事换住"泰定甲子(泰定元年,1324年)救流民水旱之灾,不知其几万人。明年,救饥民疾疠之厄又不知其几万人。始见议戍广者一岁终更,而士马得完。始减蒙山银课三百定,改属兴国,而一路地产民力得宽"①。平章政事、康里人(属色目人)伯撒里出私财,煮粥以赈龙兴失火之家,不足,又以府库赢粮赈之②。还有些蒙古、色目官员则用心体恤黎庶,从赋税方面减轻民众负担。乐安县达鲁花赤燮理溥化见当地百姓翻山涉水,缴纳赋税,太过艰辛,奏陈改纳轻赍,造福民众③。南丰州达鲁花赤抄儿赤建丰储仓,使山多田少的南丰百姓在灾年多了一种赈济方式④。

倡率僚属,葺旧鼎新:元代路府州县的财政职能很不完整,地方官府在财赋占有和使用方面的权力,与它们承担的征收赋税的繁重义务相比,实在少得可怜,地方财政一直处于窘迫的境地⑤。兴修官署、桥津、水利等公共设施本是有司之职,但通常的情况是"官欲办而币无可支"⑥,官府在地方建设中表现得孱弱无力。但是,江西部分蒙古、色目官员能出私财以倡率僚属与地方人士,葺旧鼎新,修造公益设施。抚州路达鲁花赤塔不台出俸金,倡修路治之青云亭、谯楼⑦;间间督造抚州帝师殿⑧;吉安路达鲁花赤按答剌(即憎都剌)修葺破败的螺川马驿⑨,等等。

临危涉险,护卫一方:元中期江西社会基本稳定,与各地驻军、巡检司等军警机构的设置有极大关系。这些机构中有相当多的蒙古、色目官员。在抚州,两个万户府的士卒与百姓参错而居,行镇守之职,无扰民之忧,虞集赞叹:"(抚

---

① 刘岳申:《申斋刘先生文集》卷七《江西换住平章遗爱碑》。
② 虞集:《道园学古录》卷四一《江西行省平章政事伯撒里公惠政碑》。
③ 康熙《乐安县志》卷三《田赋志·轻赍》。
④ 刘镗:《丰储仓记》,见《永乐大典》卷七五一四引《建昌府南丰县志》。
⑤ 李治安主编《唐宋元明清中央与地方关系研究》,南开大学出版社1996年版,第189—209页。
⑥ 吴澄:《吴文正公全集》卷二一《迎恩桥记》。
⑦ 虞集:《道园类稿》卷二六《抚州路青云亭记》《抚州路重建谯楼记》。
⑧ 吴澄:《吴文正公全集》卷二六《抚州路帝师殿碑》。
⑨ 刘诜:《桂隐文集》卷一《螺川重修马驿记》。

州)民庶士伍杂耕共食,烟尘不惊,风日清美,旌旆悠扬于俎豆,鼓钟无间于裳衣,文恬武嬉,更唱迭和,以乐太平之盛。"①在吉安,崇山峻岭间的井冈山设巡检司,西域人马合麻任巡检,"职在察奸求盗……临危涉险,慷慨出万死,如履坦途"②。在龙兴,蒙古人、右榜状元普颜不花面对天完红巾军的猛烈攻势,悉心筹划,身先士卒,竭力守城③。元末,龙兴薛昂夫之子吴伯都剌亦在南昌、吉安、赣州行使镇守之职。有趣的是,在陈友谅的势力范围内也出现了以安定一方为己任的元代进士,如至正二年(1342年)右榜进士定住奉陈友谅之命镇守临江,"兵不满千,招聚骁勇,屡摧强敌,转危为安。友谅褒其治绩,以励境内"④。定住弃元从汉,固然被视为有违名节,但他的确在兵戈纷扰中给了临江一片安宁。

以上是元代任职于江西的蒙古、色目官员的主要治绩。他们凭借努力赢得了江西民众的支持和拥护。可以说,江西能够成为当时全国经济繁荣、教育发达、文化兴盛,社会较为稳定的地区之一,源源不断进入江西的蒙古、色目官员的努力功不可没。

## 三、蒙古、色目人与江西文化的交互影响

元代进入江西的蒙古、色目人身处汉族中间,势必受到强势的汉文化影响;同时,他们也将自身的文化带入江西,使江西文化吸收了其他民族的某些因素。这是多元民族迁移混居的必然结果。

进入江西的蒙古人和色目人,其原有的文化基础不一。蒙古与汉文化有很大差距,比较粗浅。色目人背景复杂,有些原来就受到很深的汉文化影响,如唐兀(西夏)、汪古;有些虽未受汉文化影响,自身的文化水平却很高,如畏兀儿、回回、也里可温;有些则与蒙古相似,甚至处于无文字阶段,如中亚的钦察、康里、阿速等⑤。进入江西后,学习汉文化是许多蒙古人、色目人的追求。这一过程,即"汉化",亦称"华化",即外族与汉人接触后,接受汉文化的各种因素,包括理学、文学、风俗,等等。

---

① 虞集:《道园类稿》卷二六《处州万户府筹胜堂记》。
② 周霆震:《石初集》卷七《义兵万户玛哈穆特安塘生祠记》,景印文渊阁四库全书本。
③ 周霆震:《石初集》卷二《普颜副使政绩歌》。
④ 德馨:同治《临江府志》卷十五《杂志类》引《游宦余谈》。
⑤ 萧启庆:《元朝多族士人圈的形成初探》,见萧著《元朝史新论》,台湾允晨文化实业股份有限公司1999年版,第207—208页。

# 第三章
## 元代江西的蒙古人和色目人

蒙古、色目人学习汉文化,最根本的原因是汉文化的优越性与吸引力,而汉族在人口、文化方面占据优势的环境、政府对汉文化的倡导以及开拓入仕之途的个人政治利益追求亦是他们"舍弓马而事诗书"的重要原因①。除研习儒学、文学、书画等汉文化中的精致部分外,他们也吸纳汉文化的礼俗,甚至与汉族通婚。

首先看看隶籍江西的蒙古、色目人在科举上的成就。清人说,元代"自科举之兴,诸部子弟类多感励奋发,以读书稽古为事"②。科举对促使蒙古、色目子弟学习汉文化起了很大作用。元代科举考试分两榜,右榜进士为蒙古人、色目人,左榜为汉人和南人。蒙古、色目人第一场考经问五条,在《大学》《论语》《孟子》《中庸》内出题,以朱熹的《四书章句集注》为准;第二场考策问一道,以时务出题,要求五百字以上,两场所考内容较汉人、南人为易。即便如此,蒙古、色目人的科举依然是以汉文化的核心——儒学及其重要的表现形式——文学为衡量标准。儒学方面,答疑要求"义理精明";文学方面,"文辞典雅者为中选"③。

元代科举考试有乡试、会试、御试三级考。乡试在全国11个行省(含设于今朝鲜半岛的征东行省,时为元朝间接统治区)和腹里6地举行,共录取300名,其中蒙古人、色目人各75名。这些名额被分配至各考点,江西行省有3个蒙古名额、6个色目名额。同在江南的江浙行省是蒙古5名、色目10名,湖广行省为蒙古3名、色目7名。元代科举规程定于元中期,乡试录取名额的多少从某种程度上说明,江西蒙古、色目的人数可能少于江浙行省,汉文化水平亦略低,而与湖广行省大体相当。

综合多位学者的研究,目前已知的比较可靠的元代江西进士共有137位④(详见本书第五章第一节"科举"),其中蒙古进士5人,色目进士15人,族属不明者4人,共计24位,占元代江西进士总数的17.5%。因蒙古、色目人的史料相对南人而言,更易缺失,故其实际比例可能更高。以资料最为完整的元统元年(1333

---

① 萧启庆:《元代蒙古人的汉学》,见萧著《蒙元史新研》,台湾允晨文化实业股份有限公司1994年版,第95—216页。该观点在萧著《元代多族士人网络中的师生关系》亦有说明,载《历史研究》2005年第1期,第119—141页。
② 顾嗣立编《元诗选·初集·庚集·顾北集序》。
③ 《元史》卷八一《选举志一》。
④ 元朝进士题名录的重构经陈高华、萧启庆、沈仁国、桂栖鹏等学者的努力,已有很大进展。以上数字是综合各位学者的研究成果所得,包括了江西行省的南岭以北诸路州以及饶州、信州、婺源州等元代career属江浙行省的路州所出进士。另,高昌偰氏原隶籍龙兴,后偰哲笃徙居溧阳,其子偰百辽孙当是江浙行省进士,故未计算在内。

年)癸酉科为例,该科全国共取进士100名,江西地区14名,其中有蒙古进士亦速歹、博颜达,色目进士别罗沙、脱颖、铎护伦,右榜进士占该科江西进士总数的35.7%[①]。论及地域,24位右榜进士中,龙兴路14位,信州路2位,籍贯不详者5位,其余分属吉安、袁州、江州、南康和临江。龙兴路右榜进士最多,与该路为省治所在,蒙古、色目官员比较集中,教育条件也相对较好有关。

由于蒙古原有文化比较粗浅,而色目人中不乏文化水平很高者,体现在科举上,色目人的优势非常明显,不仅人数远远多于蒙古人,而且荣登金榜的时间亦早于后者。延祐二年(1315年)首次开科,即有龙兴色目人偰哲笃蟾宫折桂,此后一直科甲不断,蒙古人直到至顺元年(1330年)庚午科才出现首位进士笃列图,比前者迟了5科15年。

江西的色目进士中,以自身文化水平原本很高的畏兀人最突出,高昌偰氏尤其引人注目,可谓独擅元代科场[②]。偰氏在进入中原之前早已活跃在漠北及西域政坛达五百年,归降蒙古后,跻身统治阶层,累世为官。元平南宋后,该家族中的都尔弥势、合刺普华二人供职江南。合刺普华自少研习汉学,攻读《论语》《孟子》《史记》《资治通鉴》诸书。大德年间(1297—1307年),其子偰文质任江西行省理问,遂定居南昌东湖,隶籍龙兴。在东湖畔的私第,偰文质"领诸子就外传,书声琅琅东湖之上,昼夜不绝"。时在龙兴执教的吉安人刘岳申"尝从众宾后,亲见元帅(引者注:指偰文质)奉亲教子,岂知后有科兴"[③]。当时,元朝尚未实行科举,偰氏倾心汉文化,当不是出于功利目的,而是汉文化强大的吸引力以及豫章浓郁的文化氛围熏染所致。十年后实行科举,偰文质及兄弟越伦质诸子诸孙遂视登榜如拾芥。

元代,偰文质、越伦质的子孙两代,从延祐二年(1315年)开科取士到至正八年(1348年)元朝临近大动乱之前,共产生9位进士,皆以儒术致身通显。兹列举如下:

偰哲笃,字世南,文质三子。延祐二年(1315年)进士,官至吏部尚书、淮南行省左丞。

---

[①] 萧启庆:《元统元年进士录校注》,载《食货月刊》(复刊)第十三卷(1983年)第一、二期合刊,第72—90页,第三、四期合刊,第47—62页。

[②] 本书关于偰氏的论说,多参看萧启庆《蒙元时代高昌偰氏之仕宦与汉化》,见萧著《元朝史新论》,第243—297页。

[③] 刘岳申:《申斋刘先生文集》卷五《三节六桂堂记》。

# 第三章
# 元代江西的蒙古人和色目人

偰玉立,字世玉,号止堂,又号止庵,文质长子。延祐五年(1318年)进士,官至泉州路达鲁花赤、海南肃政廉访使。

偰朝吾,字世则,文质子。至治元年(1321年)进士。曾任枝江县达鲁花赤、循州同知。

偰直坚,字世学,文质次子。泰定元年(1324年)进士。历任清河县达鲁花赤、宿松县达鲁花赤、新昌州同知。

善著,字世文,越伦质子。泰定四年(1327年)进士。曾任翰林编修、湘潭州同知。

偰列篪,字世德,文质子。至顺元年(1330年)进士。历任湖广行省管勾、潮阳县达鲁花赤、河南府经历,告归南昌。陈友谅攻南昌,城陷,投井而死。

正宗,越伦质孙,善著子。至正五年(1345年)进士。曾任江浙行省照磨。

阿儿思兰,越伦质孙,善著子,正宗弟。至正八年(1348年)进士。曾任湖广行省理问所知事。

另,偰百僚孙,文质孙,哲笃子。至正五年(1345年)进士,曾任翰林应奉、单州知州。因偰哲笃后迁居溧阳,偰百辽孙应为江浙行省进士。

上列名单中,延祐开科后的前六科,每科均有偰氏子侄登第,"科名之盛,天下无与比"①。这在中国科举史上可能也是绝无仅有的现象。其家族在短短的34年间,9人登榜,是元代学习汉文化最为突出的非汉家族。

除科举外,偰氏受汉文化影响之深还体现在诸多方面:

采用姓字别号:偰氏之姓源于先世所居偰辇杰河之首字。这是当时进入汉地的蒙古、色目人取汉姓的方法之一,未蕴深意,不足为奇。偰文质诸子之名多取畏兀儿文与蒙古文之音译,虽无表示行辈之字,但汉文意义颇佳,如玉立、哲笃、直坚之类。真正体现偰氏在姓字名号方面汉化的是偰文质诸子侄的表字,即世玉、世南、世则、世学、世德、世文等。

注重名节,笃行礼教:偰文质的龙兴私第有三节六桂堂。所谓"三节",即忠、贞、孝三德。"忠"指文质之父合刺普华督粮遇盗,不屈而死;"贞"指合刺普华之妻希台特勒盛年寡居,育子成材;"孝"指文质以十岁之年,割肉疗母。偰氏一门,父忠、妻贞、子孝,时人盛赞,绘《三节图》以供传观。"六桂"指延祐开科以来的六科,偰氏五子一侄接武联登。三节六桂,时人以为乃积善之报,舆论荣之,遂命其堂为"三节六桂堂"。偰氏子孙继承了这种家风。元末,偰列篪从潮阳

---

① 吴澄:《吴文正公全集》卷十九《都运尚书高昌侯祠堂记》。

县达鲁花赤任上告归龙兴。至正十八年（1358年），陈友谅攻南昌，偰列篪奉檄守东门。城破，与妻妾子女11人同日自杀，以实际行动践履了儒家的忠贞大义。

长于诗书：偰文质即能作文，曾于后至元三年（1337年）撰《先一禅师塔铭》，系玉立所书，见于石刻。玉立当是偰氏家族中最擅诗书者。他任泉州路达鲁花赤期间，热心文献，考求图志，搜访遗逸，促成《清源续志》。汪大渊所著《岛夷志略》即是玉立请其参修《清源续志》而成。玉立还撰《世玉集》，清人顾嗣立编《元诗选》三集辑有其诗11首，另有诗词、书翰等散见于各类文献中。清人冯登府论其诗堪比元代第一流色目诗人乃贤，书法则落墨古朴，骨力自现。偰哲笃亦有诗文、书翰传世。

因偰氏在科举、伦理、诗书等方面的突出表现，有学者认为其是蒙元时期蒙古、色目中汉化程度最高的家族之一。在偰氏汉化的过程中，文质定居龙兴起到至关重要的作用，是偰氏成为备受瞩目的色目汉化之家的转折点。

偰氏外，龙兴路色目人默理契沙、别罗沙兄弟，信州路蒙古人笃列图、揭毅夫父子先后金榜题名，亦颇为引人注目。默理契沙兄弟是西域别失八里人。曾祖木八剌，管领纳失失户计。祖别鲁沙，管领织匠户计。父苦思丁，以兵部尚书致仕。母为回回。默理契沙是泰定元年（1324年）进士，别罗沙是至顺三年（1332年）江西乡试第六名，元统元年（1333年）会试第二十二名。笃列图，字敬夫，一字彦成，蒙古捏古台氏，初为燕山人。元初，祖父任信州路永丰县达鲁花赤，因而定居。至顺元年（1330年），笃列图以甫冠之年登右榜状元，是元代江西地区唯一的状元，也是第一位蒙古进士，历任集贤修撰、南台御史、内台御史，年三十七卒。娶元代著名色目文人马祖常之妹。子揭毅夫为至正进士。

除偰氏、默理契沙兄弟、笃列图父子之外，元代江西有不少笃习儒学、诗文、书画、医学，并以儒家纲常躬行践履的蒙古、色目人。

笃习儒学：合禄鲁（即哈剌鲁，色目人）人抄儿赤、秃鲁罕、秃林系祖孙三世，皆镇戍建昌路，至第四代也速答儿赤开始从郡人李宗哲习举业。揭傒斯称也速答儿赤"貌粹而气和，才清而志锐，他日必为明进士"[1]。临江路上千户所达鲁花赤、蒙古人也先不花之子买奴"闲习骑射，读书知义理，又通蒙古语言"，吴澄赞他"裦然武将家之文儒"[2]。西域人伯颜子中因祖父宦于江西，隶籍龙兴，家

---

[1] 揭傒斯：《揭文安公全集》卷九《送也速答儿赤序》。
[2] 吴澄：《吴文正公全集》卷四三《故武义将军临江万户府上千户达鲁花赤也先不花墓表》。

# 第三章
## 元代江西的蒙古人和色目人

于进贤。子中自少研习儒学,手不释卷,明于《春秋》,四中江西乡试,曾任南昌东湖书院山长、建昌路儒学教授。元末明初著名色目诗人丁鹤年,其祖苫思丁曾任临江路达鲁花赤,父职马禄丁任临川县主簿,后升任武昌县达鲁花赤。丁鹤年兄弟俱业儒,兄长中有三人为进士。虽然三人不一定是在江西参加科举考试,但父、祖在江西任官与鹤年兄弟学习汉文化有很大关系,鹤年之师则为豫章大儒周怀孝①。

倾心诗文:西域哈剌鲁人薛昂夫、薛立夫兄弟,自祖父辈居于龙兴。昂夫幼读经史,早年执弟子礼于吉安文士刘辰翁,后与其子刘将孙为友,深受汉文化熏染。昂夫的诗词激越慷慨,又流丽闲婉②,时人拟之为"雪窗翠竹""松阴鸣鹤"③,累世为儒者或有所不及,为元代著名散曲作家④。其散曲集《扣舷余韵》虽已佚失,但作品数量在元代散曲家中仍列居第八。昂夫亦善书法,弟立夫则长于篆书。至治元年(1321年)进士、畏兀儿人廉惠山海牙亦善诗,时与各族士人诗文相和。隶籍宜春的高昌人袁州海牙以《诗经》中至正五年(1345年)进士,"善属文"⑤,其弟中都海牙则为乡贡进士,会试下第后授为儒学教官。

精研书画:盛熙明,祖先为西域曲鲜(今新疆库车)人,后居豫章,"清修谨饬,笃学多材,工翰墨,能通六国书"⑥,是元代研究书画最有成就的色目人之一。元文宗至顺年间(1330—1333年),他编成《法书考》,专门研究汉字书法,并对梵文、八思巴字作了介绍。至正四年(1344年),熙明献书于顺帝。顺帝阅后,命收藏禁中。陈垣说:"以西域人而工中国之书,已属难能,况又以其研究所及,著为成书,以诏当世,岂非空前盛业乎!"⑦熙明编《图画考》七卷,将前代有关绘画的论述分门别类,编辑成书。同时学佛善诗,其诗今存《元诗选》癸集。

---

① 戴良:《九灵山房集》卷十一《高士传》,卷十三《鹤年吟稿序》,丛书集成本。
② 赵孟頫:《松雪斋文集》卷六《薛昂夫诗集序》。
③ 朱权:《太和正音谱》,见《录鬼簿(外四种)》,上海古籍出版社1978年版,第127页。薛昂夫,原名超吾,字昂夫,号九皋,汉姓马,亦称马九皋。朱权在《太和正音谱》中将薛昂夫与马九皋视作两人,论"马九皋之词如松阴鸣鹤","薛昂夫之词如雪窗翠竹"。
④ 略举薛昂夫散曲一则,以示其疏放豪宕的风格。[塞鸿秋·凌歊台怀古]:"凌歊台畔黄山铺,是三千歌舞亡家处。望夫山下乌江渡,是八千子弟思乡去。江东日暮云,渭北春天树,青山太白坟如故。"转引自邓绍基主编《元代文学史》,人民文学出版社1991年版,第332页。
⑤ 正德《袁州府志》卷八《人物》。
⑥ 陶宗仪:《书史会要》卷七《大元》,景印文渊阁四库全书本。
⑦ 陈垣:《元西域人华化考》卷五《美术篇》,第91—92页。

究心中医：建昌路达鲁花赤萨德弥实（《四库全书》改译作"沙图穆苏"），字谦实，长期致力于搜集中医验方。泰定年间（1324—1328年）任职建昌路时，"莅官余暇，犹注意于医药方书之事。每思究病之所由起，审药之所宜用。或王公贵人之家，或隐逸高人之手，所授异方率和剂焉，因易简等书之所未载，遇有得，必谨藏之，遇有疾，必谨试之。屡试屡验，积久弥富。守旴之日，进一二医流相与订正，题曰《瑞竹堂经验方》"[①]。全书15卷，元、明两代多次刊行，后亡佚，今《四库全书》中有《永乐大典》辑本，仅存5卷24门。萨德弥实虽来自医药学发达的西域，但该书所收均为中医药方，而非西域处方，实是萨德弥实长期收集中医验方的成果。药方有北方各民族用药的特点，但建昌"一二医流"的订正功不可没。

萨得弥实《瑞竹堂经验方》

图片说明：影印文渊阁四库全书本，上海古籍出版社1988年版，第746册，第11页。

秉持忠义：龙兴之西域人伯颜子中在元亡之后，变改姓名，著道士服，遁迹江湖。后在进贤北山创竹屋三间，左图右史，闭户自守，慷慨之情、忠愤之气时见于诗词，写下了"忠清千古事，骨肉一家魂"等诗句。洪武十二年（1379年），朝

---

① 吴澄：《吴文正公全集》卷十三《瑞竹堂经验方序》。

## 第三章
## 元代江西的蒙古人和色目人

廷搜求博学老成之士,江西布政使以礼征之。子中作《七哀诗》,哭别父母师友,饮药而卒。其"哭师"中有"十年苟活贻师羞","舍生取义未迟暮"等句,表现的纯然是一位儒者对旧朝的忠贞之情①。

由于色目人的文化水平总体高于蒙古人,进入江西的色目人学习汉文化的成就亦高于后者。以秉持汉文化之儒学、诗文、书画、医学、节义等见称于时者中,色目人居多。

另,汉文化之姓字名号、祭俗、居所、葬制等亦为进入江西的蒙古、色目人所采用。

姓字名号:元代江西有取蒙古名或受赐蒙古名的本土人士,前者如雩都孙某,取名伯颜;后者如建昌人燕公楠,受知于元世祖,获赐蒙古名赛因囊加歹(意为"好蛮子")。同时,进入江西的蒙古人、色目人亦取汉名及字号。崇仁县木撒飞,其名"纯然为一回教人名"②。即任以来,"凡所施设,无一不使民悦服"。此君"慕效华风,欲立字以副其名",请于大儒吴澄。吴澄说:"字者,匪但副其名而已,盖将表其德也"③。因木撒飞施政一本于仁,吴澄遂将汉文化中至重至美的"仁"作为其字,再加一尊称"甫",于是木撒飞字"仁甫"。信州永丰蒙古人笃列图,以理学的貌、言、视、听、思五事持敬要求自己,"字敬以持其身,书敬以表其斋,是有志于敬也"④,故其字为敬夫,其居称"敬斋"。笃列图之子名揭毅夫,纯然为一汉名⑤。龙兴薛超吾,字昂夫,"其氏族为回鹘人,其名为蒙古人,其字为汉人"⑥,姓名字号更充分体现了文化的交流。

祭俗:一般说来,伊斯兰教徒对偶像崇拜甚为厌弃,但元代进入江西的伊斯兰教徒受到汉族立庙建祠以崇德报功风气的影响,不仅热心修葺祠宇,对施之于身的偶像崇拜亦坦然受之。以崇仁县达鲁花赤麻合谋和井冈巡检马合麻

---

① 朱善:《朱一斋文集》卷六《伯颜子中传》,四库全书存目丛书;顾嗣立编《元诗选·二集·庚集·子中集》。
② 陈垣:《元西域人华化考》卷六《礼俗篇》,第104页。
③ 吴澄:《吴文正公全集》卷六《崇仁县元侯木撒飞仁甫字说》。
④ 虞集:《道园类稿》卷三十《敬斋说为笃敬夫作》。
⑤ 据雍正《江西通志》卷九六《寓贤二·广信府》载,图烈图(即笃烈图)之父名揭纳新,字嘉珲。但是,虞集《道园类稿》卷四六《靖州路总管捏古台公墓志铭》只记载笃列图之父的蒙古名是十里牙秃思,未及汉名。从笃烈图之子以揭为姓分析,《江西通志》所载应无误。据此,笃烈图可能亦有以揭为姓的汉名。
⑥ 王德渊:《薛昂夫诗集序》,见周南瑞编《天下同文集》卷十五,景印文渊阁四库全书本。

为典型①。麻合谋,名字显示其为穆斯林,自至元二十一年(1284年)起任崇仁县达鲁花赤。在15年的任期内,他抚民有方,民众感其仁厚,为立生祠。卸任后的麻合谋居于县邑之东,对生祠并无芥蒂,显然受汉文化影响至深②。庐陵井冈巡检马合麻,从名字看,也是回教徒。此人任捕盗之职,"临危涉险,慷慨出万死如履坦途",言行却似一醇儒,"所至书策自随,深有意濂洛之学。事上接下,温厚和平。至纲常大义所关,则正色凛然,不可毫发忤"。周霆震说这是"由诗书讲贯之余,有以察夫天理民彝,而此心之涵养有素也"。后,里人立生祠于江滨,以系感慕。马合麻亦坦然受之③。

与伊斯兰教徒的严格相比,蒙古人显得随意些。他们多信奉萨满教,认为万物皆有灵,日月、山川、水火等均须崇敬,故他们接受汉文化的多神崇拜相对容易。以抚州路达鲁花赤塔不台为例。至顺三年(1332年)夏,抚州遭严重旱情,塔不台遵从当地的祈雨习俗,"日领官属哀吁上下神祇,弥旬弥月,食素宿外,内讼自责,誓不得雨不止",一个月间,"祈泽于道观僧寺,心虑殚矣"④。后,他越200多里至崇仁南部的华盖山祈雨。得雨后,又恐不足以解旱,再命郡士检寻祈社稷坛礼仪,亲率僚佐致祭。儒生司礼,一遵礼典。在整个的祈雨过程中,无论是祭拜对象还是致祭仪式,塔不台都遵循汉式礼仪,足见其在信仰方面对汉文化的认同。后,虞集因其"求诸山川之望,触炎履险,忘疲升高,精忱以祷,神明孚格……祷祈之切则自中顺公(引者注:指塔不台)一念之敬始",用理学中的"敬"题其斋为"敬斋"⑤。

居所方面,建昌路达鲁花赤、西域人萨德弥实在居处周围插竹为樊,竹枝后来生枝长叶,人以为祥瑞,于是萨德弥实命名居处之堂为瑞竹堂⑥。如果说萨德弥实的瑞竹堂尚有借物起意的浅白,那么,抚州路达鲁花赤、蒙古人芒哥帖木儿以正心为念,命名其燕息之堂为"正心堂",则深蓄汉文化真蕴,"可谓知所急而得其要者也"⑦。事实上,二人对汉文化的吸纳确有深浅之别。萨德弥实钟

---

① "麻合谋""马合麻"均是伊斯兰教先知穆罕默德的元代音译。
② 雍正《崇仁县志》卷四《名宦传·麻合谋》。
③ 周霆震:《石初集》卷七《义兵万户玛哈穆特安塘生祠记》。
④ 吴澄:《吴文正公全集》卷十九《抚州路达鲁花赤祷雨记》。
⑤ 虞集:《道园类稿》卷三十《敬斋说》。
⑥ 吴澄:《吴文正公全集》卷十三《瑞竹堂经验方序》。
⑦ 虞集:《道园类稿》卷二七《正心堂记》。

## 第三章
## 元代江西的蒙古人和色目人

意于汉文化的医药方书,芒哥帖木儿则笃习儒学,以儒学的"正心"之道"治其身而化其民,又推以教其子",后,其子文缜考中乡贡,明初还以蒙古人的身份司教国子学,可谓难得。宋濂称芒哥帖木儿"独能取圣贤为学之道治其身,其天性之过人远矣!文缜又能推之以淑人,非善继其志哉!"①

如果说居所的命名尚存附庸风雅之嫌,那么建筑的整体韵味则更可彰显主人的情怀。伯颜子中的进贤竹屋便有这等韵致。安福进士刘闻有两首诗予以描绘:

池净天容湛,窗虚水气通。远山来户外,飞雨洒亭中。薜荔含朝景,蒹葭集晚风。平生江海念,相对兴无穷。

种树年年长,开窗面面凉。雨苔生砌绿,秋叶堕池黄。得句闲拈笔,抛书懒近床。旅怀随所至,谁复计行藏。②

伯颜子中的竹屋难觅点滴异域风情,俨然一幅恬淡宁静而幽深清远的中国山水画。内中人物飘然物外,静享林泉之乐。

葬制方面,哈剌鲁人薛昂夫在龙兴北门外为其父营建的墓园一遵汉制。墓址的选择运用了风水术,高厚盘礴,得风水之宜,乃"昂夫营刚择吉而得之"。此墓有碑,乃元代著名文人、书法家合作而成:元明善撰碑文,赵孟頫抄录,郭贯篆碑额,堪称三绝。碑高一丈七尺,"龟趺、螭首皆一品之制。又为亭覆其上,前为阙,中有表"。墓园的整体布置是"亭之西庑曰瞻云,又西有亭曰流憩,又西有颐贞之堂,南有傲梅之窗,北有远庖之舍,又有九皋亭,则昂夫旧所自名也。九皋之前有美石,高丈许,双峰崒然,则宋丞相京镗家所得南唐宋齐丘故物也。最后有阁,可以尽龙沙之景焉。亭、阙前临官道,辟其南为神道,中道为楼跨之"③。这所墓园俨然一处中式园林。

以上所述是元代进入江西的蒙古、色目人接受汉文化影响的大体情况。既然混居的局面已经形成,那么,影响应是相互的。当然,由于汉族人数上的绝对优势和文化上的巨大吸引力,蒙古和色目各部原有文化对汉族的影响远不如后者对前者的影响。蒙古文化对汉族的影响限于语言、姓氏、服饰、发式、婚俗

---

① 宋濂:《宋学士全集·朝京稿》卷五《正心堂铭有序》。
② 刘闻:《颜子中池亭二首》,见顾嗣立编《元诗选·三集·庚集·容窗集》。
③ 虞集:《道园类稿》卷二五《马清献公墓亭记》。

等民间习俗方面,色目各部有些文化的影响则上升至天文、地理、数学、医药、音乐、建筑、手工业等多方面。具体到江西地区,则体现在语言、地理、医学、青花瓷的制造等方面。

在元朝这样一个民族繁多、多种语言文字并用的朝代,翻译人员具有较高的社会地位和不错的仕宦前途,而蒙古语作为国语,地位自然重要。元末明初人徐一夔说:"元制,蒙古字学视儒学出身为优,器局疏通之士多由此而进。"①所以,无论从功利还是从实用的角度出发,学习蒙古语都是不错的选择。从"江西年少习商贾,能道国朝蒙古语"②的诗句可以看出,当时江西人习学蒙古语是比较常见的现象,且不乏因精通蒙古语而跻身仕宦者。雩都人孙伯颜,出身南宋的官宦世家,因精于蒙古语,先后担任翰林院、大司农司译史(笔译人员),后逐级升迁,仕至正三品的肇庆路总管③。在元代南人多升迁无望、永沉下僚的背景下,正三品是令南人艳羡之极的高位。临川人傅岩,"汉书、蒙古兼通焉。前至元间,以蒙古进身,充江州译史",后任宜黄县蒙古字学谕,改任抚州路译史,从一介平民之子转变成有能力"度僧施财,周急危,恤饥寒"④的颇有影响的人物。饶州胡天祺也是通过担任译史踏入仕途。

江西所受地理、医学、青花瓷制作等方面的影响主要来自西域。地理学方面,临川朱思本所绘《舆地图》得益于伊利汗国人札马剌丁主持编修的《元大一统志》,朱氏使用的计里画方法则直接受到札马剌丁所制地球仪上经纬线的影响。医学方面,南丰危亦林的《世医得效方》直接吸收了元代传入中国的阿拉伯医学。此待本书第五章详述。景德镇在元代创烧的青花瓷,无论是青花原料、图案纹饰,还是器物造型,都与阿拉伯地区有着密切联系。有研究者统计世界各地出土和传世的元青花瓷,发现国外出土的元青花瓷比国内要多(景德镇窑址除外),传世品中以土耳其和伊朗的收藏最富,其中又以大盘数量最多;日用青花瓷在国内较少发现,仅有一些庙宇供器及少数陈设瓷与高足杯之类的特殊品种(景德镇窑址的出土品除外);受中国文化影响较深的日本,元青花瓷的出土数量与青瓷、白瓷等相比,数量很少,韩国则没有元青瓷花出土;器型方面,

---

① 徐一夔:《始丰稿》卷十二《国子助教李君墓志铭》。
② 王冕:《王冕集·竹斋集卷下·船上歌》,第200—201页。
③ 黄溍:《金华黄先生文集》卷三七《嘉议大夫金宣徽院事致仕孙公墓志铭》。
④ 傅德润:《抚州路译史傅岩墓记》,见陈柏泉编著《江西出土墓志选编》,江西教育出版社1991年版,第269—270页。

## 第三章
## 元代江西的蒙古人和色目人

青花云龙纹兽耳盖罐

　　图片说明：高安元代窖藏瓷器之一。通高46厘米，口径14.6厘米，底径18.8厘米。洗口，溜肩，鼓腹，浅圈足，肩部贴塑兽首衔环。盖有子口，饰莲花盖钮。全器纹饰多达12层之多。器腹主体纹饰为两条云龙和缠枝牡丹，盖面、口沿和底足部的辅助纹饰分别为杂宝、卷草、双体莲瓣、缠枝菊线纹、回纹、弦纹等，几乎整个器面全部被青料纹饰覆盖，为元青花的代表器物。造型雄浑，图纹繁缛，装饰典雅，色泽浓艳，构图精致巧妙，绘画酣畅有力，具有极高的艺术价值。

　　图片来源：刘金成编著《高安元代窖藏瓷器》，朝华出版社2006年版，第47页。

土耳其托普卡比宫殿博物馆藏青花缠枝牡丹纹葫芦瓶

　　图片来源：《南方文物》2003年第2期封底。

土耳其托普卡比宫殿博物馆藏青花花鸟草虫纹八角葫芦瓶

　　图片来源：《南方文物》2003年第2期封底。

中东发现的元青花瓷与中国各地的出土品之间有很大不同,尤其是大型的盘、钵、瓶、罐等器物在印度和伊斯兰地区出土的数量特别多;纹饰方面,元青花瓷上装饰的那种多层次、密而不乱、空间极为狭窄的构图具有浓厚的伊斯兰图案风格。现存元青花瓷的这种分布格局和造型、装饰风格,与蒙古统治者不太喜好以陶瓷器作为日用器皿,而汉地士大夫暂时还未接受这一新出现的瓷器品种,景德镇烧制的青花瓷在很大程度上是为了满足国内穆斯林和国外阿拉伯世界的需求有关,其重要原料——钴有相当一部分是来自国外的回回青,大盘等器型是适应穆斯林席地而坐围吃手抓饭的习俗,而盘沿的莲饰图案则与伊斯兰陶器或地毯的边饰相似[①]。

经过几十年的混居与交流,到元中后期,江西境内多民族人士冲破民族限隔的樊篱,他们或互为师友,或互缔婚姻,形成了一个多元民族的文化圈。崇仁虞集的国子学弟子、蒙古人卜颜帖睦尔任江西肃政廉访司副使,时虞集已退隐乡居,卜颜帖睦尔不忘师谊,登门造访。崇仁吴澄的文集中,有许多篇章是关于蒙古、色目人的,或冠名取字,或序文题跋,或记事撰碑,反映了其交游圈中蒙古、色目人士之众。蒙古、色目人学有所成,则不乏成为江西儒学、书院之师者,如龙兴蒙古人燕直铁睦任龙兴路学正,赛辅庭任瑞州路学正,哈直任南丰州学正,囊加德普化任建昌路盱江书院山长,德礼悦实任袁州路南轩书院山长,伯颜子中任南昌东湖书院山长和建昌路学教授[②],等等。蒙古、色目人成为江西儒师,多发生在元后期。

蒙古、色目与汉族通婚之事在江西也时有发生。元朝面对境内民族众多的局面,执行的一项基本政策是"各从本俗",对婚姻则规定:"诸色人同类自相婚姻者,各从本俗法;递相婚姻者,以男为主。蒙古人不在此例。"[③]可以说,元朝对不同民族通婚基本没有限制,限制的只是婚俗以男为主。但是,因着宗教信仰的关系,有些民族一般不与异教徒通婚,如伊斯兰教徒。在江西这样一个儒风昌盛之区,固然有深固不通者"誓不以女嫁异俗"[④],但是,由于蒙古、色目人拥有较高的社会地位,南来者又多是居官为宦者,遂有汉族出于攀附或其他目的

---

[①] 彭涛:《元代景德镇青花瓷器的外销及相关问题》,载《南方文物》2003 年第 2 期,第 101—107 页。
[②] 叶舟:《南昌郡乘》卷二一《选举》,北京图书馆古籍珍本丛刊,北京书目文献出版社 1988 年版;朱善:《朱一斋文集》卷六《伯颜子中传》,四库全书本存目丛书本。
[③] 《元典章》卷十八《户部四·婚姻·婚礼·嫁娶聘财体例》。
[④] 孔齐:《至正直记》卷三《不嫁异俗》。

## 第三章
### 元代江西的蒙古人和色目人

而愿"以女嫁异俗"。蒙古捏古台氏十里牙秃思任职信州路永丰县,娶汉妻王氏。后十里牙秃思"笃于教子"①,其子笃列图成为右榜状元,也许与王氏的影响有关。西域合禄鲁人抄儿赤驻军建昌路三代之后,至第四代也速答儿赤,娶汉女左氏为妻②。南丰州戍将抄儿之子绰儿哈忠翊娶同僚渤海人(属"汉人")秃鲁不花之女王延童为妻③。南安路戍将朵儿赤与王某结为姻亲④。元末玉山县达鲁花赤、蒙古人寿安之妻则是贵溪杨某⑤。而豫章大儒周永言欲嫁女于弟子丁鹤年则未成,也许是因鹤年为信仰伊斯兰教的回回,不愿与异教通婚。

在多民族混居交往的背景下,游历外地的江西人也以种种方式与蒙古、色目人进行交流,既有施教于蒙古、色目人者,亦有向后者求学者。崇仁吴澄、虞集先后执教国子学,吴澄的国学弟子中有色目人巎巎、阿鲁丁、廉充等,虞集的国学弟子中有唐兀人斡玉伦徒、刘沙剌班、蒙古人卜颜帖睦尔等;临江人梁寅在集庆路(治今江苏省南京市)学执教,弟子中有高昌人伯睦尔。江西大儒执教外地时,弟子中不乏贵戚勋臣。吴澄曾在金陵担任蒙古勋臣拔不忽家的塾师,而拔不忽是成吉思汗开国名将乌也而之孙。永新人吴鄴宋末避乱,徙居山西,向其执经问疑者中有元成宗驸马阔里吉思,富州人揭傒斯弟子中有出身斡罗讷儿贵族的蒙古进士爕理普化⑥。向色目人求学者以抚州危素、饶介为代表。二人曾在金陵向书法大家、西域康里人巎巎学习书法。后经危、饶二人的再行授传,遂使这一色目人的书艺成为元末明初书艺的主流⑦。

---

① 虞集:《道园类稿》卷四六《靖州路总管捏古台公墓志铭》。
② 揭傒斯:《揭文安公全集》卷九《送也速答儿赤序》。
③ 刘壎:《水云村泯稿》卷一五《王氏夫人墓志》。
④ 宋濂:《宋学士全集·銮坡前集》卷三《汪文节公神道碑》。
⑤ 雍正《江西通志》卷一〇一《列女五·广信府》。
⑥ 萧启庆:《元代多族士人网络中的师生关系》,载《历史研究》2005年第1期,第119—141页。
⑦ 解缙:《文毅集》卷一五《书学源流详说》,景印文渊阁四库全书本。

# 第四章
## 元朝在江西统治的终结

### 第一节
### 顺帝前期的江西社会

至顺四年(1333年)六月,年仅13岁的妥欢贴睦尔在上都继位,是为顺帝。元朝从此进入风雨飘摇的统治后期。这一时期,先是长达七年的伯颜擅权,社会矛盾进一步加剧;随后是力图废除伯颜"旧政"的所谓"至正新政",但无法改变积重难返的局面。这一时期的江西,因吏治腐败、通货膨胀、灾害频发,也经历了社会矛盾由积聚到爆发的过程,且是南方较早出现动荡的地区,白莲教在江西迅速传播,并产生了元末江淮红巾军的白莲教首领——彭莹玉,从而使江西成为元末农民大起义的策源地之一。

#### 一、顺帝前期江西的社会状况

妥欢贴睦尔继位后,面临着一系列严重的社会危机:吏治腐败、财政匮乏、权臣擅权、社会动荡。权臣伯颜在专权的七年之间(1333—1340年),推行了一系列"变乱祖宗成宪"的政策,包括废除科举,禁止汉人、南人学习蒙古和色目文字,禁止汉人、南人持有军器,拘括马匹,乃至建议杀掉张、王、刘、李、赵五姓汉人,以达到政治上排斥、军事上削弱、数量上遏制汉人、南人的目的。结果,七

# 第四章
## 元朝在江西统治的终结

年之间,各种社会矛盾持续激化。后至元六年(1340年)六月,妥欢贴睦尔与脱脱联合,贬逐伯颜。此后的9年间,二人推行一系列新政,试图挽救元朝的颓势。所谓"新政",包括恢复伯颜当政时期废除的科举取士,并搜访隐逸,以笼络人心;设置宣文阁,开经筵,编修宋、辽、金三史,以收拾儒臣;恢复太庙四时祭祀及其他礼仪制度,调整蒙古统治集团内部的关系,以增强统治能力;颁行《至正条格》,制定荐举守令法,派遣奉使宣抚巡行天下,以澄清吏治;开马禁,减盐额,蠲逋负,以减轻对百姓的需索。这些措施在一定程度上加强了文治,调整了统治阶级内部的矛盾,但无法从根本上解决吏治腐败、财政匮乏等深层社会问题。

顺帝前期(1333—1350年),江南的吏治腐败愈演愈烈,其中一批危害酷烈的蒙古、色目官吏,他们以贪贿为能事,假借各种名目收受钱物,"所属始参曰拜见钱,无事白要曰撒花钱,逢节曰追节钱,生辰曰生日钱,管事而索曰常例钱,送迎曰人情钱,句追曰赍发钱,论诉曰公事钱,觅得钱多曰得手,除得州美曰好地分,补得职近曰好窠窟"①。上司对属下需索无限,那么,后者在上纳钱物后,必然以种种方式诛求于民。对此,负责监督路州县官吏的肃政廉访司官员又是如何呢?《草木子》对此有充分说明:

> 廉访司官分巡州县,每岁例用巡尉司弓矢、旗帜、金鼓迎送,其音节则二声鼓一声锣。起解杀人强盗,亦用巡尉司金鼓,则用一声鼓一声锣。后来风纪之司赃污狼籍,有轻薄子为诗嘲之曰:"解贼一金并一鼓,迎官两鼓一声锣。金鼓看来都一样,官人与贼不争多。"及元之将乱,上下诸司其滥愈甚,又有无名子为诗嘲之曰:"丞相造假钞,舍人做强盗。贾鲁要开河,搅得天下闹。"于此观之,民风国势于是乎可知矣。②

可见,当时民间百姓将廉访司官员与盗贼视同一路。

有鉴于如此污滥的吏治,至正五年(1345年)冬,顺帝派遣奉使宣抚巡行各地,监察包括廉访司官员在内的各级官吏。这次巡行,总的结果是"政迹昭著者十不一二"③,即绝大多数官吏为庸碌贪鄙之辈,巡行江西、福建二地的官员散

---

① 叶子奇:《草木子》卷之四下《杂俎篇》。
② 叶子奇:《草木子》卷之四上《谈薮篇》。
③ 陶宗仪:《南村辍耕录》卷十九《阑驾上书》。

散和王士宏也不例外。二人"巡行"后,江西书生黄如征拦驾上书,向顺帝呈告二人的巡行情况:

> 然江西、福建一地,地处蛮方,去京师万里外。传闻奉使之来,皆若大旱之望云霓,赤子之仰慈母。而散散、王士宏等不体圣天子抚绥元元之意,鹰扬虎噬,雷厉风飞,声色以淫吾中,贿赂以缄吾口,上下交征,公私朘剥,赃吏贪婪而不问,良民涂炭而周知。闾阎失望,田里寒心,乃歌曰:"九重丹诏颁恩至,万两黄金奉使回。"又歌曰:"奉使来时惊天动地,奉使去时乌天黑地。官吏都欢天喜地,百姓却啼天哭地。"又歌曰:"官吏黑漆皮灯笼,奉使来时添一重。"如此怨谣,未能枚举,皆万姓不平之气,郁结于怀而发诸声者然也。此盖庙堂遴选非人,使生民感陛下忧恤之虚恩,受奉使掊剥之实祸。①

此次派遣奉使宣抚,不但没能在一定程度上澄清吏治,反而演变为敛财之旅。元世祖时期已经充分显现的吏治腐败问题是元朝始终无法有效解决的痼疾,顺帝这次事与愿违的努力只是延续了仁宗、英宗以来的失败经历。

同时,江西地区与吏治腐败问题密切相关的豪民势力依然强大。以北宋时期政务清简、民风淳厚而被黄庭坚誉为"江西道院"的高安一带为例。至正前期,刘基任职高安时,当地"多虎狼之卒。凡居城郭者,非素良家咸执鞭以为业,根据蔓附,累数百千辈以鹰犬于府县,民有忤其一,必中奇祸;官斥弗任,则群构而排去之;狱讼兴灭,一自其喜怒;有诉于官,非其徒为之所,虽直必曲,获其助者反是。百姓侧足畏避,号曰'筘鼓'。人莫解其意,或曰:'谓其部党众而心力齐也'"②。此处,"虎狼之卒"的"卒",是指在官府中从事各类杂务的人员,主要包括为官员"出入诃喝,左右任使"的首领(总领)、面前、祇候、"守牲犴,防囚徒"的禁子、"追呼保任逮捕"③的曳刺等公使人以及协同捕盗的弓手等④,他们基本上全部由当地人担任。凭借着与官府的密切关系,他们在地方上为所欲为,甚至诬陷排挤不与之沆瀣一气的官员,最终发展为"虎狼之卒"。他们在地

---

① 陶宗仪:《南村辍耕录》卷十九《阑驾上书》。
② 刘基:《诚意伯文集》卷五《送月忽难明德江浙府总管谢病去官序》。
③ 苏天爵:《元文类》卷四一《经世大典序录·政典·祇从》。
④ 《元典章》卷二四《户部十·租税·军兵税·弓手户免差税》;《通制条格》卷一七《赋役·弓手税粮》。

# 第四章
## 元朝在江西统治的终结

方上盘根错节,一些"非素良家"又依附于他们,仗势凌人。由此,贪官污吏、"虎狼之卒"和"非素良家"共同构成一股庞大的恶势力,成为压在民众身上的大山,使其无喘息之机。这是导致元后期江西较早爆发大规模社会动荡的重要因素。

顺帝面临的另一个大难题是财政匮乏。伯颜擅权时期,曾通过滥发纸币缓解财政压力。此举无异于饮鸩止渴,进一步破坏了钞法。加之当时伪钞泛滥,至正十年(1350年),元廷酝酿变更钞法,次年正式发行"至正交钞"和"至正通宝",用新钞压低民间原用旧钞,达到增加国库收入、排挤伪钞的目的。但是,新钞"行之未久,物价腾踊,价逾十倍",出现恶性通货膨胀,以致"所在郡县皆以物货相易"[①]。

此次变更钞法实际是运用国家权力对小民进行无耻剥夺,民间甚至用"人喫人,钞买钞,何曾见"予以形容[②]。对钞法改革,民间压抑着深深的不满情绪,一旦出现风吹草动,这种不满极易爆发而使民众起事形成燎原之势。

顺帝前期,各地民众的武装反抗风声渐起,江西及周边地区开始骚动不安。后至元三年(1337年)正月,广州增城县民朱光卿发动起事,石昆山、钟大明率众响应,称"大金国",改元"赤符"。四月,惠州归善县民聂秀卿、谭景山私造军器,拜戴甲为定光佛,与朱光卿联合反元[③]。面对动荡不定的江西行省南部,元廷在这年九月设置湖广江西行枢密院,以便就近处理军务,加强镇遏。但是,民众起事依然如点点星火,在江西及其周边不断迸发。后至元四年(1338年),福建漳州路南胜县李志甫领导畲民起事,袁州爆发彭莹玉、周子旺领导的起事;六年(1346年),福建汀州连城县民罗天麟、陈积万起事,攻克长汀县;八年(1348年),彭国玉起于万载[④];十年(1350年),周良起于铅山州,等等。

总体说来,顺帝前期虽然存在着严重的社会危机,天下尚未大乱。元末明

---

① 《元史》卷九七《食货志五》。
② 陶宗仪:《南村辍耕录》卷二三《醉太平小令》。
③ 《元史》卷三九《顺帝纪二》。
④ 吴晗、邱树森等认为策动万载白莲教徒起事的彭国玉与袁州白莲教领袖彭莹玉是同一人,杨讷则认为彭国玉另有其人,由此引发了对彭莹玉籍贯和死亡时间的多种论争。详见吴晗:《朱元璋传》,生活·读书·新知三联书店1965年版,第21页;邱树森:《彭莹玉事迹考略》,载邱著《贺兰集》,江苏古籍出版社1997年版,第258—276页;杨讷:《天完大汉红巾军史述论》,见《元史论丛》第一辑,中华书局1982年版,第109—136页;杨讷:《元代白莲教研究》,上海古籍出版社2004年版,第151—155页。在没有确切资料证明二者实是同一人的情况下,本书采杨讷之说。

初人叶子奇这样描述当时的局面："轻刑薄赋,兵革罕用,生者有养,死者有葬,行旅万里,宿泊如家,诚所谓盛也矣。"①完全是一派升平景象。江西诸如学校、书院、官署、寺观的建设,有相当一部分发生在这一时期。当然,叶子奇的描述是相对于元末的兵革蜂起、哀鸿遍野而言,换一个角度看,此时的元王朝已处于山雨欲来风满楼的前夜,距社会大动荡已为期不远了。

## 二、白莲教及彭莹玉的活动

元顺帝统治前期,江西地区总体平静,偶有小规模的民众起事,袁州即爆发了彭莹玉、周子旺领导的白莲教徒起事,万载则有彭国玉"诡白莲教以惑众,倡言'撒豆成兵,飞茅成剑',谋为不轨"②。这些起事均与元末江淮一带大规模的红巾军起事有直接联系。

白莲教是南宋绍兴年间(1131—1162年)产生的一种民间宗教,渊源于佛教净土宗。相传净土宗始祖东晋慧远(334—416年?)在庐山东林寺与刘遗民等结白莲社,共同念佛,期生阿弥陀佛所在的西方净土。北宋时期,净土宗流传很广,结社念佛之风盛行,多称白莲社或莲社,僧侣与居家信徒均可参与其间。南宋绍兴初年,吴郡昆山(今属江苏)僧人茅子元(法名慈照)在昆山淀山湖建白莲忏堂,在净土结社的基础上,编成《白莲晨朝忏仪》和《圆融四土三观选佛图》,崇奉阿弥陀佛,以往生西方净土为修行宗旨,劝修僧人,普化居家清信之士,创建新的教门,称白莲宗,即白莲教。该教产生之初曾遭官方禁止,茅子元于46岁时被流放江州。在江州,茅子元坚持不懈,"随方劝化",引起官府重视。孝宗乾道二年(1166年),已经退位的高宗赵构调阅了江州官府的奏议,召其赴京,诏书中称其"专修敬业,委有道行"。后,茅子元奉诏在临安德寿殿演说净土法门,获赐号"劝修净业白莲尊师、慈照宗主"③。南宋前期,白莲教已在江州广泛流传④。南宋后

---

① 叶子奇:《草木子》卷之三上《克谨篇》。
② 正德《瑞州府志》卷十《遗事志》。
③ 释普度:《庐山莲宗宝鉴》卷四《慈照宗主》,杨讷编《元代白莲教资料汇编》,中华书局1989年版。以下《庐山复教集》亦为此版本。
④ 乾道六年(1170年)八月,陆游入蜀经过江州,记事如下:"……七日,往庐山,小栖新桥市,盖吴蜀大路……自江州至太平兴国宫三十里,此适当其半。是日,车马及徒行者憧憧不绝,云上观,盖往太平宫焚香,自八月一日至七日乃已,谓之白莲会。莲社本远法师遗迹,旧传远公尝以一日借道流,故至今太平宫岁以为常。东林寺亦自作会,然来者反不若太平之盛,可笑也。"见陆游:《陆游集·入蜀记》,中华书局1976年版,第2432页。

# 第四章
## 元朝在江西统治的终结

期,因该教教义浅显、修行简便,江南到处有人传习,甚至流传到蒙古人统治的北方。在江西,抚州的东馆白莲堂的田业相当可观,吉州庐陵虎溪莲社堂则有十余社友[1],白莲教的传播进一步扩大。元朝统一中国后,白莲教受到官方的承认和奖掖,进入全盛时期[2]。

庐山东林寺是元代白莲教的中心之一(另一个为昆山的淀山湖白莲堂)。该寺住持净日禅师在南宋咸淳年间(1265—1274年)已"率善士修远公(引者注:指慧远)法,来于江西者踵不绝"[3]。净日,号东岩,都昌人,俗姓廖。16岁在庐山香林寺祝发为僧,后游袁州仰山,参谒石霜禅师,又入浙,游于灵隐、径山、天童诸名刹。咸淳年间,江东漕使钱真孙礼请入主东林寺。他久居东林,化俗警众,影响很大。入元,净日奉元世祖圣旨,继续住持东林寺,修造寺宇。后移主庆元育王、天童诸寺。在净日的影响下,东林寺声名日盛。成宗时期,该寺住持祖闇禅师获赐号白莲宗主、通慧大师,且受襕袈裟。祖闇(1234—1308年),俗姓周,南康路人,自号悦堂。出身儒家,幼年随冯去非习儒,工于文辞,师徒二人的文集曾合刊于东林寺。祖闇13岁入南康嘉瑞寺为僧,后游历庐山东林、金陵蒋山、镇江焦山、杭州净慈、径山等名刹,参谒名僧,宋末归庐山东岩寺,钱真孙礼请入主西林。入元,至元二十五年(1288年)迁主开先寺,法会盛极一时。至元三十年(1293年),任东林寺住持。元贞元年(1295年)奉诏赴阙,入对称旨,获赐尊号。祖闇住持东林寺达12年,大德九年(1305年)迁主杭州灵隐寺,4年后圆寂。祖闇在东林期间,该寺日益受到朝廷眷顾。元贞元年(1295年)正月,东林述明居士燕觉道破衣和尚奉元成宗圣旨,在该寺建白莲宗善法堂,护持白莲教。大德五年(1301年),东林寺又受赐御香、金幡。世祖、成宗对东林寺的屡次关注,使东林寺的地位得以维持不坠,"白莲宗主"的赐号也一直为东林寺住持所拥有。

但是,元代的白莲教在长期流传过程中,其组织和教义发生了变化,成分趋于复杂。部分教徒开始改奉弥勒佛,宣扬"弥勒下生"这一本属于弥勒净土法门的宗教谶言,对现状不满,希望借助未来佛弥勒下生的契机,将人们从"末

---

[1] 参阅黄震:《黄氏日钞》卷七五《申安抚司乞拨白莲堂田产充和籴状》,景印文渊阁四库全书本;刘辰翁:《须溪集》卷三《虎溪莲社堂记》,景印文渊阁四库全书本。

[2] 本书关于白莲教的内容并请参阅《中国大百科全书·中国历史》,杨讷、李济贤、许曾重"白莲教"条,中国大百科全书出版社1992年版,第18—19页;杨讷:《元代的白莲教》,刊于《元史论丛》第二辑;杨讷:《元代白莲教研究》。

[3] 柳贯:《清容居士集》卷三一《天童日禅师塔铭》。

世"状态中解救出来,因而具有反政府倾向①。这时,由有家室的职业白莲道人组成的堂庵遍布南北各地。南丰刘壎说元代"历都过邑无不有所谓白莲堂者,聚徒多至千百,少不下百人,更少犹数十,栋宇宏丽,像设严整,乃至与梵宫道殿匹敌,盖诚盛矣"②,吴澄亦说白莲教"礼佛之屋遍天下"③。白莲教堂庵供奉阿弥陀佛、观音、大势至(合称净土三圣)佛像,信徒烧香,诵偈,上为皇家祝福祈寿,下为地方民众办理佛事,也做些修路筑桥之类的善举。许多堂庵拥有大量田地资产,有些头面道人勾通官府,交结豪强,实际成为地方一霸。有些教徒则夜聚晓散,集众滋事,甚至武装反抗朝廷。有鉴于此,元廷两次抑制或禁止白莲教。第一次是在至元十八年(1281年)都昌杜可用以白莲会为名号召反元被镇压之后,元廷对假借白莲会名义的五公符、推背图、血盆经及某些天文图书和"一切左道乱正之术"统加禁止④,但白莲教仍然拥有合法地位。随着白莲教信众越来越多,日益成为社会不安定的因素,至大元年(1308年)五月,元廷宣布禁止白莲教,拆毁白莲堂舍,佛像移至寺院安放,教徒还隶民籍,甚者,"或燃一香,点一烛,而小吏巡军见之,便以犯禁之罪加之,乘时胁诈,靡不至焉。甚者拆其堂,毁其像,破家散宅者有诸"⑤。白莲教面临着自产生以来最严重的危机。

这时,作为白莲教中心之一的东林寺开始积极努力,力图恢复白莲教的合法地位。该寺善法堂劝修净业僧普度早在大德八年(1304年)就"悯诸众生沈迷自性"⑥,搜集历代白莲社缘起,著成《莲宗宝鉴》⑦。普度自叙编辑该书的目的:

① 关于元代白莲教教义的变化,学界有多种观点:有学者主张以佛教净土宗的弥陀净土信仰为主,其中的"明王"为阿弥陀佛,"部分参加农民战争的白莲教徒转以弥勒佛为信仰中心",综合了佛教净土宗的弥勒净土和弥陀净土两种教义,参阅杨讷《元代白莲教研究》;有学者主张其在13世纪前期将明教(摩尼教)、弥勒净土和弥陀净土三者混而为一,"明王"即摩尼教的光明神——明尊,参阅吴晗:《朱元璋传》,生活·读书·新知三联书店1965年版,第15—20页;有学者认为元代白莲教融合了弥陀净土、弥勒下生、摩尼教以及各种民间巫术,参阅姚大力:《千秋兴亡·元朝》,长春出版社2000年版,第292—293页;还有学者主张将白莲宗与白莲教分开,一为佛徒严格尊奉,一为民间广泛流传,日本学者小川贯弌、小笠原宣秀、竺沙雅章、中国学者任宜敏均持此见,参阅杨讷《元代白莲教研究》第187—188页,及任宜敏《白莲宗的兴衰及其与白莲教的区别》,载《人文杂志》2005年第2期,第111—119页。本书采杨讷说。杨讷在《元代白莲教研究》中对影响最广的吴晗观点辟专章批驳,请参阅。
② 刘壎:《水云村泯稿》卷三《莲社万缘堂记》。
③ 吴澄:《会善堂记》,见《永乐大典》卷七二二四引《罗山志》。
④ 黄时鉴点校:《通制条格》卷二八《杂令·禁书》,浙江古籍出版社1986年版。
⑤ 释普度:《上白莲宗书》,见果满《庐山复教集》卷上。
⑥ 释道成:《莲宗宝鉴序》,见普度《庐山莲宗宝鉴》卷首。
⑦ 该书又称《庐山莲宗宝鉴》《莲宗念佛宝鉴》。

# 第四章
## 元朝在江西统治的终结

  尝见称莲宗者未谙念佛旨趣,弃本逐末,著相修行,净业正因逮将沈没,皆是怀宝迷邦,背真向伪。从其事者纷如牛毛,具正见者眇若麟角,致令上慢之徒轻忽吾佛之道。悲夫!去古时遥,法久成弊,正道湮微,邪法增炽,人多错解,蹉入邪途。不思净土一门乃出轮回之捷径,其直如弦,其朗如日,奥旨在于经懴之间。不遇明师启迪,犹若群盲摸象,各说异端,从冥入冥,永缠邪见,可痛惜哉!……(此书)非敢有助于宗风,为益于未闻者也。欲其枉者直之,邪者正之,疑者决之,迷者悟之,尽大地人于一念中同得念佛三昧,共证菩提,不亦伟大欤!①

  普度欲借《莲宗宝鉴》将慧远以来的弥陀净土白莲教与民间流传的杂有其他思想的白莲教加以区别,阐明白莲正宗教义。全书共10卷,第一卷"念佛正因,谓入室必由户也",第二卷"正教,乃示念佛法门渐偏顿圆,使进修者随根器而归乎至道也",第三卷"正宗,盖示念佛三昧正心之理,俾修习者明其宗而达其本也",第四卷"正派,盖明佛祖暨诸宗师得道之本末,欲令后学知有其自也",第五卷"正信",第六卷"正行",第七卷"正愿",此三卷"俾信正法、修正行、发正誓而求生西方也",第八卷"往生正诀,盖示临终生净土之路也",第九卷"正报,盖明修行所得净土依正之功德庄严也",最后一卷"正论,盖引诸佛诚言,破群邪异见,欲令改不善而从善也"。从全书的内容看,层层递进,标正除伪,实是白莲正教的修行指南②。

  至大元年五月禁止白莲教后,普度亲率弟子十人,芒屦草服,亲至京师,上献《莲宗宝鉴》。该书先上于国师、蔚宾国公毗奈耶室利。国师阅后,认为该书"证无丛胜,契合佛经"③,在当年十月将其献于崇佛的太子爱育黎拔力八达。太子给予肯定,下令刊印此书。

  但是,太子的肯定并没有使白莲教立即恢复合法地位。至大三年正月,普度再撰《上白莲宗书》七千言,上进武宗。书中,普度首先阐释白莲教辅助治化的作用。他说,白莲教的三皈(佛、法、僧)"即儒之三畏也,所谓畏天命,畏大人,畏圣人之言也",五戒"即儒之五常也:盖不杀,仁也;不盗,义也;不邪淫,礼也;

---

① 释普度:《庐山莲宗宝鉴叙》,见普度《庐山莲宗宝鉴》卷首。
② 钱士升:《莲宗宝鉴序》,见普度《庐山莲宗宝鉴》卷首。
③ 释希陵:《莲宗宝鉴序》,见普度《庐山莲宗宝鉴》卷首。

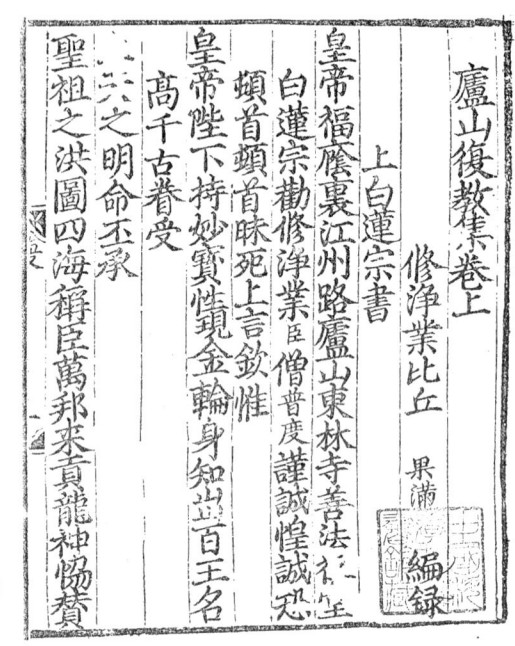

释普度撰《上白莲宗书》

图片说明：南京大学图书馆藏影元刊本。

不妄语，信也；不饮酒，智也"，白莲教"实益陛下政化者多矣"。然后，他充分解释白莲正教与其他邪教的不同：

> 钦惟圣祖皇帝累降圣旨条画，严戒不法之事一十三款，内禁迎神赛社、夜聚晓散、佯修善事、男女混杂、妖言惑众，岂非圣朝惩恶劝善之明制矣。其禁止者，所谓左道四果、香缘、吃菜事魔之徒，其人却与吾祖远公念佛之教事体各异；若以邪正论之，犹草之比金，黑之方白也。但本宗东林寺虽有祖宗之名，而实难检而束之。盖戒法不行，清规未举，致令妄滥之徒以邪作正，以伪杂真，往往佯修善事，苟求衣食，误犯条章，实为重弊。虽则累奉官司明禁，奈何邪正未分，玉石混淆，真伪难辨。或他郡一人有犯而禁治之法遍行天下，而吾教祖宗例遭耻辱，迨今天下不能雪屈。州县之间更无分拣，遽以白莲社会，例皆禁之，则邪人不知其为邪，善人不得以为善。……臣尝见近世游荡之民众矣，既非出家，亦非在家，多是诈称白莲名色，不知理法，妄修妄作，其事不可枚举，略而言之，有十不应：假道好闲，不事生理，一不应也；传授邪言，夜聚明散，二不应也；男女混杂，悖乱人伦，三

# 第四章
## 元朝在江西统治的终结

不应也;私用给由,各党其党,四不应也;妄建庵堂,群居窃食,五不应也;密传生死,误人性命,六不应也;行业不修,挽僧应副,七不应也;妄谈般若,乱说灾祥,八不应也;妄撰伪经,自称《真宗妙义归空集》《达磨血脉金沙论》等,九不应也;庶俗僭称活佛、如来,妇人擅号佛母、大士,十不应也。①

既然白莲正教与诸邪教有如许不同,《莲宗宝鉴》正是为引邪入正而作,普度希望武宗能将《莲宗宝鉴》颁行天下,劝导念佛之民修行正教;除庐山正宗白莲教,其余假冒白莲之名的邪宗异教均应严行禁止。

普度的《上白莲宗书》及《莲宗宝鉴》是否上达武宗,不得而知。在武宗朝,东林寺恢复白莲教合法地位的努力没有成功。很快,武宗病逝。至大四年(1311年),武宗之弟爱育黎拔力八达登位,是为仁宗。闰七月,仁宗宣布恢复白莲教的合法地位,称"自在先起立来的供养阿弥陀佛精持斋戒好勾当有,如今白莲宗和尚每、清信的优婆塞每,似在先那一等夜聚晓散的勾当休做者,各自庵堂在家,依着在先远公法师起立来的体例供养念阿弥陀佛精持斋戒的勾当休交断绝了,与俺每根底祈福祝寿者"②。此后,普度在大都建莲池会,东林寺僧果满编修《庐山复教集》2卷和《庐山白莲正宗昙华集》2卷。前者收录《上白莲宗书》《高丽国王念佛发愿文》《大都建莲池会疏》及行中书省右丞相明理不花、翰林学士玉霄滕、名僧仰山希陵等代表正统与官方颂扬支持白莲教的诗文,以辅证白莲教的正统与合法。后者则是修行白莲教的偈语、颂文、韵歌等的汇编,浅显易懂,朗朗上口,便于记诵,可引导初入者渐入正途。

江西是元代白莲教非常活跃的地区,既有东林寺那样的白莲正教,亦有普度所谓的"邪教"。赣北南康路都昌县的杜可用在元初借白莲教之名发动反元斗争,拥众数万。赣西的高安县务农乡有李觉通在大德四年(1300年)创立莲社集善堂③,甚至有白莲道人将蒙山银场内的书院改为白莲堂④。赣东北的上饶一带,白莲教徒甚多。延祐(1314—1320)初,安仁人李存经过上饶,"道中所见通川桥梁凡五六,大者至百楹,概其瓦石椽桷构结黝垩之费,动数百万钱,而皆白莲社中人成之。彼白莲社中人非有公卿贵人之资,率多行乞四方,亦或伺夫过

---

① 《上白莲宗书》,见释果满《庐山复教集》卷上。
② 《抄白全文》,即元仁宗圣旨全文,见释果满《庐山复教集》卷上。
③ 《永乐大典》卷七二四二引《瑞阳志》。
④ 《永乐大典》卷一三一三五引《瑞阳志》。

车马也者,而丐聚焉"①。赣东的抚州在南宋后期就有许多白莲堂田产,入元,崇仁县长安乡的白莲教会善堂得到邑士易涛、邓焱等人的支持,其田土拥有官府颁给的公据。赣东南南丰的莲社万缘堂始于至元十六年(1279年),该堂的创建者觉全是莲社道人,其家在南宋时期已是白莲教徒,"断荤血持经法五世矣"②。觉全在创建万缘堂的过程中得到地方人士的大力支持,南城吴某捐地,过用昭捐资,吴文容捐田。新城(今黎川)亦有白莲师虞觉海的活动③。都昌、高安、上饶、抚州、南丰、新城等地白莲教徒的活动说明该教在当地已有较大的影响。

仁宗恢复白莲教的合法地位后,白莲教徒的活动又趋活跃,但东林寺等白莲正教依旧难以对遍布各地的民间白莲教徒加以有效钤束,"男女混杂""夜聚晓散"等弊端仍然存在。于是,英宗至治二年(1322年)闰五月,元廷再次"禁白莲佛事"④。但是,禁令无法阻止该教的继续传播,而且,越来越多的下层民众加入白莲教。他们有一定的组织、相同的信仰以及"明王(阿弥陀佛)出世""弥勒下生"等谶言,使得社会矛盾趋于尖锐时,白莲教徒很容易以有组织的形式起而反抗官府,迎接"明王"及其带来的光明。就在至治禁令颁布后的第四年,即泰定二年(1325年),河南息州民赵丑斯(一作厮)、郭菩萨就公然倡言"弥勒佛当有天下"⑤,韩山童的祖父也因白莲会烧香"惑众"而被谪徙广平永平县。

进入顺帝统治时期,各种社会矛盾进一步激化,白莲教徒公开反抗官府的活动趋向频繁。后至元三年(1337年)二月初一日,河南信阳州民棒胡"以烧香惑众,妄造妖言",公开起事,攻破归德府鹿邑,焚毁陈州⑥。第二年,袁州便发生了彭莹玉、周子旺领导的白莲教徒起事。

彭莹玉本是袁州路南泉山慈化寺东村民之子。慈化寺是江西名刹,由临济宗僧人印肃建于宋代。入元,该寺住持慈昱号称"普莲宗主",赐封"明照慧觉圆应大禅师",寺院规模"为天下最"⑦,"四方之人怀金负货,冲衢溢陌,所祈必应,如食得饱。寺无釜庾之田,日饭数千之众"⑧,经济实力很强,影响颇大。延祐三

---

① 李存:《俟庵集》卷十七《送张平可序》。
② 刘壎:《水云村泯稿》卷三《莲社万缘堂记》。
③ 张宇初:《岘泉集》卷二《新城县金船峰甘露雷坛记》。
④ 《元史》卷二八《英宗纪二》。
⑤ 《元史》卷二九《泰定帝纪一》。
⑥ 《元史》卷三九《顺帝纪二》。
⑦ 揭傒斯:《揭文安公全集》卷十一《袁州宜春县逢溪山圣寿寺记》。
⑧ 程钜夫:《雪楼集》卷十九《大慈化禅寺大藏经碑》。

# 第四章
## 元朝在江西统治的终结

年(1316年),仁宗下诏,亲封印肃灵塔为定光灵瑞塔,足见其在元代的地位。当时,袁州佛寺住持多由该寺派出。

慈化寺有彭姓僧人,在彭莹玉出生的次日要求彭父舍莹玉为僧。权衡《庚申外史》对彭莹玉为僧有一段神话般的记载:"(慈化)寺僧有姓彭者,年六十余岁,善观气色。一夕夜雪,见寺东约二十丈红焰半天。翌日,召其庄老,询之曰:'昨夜二更时,汝村中得无失火乎?抑有他异事乎?'内有一老曰:'村中无事,惟舍下媳妇生一儿。'僧遽喜曰:'曷与我为徒弟,可乎?'老遂舍为僧。于是遂以谷、帛若干酬之。其子年十岁,始送入寺。"①彭莹玉入寺后,常预言吉凶祸福,皆有所验。十五岁时,南泉山下出一眼清泉,恰逢当地民众受疾疫之苦,莹玉以泉水为民治病。袁州民事之如神。权衡未明言彭莹玉信奉并传播白莲教,但从同书所记莹玉徒周子旺之母称"佛母"、《明太祖实录》记其"以妖术惑众"②以及他后来的活动分析,此"妖术"应是白莲教。

后至元四年(1338年)六月为寅年寅月,彭莹玉及其徒周子旺于当月寅日举起反元大旗。起事者背心皆大书"佛"字。彭、周宣扬背心书"佛",可获保佑,兵器不能伤。周子旺称周王,改年号,随从者达5000余人。袁州驻军立即征讨,擒杀周子旺及其母佛母和二子天生、地生。起事失败后,彭莹玉逃至淮西,"淮民闻其风,以故争庇之。虽有司严捕,卒不能获"③。

后,彭莹玉在江淮一带传教,情况不甚明晰,只知其在民间威望甚高。麻城铁工邹普胜传承其术,宣扬"弥勒佛下生,当为世主"④。至正十一年(1351年),邹普胜等起兵反元,拥徐寿辉为主,建立天完政权。另一徒周时中,吉安龙泉人,"元季从彭莹玉以妖言惑众起兵,因改姓彭"⑤,后成为徐寿辉天完政权的平章,镇守龙泉。降附朱元璋后,复姓周。权衡说:"(起)蕲、黄者宗彭莹玉和尚,又推徐真逸(引者注:即徐寿辉)为首",可见彭莹玉在蕲春、黄州一带的影响。

根据邹普胜、彭时中的经历以及史普清、张普宪、况普天等后来的江淮红巾军将领姓名,笔者推测,袁州失败以后,与彭莹玉有关的白莲教徒大体可以分成两类。一类改姓彭。也许,彭莹玉原本也不姓彭,是随慈化寺彭姓僧改了

---

① 权衡:《庚申外史》卷上,豫章丛书本。
② 《明太祖实录》卷八"庚子(至正二十年,1360年)闰五月戊午",第99页。
③ 权衡:《庚申外史》卷上。
④ 《明太祖实录》卷八"庚子(至正二十年,1360年)闰五月戊午",第100页。
⑤ 《明太祖实录》卷一三四"洪武十三年十月乙酉",第2126页。

姓。彭莹玉沿袭了乃师的做法。另一类定名"普",遵照的是茅子元所拟白莲教徒以"普觉妙道"命名的规定。甚至还可进一步推测,彭姓白莲教徒可能是彭莹玉的徒弟,是僧人;"普"名白莲教徒可能是信众,是所谓的"莲社道人"。后来的淮西红巾军中多有"彭和尚"的活动,重要将领欧普祥"从徐寿辉以烧香起兵",人称"欧道人"[1],"彭和尚""欧道人"等称谓或许有助于证实这种推测。

现存史料中,较早的明确提及"彭莹玉"的只有《庚申外史》《明实录》《明史》三种。《明史》据《明实录》而来,《明实录》卷八所载彭莹玉史事基本是《庚申外史》的略写,卷一三四所载彭时中事则不见于《庚申外史》。

以上三种史料之外,其他还有"浏阳有彭和尚能为偈颂,劝人念弥勒佛"、"浏阳有彭和尚名翼,号妖彭"、"万载妖人彭国玉诡白莲教以惑众"、"至正十一年夏彭翼兵起"、"彭祖倡妖术于两淮"、"蕲、黄红巾彭党祖构乱"、"妖寇彭和尚攻之"、"彭和尚陷杭州"、"妖彭、项甲陷徽、饶"、"蕲、黄贼伪彭万户"诸多说法[2]。有学者认为,"彭和尚""彭国玉""彭翼""彭祖""妖彭""彭万户"等都是指彭莹玉,是其在不同情况下使用的化名,或不同人物对他的称呼,并由此串联起袁州失败后,彭莹玉奔波于江淮、江西、湖南、湖北传教,至正十一年(1351年)起兵于淮西,后转战江南,去九江,克饶州,战徽州(治今安徽省歙县),过昱岭关,破杭州,占湖州,转战浙西,攻常州、京口,威胁集庆(治今江苏省南京市),江浙失利后退入徽州,撤至瑞州,至正十三年(1353年)十一月死于瑞州被元军攻破之时这样一个清晰完整的过程[3]。

但是,以彭莹玉在淮西白莲教徒中的影响,他似乎不太可能仅仅以万户的身份一路攻城略地(时邹普胜已任太师),瑞州城破时,其姓名甚至列在况普天、闵总管某之后。如果笔者前述对彭莹玉徒弟和信众的分类成立的话,那么,"彭和尚""彭国玉""彭翼""彭万户""彭祖"等其实是彭莹玉的徒弟,邹普胜、史普清、张普宪、况普天、赵普胜、项普略等淮西红巾军将领则是他的信众。由此,袁州失败后,彭莹玉主要在淮西传教,其徒众有一定的组织系统。他是元末淮

---

[1] 《明太祖实录》卷十五"甲辰(至正二十四年,1364年)六月丁巳",第197页。

[2] 彭莹玉在袁州失败以后的活动,学界多有讨论,以上史料均见于相关论著中,恕不一一罗列出处。可参阅邱树森《彭莹玉事迹考略》,载邱著《贺兰集》,江苏古籍出版社1997年版,第258—276页。

[3] 关于彭莹玉的死亡时间,学界有四说:一是至正十二年(1352年)死于徽杭说,二是至正十三年(1353年)死于瑞州说,三是至正十八年(1368年)为陈友谅所杀说,四是下落不明说。详请参阅邱树森《彭莹玉事迹考略》,载邱著《贺兰集》,第258—276页。陈得芝主编《中国通史》第八卷《中古时代·元时期(上)》中关于元末农民大起义的章节由邱树森执笔,持"死于瑞州"说,详见该书第520—524页。

# 第四章
# 元朝在江西统治的终结

西起事民众的重要组织者和精神领袖,徒众多有成为后来淮西红巾军重要将领者。彭莹玉本人的最终下落则不明。

## 第二节
## 元朝统治在江西的终结

至正十一年(1351年)五月,因"开河"和"变钞"直接引发的元末农民大起义爆发,元朝在各地的统治逐渐陷于崩溃。至正二十八年(1368年)八月初二日,明兵攻入大都,元朝灭亡。这十几年间,江西地区经历了红巾军与元军的反复争夺,相继成为徐寿辉天完政权和陈友谅汉政权的重要控制区。至正十九年(1359年),江西地区已基本不为元朝所有,是元朝统治较早崩溃的地区。随后,江西又经历了为期几年的战乱,于至正二十五年(1365年)成为朱元璋的稳定辖区。由于地处长江中游和下游之间的中间地带,这一时期,各种势力在江西境内的争夺频繁而残酷,出现了诸如鄱阳湖水战那样在中国军事史上颇有影响的重大战役,由此造成的社会凋敝、人力消乏、生产不举、赋役加重等弊端,有些影响长达几百年。

### 一、徐寿辉部在江西的活动

至正十一年(1351年)五月初,韩山童、刘福通在河南行省颍州颍上县杀黑牛白马,誓告天地,宣布起事,揭开了元末席卷全国的农民起事大幕。八月,河南行省黄州路(治今湖北省黄冈市)麻城铁工邹普胜、罗田布贩徐寿辉等起兵于蕲州(治今湖北省蕲春县),推徐寿辉为主。他们宣传"弥勒下生,当为世主",烧香拜佛,以红巾为号,称"红巾军""红军"或"香军"。十月,邹普胜等攻破蕲水县(今湖北省浠水县),又击败元威顺王宽彻不花,占据黄州路。徐寿辉称帝,国号"天完"(压倒"大元"之意),改元"治平",以蕲水为都城。邹普胜任太师。

淮西红巾军起事后,江西民众随即响应,时称"土寇蜂起"[①]。与省城南昌毗邻的新建邓南二于至正十一年(1351年)十一月在黄鹤乡聚众,向西进攻瑞州。邓南二被诬为"妖人",有可能是白莲教徒。江西行省遣万户张妥因与瑞州总管

---

① 《元史》卷一四四《道童传》。

禹苏福领兵夹击,擒杀邓南二①。江西暂时保持着暴风骤雨到来之前的宁静。

江西上游的蕲、黄一带为天完政权占据后,江西将随时面临红巾军的进攻。为此,江西的元军很快进入警戒状态。时任江西行省最高长官的平章政事道童"素不知兵事,仓皇无所措"②,只有某些路州的官员采取了一定的防御措施。江州路总管李黼因所守为江西门户,又是江之东西的襟喉,开始修治城壕,整修兵械,招募丁壮,分守要害,加强防御。同时,他上书行省,请求进援淮西,屯兵江北;"苟淮西失守,长江之险与彼共之,非所恃矣"③。行省长官未理会李黼的申告。十一月,元廷"以九江为西南都会,调江西平章政事秃坚不花总诸郡兵来援"④。但秃坚不花在江州未采取积极的防御措施,只是坐观形势变化,且对李黼形成牵制。李黼哀叹:"吾不知死所矣。"⑤与江州形成对照的是,省府南昌的防御工作积极而有序:江西肃政廉访司佥事琐鲁滩拿出赃罚钞,以供军需;路总管安谦捐献俸禄,督修城防;廉访司经历吴伯都剌与路儒学教授赵睿对军士时加劝励,暂居南昌的清江文人范梈也参与谋划,路推官董某则专掌军纪与刑赏。他们"求人才,募壮勇,具战备,充资储",礼请熟知军务的前湖广行省左丞章伯颜担任本省左丞,专任军旅调遣。整治后的南昌,"城门十二,各建楼橹,定职守,凡文武之在位需期者,分掌管钥,捍制稽察,右榜进士十有六人在焉。城内则四厢设官,立巷置长。编民兵为十七屯,环列城上,与厢巷之兵昼巡夜警,少长颔颔,什伍相维,首尾相应,隐若连雉。民始有坚守之志"⑥。南昌是当时江西守御最完密的城邑。此外,吉安、赣州等路州县也开始复修元初被毁的城墙,吉安路总管梁克中在郡东大洲"备濠竖栅为垒,益募丁壮,置舟师节制属县义兵"⑦,以备防御。

至正十二年(1352年)正月,天完军队分兵四出,重镇汉阳、武昌相继被攻破,与赣西北陆路相连的兴国路(治今湖北省阳新县)也被占领。江西进入天完

---

① 《元史》卷四二《顺帝纪五》;万历《南昌府志》卷二四《纪事》,台北成文出版有限公司1989年版。

② 《元史》卷一四四《道童传》。

③ 陶宗仪:《南村辍耕录》卷十四《忠烈》。

④ 刘崧:《槎翁文集》卷十六《刘国器先生墓表》。《元史》卷一四四《道童传》中,"秃坚不花"作"秃坚理不花"。

⑤ 《元史》卷一九四《李黼传》。

⑥ 包希鲁:《守城记》,见同治《南昌府志》卷十八。

⑦ 李兴元修,欧阳主生等纂:顺治《吉安府志》卷一《郡纪》,台北成文出版有限公司1989年版。

## 第四章
## 元朝在江西统治的终结

军队的视线。负责攻略江西的是太师邹普胜率领的天完军主力。江州路瑞昌县首先被攻占。负责增援江州的江西行省平章政事秃坚不花与奉命增援武昌却停驻江州不前的江西行省右丞孛罗帖木儿闻瑞昌失陷,随即逃遁[①],江州只剩总管李黼孤守。因有前期的准备,李黼击退了天完军队的陆路进攻,但无力抵御随后的水陆联攻。江州形势危急,李黼固守城池,无日不战。在内外援绝的情况下,二月十一日,经过激烈的巷战后,江州失陷,李黼与侄秉昭俱死。江西北部门户洞开。

此后的两三个月间,天完红巾军分别从西北、西面、东面和南面四个方向迅速推进。

西北方向,二月,张普宪(一作张普献)攻陷武宁、宁州(今修水),既而数万红巾军围攻靖安[②]。四月,陶八都攻奉新,据守南乡[③]。红巾军从西面逼近省府南昌。

西面,二月,欧普祥(又称欧祥、欧道人)率天完军从湖南醴陵经萍乡黄花渡进入江西。萍乡州同知脱脱集乡兵守御失败[④],欧普祥随即进攻袁州。袁州守将别速坚遣万户李阳奕、刘原住等迎战[⑤]。李万户弃印奔逃,欧普祥据有袁州,其子欧文广则守新喻。三月,陶九与况普天、彭国玉等攻陷瑞州[⑥],新昌州(今宜丰)亦被攻破。闰三月十二日,陈普文从西北方向攻陷庐陵[⑦]。四天后,欧普祥南下攻陷安福州。

东面,三月,红巾军项普略部攻陷饶州路,总管魏中立被擒。天完政权随即设立江南行省,都昌人于光等任参知政事[⑧],以加强对长江以南新占领区的管理。同时,信州路总管于大本以乡兵抵御红巾军失败,信州被占[⑨]。江西东北部陷于红巾军之手。

---

① 《元史》卷一九四《李黼传》记孛罗帖木儿为右丞,陶宗仪《南村辍耕录》卷十四《忠烈》载其为左丞,有歧。或许,在此期间,孛罗帖木儿由左丞升为右丞。
② 《元史》卷一九五《潮海传》。
③ 同治《南昌府志》卷十八《武备志》。
④ 正德《袁州府志》卷六《名宦》。
⑤ 《元史》卷四二《顺帝纪五》;正德《袁州府志》卷一《建置沿革》。
⑥ 正德《瑞州府志》卷十《遗事志》;《元史》卷四二《顺帝纪五》。
⑦ 《元史》卷四二《顺帝纪五》。
⑧ 邱树森:《元末红巾军的政权建设》,见《元史论丛》第一辑,中华书局1982年版,第91—108页。
⑨ 《元史》卷四二《顺帝纪五》,卷一九五《魏中立传》。

南面,江州报捷后,红巾军随即南下,迅速攻克小郡南康,然后兵分两路,一路由邹普胜率领,经水路沿鄱阳湖、赣江继续往南,目标是龙兴及其以南地区;另一路由项普略率领,越鄱阳湖向东部的饶州、信州推进,目标为财赋重地江浙。

邹普胜部进攻龙兴前,江西行省左右司郎中普颜不花曾率兵救援江州,在石头渡被击败后,退回南昌。平章政事道童听闻败绩,当即怀省印躲匿于民家,数日后才返回。普颜不花退至南昌,与章伯颜详定守城之计。二月下旬,红巾军进围南昌城,"众百万,驱马扬尘,张帆蔽空,集城西之石头口"①。此后的一个多月里,南昌城内全民皆兵,死守坚拒。道童、章伯颜、韩准、琐鲁滩、普颜不花、阿思兰等官员皆无逃意,其余"厢官、巷长乃率丁壮、儿童、妇女,运甓礧石,嗷呼冯陵(引者注:即"凭凌"),并力以拒"②。闰三月,守军在万户章妥因卜鲁哈歹的率领下,开城出战,红巾军大败,"战船千艘无一返,马、步凡空"③。被围54天后,南昌终于解围。为进一步解除外围的威胁,道童派周山领兵攻取南昌西南的富州,遣程德宝率军控制东北,水军千户定住和进贤县尹辛敬则搜捕东南部进贤县的红巾军。秋,邹普胜自兴国经武宁、奉新重入南昌之境,欲再度攻城。因乡兵黄季中、刘仲升在城外抵御,邹普胜的企图失败④。

南昌失利是淮西红巾军进入江西后遭到的最大挫折。这是因南昌乃元军的重点驻防区,守军充足。道童曾"密召死士数千人,面涂以青,额抹黄布,衣黄衣,为前锋。又别选精锐数千为中军,而募助阵者殿后"⑤。当时,南昌仅精锐守军就可能超过万人。其次,元初摧毁江西各地城池时,南昌因濒江,城墙具有极强的防洪功能,得以保全。战事来临后,有利于防守。复次,南昌城内的防御工作准备充分,措施严密,避免了仓促应战,临阵慌乱。又次,南昌得到很多外部支援,临江杨万户率民兵来援,驻守抚州门,减轻了来自东南面的压力;夏益卿、熊君佐、阿都赤等率乡兵屯守城西的生米章家渡及大塘岭等,减轻了来自西部的压力。⑥最后,当时城内官吏军民团结一心,这是保证城池不失的重要因

---

① 包希鲁:《守城记》,见同治《南昌府志》卷十八。
② 包希鲁:《守城记》,见同治《南昌府志》卷十八。
③ 周霆震:《石初集》卷二《豫章吟》,豫章丛书本。
④ 万历《南昌府志》卷二四《纪事》。
⑤ 《元史》卷一四四《道童传》。
⑥ 万历《南昌府志》卷二四《纪事》。

# 第四章
## 元朝在江西统治的终结

素。元军坚守南昌,对暂时维持元政权在江西的统治意义重大。

南昌一战阻止了红巾军主力沿赣江往南,或沿抚河向东南推进的步伐。此后,元军在乡兵的协助下,渐次收复被占地区。

南面庐陵方向,吉安邑民罗明远、刘明道等率领乡丁,协同太和州达理马识礼在红巾军攻占庐陵7天之后收复该城①,陈普文向西北败走安福。四月二日,安福在知州虞冏的率领下,又被元军收回②。庐陵南部太和州的元军严兵保境,牢固控制吉安以下的赣江河段,且西援龙泉、万安,东拒安福、新喻,保证了吉安大部不失。赣州的元军在万安以南的皇恐、大蓼诸滩广设坑阱,众建寨栅,造屋3000余间,募民兵自守③。

东南抚州方向,虽有小股红巾军经临江、富州进入抚州路,但在路达鲁花赤完者帖木儿、万户章士谦与城外地方武装的努力下,抚州城得以坚守④。另,至正十二年(1352年)四月,临川起事民众邓忠攻下建昌路⑤,其后,宜黄涂佑、涂乙、新城童远等继续向东南进入福建,与当地起事领袖应必达联合,攻陷邵武⑥。但是,这支在赣东南和闽西十分活跃的力量已不是淮西红巾军主力,它是以江西起事民众为主体。此时,红巾军主力在江西中部征进的步伐已经基本停止。

东北方向,饶州、信州被陷前,元廷对红巾军在江西的攻城略地没有给予充分重视,只调集江西本省守军进行抵御。饶、信被占后,红巾军进展十分顺利。闰三月二十一日,红巾军据有婺源,转向徽州绩溪,过昱岭关,进入浙北,于七月攻占杭州。与此同时,江淮一带的赵普胜(双刀赵)、李普胜(李扒头)于至正十二年(1352年)春渡江南下,连克无为、繁昌,占领铜陵、池州(治今安徽省池州市),进围安庆,再下湖口、彭泽,一路势如破竹,百万水师拥有江州以下、芜湖以上的长江下游西段,与淮西红巾军联为一体,从水路对财赋重区苏南浙北形成严重威胁。元廷开始调集重兵。

至正十二年(1352年)三月,元廷任命江浙行省左丞相亦怜真班为江西行

---

① 《元史》卷四二《顺帝纪五》;周闻孙:《罗明远庙碑》,见宣统《庐陵县志》卷十三上;刘崧:《槎翁文集》卷二《达理马识礼传》。
② 周霆震:《石初集》卷五《纪事》;顺治《吉安府志》卷一《郡纪》。
③ 宋濂:《宋文宪公全集》卷三一《岐宁经历熊府君墓铭》。
④ 弘治《抚州府志》卷二七《兵氛》。
⑤ 《元史》卷四二《顺帝纪五》。
⑥ 《元史》卷四二《顺帝纪五》。

省左丞相,位居江西行省平章政事道童之上,同时任命火你赤为江西左丞,二人负责调集江西、江浙两省之兵,收复饶州、信州①。闰三月,因红巾军主力已越过饶州进入徽州,元廷重新部署江南兵力,以亦怜真班专守昱岭关、玉山等江东、西要隘,阻止红巾军继续进入江浙;以江浙行省右丞兀忽失、左丞老老与江西行事平章政事星吉、不颜帖木儿、南台御史中丞蛮子海牙等率两省重兵,进攻饶、信两地的红巾军;江西行省左丞火你赤与参知事先事朵歹专攻江西红巾②。同时,允许亦怜真班"便宜从事",即遇有重大军情,可不经申禀,直接处理。从兵力部署看,元廷以江西、江浙两省重兵攻饶、信二路,派遣江西最高长官镇守江东、江西要隘,而以次重兵力征讨江西,均是为了力保江浙万无一失。

至正十二年(1352年)五月起,各支元军陆续到位,从水、陆两路对红巾军展开反扑。陆路反攻在十二月初现成效,杭州、常州、湖州、信州等相继被元军收复③。至正十三年(1253年)四月,亦怜真班、左丞老老率兵十万,取道信州,元帅韩邦颜、哈迷取道徽州、饶州浮梁,两军从东北和西面同时对饶州展开进攻。在安仁团湖,亦怜真班部与天完政权彭浩所部7万人展开激战,彭浩损兵3万。五月一日,元军攻下鄱阳城,擒天完平章1人,万户8人。同时,乐平、安仁、贵溪、玉山等亦被元军重据④。随后,元军扫荡鄱阳湖两岸的红巾军,攻下南康路。水路方面,至正十二年(1352年)夏秋间,江西行省平章政事星吉攻下池州、安庆、江州,令王惟恭设栅守彭泽小孤山,自己驻防湖口,江州城亦留部分兵力。由于当时赣北及沿江周边地区仍属红巾军占领区,星吉所部乏援,无力继续向西推进。九月,赵普胜再陷江州⑤。至正十三年(1353年)夏,元军卜颜铁木儿、脱火赤等部从池州进发,八月重占江州⑥。

至正十三年(1353年)夏秋,由于南昌、抚州的坚守以及庐陵、饶州、江州、南康等地相继被元军重新占据,淮西红巾军在江西的重要据点只剩下赣西袁

---

① 《元史》卷四二《顺帝纪五》。
② 《元史》卷四二《顺帝纪五》。
③ 《元史》卷四二《顺帝纪五》。
④ 《元史》卷四三《顺帝纪六》;宋濂:《宋文宪公全集》卷十《张府君新墓碣》;赵汸:《东山存稿》卷五《江浙省都镇抚哈密公纪功之碑》。
⑤ 宋濂:《宋文宪公全集》卷三四《忠肃星吉公神道碑铭》;权衡:《庚申外史》卷上。
⑥ 《元史》卷一四四《卜颜铁木儿传》,《元史》卷四三《顺帝纪六》。前者记江州被元军占领的时间是至正十三年(1353年)的五月至七月间,后者则记为八月。前者以事系人,所记时间较粗略,后者以事系时,时间较准确,故本书采后者。

# 第四章
## 元朝在江西统治的终结

州的欧普祥部和瑞州的况普天、彭国玉部。二者仍然对龙兴构成威胁。九月,江西行省左丞火你赤率元军、乡兵、苗军等从南昌进发,于十一月攻下瑞州,"擒况普天、闵总管、彭国玉,并家属无少长裔之。民之应者,亦戮以徇"①。随后,况普天的部将李五为复仇,攻瑞州城达三个月之久,最后失败。因欧普祥仍据有袁州②,为了从西部遏制红巾军,保证龙兴的安全,火你赤长期停驻瑞州,达5年之久。

至正十三年(1353年)十二月,卜颜帖木儿、蛮子海牙等会同四川元军,联攻天完政权都城蕲水。城破,天完400多名官员遭屠戮,徐寿辉等遁入黄梅山中,另有部分官员和将领逃入沔阳湖中。淮西红巾军连续两年多的战斗陷入低潮。此前此后,中原、徐州、南阳、襄阳及汉水流域的红巾军也相继遭受重挫。至此,包括江西在内的元军对红巾军的反扑基本取得成功。

从至正十二年(1351年)年初到次年年底的两年间,红巾军在江西经历了从势如破竹到节节败退的转变。至正十二年的前几个月,红巾军进展神速,除南安和赣州的部分州县外,江西大多数地区都或长或短地被红巾军占领过。形成这种局面,是由诸多因素造成的。首先与元军军备弛废有关。元成宗以后,江南基本没有大规模的军事行动,元军战斗力逐渐削弱,明初叶子奇对此有形象说明:"元朝自平南宋之后,太平日久,民不知兵。将家之子累世承袭,骄奢淫佚,自奉而已。至于武事,略之不讲,但以飞觞为飞炮,酒令为军令,肉阵为军阵,讴歌为凯歌,兵政于是不修也久矣。及乎天下之变,孰能为国爪牙哉。"③红巾军进入江西后,守土将士"狃于承平,束手无措"④,少有能如抚州万户章士谦那样从容应对者,多数是像袁州万户那样弃城奔逃。其次,面对强兵压境,多数民官延续酷暴、贪腐的旧习。吉安人周霆震说元末"方面多贵游子弟,贪鄙庸才,漫不省君臣大义,草芥吾民,虚张战功,肆意罔上,诛求冤滥,惨酷百端。重以吏习舞文,旁罗鹰犬,意欲所陷,则诬与贼通,其弊有不忍言者。间存一二廉介,则又矜独断,昧远图,坐失机会。民日以蔽,盗日以滋"⑤。当时江西的民官少

---

① 《元史》卷四三《顺帝纪六》;韩准:《桐树庙碑》,见同治《南昌府志》卷十三;正德《瑞州府志》卷十一《遗事志》。
② 火你赤率元军主力攻下瑞州后,未乘胜攻打袁州,使欧普祥得以长据袁州或周边地区,不知出于何故。也许与李五的进攻有关。
③ 叶子奇:《草木子》卷之三上《克谨篇》。
④ 万历《南昌府志》卷一八《人物》。
⑤ 周霆震:《石初集》卷二《古金城谣》。

有如江州总管李黼那样奋力振起者。第三,元初为防止反抗,曾大规模摧毁江南各地的城墙,江西只有南昌城墙得以保留。元军得以坚守南昌,城墙发挥了重要作用。其他城邑就没有南昌那么幸运,致使红巾军攻城略地如入无人之境。如张普宪攻武宁时,该县便无城可守①。第四,元朝一直严禁汉人、南人持有军器,顺帝前期,又重申这一禁令,且严禁拘刷马匹,使民间平时自卫御寇、战时保家护国的能力不足,红巾军逼近时,多数地方"人无定志,凡所侵迫,如升虚邑"②。第五,白莲教的广泛传布使红巾军在江西拥有较好的民众基础,当红巾军大规模进入,江西民众易起而响应。况普天、彭国玉占瑞州后,"乡民立寨自保者,亦称红巾应之"③;红巾军进至饶州,"所在无赖子多乘间窃发,不旬日,众辄数万,皆短衣草屦,齿木为杷,削竹为枪,截绯帛为巾襦,弥野皆赤"④;史普清率数百红巾进入奉新、新建,"土寇喻谦可、屈详、喻升、余玉等佐之"⑤,等等。

至正十三年(1353年)元军反扑成功,最重要的原因是尚有可供调遣的优势兵力和经济资源。江浙一直是元军重兵屯戍之区,至正十二、十三年间,苏南浙北尚未大乱,其军队,包括驻军、招募的乡兵和苗军得以大量进入江西,同时进入的还有大量"北军",即从北方调集而来的军队。调兵对击退江西境内的红巾军起到关键作用。与此同时,江浙的财赋也大量进入江西。至正十二年(1352年),龙兴大旱,公私匮乏,道童"乃移咨江浙行省,借米数十万石、盐数十万引,凡军民约三日人籴官米一斗,入昏钞贰贯,又三日买官盐十斤,入昏钞贰贯,民皆便之。由是按堵如故,而贼亦不敢犯其境"⑥。江浙输入的盐粮对稳定江西局势起到了重要作用。另外,地方豪绅对元军实现成功反扑功不可没。亦怜真班攻饶州时,安仁张理、张琢率乡兵为先导;元军缺粮,张理"率县大姓输粮一万二千斛散之"⑦;传递军情的元廷使臣络绎不绝,张理倾力接待,以致家贫。再如永新的刘纶、刘琚兄弟,"出资粟,募勇敢,喻以逆顺,且悉驱其苍头与相杂伍,给衣食,备器械,分屯要害"⑧,成为元军在赣西的一支重要辅助力量。其他如南

---

① 同治《南昌府志》卷九《建置志》。
② 包希鲁:《守城记》,见同治《南昌府志》卷十八。
③ 正德《瑞州府志》卷十一《遗事志》。
④ 《元史》卷一九五《魏中立传》。
⑤ 万历《南昌府志》卷二四《纪事》。
⑥ 《元史》卷一四四《道童传》。
⑦ 宋濂:《宋文宪公全集》卷十《张府君新墓碣》。
⑧ 李祁:《云阳集》卷八《刘纶刘琚传》。

# 第四章
## 元朝在江西统治的终结

丰戴良、乐平许则祖、余干汤自愿和汤自善兄弟、武宁胡绍远等,都倾力帮助元军。元朝还于至正十三年(1353年)设义兵千户水军千户所于江西①,吸纳地方力量,以增强其水上作战能力。可以说,元军的每一步推进都有地方豪绅的功劳。与此形成对比的是,红巾军方面,虚幻的教义宣传、分散的兵力部署、盲目的进军路线、流动的作战方式以及庞杂的队伍组成使其不注重也无法经营既得城池,许多地区随得随失,从而被元军迅速击败。

至正十四年(1354年)十一月,元丞相脱脱率百万元军抵达苏北高邮,进攻势力不算强大但对苏南构成严重威胁的张士诚部。就在垂成之际,因元廷内部的斗争,脱脱于军前被削夺兵权,百万元军不战自溃,从此再无能力纠集强势兵力镇压红巾军,形势开始朝着有利于红巾军的方向转变。各地红巾军以此为契机,重新再起,陆续掀起更大规模的斗争。

至正十五年(1355年),淮西红巾军部将倪文俊复起,连克沔阳、中兴(治今湖北省江陵市)、武昌、汉阳。次年正月,天完政权建都汉阳,迎徐寿辉来居,仍以邹普胜为太师,倪文俊任丞相,改元"太平"。随后,天完政权西克襄阳,南取湘北诸路州,赵普胜所领巢湖水师则连下枞阳、池州、青阳,两围安庆。淮西红巾军日趋活跃。当时,江西的上、下游均有激烈战事,但江西尚未卷入其中。然而,这并不意味着江西平静如常。至正十三年(1353年)十一月红巾军瑞州失败后,江西境内以本土起事民众为主的反元力量仍很活跃,部分地区处在元军与起事民众的交替争夺中,有些州县则由起事民众长期占据,形成多个小规模的割据势力。

东北部,至正十三年(1353年)秋,饶州出现饥荒,民众中多有起而抗元者。七月至十二月,元军与起事民众展开拉锯战。至正十五年(1355年)十一月,吴宏等围饶州城,江浙平章三旦八不善调度,加以援兵不至,粮尽箭竭,镇守官韩邦彦死,鄱阳城被攻破②。浮梁、婺源等地也是几次易手③。都昌人于光在此期间成长为饶州的一支重要反元力量④。赣东北非常动荡。

西部,袁州经历了反复争夺。至正十二年(1352年)二月,欧普祥攻占宜春,四月,元将别速坚、分宜彭继凯、安福袁明东分率元军与乡丁,合力克复袁州,

---

① 《元史》卷九二《百官志八》。
② 《元史》卷四四《顺帝纪七》。
③ 李祁:《云阳集》卷八《新安节士俞君墓志铭》。
④ 宋濂:《宋文宪公全集》卷五《指挥于君墓志铭》。

彭继凯承行省之命任本路同知①。九月，欧普祥再攻袁州，失败，转攻分宜、新喻等县，结寨固守。次年二月，欧复攻袁州，元帅别速坚与万户宝童等经过十个月的固守，城中食尽，十一月，元军失守②。欧继以袁州为中心，分兵攻陷安福、上高等地。至正十四年（1354年），湖南的天保一度以所部答剌罕军攻陷袁州，很快被欧驱逐③。此后，江西行省参政全普庵撒里一度奉命攻取袁州，失败而归。十六年（1356年），欧所部一度逼近庐陵，屯驻半年之久，次年退兵④。

中部，跟随陈普文起事的新淦人邓克明（一作邓克铭）兄弟长期据有本州修德、钦凤、太平、玉笥等乡。新喻州由邑人黄士能占据，直至后来归附朱元璋⑤。奉新先后被史普清、吴三复所占，至正十七年（1257年）转入武宁胡绍远之手。富州李明道长期据有本州及相邻十余州县，各置军将统之⑥。吉安为李明父子所据，一度占有十余州县，各设将帅管辖。永新人周安起初与欧共据袁州，不久率众还据永新，自立山寨，"重敛厚赋，恣睢杀人，暴横日甚，民怨苦之"⑦。

东南部，至正十二年（1352年）抚州城虽未被攻下，但所属各县中，邓克明占宜黄、崇仁、乐安；临川民胡志学、邓和，崇仁民杜四、熊三、刘世英等"各署将校，攻劫不已"⑧；安仁人王溥据有建昌路，人称"路主"。

有鉴于江西境内起事民众的活跃，至正十五年（1355年）二月，元廷命刑部尚书董铨、兵部尚书黄昭、江西肃政廉访使吴当等协助已升任江西行省参知政事的火你赤平定江西⑨。黄、吴二人均为抚州人，了解乡邦情况，且有一定声望，有助于发动民间力量。吴当一路招募民兵，从福建进入江西。入建昌路后，招降新城（今黎川）孙塔，克复南丰与建昌。至正十六年（1368年），吴当、黄昭分别从建昌和龙兴夹攻抚州，杀胡志学，占崇仁、宜黄。不久，二人随火你赤镇戍瑞州，

---

① 正德《袁州府志》卷八《人物·彭继凯》。郭钰《静思集》卷七《哭宜春义士彭维凯》中，彭继凯作"彭维凯"。
② 正德《袁州府志》卷六《名宦·别速坚》。《明太祖实录》卷十五"甲辰（至正二十四年，1364年）六月丁巳"载欧普祥占袁州的时间是至正十三年（1353年）十二月。
③ 正德《袁州府志》卷一《建置沿革》；周霆震：《石初集》卷二《悲东姚》。
④ 郭钰：《静思集》卷二《悲庐陵》。
⑤ 同治《临江府志》卷十一《武备志》。
⑥ 宋濂：《宋学士文集》卷二一《故吉安府安福县主簿潘景岳甫墓铭》；同治《南昌府志》卷十八《武备志》；《明太祖实录》卷十四"甲辰（至正二十四年，1364年）二月癸丑"，第179—180页。
⑦ 《明太祖实录》卷一八"乙巳（至正二十五年，1365年）闰十月戊辰"，第250页。
⑧ 弘治《抚州府志》卷二七《兵氛》。
⑨ 《元史》卷四四《顺帝纪七》；《元史》卷一八七《吴当传》。

# 第四章
## 元朝在江西统治的终结

加强对龙兴西面的镇遏。九月,元廷又设江州等处宣慰使司都元帅府,宣慰使都元帅出自廷授,佐贰僚属则由江西行省长官道童和火你赤任命①,以期加强对龙兴北路及沿江地区的控制。

至正十二年(1352年)至十六年(1356年)的五年间,江西地区只有赣州和南安相对平静,但也并非波澜不惊。至正十二年,陈普文所部红巾军在吉安受挫后,主力逃至安福,另一支从抚州的乐安、宜黄一带南下,进入赣州辖境,于四月占据宁都。赣州路判官王荣忠与之七战皆捷,克复宁都。他们转攻兴国,又被王荣忠击溃。至正十三年(1353年)春,红巾军攻下会昌。赣州为加强对东部宁都、石城、会昌、瑞金、安远等较远州县的控制与救援,在雩都设立分府,王荣忠"广设义兵千户以联其民,习武以备用,置斜站以报警,棋布三堡于近郊为外防,建钟鼓楼县治之左,以明禁令,瞷奸慝"②。即便如此,至正十三年(1353年),赣州南陲的信丰还是遭到广东循州、梅州一带起事民众的攻击,县尹李廉死之③。随后,雩都又受攻,被王荣忠率兵民击退。此后,赣州基本平静。至正十六年(1355年),赣州路达鲁花赤全普庵撒里因守赣有功,升任江西行省参政,分省于赣州④。

由此可见,至正十三年(1353年)底到十六年(1356年)间,江西境内除赣州、南安之外,总体呈现元军与起事民众拉锯作战、互争雄长的动荡态势,元军控制区与反元武装占领区处于犬牙交错的变动之中。

江西境内之所以出现这种态势,首先是因为元军经历了对红巾军的成功反扑,实力大损。红巾军主力退出江西后,江西行省长官朵歹、火你赤等奉令扫除境内的起事民众,实是力不从心,久而无功。其次,元朝一贯奉行的排斥汉人、南人,禁止其掌握兵机的政策不利于团结调动地方豪强乡绅。至正十六年(1356年)抚州人吴当、黄昭在安靖抚州、建昌两地的战斗中卓有功勋,之前负责此事的江西行省参政朵歹积年无功,"因忌(吴)当屡捷,功在己上,又以为南人不宜总兵,则构为飞语,谓当与黄昭皆与寇通"⑤。听信谗言的元廷解除二人兵权,降吴当为抚州路总管,黄昭为临江路总管。后,火你赤又说二人难以胜任

---

① 《元史》卷九二《百官志八》。
② 王礼:《麟原文集》卷一《赣州路总管府判官王侯纪勋碑》。
③ 钟瑾:《双节祠记》,见同治《赣州府志》卷十二。
④ 《元史》卷一九五《忠义传三·全普庵撒里传》。
⑤ 《元史》卷一八七《吴当传》。

牧民官，元廷遂将二人贬黜为民。吴、黄招募的大批乡兵虽未即刻解散，但斗志大减。陈友谅进入江西后，吴当隐居乡间，黄昭则改投陈友谅。二人的离去对元朝实是重大损失。而且，吴、黄二人的经历在江西绝非个案。安福州姚正叔举族抵抗红巾军，"监州普剌、同知脱欢答失蛮拥兵咫尺，素忌其能。众踊跃求自效，二人力遏之。姚死，安成（引者注：即安福）陷，寇遂根盘"①。分宜彭继凯击退欧普祥后，"禁杀掠，修城池，缮甲兵，吊死恤孤，民赖稍安"，继而迎取逃遁的前守官宝童回任。宝童"嫉其功，中秋夜宴，令刺客伺其酒酣杀之。城中惊扰，义士溃败"②。最后，经过长达几年的动荡与对抗后，江西的豪强乡绅实力大损，如金溪"豪势之家焚荡播迁，靡所底止"③，庐陵大族"宅宇家计悉为烟烬"④。在与起事民众对抗时，他们不再具有优势，永新县一度颇具实力的刘纶、刘琚兄弟在这一时期便不能抵挡周安的攻势。

综上所述，至正十一年蕲、黄爆发红巾军起事后，江西从至正十二年（1352年）年初到至正十七年（1357年），绝大部分路州县都经历了红巾军与元军的反复争夺，社会动荡。战局经历了红巾军主力势如破竹的推进、元军的成功反扑、元军与起事民众拉锯相持三个阶段。到至正十七年（1357年），江西境内除江州、南康、龙兴、饶州、瑞州、抚州、信州、临江、吉安、赣州等重要城邑，元廷实际上已无法有效控制大部分路级以下的州县，且部分元军守将因长期得不到元廷的消息，了无斗志，时有去意⑤。元朝在江西的统治苟延残喘。同时，江西亦没有足以威震一方的割据势力。这时的江西，"各路军州汹汹不知所属"⑥，等待着外部力量的强势进入。

## 二、元朝统治在江西的终结

至正十五年（1355年），淮西倪文俊复起后，战功卓著，人称"蛮子"，其主徐寿辉则"木强无他能"⑦，权柄遂为倪文俊所掌。至正十七年（1357年）九月，倪文

---

① 周霆震：《石初集》卷二《悲东姚》。
② 正德《袁州府志》卷八《人物》。
③ 朱善：《朱一斋文集》卷八《元鲁吴公墓志铭》，四库全书存目丛书本。
④ 刘彦昺：《春雨轩集》卷八《代任斯干（翰字）预书墓志铭》，明嘉靖刊本。转引自杨讷、陈高华、朱国炤、刘炎编《元代农民战争史料汇编（中编）》，第129页。
⑤ 解缙：《文毅集》卷十二《鉴湖阡表》。
⑥ 康熙《南城县志》卷十一《宦业·夏显卿》。
⑦ 《明太祖实录》卷八"庚子（至正二十年，1360年）闰五月戊午"，第99页。

## 第四章
## 元朝在江西统治的终结

俊企图谋杀徐寿辉篡位,未遂,逃奔黄州,被部将陈友谅袭杀。陈友谅尽吞其众,势力大增,自称宣慰使,随之升平章,掌控天完的军权。

陈友谅的出兵重点在东南沿江路州。至正十七年(1357年)十月始,陈友谅所部沿江而下,占江州,在小孤山大败元军。十八年(1358年)正月,与巢湖水师统领赵普胜联军攻破安庆,杀元淮南行省左丞余阙。在攻打安庆的过程中,饶州祝宗率众参与攻城①。

陈友谅攻略沿江各地时,江西诸郡皆无守备。元廷急令吉安永丰人、时任广东廉访司副使的刘鹗驻守江州,但为时已晚。刘鹗停驻龙兴②。镇守瑞州的江西行省左平章火你赤回师龙兴。时吴当、黄昭虽贬为平民,但念军情重大,率乡兵随其回师。同时,江西行省参政全普庵撒里分省于吉安,行省都事吴伯都剌(即吴彦诚,居于龙兴的西域哈剌鲁人薛昂夫之子)任吉、赣总兵官,控遏赣江上段。

四月,陈友谅乘着夏涨,亲率水军和战舰千余艘,由江州逆流而上,进攻龙兴。此时的龙兴因火你赤回防,应该说还是具有相当的防御能力。但火你赤与行省右平章道童素不和睦,且贪婪残酷,不得将士之心,路总管安谦等也没有6年前抵御邹普胜时的斗志。三人均弃城遁避抚州③,陈友谅轻取南昌。随后,陈军乘胜四出,龙兴属县皆为其所有。陈友谅设立江西行省,以吴廷瑞为丞相,镇守龙兴,稍后,分兵四路,攻略江西诸路州县。

西部,四月,陈友谅遣王奉国攻瑞州路。时瑞州由临江路同知镇守,无力抵御,王奉国遂据有瑞州④。十九年(1359年)三月,刘普燆攻占上高县⑤。

东南面,因道童、火你赤等逃向抚州,陈友谅亲率部众追击,于五月破抚州,擒杀路达鲁花赤完者帖木儿,然后沿抚河进兵建昌。时安仁人王溥占据建昌,陈友谅以平章之任诱之,八月,王溥出降⑥。至正十九年(1359年),陈友谅遣康泰、赵琮、邓克明等分三路进兵福建,十一月,其中一支过杉关,攻克邵武。邓

---

① 《元史》卷一四三《余阙传》。
② 杨士奇著,刘伯涵、朱海点校:《东里文集》卷十八《元龙兴路儒学正杨公墓志铭》,中华书局1998年版。
③ 《元史》卷一四四《道童传》。
④ 《元史》卷四五《顺帝纪八》,权衡:《庚申外史》卷下。
⑤ 正德《瑞州府志》卷十《灾异志》。
⑥ 康熙《南城县志》卷十一《宦业·夏显卿》。

克明所部在攻建宁失败后,回师抚州,擒杀刘世英,据有崇仁、乐安。陈友谅任邓克明为右丞,据抚州。金溪则为王溥所有①。

南面,陈友谅军进至临江,曾在至正十二年(1352年)南昌保卫战中立有战功的守臣定住献城投降②。四月,熊天瑞、幸文才兵临吉安。此前,分省吉安的全普庵撒里和吴伯都剌"漫不事事"③,专意内讧,贪暴自用。全普庵撒里乃西域高昌秃兀儿氏,据称他"资性聪敏,风流潇洒,人莫能及也"④,且擅作散曲。在江西期间,他以"酷虐"著称,"赣谢氏,其(引者注:指全普庵撒里)故也。怀宿憾,先没入之,谢自成丁以上,非远徙则狱死,且连逮其亲戚,没入者十七八家……十六年秋,始次泰和(引者注:当作太和),诬执萧绳武义士等十八人,杀之,没入者又十余家……十七年夏,始次吉安,先勒大贾徐、李各献银万两,徐父子相继杖限死。征愈急,次及编户"。吴伯都剌则对属下失于钤束,其裨将明志高甚至矫杀林伯颜、武端二员骁将。五月,明志高以吉安城献降,录事张元祥与权达鲁花赤雅某亦降。全普庵撒里"仓卒弃其师,单舸装其妇女、宝货,还走赣",分省随之南迁。幸文才和明志高追击至赣州。时赣州总管哈海赤"任情好杀,率意破律,民不堪命"⑤,无力抵御。八月,赣州城内百姓食尽,九月,军士食尽。二十九日,赣州城破,全普庵撒里和哈海赤死之⑥。

东面,王奉国占据瑞州后,陈友谅遣其领兵二十万攻信州。至正十九年(1359年)正月,江东廉访副使伯颜不花的斤自衢州引兵来援。二月,陈友谅弟友德亦援信州,包围信州城。经过异常残酷的几个月相持,五月,信州城内乏粮,"时军民唯食草苗茶纸。既尽,括靴底煮食之。又尽,掘鼠罗雀,及杀老弱以食"。六月,王奉国等连续十多天昼夜攻城,且"穴地百余所,或鱼贯梯城而上",信州城破,伯颜不花的斤自刎⑦。陈氏部众随即进入衢州(治今浙江省衢州市)。

---

① 《元史》卷四五《顺帝纪八》,弘治《抚州府志》卷二七《兵氛》。
② 权衡:《庚申外史》卷下。
③ 解缙:《文毅集》卷十四《中议大夫吉安路总管刘明道神道碑》。
④ 佚名:《录鬼簿续编》,见《录鬼簿(外四种)》,上海古籍出版社1978年版,第107页。
⑤ 陈谟:《海桑集》卷九《书赣州城陷本末》,明嘉靖刊本。转引自杨讷、陈高华、朱国炤、刘炎编《元代农民战争史料汇编(中)》,中华书局1986年版,第280—281页。
⑥ 《元史》卷四五《顺帝纪八》。
⑦ 《元史》卷一九五《忠义传三·伯颜不花的斤传》。据《元史》卷四五《顺帝纪八》:至正十九年"正月,甲午,朔,陈友谅兵信州路,守臣江东廉访副使伯颜不花的斤力战死之……三月,癸巳,朔,陈友谅遣兵由信州略衢州,复遣兵陷襄阳路"。二者有歧。

# 第四章
# 元朝在江西统治的终结

到至正十九年(1359年)信州城破,江西十三路尽归天完政权,境内几无元人立足之地。江西行省分省于广州,勉强维持其在行省南部的统治①。原设于龙兴路的监察机构——江西湖东道肃政廉访司在福建建宁路权宜开司署事②。大量任职江西的元朝官员,或南逃至广东,或向西南遁入福建,受命南来的江西官员亦止步于闽粤,无法越杉关、铁关或梅关进入江西。如至正二十年(1360年),邓克明攻建宁时,江西行枢密院副使明安、军政元帅吕天泽、廉访司佥事察伋、揭汯等均停留于此③。广东境内则有分省右丞跌里迷失、左丞何真、参政邵宗愚等。至此,元朝在江西地区的统治彻底瓦解④。

## 三、陈友谅与朱元璋之争

拥有江西和湖广的天完政权是当时南方各支反元武装中占地最广、实力最强者。至正十九年(1359年),陈友谅以江州为都,从汉阳迎徐寿辉来居。十二月,徐寿辉至江州,随从被陈友谅伏兵尽数杀害。陈友谅继续奉徐寿辉为主,自称汉王,在江州城西门外立王府,置官属。天完大权尽归陈友谅,徐寿辉只拥虚位。自此,江州成为徐寿辉的天完政权和后来陈友谅的汉政权中心,这有利于陈友谅居中控驭辖境内东西各路的部众。次年闰五月初一,陈友谅杀徐寿辉于太平路(治今安徽省当涂县),自称皇帝,国号"大汉",改元"大义",回驻江州⑤。江西地区十三路中,除袁州欧普祥不听陈友谅节制⑥,其余尽属汉政权。陈友谅在江西的势力达至顶点。

定都江州的几年间,陈友谅重点经营江西地区。江西行省是目前已知的汉政权中唯一一个最高地方行政机构,胡廷瑞任丞相,平章有祝宗、王溥、吴宏、刘某等,左丞有余椿、张民瞻,右丞有邓克明,参知政事有廖永坚等,军事机构则有江西行枢密院,康泰曾任同佥⑦。江西州县之官多为军将。同时,汉政权为

---

① 《元史》卷四六《顺帝纪九》,卷一九五《忠义传三·朵里不花传》。
② 《元史》卷九二《百官志八》。江西湖东道肃政廉访司权于建宁路开司署事,事在至正十八年(1258年)。
③ 贡师泰:《玩斋集》卷九《建安忠义之碑》。
④ 当时江西尚有极少属县与天完政权相抗,如赣州兴国县到至正二十三年(1363年)仍奉元主,见同治《赣州府志》卷四三《官师志·陈文彬》。
⑤ 《元史》卷四五《顺帝纪八》。
⑥ 《明太祖实录》卷十五"甲辰(至正二十四年,1364年)六月丁巳",第198页。
⑦ 邱树森:《元末红巾军的政权建设》,见《元史论丛》第一辑,中华书局1982年版,第91—108页。

增加自身实力,在江西进行了一定的笼络人才的努力。陈友谅在南昌曾登门礼请元江南行台侍御史韩准,在太和"下令录寓官以待用"①。当时,有儒者称陈友谅"以雄毅之姿,英迈之略,纠集群帅,起兵汉、沔而威吴、楚。凡行师立署,所至之处,能者使,才者用,贤而有德者尊礼,俾各遂其性,无意于富贵功名者不强以职,此所以超轶群雄者也"②。由此可见,陈友谅在江西士人中具有一定声望。加之元政权在江西的统治已经崩溃,士人找不到归依,于是"伪陈之在九江,趋者日众"③,一些颇负时望的儒士和元朝前官员加入汉政权,较著者有抚州人、元湖广行省参知政事黄昭④,其在汉政权的官职不详;吉水人、元乡贡进士解观任太常礼仪院判官⑤,婺源人、元郴州路儒学正詹同受聘为翰林学士承旨兼御史⑥,等等。但是,江西地区还是有相当一部分儒士或因陈友谅弑主篡位而鄙弃他,或因元廷影响尚在而不忍背弃,或因大局未定而心存观望,他们与汉政权保持疏离。陈氏遣人征聘吴当时,吴当"卧床不食,以死自誓。乃舁床载之舟,送江州。拘留一年,终不为屈。遂隐居庐陵吉水之谷坪"⑦。进贤人傅箕出身进士,心系元朝,也拒绝了陈氏征聘⑧。另外,汉政权的有些地方官还进行了一些文化

---

① 刘崧:《槎翁文集》卷十六《清江县主簿杨君墓表》。
② 同治《南昌府志》卷四十《人物志·傅箕》。
③ 王礼:《麟原文集》卷三《教授夏道存行状》。
④ 据《元史》卷一八七《吴当传》,黄昭、吴当被诬贬为民后,元廷得知实情,拜黄昭为湖广行省参知政事,吴当为江西行省参知政事,命未下而陈友谅已攻江西。
⑤ 解缙《解学士文集》卷八《伯仲公传》(明嘉靖刊本,转引自杨讷、陈高华、朱国炤、刘炎编《元代农民战争史料汇编(中编)》,第309页)载:"至正辛丑(引者注:至正二十一年,1361年),陈友谅以书招之(引者注:指解观),遂往,劝以息兵保境,友谅不从。谢病解机务,为太常礼仪院判,养病著书。江州破,死焉。"即解观在汉政权中任职,但实际上没有理事。景印文渊阁四库全书本《文毅集》卷十一《伯中公传》的相关记载与此不同:"至正辛丑,陈友谅屡书聘之,不往,以书劝其息兵保境,友谅不从,遂谢病著书。江州破,死焉。"后者将"遂往"改为"不往",并阙略"为太常礼仪院判"七字,从而将解观任职汉政权的经历抹去。这显然是明朝嘉靖以后删改所致。
⑥ 据过庭训《本朝分省人物考》卷三六《詹同传》(明天启刊本,转引自杨讷、陈高华、朱国炤、刘炎编《元代农民战争史料汇编(中编)》,第315页),詹同"至正中,举茂才异等,授郴州学正。遇乱道梗,因家黄州。陈友谅征为学士承旨兼御史。高皇帝平陈,首召为国子博士"。即詹同担任了汉政权的翰林学士承旨兼御史。清乾隆《婺源县志》卷十五《人物志·名贤·詹同传》的记载与此不同:"至正举茂才异等,为柳州路学正。遇难道梗,因家黄州。陈友谅以为学士承旨兼御史,不拜,归明太祖。"即詹同未在汉政权中任职。这可能与前述解观的情形一样,乃是后人改动所致。
⑦ 《元史》卷一八七《吴当传》。
⑧ 同治《南昌府志》卷四十《人物志·傅箕》。

## 第四章
## 元朝在江西统治的终结

建设。占据抚州的平章邓克明在兵戈纷扰中修缮儒学,初无一人入学,后经努力,学生多至150人①。临江守将定住虽系武将,实是至正二年(1342年)进士,文雅风流,"好延揽儒硕,文宗六朝",与当地文士周闻孙等时相唱和②。

另一方面,陈友谅作为汉政权之主,在兵燹遍地之时仍痴迷于奢侈的生活,使都城江州成为奢侈品聚集地。孔迩《云蕉馆纪谈》记述了陈友谅的一些生活片段:"后庭数百人皆锦衣玉食,用极奢侈。有桑妃者,陈所至爱,海贾所进金丝花袄、紫霞帐、水晶缕凤箱皆以赐之","尝以春暮结彩为花树,自府第夹道植至匡山,又剪绣铺于道上,与宫人乘肩舆而行"。陈友谅酷爱奇珍异宝,"处兵戈间而急于珍宝。伪将征伐,必使之遍求奇宝。故善承意者甚至发家行劫"。他在江州开设宝市,招引海商大贾前来贸易。为接待持宝来献者,他在朱衣巷内建尊珍馆,"设宾客卿使之名,丰其谷禄,别其敬礼:得其绝色以进,则封为奇货上宾;得珠玉以进,则封为珍精贵客;又有华卿、丽使,亚于宾客也"。陈友谅还在南昌城西章江门外建鹿囿,蓄鹿数百只,"尝至其所,自跨一角苍鹿,缀瑟珠为缨络,挂于角上,缕金为花鞍,群鹿皆饰以锦绣,遨游江上"③。陈友谅的这些奢靡之举后来成为朱元璋训诫部下的反面教材。

就在陈友谅流连于江州的花树宝市间时,他那有悖伦常的弑主之举和对部将心存疑忌的用人策略已使疆土强大的汉政权内部实际矛盾重重,将士离心,政令不一。相反,起家于淮西红巾军、此时已占据江东应天府(治今江苏省南京市)的朱元璋部则蒸蒸日上,且已拟定先灭陈友谅,再取张士诚,然后挥师北上以定中原的策略。双方展开了对江西地区的争夺。

至正二十年(1360年)六月,胡大海奉朱元璋之命占领信州,封锁住陈友谅部进入浙东的路线,牵制其进攻江东的兵力。这是汉政权在江西地区丧失的第一个路级行政区。七月,陈友谅的浮梁守将于光、左丞余椿与饶州同知幸某不协,于光遂向朱元璋部投降。陈友谅遣参政侯邦佐攻陷浮梁,于光等败走,屯戍徽州④。九月,欧普祥以袁州降于朱元璋。

至正二十一年(1361年)八月,朱元璋亲率徐达、常遇春等从龙湾出发,一

---

① 弘治《抚州府志》卷二三《人物·黎仲基》。
② 同治《临江府志》卷一五《杂类志》。
③ 转引自杨讷、陈高华、朱国炤、刘炎编《元代农民战争史料汇编(中编)》第一分册,中华书局1986年版,第343—344页。
④ 《明太祖实录》卷八"庚子(至正二十年,1360年)七月乙丑",第108页。

路攻安庆,克小孤山,下湖口,陷江州,陈友谅败走武昌①。朱元璋进入江州,获马二千余匹,粮数十万石,随即南下取南康,改南康路为西宁府,以星子县尹陈子亨驻防。陈友谅平章吴宏以饶州献降。九月,建昌王溥降。十一月,邓克明以抚州诈降,邓愈、吴宏取抚州。十二月,陈友谅江西行省丞相胡廷瑞、平章祝宗遣使至江州请降。

至正二十二年(1362年)正月,朱元璋至龙兴,改龙兴路为洪都府。叶琛任知府,胡廷瑞、祝宗等降将仍袭旧职。稍后,已降附朱元璋的江西各地守将聚集洪都,有建昌王溥、饶州吴宏、袁州欧普祥之子欧文广等。陈友谅驻吉安守军孙本立等亦潜至洪都请降。诈降后出逃至新淦老巢的邓克明则在前往洪都探风时被擒。三月,平章祝宗、枢密院同金康泰复叛,攻陷洪都,邓愈仓卒出走,叶琛死之。四月,徐达复取洪都。朱元璋派亲侄朱文正以大都督府左都督之职节制中外军事,往镇洪都。八月,陈友谅部熊天瑞攻取吉安,孙本立败走,陈友谅遣饶鼎臣守吉安。十二月,朱文正遣将击走饶鼎臣,复取吉安。至此,陈友谅在江西的势力仅限于赣南一隅,朱元璋的疆土则连江东、浙东、皖南、江西中部和北部而成一片。

至正二十三年(1363年)二月,朱元璋亲自出兵救援被困安丰的小明王,陈友谅决定乘虚再取江西,重振汉政权。二月,陈友谅骁将张定边击走于光等,重据饶州。四月,陈友谅倾国而来,大举围攻洪都。此后的85天中,朱元璋部大都督府左都督朱文正率军进行了艰苦卓绝的洪州保卫战。《明太祖实录》对此有详细描绘:

> 陈友谅复大举兵围洪都。初,友谅忿其疆场日蹙,乃作大舰来攻。舰高数丈,外饰以丹漆,上下三级,级置走马棚,下设板房为蔽,置橹数十其中,上下人语不相闻,橹箱皆裹以铁。自为必胜之计,载其家属百官,空国而来。洪都城始瞰大江,友谅前攻城,以大舰乘水涨附城而登陆,故为所破。上既定洪都,命移城去江三十步,至是友谅巨舰至,不复得近,乃以兵围城,其气甚盛。都督朱文正与诸将谋分城拒守:参政邓愈守抚州门,元帅赵德胜等守宫步、土步、桥步三门,指挥薛显等守章江、新城二门,元帅牛海龙等守琉璃、淡台二门,文正居中,节制诸军,自将精锐二千,往来应援以

---

① 《元史》卷四六《顺帝纪九》。

# 第四章
## 元朝在江西统治的终结

御之……丙寅,陈友谅兵攻洪都之抚州门,其兵各戴竹盾如箕状,以御矢石,极力来攻。城坏三十余丈。邓愈以火铳击退其兵,随竖木栅,敌争栅,都督朱文正督诸将死战,且战且筑,通夕城完。于是总管李继光,元帅牛海龙、赵国旺、许珪、朱潜、万户程国胜等皆战死,后俱配享洪都功臣庙……六月……辛亥,陈友谅围洪都久不克,增修工具攻水关,欲破栅以入。都督朱文正使壮士以长槊从栅内刺之,敌夺槊更进。文正乃命煅铁戟铁钩穿栅更刺,敌复来夺,手皆灼烂,不得进。友谅尽攻击之术,而城中备御随方应之。友谅计穷,又以兵攻宫步、士步二门。元帅赵德胜力御之,暮坐宫步门楼指挥士卒,中流矢死……壬戌……洪都被围既久,内外阻绝,音问不通,文正乃遣千户张子明告急于建康。①

陈友谅围攻洪都期间,还于五月遣偏师蒋必胜、饶鼎臣复陷吉安、临江,接着,二人率部沿赣江而下,参与洪都围城。此时,如果陈友谅攻下洪都,再乘胜攻取其他路州,将重新据有江西,重振雄风。朱元璋接张子明急报,于七月率徐达、常遇春等领水师救援洪都。陈友谅闻讯,即撤洪都之围,东出鄱阳湖迎战。两军相遇于康郎山。陈友谅部60万人,朱元璋部20万人,共80万水师在鄱阳湖展开了中国军事史上规模空前的水军大会战。陈友谅部人多却久战低迷,朱元璋部人少而士气高昂;陈友谅部舰大却笨重不灵,朱元璋部船小而灵动自如;陈友谅暴躁多疑,部众失于团结,朱元璋谨慎虚心,上下同仇敌忾;陈友谅部久战乏粮而无继,朱元璋部补给充裕而不绝。在天时地利人和的情况下,朱元璋指挥了中国军事上一次以少胜多的典型战役,经过七月下旬连续四天的激战,大败陈友谅,单是第二天一场"烟焰涨天,湖水尽赤"的火攻,陈友谅就损失6万人。经过一段时间的相持后,八月,陈友谅突围出湖口。在双方船舰顺流而下,混战至泾江口时,陈友谅中流矢而死。张定边等乘夜载其尸及其子陈理逃回武昌。

鄱阳湖战后,汉政权元气大伤,残部指日可清。至正二十四年(1364年)二月,朱元璋率水陆大军亲征武昌,陈理出降,汉政权灭亡。此时,江西还有邓志明占据临江,饶鼎臣困守吉安,熊天瑞以赣州为基地,拥众数万,北争万安,南占韶州(治今广东省韶关市),挥师广州,西攻湖南桂阳,尚有一定实力。七月,

---

① 《明太祖实录》卷十二"癸卯(至正二十三年,1363年)夏四月壬戌"至"六月壬戌",第151—156页。

朱元璋遣常遇春会同邓愈、金大旺"兵讨洒西（引者注：当作'江西'）上流未附郡县"①。常、邓二人率部攻临江，下吉安，九月，兵围赣州。熊天瑞经过五个月的坚守，最后粮尽援绝，于次年正月出降。常遇春随即进师南安，并遣麾下危止越过南岭招谕韶州等路，②邓愈、汤和则继续清扫各地山寨，终将江西全境纳为朱元璋辖地（名义上隶属以韩山童之子韩林儿为帝的宋政权）。至正二十八年（1368年）正月，朱元璋称帝，国号"大明"，建元"洪武"，江西遂成为大明王朝的一个省。

自至正十二年（1352年）年初开始，在长达十余年的战争中，江西多数州县"兵交无虚日，民罹杀戮甚众，男女无不被俘虏者"③，百姓产业涤荡几尽，许多市井村落沦为荒丘。入明以后，兵燹造成的创伤可以很快恢复，但各割据势力为支撑战争而实行的加赋于民的做法则遗祸后世④，影响深远。

---

① 《明太祖实录》卷十五"甲辰（至正二十四年，1364年）七月戊寅"，第198—199页。
② 《明太祖实录》卷十六"乙巳（至正二十五年，1365年）春正月己巳"、"乙巳（至正二十五年，1365年）春正月甲戌"。
③ 刘崧：《槎翁文集》卷一七《二子圹志》。
④ 如欧普祥据有袁州时，令民田一亩纳米2斗，计乡斗9升。入明，误以乡斗作官斗造册上报。出身农家的朱元璋知亩纳3斗已重，命减半科征。即便如此，明代袁州赋税仍较元代旧额"实重两倍已"。事载严嵩原修，季德甫增修：嘉靖《袁州府志》卷五《赋税》，台北成文出版有限公司1989年版。

# 第五章
## 元代江西的教育与文化

### 第一节
### 教育与科举

元朝的蒙古统治者对孔子的早期认识只限于"天的怯里马赤"(即天的译员),后来也只将其视为诸教之一,与佛、道并重,但稳定统治有赖于儒学,有赖于各类人才的培养则被认同。从窝阔台合罕任命耶律楚材考试儒生,到忽必烈制定崇重文教的政策,至成宗继位诏书以兴学为务,元朝逐渐形成了从京师国子学、地方官学、书院到乡野村塾、社学的可以包容各层次学子的学校教育体系。所以,元儒黄溍自豪地说,元朝"自京师至于偏州下邑,海陬徼塞,四方万里之外,莫不有学"①。同时,实行以儒学为基础选拔人才的科举考试也不断被提出,直到元中期的延祐元年(1314年)付诸实施,从而为朝廷选拔出大批学行甚高的统治人才。

江西地区继承宋代的教育和文化基础,成为元代教育最发达的地区之一,也是科举人才辈出之区。教育方面,江西地区既有系官教育机构,又有独立于官府之外的民间教育机构。

---

① 黄溍:《金华黄先生文集》卷十《邵氏义塾记》。

## 一、官学

元代江西地区的官学包括政府举办的路、州、县儒学、蒙古字学、医学、阴阳学和系官书院。

儒学是传授儒家学说的学校。元代路、府、州、县均设儒学,有教授、学正、学录、教谕等学官。至元十七年(1280年)置各道儒学提举司,管理辖区内的儒学,至元二十一年(1284年)革罢,儒学事务由路、府、州、司、县民官兼理。三年后,复设各道儒学提举司。元贞元年(1295年),再革各道儒学提举司,江南地区设立江浙、江西、湖广三处行省儒学提举司,是从五品衙门[①],设提举一员,从五品,副提举一员,正七品。江西行省的儒学提举和副提举多是名儒硕学,如浦江柳贯曾任儒学提举,崇仁大儒吴澄、原辽阳路儒学教授叶瑞任儒学副提举[②]。儒学一般建有文庙,用于祭祀孔子和儒学发展中起过重要作用的人物及乡邦名贤,故又称"庙学"。在学生员主要来自儒户。元制,儒户的义务是须有1名子弟在儒学或系官书院就学。其他人户子弟亦许入学。

江西地区经历了两宋的兴学后,至宋末,儒学基本普及。入元,有些儒学因兵燹而毁坏,或年久失修。世道清平以后,多数儒学得以重修。元代江西地区共有13路、19州、51县,除吉安路永宁县是元代新设县级行政区,至明洪武五年(1372年)才建县学外,其余82个路、州、县均设儒学,占所有应设儒学行政区的98.8%[③]。82处儒学中,有81处是在宋代的基础上重修,只有龙兴路新建县一直沿用宋淳熙二年(1175年)始建的宗濂书院,直到元统(1333—1335年)初才新建儒学。由此,元代的江西地区是全国儒学普及率最高的地区之一,基本上是对宋代已有成就的继承。

元代的官办儒学内设有小学,教授8—15岁的学童,定制于至元二十八年

---

① 《庙学典礼》卷四《设立随省儒学提举司》。

② 许有壬:《至正集》卷五十《故承务郎江西等处儒学副提举叶先生墓志铭》,景印文渊阁四库全书本。

③ 目前对元代庙学研究较为系统的著作有胡务的《元代庙学——无法割舍的儒学教育链》,巴蜀书社2005年版。该书对元代全国儒学的新建、再建情况有精确统计,关于江西地区的统计详见该书第87—93页。元代的江西地区,胡著认为只龙南县未有儒学。对龙南县儒学,胡氏将其确定为"资料缺乏,建学无考"(第91页)。雍正《江西通志》卷十八《学校二·赣州府》载:"龙南县儒学:旧在县治东南,宋元祐间,县令许彦光建。元总管陈说、县尹郑轮相继修。明洪武三年,知县莘持敬重建。"据此,龙南县学亦是宋代旧有、元代重修的儒学。

## 第五章
## 元代江西的教育与文化

(1291年),规定"江南诸路学及各县学内,设立小学,选老成之士教之"①。元贞元年(1295年),江南行御史台采纳福建闽海道肃政廉访司的建议,规定"上路设立小学生三十名,下路二十名,经、赋教导各一员,每日常川在学肄业,朔望与儒生一般陪拜讲书,每日与儒生一体会食"②。后,部分系官书院亦设小学。江西官办儒学内的小学情况不甚明晰,略知龙兴路学内建有小学,设训导一职,不属于正式学官。江南行台曾打算小学训导任职三年后,授为学正或山长,未果;江西行省又拟其三年后升为学谕或学录,又不成。小学训导终究未能转为正式学官③。可见,当时官办儒学内的小学不太受重视。其他如富州儒学④、信州路稼轩书院⑤等亦设有小学。另,大德四年(1300年),建康路等请求在城内八隅各设小学1处,由"请粮儒人"担任学师,其余州、县各乡比照设立。这也是官办小学。不知江西地区是否同样施行。

蒙古字学是培养蒙古新字翻译人才的学校。蒙古人原使用畏兀儿体蒙古文,至元六年(1269年),帝师八思巴奉世祖忽必烈之命,以藏文字母为基础创制成蒙古新字(八思巴文),推行全国,凡朝廷圣旨、官员奏章、衙门印鉴等均须使用。随即,各路开始设立蒙古字学,以八思巴文翻译的《通鉴节要》为主要教材,兼收地方官员和民间子弟入学,其中民间子弟定额是上路30人,下路25人。大德五年(1301年)又进一步规定,散府蒙古字学生员20人,上、中州15人,下州10人。在学生员免除杂役,成绩优异者经考试后,可充任蒙古字学教官或译史。南宋灭亡后,蒙古字学推广到南方,设江浙、江西、湖广三处蒙古提举学校官(从五品)进行管理。徙居信州永丰的蒙古人十里牙秃思曾出任江西蒙古字学提举⑥。

江西地区的蒙古字学不如儒学普及。已知的有吉安路学,拥有官府拨付的荒闲土地作为生徒廪赡的来源。瑞州路学,位于录事司天庆观西,由原岁给仓改建而成⑦。建昌路学,杨大不花于泰定年间(1324—1328年)任该学教授,并助

---

① 《元史》卷八一《选举志一·学校》。
② 《庙学典礼》卷五《行台坐下宪司讲究学校便宜》。
③ 徐明善:《芳谷集》卷二《赠徐义翁北行序》,豫章丛书本。
④ 揭傒斯:《揭文安公全集》卷十《富州重修学记》,四部丛刊初编本。
⑤ 戴表元:《剡源戴先生文集》卷一《稼轩书院兴造记》,四部丛刊初编本。
⑥ 虞集:《道园类稿》卷四六《靖州路总管捏古台公墓志铭》。
⑦ 《永乐大典》卷七五一四《十八阳·仓·岁给仓》引《瑞阳志》。

修路儒学①。饶州路学,位于录事司北②。南安路学,湖州人朱文进婿孙介寿曾任该学学正③。富州州学,河北人杜唐臣曾任该学教授④。婺源州学,后至元元年(1335年)由知州干文传委当地名族汪氏创建,位于州治东南⑤。宜黄县学,临川人傅岩曾任该学学谕⑥。

元代习蒙古文字者可任译员、教官,藉以进入仕途,故江西不乏习之者。如抚州人李见翁,出身军将之家,学儒,又习蒙古文,后任象州蒙古字学正,再转为柳城东泉镇巡检,进入流官系统⑦。临川人傅岩,蒙、汉文兼通,先后任江州、抚州译史。零都孙伯颜则通过担任译史入仕,升至三品高官。

医学是培养医疗人才的学校,同时还是医疗机构和医学交流场所⑧,始置于中统三年(1262年),路、府、州、县均设。南宋平,依制在江南设立。元朝规定,医户和行医卖药之家均须拣选1名子弟入学,其他良家子弟愿入学者,听其自便。在学生员免除部分差役。医学内设教授、学正、学录、教谕等医官,行省设医学提举司(从五品),管领各处医学,考试医生,校勘医书,辨别药材等。江西官医提举司曾审校南

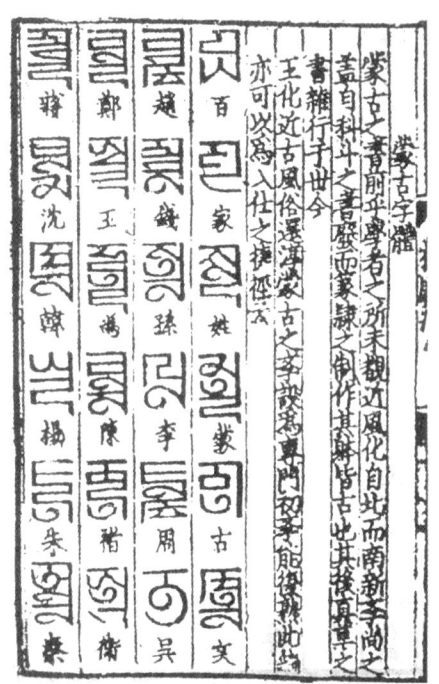

蒙古字《百家姓》

图片来源:陈元靓《新编纂图增类群书类要事林广记》。

---

① 吴澄:《吴文正公全集》卷二十《建昌路庙学记》。
② 雍正《江西通志》卷二二《书院二·饶州府》。
③ 吴澄:《吴文正公全集》卷三六《元赠承事郎德清县尹朱君墓表》。
④ 吴澄:《吴文正公全集》卷十四《送杜教授北归序》。
⑤ 吴师道:《吴礼部集》卷一《婺源州蒙古字学记》。
⑥ 曾思聪:《抚州路译史傅岩墓记》,见陈柏泉编著《江西出土墓志选编》,第269—270页。
⑦ 吴澄:《吴文正公全集》卷十八《送李见翁巡检序并诗》。
⑧ 吴澄:《吴文正公全集》卷十五《送陈景咨序》载,各地医学之官"或以治为职,或以教为职"。《元典章》卷三二《礼部五·学校二·医学·讲究医学》:每逢朔望之日,当地医户及其他以医为生者齐聚三皇庙,焚香罢,"各说所行科业、治过病人,讲究受病根因、时月运气、用过药饵是否合宜。仍令各人自写曾医愈何人病患、治法、药方,具呈本路教授"。

# 第五章
## 元代江西的教育与文化

丰人危亦林所著《世医得效方》，并上送太医院，使该书得以刊刻。与儒学内常设小学、附近常置文庙相同，医学内亦有小学，也往往与三皇庙在一起，有时也合称"庙学"。三皇庙规制与文庙相似，"作伏羲、神农、黄帝之像，南面参坐，而以昔者神明之医与凡为其学而著名者以次列从，配享从祀，略如近代儒学之制。常以岁春秋季月之吉，守令具性（引者注：当作'牲'）醴行事，著为令"①。当地与医学有关的从业者及生员"执礼致拜告享，仿于儒学，而器服牲币亦视以为法"②。元代有些路州县的医学往往因陋就简，先以旧宅为三皇庙，后设或未设医学。如龙兴路医学始设时，"宅土旷远，藏息无所"③，南丰由县升州后的20年间，始终没有修三皇庙，"春秋祭，朔望拜，率侨寓于馆驿，于佛堂"④，更遑论专设医学讲堂。

元代江西地区的医学与三皇庙较多，估计路医学已经普遍设立，各县则没有普及。已知情况大体如下：

龙兴路：路医学初设于偏远之地，泰定年间（1324—1328年）买地新修，讲堂、斋馆、教授公署齐备，三皇庙设于录事司的东湖左面。

抚州路：路医学、三皇庙在路治东隅延庆坊，大德八年（1304年）建，至顺三年（1332年）重修，前庙后堂，有讲堂、祭服馆等，另有斋舍十间，属规模较大的医学。崇仁县医学创设于大德八年（1304年），乃当地医士集资购地兴修，三皇庙同时修建；后至元二年（1336年）重修时，"邑士尝为掌医之官者"、"习医以为业"者、"售药以为生"者均参与修造⑤，建成的医学、三皇庙连在一起，前庙后学。乐安县三皇庙原借旧宅为之，后至元元年（1335年）新修。宜黄县三皇庙修于延祐三年（1316年）。

袁州路：路三皇庙建于至元年间（1264—1294年），位于录事司宜春台畔。分宜县三皇庙新修于后至元五年（1339年），在惠民药局旁，有守庙者。

吉安路：路医学学舍原近庐陵县狱，医学教授严寿逸主持迁新址；三皇庙原借庐陵旧县治为之，后达鲁花赤暗都剌新修，庙、学兼备，邑民邓明远捐田作为医学田，岁入米150余石。吉水州有医学，崇仁陈景咨曾任医官。永丰县三皇

---
① 虞集：《道园学古录》卷三六《崇仁县重建医学三皇庙记》。
② 虞集：《道园学古录》卷三六《袁州路分宜县新建三皇庙记》。
③ 柳贯：《柳待制文集》卷十四《龙兴路医学教授厅壁记》。
④ 刘壎：《水云村泯稿》卷二《丰郡三皇庙碑》，道光爱余堂刊本。
⑤ 虞集：《道园学古录》卷三六《崇仁县重建医学三皇庙记》。

庙始建于大德四年(1300年),后重修。永新州医学和三皇庙建于大德初年邑人王东野任本州官医提领之时,经费取自医家,皇庆二年(1313年),王东野以所受赏赐购田50亩,供春秋祭祀之用。吉安路和永新州医学有民间捐赠的学田,这是多数医学所不具备的。

临江路:有路医学,南城人严寿逸曾任教授,"新祭品,建斋庐,筑官舍,作石桥"①,新淦吴仲亨则任医官。新喻州设医学,前述崇仁陈景咨曾任医官。

瑞州路:路医学位于录事司内杂造局前。上高县三皇庙在县治之东,建于大德年间(1297—1307年)。

赣州路:雩都县三皇庙建于延祐(1314—1320年)后期。

饶州路:余干州有医学,抚州吴成由新昌州医学正升任该州医学教授。

南丰州:州医学修建于大德(1297—1307年)中期,庙与讲堂兼具。知州李彝常亲临医学,监督诸生学业,参与祭奠。

阴阳学是培养天文、占候、星卜、相宅、选日等类人才的学校。元朝,蒙古人信奉萨满教,认为天地、日月、山川等皆有灵,萨满教巫师拥有很高的社会地位。天文、历算、风水、占星等阴阳术数正与蒙古人的文化兴味相投合,自成吉思汗时代起,耶律楚材、刘秉忠、岳铉等人就因精通阴阳术数、擅长占卜而相继受到重用。至元七年(1270年),刘秉忠奏请选试阴阳户,至元十三年(1276年)再次选试,"如委通阴阳科目文书底人,免本身差役"②。元下江南之初,将通晓阴阳者与儒、医、僧、道等一并视为人才,大力搜求。至元十三年(1276年)二月对江南新附之地颁布的诏书中有"前代圣贤之后、高尚、儒、医、僧、道、卜筮、通晓天文历数,并山林隐逸名士,仰所在官司,具以名闻"一款③,"卜筮"和"通晓天文历数"者在访求之列。当时的江西行都元帅府应诏而动,四月,"行江西都元帅宋都带以应诏儒生、医、卜士郑梦得等六人进,敕隶秘书监"④。估计江西地区阴阳户籍的初定就在此时。至元二十七年(1290年)籍户,阴阳户口在检括范围之内,次年六月,依照儒学、医学体例,收录通晓阴阳之人,在各路设立阴阳学校。设立阴阳学的初衷是加强对阴阳人的管理,防止他们利用"左道乱正之术"策动反叛,避免再次发生诸如何姓阴阳人鼓动蒙古宗王乃颜造反之类的事

---

① 危素:《危太朴续集》卷六《故天临路医学教授严君墓铭》。
② 王士点、商企翁编,高荣盛点校:《秘书监志》卷七《司属·司天监》,浙江古籍出版社1992年版。
③ 《元史》卷九《世祖纪六》。
④ 《元史》卷九《世祖纪六》。

# 第五章
## 元代江西的教育与文化

件①。乃颜事件平息后,元廷屡颁诏书,严禁阴阳人交结"诸王、诸子、公主、驸马、大官人"②,违者格杀勿论,同时要求阴阳学加强对各地阴阳人的管理。延祐(1314—1320年)初,阴阳学从路扩展到府、州,设教授、学正、学录等学官,既教育阴阳学的生员,又管理阴阳人户。其生员应以阴阳户子弟为主。他们在其中学习"三元经书"和各类天文历算书籍③。元朝未设行省级的阴阳学管理机构,各地阴阳学由中央集贤院总辖。

江西是盛行风水、占卜的地区之一,许多儒士精通此道,如元初谢枋得避居赣闽交界的山区时,以卖卜为生,吴澄曾删定《葬书》,等等。科举停废期间,一些儒士转攻天文、历算、地理诸书,以之作为谋生手段。估计当时江西地区以阴阳为业者为数不少,但各路是否普遍设立阴阳学则不太清楚,目前仅知龙兴、抚州二路设有阴阳学,前者的学正王宏道(一作王洪道)曾编撰阴阳学的主要教材《三元真经》(一作《三元正经》)3卷④,后者的学正彭从龙是临川人,游于大都,后由司天监任命,担任该学职⑤。

书院亦是传授儒学的教育机构。元代书院多因先贤"过化"或"经行"而设,除祭祀孔子、四圣等官学常设祭祀对象外,与书院设置有直接或间接联系的某位儒家前贤亦是重要的祭祀对象。可以说,强调学术渊源是元代书院与普通儒学的重要区别。南宋时期,江南书院大盛,经历宋元鼎革后,这些书院大部分得以保留。入元,朝廷鼓励创办书院,至元二十八年(1291年)诏书规定,江南"先儒过化之地、名贤经行之所,与好事之家出钱粟赡学者,并立为书院"⑥,故元代书院较宋代又有很大增加。书院可分为两类,一类为官办,学官由官府任命,有些书院的经费来自官田;另一类为民办,主持者与经费均出自民间。

目前,已有多位书院史研究者对元代全国的书院数量进行过统计。1929—1930年,曹松叶依据各省通志统计出元代创设、兴复的书院共227所,其中江西

---

① 《元典章》卷三二《礼部五·学校二·阴阳学·阴阳法师》。
② 《元典章》卷三二《礼部五·学校二·阴阳学·阴阳法师》。
③ "三元"即婚元、宅元、茔元。婚元经书有《占才大义书》,宅元经书有《周书秘奥》《八宅通真论》,茔元经书则有《地理新书》《茔元总论》《地理明真论》等。天文历算书有《宣明历》《符天历》《三命》《五星》《周易》《六壬》《数学》等。
④ 倪灿、黄虞稷、钱大昕等:《辽金元艺文志》,商务印书馆1958年版。
⑤ 吴澄:《吴文正公全集》卷四二《抚州路阴阳学正彭从龙故妻徐氏墓志铭》。
⑥ 《元史》卷八一《选举志一·学校》。

59所,高于浙江(33所)而居第一①;1956年,何佑森统计出元代全国有407所书院,江西以73所领先于浙江(62所),高居榜首②;1984年,王颋统计出元代江西地区共有100所书院(不含精舍、书堂、书塾等),占总数的24.5%,仍居第一③;1997年,陈谷嘉、邓洪波根据方志、文集、书院志等统计出元代书院296所,江西地区94所,远高于浙江的49所,独占鳌头④。另据李才栋的统计,元代江西地区仅新建书院就有94所,另重修前代书院68所,二者共计162所(含宾馆、精舍、书塾、义学等),兴盛状况可与南宋比肩⑤。从以上数字可以看出,江西地区毫无疑问是元代全国的书院最盛之区。具体到各路州,兴盛程度则有所不同。以王颋和李才栋的统计为例,江西各路州书院数量如下表所示:

| 路 州 | 王氏统计 | 李氏统计 | 路 州 | 王氏统计 | 李氏统计 |
|---|---|---|---|---|---|
| 婺源州 | 4所 | 7所 | 饶州路 | 14所 | 27所 |
| 铅山州 | 3所 | 2所 | 信州路 | 11所 | 19所 |
| 龙兴路 | 11所 | 18所 | 吉安路 | 16所 | 27所 |
| 瑞州路 | 5所 | 10所 | 袁州路 | 5所 | 6所 |
| 临江路 | 1所 | 6所 | 抚州路 | 12所 | 16所 |
| 江州路 | 3所 | 4所 | 南康路 | 5所 | 5所 |
| 赣州路 | 4所 | 7所 | 建昌路 | 2所 | 5所 |
| 南安路 | 3所 | 2所 | 南丰州 | 1所 | 1所 |
| 总 计 | 100所 | 162所 | | | |

元代江西地区的书院中,有相当一部分是系官书院。系官书院主要有三类:一类是南宋时期已具有官学特征,入元以后自然地成为官办书院,如南康路白鹿洞书院、吉安路白鹭洲书院、抚州路临汝书院等。一类是建设之初为民办书院,后经申请纳入官学系统,如信州路上饶县白石书院。该书院是刘光因祖父师事黄榦而建,祭朱熹、黄榦师徒二人,分私田以供书院之费,后行省设额

---

① 曹松叶:《宋元明清书院概况》,载《中山大学语言历史研究所周刊》第十集,第111—114期。
② 何佑森:《元代书院之地理分布》,载《新亚学报》1956年第2卷第1期,第361—408页。
③ 王颋:《元代书院考略》,载《中国史研究》1984年第1期,第157—166页。王氏统计的全国书院总数是408所,未将精舍、书堂、书塾等纳入,致使许多没有书院之名而具书院之实的义塾等被排斥在外。
④ 陈谷嘉、邓洪波:《中国书院制度研究》,浙江教育出版社1997年版,第355—356页。
⑤ 李才栋:《江西古代书院研究》,江西教育出版社1993年版,第216—227页。李氏的统计相当宽泛,不仅包括精舍、书堂、书塾等,还包括部分仅具祭祀和(或)藏书功能而没有教学活动的书院。

# 第五章
## 元代江西的教育与文化

差官,成为官办书院①。还有一类自创设到管理均系官方所为,如玉山县汪文定公书院。该书院是至正十年(1350年)县达鲁花赤寿安为祭祀本县前贤、宋端明殿学士汪应辰而建。汪文定公书院修建之前经过申请,地基为旧学基,学田来自民间捐赠和儒学的会文庄,汪氏子孙优免丁役,专掌祀事,书院山长来自江浙行省的任命②,等等,该书院自创设到管理全都纳入官方,是典型的官办书院。由于有些书院的资料不详,目前难以确定元代江西地区系官书院的准确数字。但是,由于宋代江西书院兴盛,相沿入元的书院不在少数,加之元代私家书院上升为官办后,创立者往往藉此成为学官,踏入仕途,书院创立者常竭力将私家书院改为官办,故元代江西的系官书院在所有书院中应占有相当大的比重。

## 二、私学

私学是民间教育组织。由于元代的官办儒学多位于城内,数量有限;系官书院虽有设于乡野者,受经费所限,生员亦不会太多,故元廷一直鼓励民间创办各种形式的私学,作为官学的重要补充。元代的私学主要有社学、家塾、门馆、书院等类型。

社学,有冬学和常年制两类。前者是利用冬季的农闲时间教授乡村子弟,农忙则散;后者是常年设学。至元六年(1269年)四月,中书省下发兴学公文,要求"所在乡村镇店,选择有德望学问可为师长者,于百姓农隙之时如法训导,使长幼皆闻孝悌忠信廉耻之言"③,即要求各乡村利用农闲创立冬学,兴起务学之风。次年,元廷颁布立社令,规定乡村每50家为一社,其中有立社学一项,即"今后每社设立学校一所,择通晓经书者为学师,于农隙时月,各令子弟入学。先读《孝经》、《小学》书,次及《大学》、《论》、《孟》,经、史,务要各知孝弟忠信,敦本抑末。依乡原例,出办束修。如自愿立长学者,听"④。这是将上年的劝学公文具体化,并鼓励创办常年制社学。社学的经费来自学生上缴的学费,教师由乡村推择,官府不介入管理,至多视察而已,故属私学。元平江南后,社制推广到南方。至元二十三年(1286年),主管乡村社制的大司农司报告"诸路学校凡二万一百

---

① 吴澄:《吴文正公全集》卷三九《有元征事郎翰林编修刘君墓志铭》。
② 苏天爵:《端明书院记》,载雍正《江西通志》卷一二八《艺文·记七》。
③ 《庙学典礼》卷一《官吏诣庙学烧香讲书》。
④ 《元典章》卷二三《户部九·农桑·立社·劝农立社事理》。

六十六所"①,二十五年增加到24400余所②。这些都是乡村社学。元代江西地区社学的总体情况不明。不过,既然社制已经推广到江南,那么,至元后期的2万多所社学中,当有属于江西地区的。延祐(1314—1320年)后期,靳孟亨任赣州路雩都县尹,"命乡社皆立义塾,择士之高年有行者为之师,教以孝弟"③。此处"义塾"应当就是社学。这说明,虽然社制在世祖时期已经推广至江南,江西有些地方迟至元中期才在乡村立社学,可能还有终元之世都未立社学者。

家塾,多是富室为教育家庭或家族子弟而设,聘有专职教师。部分兼收乡里子弟的家塾常被冠以"义塾"之名。有些财力雄厚的家族(家庭)分设内塾、外塾,分别教授家族(庭)和乡里子弟。至元二十八年(1291年)的兴学令中,有江南民间百姓"自愿招师……亦从其便"一款④,就是鼓励民间创办家塾。江西地区文化氛围浓厚,民众多聚族而居,多有创设家塾者。乐安曾田夏氏,世代隶属军籍,入元以后,"家有内塾教子,又有外塾普及亲邻诸幼之可教者。月朔弦望,远近宾朋、内外子弟,深衣会讲,以身率先,升降进退,威仪整肃,如学校规"⑤。这是规模较大的家塾。元代江西地区更多的是规模较小、仅限于教育家族或家庭成员的家塾。如临川危复之曾执教于南城程钜夫的家塾,金溪危素曾执教于贵溪张氏家塾;吴澄晚年退居崇仁,聘里中儒士吴达任教于家塾,后其子吴京任抚州路儒学教授,又设家塾于郡城,吴澄礼请饶泰来任塾师;虞集归老崇仁后,建家塾,聘临川人袁公寿为师;临江路新淦州何敬聪"聘儒先生,督诸孙力学问"⑥,等等。

门馆,是学者招收学生、讲学授徒之处。其中有些是大儒讲授义理和科举应试之学的教学场所,更多的属于童蒙之学,讲授小学课程。元代长期未行科举,许多儒人转而以教授为业。有些人初受聘于家塾里学,待名声日响,生徒渐多,就开设门馆。临川孙辙初执教于私塾,后从学者日众,"始即家居而讲授焉"⑦,即开设门馆。崇仁吴澄早年曾执教于宜川吴氏家塾,后讲学乡里,"无间于出处,

---

① 《元史》卷十四《世祖纪十一》。
② 《元史》卷十五《世祖纪十二》。
③ 苏天爵:《滋溪文稿》卷七《大元赠中顺大夫兵部侍郎靳公神道碑铭》。
④ 《元史》卷八一《选举志一·学校》。
⑤ 吴澄:《吴文正公全集》卷三七《元将仕佐郎赣州路同知会昌州事夏侯墓志铭》。
⑥ 危素:《危太朴续集》卷六《故何君国佐墓铭》。
⑦ 虞集:《道园类稿》卷四八《孙履常墓志铭》。

# 第五章
## 元代江西的教育与文化

学者之及门南北常数十人"①。此"门"当是门馆。豫章熊朋来在元初"隐处州里,生徒受学者常数十人。因取朱子《小学》书,提要领以示之"。这可能是教授小学的门馆。熊朋来晚年"门人归之者日盛,旁近舍皆满,至不能容。先生恳恳为说经旨文义,老而益不倦,得其所指授多为闻人达官,举进士者项背相望"②。这时,熊氏门馆的讲授内容已经转向大学。临川熊鼎"世以《尚书》教授于乡"③,其家门馆可能不设小学,专授《尚书》。元代江西地区未曾出仕而家境不富的名儒多籍门馆赚取养生之资。

书院,多因祭祀前贤而设,强调学术渊源。元代江西地区的众多书院中,有相当一部分未纳入官学系统,属于私学。其名称不一,有些径称"书院",有些则冠以"义塾""精舍""书堂""山房"等名称。判断这类机构是否为书院,主要看其是否具有书院的一般规制和功能。部分义塾、里塾等规模较大,规制完整,亦讲授大学课程,几与书院无二。万安邓林刘氏所建儒林义塾,由刘氏延请师儒,"凡党里子弟童蒙以上,悉许来学"④。该义塾规制完整,有祭祀孔子的祠宇,有两庑、讲堂、斋舍、庖厨,还有刘氏捐出的私田作为学田。除未设尊经阁之类的藏书楼外,儒林义塾比有些书院的规制还要完备。之所以名之为"塾",可能是由于该塾初设,还没有讲授大学课程,刘氏也丝毫未有将其纳入官学系统的打算,且其生员主要来自乡里。吴澄将该义塾与睢阳书院相提并论,足见其与书院有许多共同之处。安福州上田李氏所建安田里塾有礼殿、讲堂、斋舍等建筑,有百亩学田供春秋祭祀之费,且"将请公额"⑤,即意欲申请进入官学系统,足见其是一处书院规制的私塾。其他如安福安贤义塾,"一仿书院、精舍之制"⑥,富州揭氏的蕡冈义塾,"中建巍楼一,前建小楼二,中以奉先圣,旁以处学徒。主簿君割右畔之地益其广,而构燕居之室及庑与门,以底于完美。畀田五百亩给其食"⑦,都与书院规制无二,等等。史料反映,元代江西的部分书院就是由"塾"转化而来。著名的婺源胡氏明经书院,原本是建于始祖读书处的家塾,经迁址扩建后,始有会讲之堂、读书之斋,同时依旧保有"明诚""敬义"二塾,向家族子弟

---

① 虞集:《道园类稿》卷三四《送李伯宗序》。
② 虞集:《道园学古录》卷十八《熊与可墓志铭》。
③ 宋濂:《宋学士全集》卷六四《故歧宁卫经历熊府君墓铭》。
④ 吴澄:《吴文正公全集》卷二二《儒林义塾记》。
⑤ 吴澄:《吴文正公全集》卷二十《明经书院记》。
⑥ 欧阳玄:《圭斋文集》卷五《安成李氏重修安贤义塾记》。
⑦ 吴澄:《吴文正公全集》卷二二《蕡冈义塾记》。

讲授小学和大学课程。后,该家塾被列为官学,遂改称明经书院①。同时,江西部分冠名"书院"的教学机构则与门馆、义塾颇为相近,如饶州安仁的石鹿书院是鄱阳人陈桢的授徒之所,虽也祭祀孔子,亦有山房藏先世书籍,终近似门馆②;南安王晋卿兄弟所建山堂书院,"推以及宗族乡党,而愿其皆学"③,颇类义塾。所以,对元代江西地区的私家书院要进行具体分析,称"书院"者不能皆视为书院,义塾、精舍等也不能一概排斥在书院之外。

总体而言,元代江西地区的教育体系由官、私两大系统构成,包括儒学、蒙古字学、医学、阴阳学等几大学科;以官学为主,官学又以儒学为主,已经普及;私学是官学的重要补充,形式多样。这种完善而普及的教育体系是元代江西地区得以延续宋代以来文化兴盛局面的重要保证。

## 三、科举

元朝的科举与中国传统社会后期的宋、明、清诸王朝不同,其施行的时间短,录取的名额少,在选官制度中所占地位不太重要。南宋灭亡以后,科举停废,儒士进入官僚体系的最重要渠道被锁闭,以"修齐治平"为理想的儒士难以为国家所用。元前中期,官员取自多途,有吏员转官、学官入仕、荐举、荫叙、别里哥选、入粟补官,等等,被称为"仕进有多岐,铨衡无定制"④。姚燧论及当时的用人体制时说:"大凡今仕惟三途:一由宿卫,一由儒,一由吏。由宿卫者言出中禁,中书奉行制敕而已,十之一;由儒者则校官及品者,提举、教授出中书,未及者则正、录以下出行省、宣慰,十分之一之半;由吏者省台院、中外庶司、郡县,十九有半焉。"⑤由此,吏员转官是当时最重要的官员来源,几占总数的85%。吏

---

① 吴澄:《吴文正公全集》卷二十《明经书院记》。
② 危素:《危太朴文集》卷四《石鹿书院记》。
③ 滕宾:《山堂书院记》,载刘坤一、刘绎、赵之谦纂修光绪《江西通志》卷八二,光绪七年(1881年)刊本。
④ 《元史》卷八一《选举志一》列出了元代的入仕之途:"其出身于学校者,有国子监学,有蒙古字学、回回国学,有医学,有阴阳学。其策名于荐举者,有遗逸,有茂异,有求言,有进书,有童子。其出于宿卫、勋臣之家者,待以不次。其用于宣徽、中政之属者,重为内官。又荫叙有循常之格,而超擢有选用之科。由直省、侍仪待为官者,亦名清望。以仓庾、赋税任事者,例视冗职。捕盗者以功叙,入粟者以资进,至工匠皆以班资,而舆隶亦跻流品。诸王、公主,宠以投下,俾之保任。远夷、外徼,授以长官,俾之世袭。凡若此类,殆所谓吏道杂而多端者欤。矧夫儒有岁贡之名,吏有补用之法。曰掾史、令史,曰书写、铨写,曰书吏、典史,所设之名,未易枚举。曰省、院、部、路、府、州、县,所出之途,难以指计。"
⑤ 姚燧:《牧庵集》卷四《送李茂卿序》。

# 第五章
# 元代江西的教育与文化

员出身者,"其进身之初,不辨贤愚,不问齿德,夤缘势援,互相梯引。有力者趋前,无力者居后。口方脱乳,已入公门;目不识丁,即亲案牍。区区簿书期会尚不通习,其视内圣外王之学为何物,治国平天下之道为何事"。由吏转官以后,他们或"临政懵无所知"①,或"视贿赂为权衡,或更一字而生死祸福其良民,或援一例而聋瞽钤制其官长,使圣君贤相子惠元元之意不得播其下,而疲癃残疾鳏寡孤独有不胜其困"②。吏员的整体素质较差是造成元代吏治腐败的重要原因之一。儒士与吏员相比,"吏多贪贱而儒流知有仁义"③,"儒者治效,非俗吏所可企及"④。有鉴于此,不断有人建议实行科举取士,以提高官员的整体素质。仁宗皇庆二年(1313年),朝廷颁布科举诏,次年举行首次乡试,延祐二年(1315年),元代的首科进士产生。

元代科举每三年举行一次,分乡试、会试、廷试三级。乡试在11个行省(含设于今朝鲜半岛的征东行省,时为元朝间接统治区)、中书省所辖2宣慰司(河东山西道、山东东西道)及直隶中书省4处(真定、东平、大都、上都)举行,全国共17处,录取乡贡进士300名,其中蒙古、色目、汉人、南人各75名。会试按三取一的原则,各录取进士25名。蒙古、色目为右榜,取50名;汉人、南人为左榜,亦取50名,共100名。元代约举行了17次乡试、16次会试和殿试(元统三年乡试后,因伯颜废科,次年的会试、殿试没有举行。后至元四年、五年亦停举,至正元年复行科举),唯有元统元年(1333年)取足百人之数。据估计,元代共录取进士1200人左右⑤。

江西行省是17处乡试举行地之一,考试地点设在省治龙兴路。元制,散居全国的蒙古、色目人于隶籍地或居地就便参加乡试,故江西行省有蒙古、色目乡贡名额。75个蒙古乡贡名额中,江西行省3个,在江南三行省中,少于江浙的5个而与湖广行省一样;色目名额中,江西行省6个,少于江浙的11个和湖广的7个;江南三行省均没有汉人乡贡名额;75个南人名额中,江西行省22个,少于江浙的28个而多于湖广的18个。全省乡贡名额总计31个,仅占总额的10.3%,远少于江浙的44个而略多于湖广的28个。这是由各行省的人口数量和文化水平决定

---

① 郑介夫:《上奏一纲二十目·任官》,见邱树森、何兆吉辑点《元代奏议集录(下)》,第56—58页。
② 危素:《危太朴文集》卷六《送陈子嘉序》。
③ 吴澄:《吴文正公全集》卷十八《送彦文赞府序》。
④ 郑元祐:《侨吴集》卷七《与张德常书》,元代珍本文集汇刊本。
⑤ 姚大力:《元朝科举制度的行废及其社会背景》,载《元史及北方民族史研究集刊》第六期(1982年12月),第26—59页。

的,乡试名额的分配基本反映了江南三行省的总体状况。故在元廷看来,江南三行省中,江西行省乡试的地位次于江浙而强于湖广,即"江浙、江西、湖广三省所辖州郡,后进儒人比之腹里颇多,又兼江浙尤重,江西次之,湖广又次之"①。

由于元代的江西行省还包括今广东省大部,同时,元代隶属江浙行省而今属江西地区的饶州、信州及婺源州、铅山州的乡贡进士则占用江浙行省的乡试名额。比较而言,饶、信一带的文化远盛于广东。以书院为例,元代江西行省管内的岭南地区共建书院13所,饶、信、婺源、铅山四地书院则有32所②,赣东北举子占用的乡试名额可能高于岭南地区,故,江西地区在全国乡试中的地位应高于10.3%。至正三年(1343年),江西行省为解决乡试名额少而应试者多的问题,决定在正额之外录取"次榜"乡贡,由行省任命为教谕、学录等儒学教官③。次年乡试,在31名正榜之外,另取25名次榜,其中蒙古、色目9人,南人16人④。元代自延祐元年(1314年)到至正二十五年(1365年)共举行17次乡试,而江西地区在至正十八年(1358年)大部由陈友谅控制后,乡试难以进行。故,元代江西共举行14次乡试。至正十九年(1359年)为乡试年,因流寓福建以避兵难的江西儒人较多,朝廷将福建行省的乡试名额增至15人,允许流寓者参加该省乡试。流移到其他地区的江西人亦就近参加乡试,如至正二十三年(1363年)进士、抚州金溪人陈介参加的是大都乡试。

江西行省举行乡试的场所是贡院。南昌旧有贡院,宋末废。延祐元年(1314年),为举行首次乡试,江西行省在龙兴路录事司城东琉璃门北建新贡院,与延庆寺毗邻。曾任江西乡试考官的吴澄在贡院赋诗,内有"墙低孤塔见,院静一帘垂"⑤、"墙外浮屠厌古城,案头文字浩纵横"⑥等诗句。"浮屠"和"孤塔"均指延庆寺内的佛塔。

---

① 《类编历举三场文选》所收延祐元年(1314年)六月中书省文书,转引自陈高华《元朝科举诏令文书考》,载《暨南史学》第一辑,暨南大学出版社2002年版,第153—172页。
② 据王颋:《元代书院考略》,载《中国史研究》1984年第1期,第157—166页。
③ 刘崧:《泰和乡贡进士题名记》,载雍正《江西通志》卷一二八《艺文·记七》。
④ 杨翮:《佩玉斋类稿》卷八《江西乡试小录序》,四库全书珍本初集。另据虞集《道园类稿》卷二六《江西贡院题名记》,该年江西乡试共取次榜18人,其中蒙古、色目6人,南人12人。与杨翮所记不同。杨翮亲任此次乡试的帘外官,虞集则身在抚州,乃事后根据他人转述。当以杨翮所记为是。李治安亦持此见,见《行省制度研究》,第303页。
⑤ 吴澄:《豫章贡院即事》,载魏元旷编辑《南昌诗征》卷三,台北成文出版有限公司1970年版。
⑥ 吴澄:《贡院和张仲美诗》,载魏元旷编辑《南昌诗征》卷四。

# 第五章
# 元代江西的教育与文化

乡试每三年举行一次，全国统一在中秋节后的八月举行。二十日试第一场，蒙古、色目人试经问五条，汉人、南人试明经经疑二问，在四书内出题，经义一道，在五经内出题。二十三日试第二场，蒙古、色目人试策一道，汉人、南人试古赋诏诰表章内科一道。二十六日试第三场，只有汉人、南人试策一道。延祐元年(1314年)初科时，因科举停废已达四十年，江西行省长官不知如何具体操作。豫章大儒熊朋来是南宋咸淳十年(1274年)进士，熟悉礼制，行省长官遂向其咨询，制定了乡里保举、递送家状、委任考官、锁院应试、校文录取等考试规程，后成为各行省遵用的标准。江西行省的乡试有主试官、监试官、赞画官、考试官、同考试官、弥封官、誊录官以及大量负责后勤的帘外官员。因江西文化兴盛，考生较多，通常是由行省官员从全国聘请很有声望的博学鸿儒担任考试官。延祐元年(1314年)首次乡试，江西行省参知政事敬俨礼请抚州吴澄和金陵杨刚中为考试官，"得人为多"①。延祐四年(1317年)第二次乡试，"典校文者(引者注：即考试官)七人，或居千里之外，或居千里内"②，吴澄亦在其中。这两次应聘担任江西乡试考官，吴澄均是"闻命就道，略无辞避"③，表现了实行科举后的欣喜之情及其对科举的鼎力支持。其他如名儒平江干文传、婺州黄溍、婺州吴师道等都曾担任江西乡试考官。而熊朋来因应试者中多有其门人，为避嫌疑而拒任考官，令人敬重。现略举几道江西乡试考题。

延祐四年(1317年)江西乡试，吴澄拟定三道时务策考题，分别涉及礼与乐、律与例、赦与罚等施治问题④，所出南人"经疑"考题则是："孟子道性善，尧、舜至于途人一耳。而《论语》曰性相近，何也？"有考官认为此题过于平易，吴澄答曰："于此有真知，则言不差。"结果，22位录取者中，"答此问不差者，先生(引者注：指吴澄)以为才得三四卷耳"⑤。

吴师道所出江西乡试的两道时务策考题分别是：

蒙古、色目策问："国家幅员既广，职官亦众，铨衡进叙，专以年劳。由是选法多壅，简拔未精，清浊混淆，贤愚同贯。积久成弊，有识患之。兹欲澄清吏选，大明黜陟，俾清浊异流，贤愚甄别，官称其任，人无倖心。或行考课之法，或用荐

---

① 《元史》卷一七五《敬俨传》。
② 吴澄：《吴文正公全集》卷四八《江西秋闱分韵有序》。
③ 吴澄：《吴文正公全集》卷八《回刘参政书》。
④ 吴澄：《吴文正公全集》卷二《丁巳乡试策问》。
⑤ 虞集：《道园类稿》卷五十《故翰林学士资善大夫知制诰同修国史临川先生吴公行状》。

辟之令,或因而增秩,或不次擢才,凡兹数者,乐闻折衷。"①这是一道关于选举制度的时务策问。

南人策问:"盖闻天运之不齐,阴阳之或愆,旱干水溢,无世无之。虽以尧、汤之盛,而犹不免也。《春秋》水旱不雨必书,所以惧天灾,知戒而思备也。故臧孙辰告籴于齐,说者以为讥其不知豫备。九年、七年之水旱,而民无捐瘠,汉人美其蓄积多而备先具也。国家土宇之广,岁入之丰,而调度实繁,郡县寡储,年或不登,则所在告匮,茫然不知所措,赈救一仰于兼并之家,至不爱名器以假之。丁未之灾,亦可监矣。比岁水旱相仍,间有乐土,民仰懋迁,未至大困。今夏亢阳,徂秋不雨数月,江淮南北,赤地数千里,米价翔贵,饥馑之忧,兆于此矣。朝廷虽设义仓,有司漫为文具,其缓急不可恃也。周官荒政十有二,可历举而讲求欤?开仓发粟,伺得请则常缓不及,当早计而先定欤?督籴劝分,使民重困而无实惠,何术而能周防欤?儒者之虑,常失之过,今之灾未若丁未之甚,然有备无患,亦不可以缓也。继今而后,义仓之政若何而无弊,李悝之籴、耿寿昌之常平,亦在所当行欤?诸君子以经术时务出为世用,其无以过虑为谦,出位为讳,悉心以陈,将以转而告之上。"②这是一道关于赈恤制度的时务策问。

吴氏所出两道策问,均针对了国家大政的弊端,是对那些即将通过科举入仕的举子执政能力的考问。比较而言,蒙古、色目人的考题偏于制度层面,只需500字以上,相对容易些;南人的策问着眼于民生疾苦,涉及的方面更多,须1000字以上,可供发挥的空间更大。

由于江西的儒学教育体系完备,文风昌盛,元中后期,每逢乡试,"来应试者每举不暇数千人,远者千余里"③,岭南的试子亦至龙兴参加考试。受聘的考试官约提前半月进入贡院,此后50余天内不许出去,直至揭榜。杨翮对至正四年(1344年)的江西乡试有翔实记述:

> 至正四年秋八月,江西行省遵用诏书故事,合所部经明行修之士三千人,大试而宾兴之举,三岁之典也。于是,平章政事荣禄公总其纲,员外郎王公赞其画。礼聘缙绅先生于四方,俾司考文之权。敦请文行之士于群有

---

① 吴师道:《吴礼部文集》卷十九《江西乡试策问一道》,续金华丛书本。
② 吴师道:《吴礼部文集》卷十九《江西乡试策问一道(南人)》。
③ 虞集:《道园类稿》卷二六《江西贡院题名记》。

# 第五章
## 元代江西的教育与文化

司,分任帘外之职,供亿掌领,咸有主名。是皆省檄所署。而监其事者,肃政廉访副使任公也。初,省、宪二府以五月癸卯大会于贡院,考制稽礼,征材庀物。即日,命属司之吏治隶闱,修列署,起废弊,补阙遗,以复常规。遣驿骑之使旁走四出,交于道路。近者累驿,远者数千里,以致聘币。未几,承诏之宾来趣其事,冠盖相望,先期而会。八月甲戌,二府复大会,作乐以谯考官暨于列职。自是,官史有局,莅事惟谨。三试之日,多士云集,肃然无哗。九月辛丑拆名,黎明,榜出,龙兴路官属导以鼓吹,揭之省门之外。右榜九人,左榜二十二人,合三十又一人。贡额之外又二十五人焉,右九而左十六也。盖三十又一者,贡额之旧,而二十又五则昉自今始。①

这次乡试乃"遵奉累举之制而试之",可见历次乡试规程与此相似。自五月布置贡院开始,至九月十五日揭榜,前后延续达四个月,中间历经委任、聘请考试官员、考试、校文等程序,应试人数则达到3000人。

为帮助试子了解考题的基本类型和出题倾向,学习作文规范,江西有学者和书坊编纂、印刷应试指南、程文精选之类的书籍,供试子参考。应试指南类书籍如元统三年(1335年)乡贡、宜黄人涂溍生编《〈易〉主意》《〈易〉义拟题》《〈易〉

王充耘《书义矜式》

图片说明:景印文渊阁四库全书本,上海古籍出版社1988年版,第68册,第479页。

② 杨翮:《佩玉斋类稿》卷八《江西乡试小录序》,四库全书珍本初集。

义矜式》,是选试《周易》者的参考资料。其中,《主意》可能是大纲,《拟题》是模拟考题,《矜式》则是样题的标准答题。元统元年(1333年)进士、吉水人王充耘编《〈书〉义矜式》《〈书〉义主意》,是选试《尚书》者的参考资料。其中,《矜式》"即所业之经篇,摘数题各为程文,以示标准"①。至正十四年(1354年)进士、金溪人曾坚著《答策秘诀》,是时务策的答题指南。程文精选如安福刘贞、刘霁、刘霖搜求元代前八科的优秀科场程文,编为《类编历举三场文选》,"欲以便观览,明矜式,以授其徒"②。此书由福建建宁(治今福建省建瓯市)务本书堂和勤德堂两家书坊联合刊刻,适应了至正初年复行科举后的市场需求。乡试还派生了其他的相关产业。如考生需要自备三场考试的文卷和草卷各12幅,提前半月交于印卷所登记。考生对此非常重视,江西遂有以装帧考卷获取厚利者。新淦邹氏世代以装潢卷轴为业,每逢乡试之年,当地应试者多求其装帧考卷。巧合的是,在邹家装帧试卷者多中乡贡,遂号称"利市卷子"③,邹氏因而名利双收。

　　元中后期,江西行省每次乡试的应试者有数千人,其中绝大部分是南人,但名额只有22个,且不是每次录满,延祐元年(1314年)的首次乡试就只录取南人18名④,故中举极难。元人对此深有感触。泰定年间(1324—1328年),龙仁夫以吉安为例,将宋代和元朝的乡试进行比较。他说:"曩庐陵贡额七十有二,漕若监数路不在焉,赐第且五百,则昔之登是碑(引者注:指进士题名碑)也易。今通天下贡额为七十五者,才四赐第,较异时不能五之一,则今之登是碑也难。"⑤即吉州一地,宋代仅乡贡名额就有72个。宋代吉州进士近500人,登进士题名碑不算难。元代全国的南人乡贡名额才75个,当时仅仅举行了4次科举,荣列题名碑实在太难。抚州的情况亦如此。宋代抚州的乡贡名额有39个,而至正元年(1341年)乡试,录取抚州6人,占全省南人总额的27%,虞集说是"前此未有如此之盛者"⑥,可见元代抚州的乡贡亦远远少于宋代。

　　研究江西地区的元代乡贡和进士题名录,将有助于了解当时江西各路州

---

① 永瑢等:《四库全书总目》卷十二《经部·书类·书义矜式》,中华书局1965年版,第105页。
② 刘贞:《类编历举三场文选序》,载《类编历举三场文选》卷首。转引自陈高华《两种〈三场文选〉中所见元代科举人物名录——兼论钱大昕〈元进士考〉》,载《中国社会科学院历史研究所学刊》第一集,社会科学文献出版社2001年版,第342—372页。
③ 傅若金:《傅与砺诗文集》卷三《邹云章利市卷子后序》,嘉业堂丛书本。
④ 吴澄:《吴文正公全集》卷三八《萧君墓志铭》。
⑤ 龙仁夫:《永新州学进士题名志》,载雍正《江西通志》卷一四二《艺文·传赞颂铭》。
⑥ 虞集:《道园学古录》卷三四《送乡贡进士孔元用序》。

# 第五章
## 元代江西的教育与文化

的科举状况。但是,元代举行了16次会试和殿试,现仅存元统元年(1333年)癸酉科和至正十一年(1351年)辛卯科两科进士题名录。另,江西方志多有"选举"门,列举历朝乡贡和进士,可惜与元代相关的部分乖漏太多,无法作为进一步分析的依据。略以雍正《江西通志》卷五一《选举三·元》为例。清人钱大昕如是说:

> 《江西通志·选举门》载元时进士题名,皆诞妄不足信。予尝见《元统元年进士题名录》,以此志校之。志载是年登科十五人,有两陈植:一贯宁州,一贯永丰。据《录》止有王充耘、李炳、李毅在二甲,陈植、徐邦宪、朱彬在三甲,其余皆无之。植贯永丰,未尝有宁州之陈植也。而三甲第廿六名艾云中,第廿八名熊燿并籍龙兴路,此灼然可信者,而志反遗之。盖志所采者出于家乘墓志,凡曾应乡举者皆冒进士之名,而修志者不能别择也。且如元之设科始于延祐二年(引者注:1315年),而志乃有至元丙子(引者注:至元十三年,1276年)乡试、大德戊戌(引者注:大德二年,1298年)进士、大德乡试诸人,是并《元史》全未寓目矣。①

钱氏指出了雍正《江西通志》中元代科举题名录的三个主要错误:一是将曾经"冒进士之名"的乡试应试者误为进士,二是错将"灼然可信"之进士遗漏在题名录之外;三是题名录中出现了延祐二年(1315年)首次开科之前的进士。仔细审读雍正《江西通志》,可发现在钱氏指出的错误之外,还有诸如南人乡贡人数超过21个乡试录取名额②、进士人数异乎寻常地多③、乡试年与会试年混淆④、非科举年而出现进士名录⑤等常识性错误。由于历修地方志相因相袭的特点,雍正《江西通志》的这种错误并非特例,而是普遍现象。为避免研究者利用方志中乖漏甚多的元代进士题名录以讹传讹,现总结元史学界进士题名研究成果,

---

① 钱大昕:《十驾斋养新录》卷十四《江西通志》,江苏古籍出版社2000年版,第293页。
② 如雍正《江西通志》载,延祐七年(1320年),仅江西行省岭北地区的龙兴、吉水、金溪、大庾等地的乡贡人数就达23人。
③ 如延祐二年(1315年)首科,全国录取蒙古、色目、汉人、南人进士共56人,而雍正《江西通志》载该科江西地区的进士有20人。从姓名分析,这些进士均为南人。这一比例显然过高。
④ 如将泰定元年(1324年)会试年误为至治三年(1323年)乡试年。
⑤ 如泰定三年(1326年)非会试年而有"泰定三年丙寅曾迪榜"进士,天历二年(1329年)非会试年而有"天历二年张益榜"进士,等等。

不厌其烦,将确知的元代江西进士表列如下①:

| 序号 | 姓 名 | 路 州 | 族 属 | 中进士时间 |
|---|---|---|---|---|
| 1 | 偰哲笃 | 龙兴录事司 | 色目人 | 延祐二年(1315年) |
| 2 | 偰玉立 | 龙兴录事司 | 色目人 | 延祐五年(1318年) |
| 3 | 黄鸿荐 | 龙兴路宁州 | 南 人 | 延祐二年(1315年) |
| 4 | 祝 彬 | 龙兴路宁州 | 南 人 | 延祐五年(1318年) |
| 5 | 叶 续 | 龙兴路武宁县 | 南 人 | 延祐二年或五年 |
| 6 | 偰朝吾 | 龙兴路录事司 | 色目人 | 至治元年(1321年) |
| 7 | 周尚之 | 龙兴路富州 | 南 人 | 至治元年(1321年) |
| 8 | 胡 鉴 | 龙兴路奉新县 | 南 人 | 至治元年(1321年) |
| 9 | 偰直坚 | 龙兴路录事司 | 色目人 | 泰定元年(1324年) |
| 10 | 默理契沙 | 龙 兴 路 | 色目人 | 泰定元年(1324年) |
| 11 | 善 著 | 龙兴路录事司 | 色目人 | 泰定四年(1327年) |
| 12 | 张 异 | 龙兴路富州 | 南 人 | 泰定四年(1327年) |
| 13 | 余 贞 | 龙兴路宁州 | 南 人 | 泰定四年(1327年) |
| 14 | 偰列篪 | 龙兴路录事司 | 色目人 | 至顺元年(1330年) |
| 15 | 亦速歹 | 龙 兴 路 | 蒙古人 | 元统元年(1333年) |
| 16 | 别罗沙 | 龙 兴 路 | 色目人 | 元统元年(1333年) |
| 17 | 艾云中 | 龙兴路录事司 | 南 人 | 元统元年(1333年) |
| 18 | 熊 爟 | 龙兴路富州 | 南 人 | 元统元年(1333年) |
| 19 | 李 炳 | 龙兴路新建县 | 南 人 | 元统元年(1333年) |
| 20 | 邓 梓 | 龙兴路奉新县 | 南 人 | 元统元年(1333年) |

① 以下元代江西进士表是对此前钱大昕、陈高华、萧启庆、森田宪司、沈仁国、桂栖鹏、尚衍斌等人及笔者相关研究的总结,并略作修正。如延祐二年进士许晋孙,原研究者列其为南康路建昌州人,查黄溍《金华黄先生文集》卷三三《茶陵州判官许君墓志铭》,许晋孙葬于南城,当是建昌路人,而非建昌州人;延祐五年进士李粲,原研究者列其为吉安路永丰人,查徐明善《芳谷集》卷二《送李粲然崇仁丞序》和吴澄《吴文正公全集》卷四六《书别李燦然》,前者记"康山李君粲然",后者载"番阳李燦然",康山是鄱阳县一地名,故李粲实是饶州路鄱阳人,等等。因元代江西地区的进士资料来源甚多,恕不详细罗列。另,延祐五年(1318年)进士汪泽民,《元史》卷一八五《汪泽民传》载其为徽州路婺源州人,查宋濂《宋文宪公全集》卷五《汪先生神道碑》,有"其先新安歙县人……迁宣州之宣城,子孙遂为宣城人"之语,故汪泽民实为宣城人,本书不列入"江西进士题名录"。

# 第五章
## 元代江西的教育与文化

| 序号 | 姓名 | 路州 | 族属 | 中进士时间 |
|---|---|---|---|---|
| 21 | 徐邦宪 | 龙兴路富州 | 南人 | 元统元年(1333年) |
| 22 | 贴谟补化 | 龙兴路 | 蒙古或色目人 | 至正二年(1342年) |
| 23 | 冷和叔 | 龙兴路宁州 | 南人 | 至正二年(1342年) |
| 24 | 贴哥 | 龙兴路 | 蒙古人 | 至正五年(1345年) |
| 25 | 正宗 | 龙兴路录事司 | 色目人 | 至正五年(1345年) |
| 26 | 雅理 | 龙兴路 | 蒙古或色目人 | 至正五年(1345年) |
| 27 | 舒泰 | 龙兴路奉新县 | 南人 | 至正五年(1345年) |
| 28 | 阿儿思兰 | 龙兴路录事司 | 色目人 | 至正八年(1348年) |
| 29 | 辜中 | 龙兴路南昌县 | 南人 | 至正八年(1348年) |
| 30 | 傅箕 | 龙兴路进贤县 | 南人 | 至正八年(1348年) |
| 31 | 朱梦炎 | 龙兴路进贤县 | 南人 | 至正十一年(1351年) |
| 32 | 熊燫 | 龙兴路 | 南人 | 不详 |
| 33 | 彭幼元 | 信州路 | 南人 | 延祐二年(1315年) |
| 34 | 汪文瓒 | 信州路弋阳县 | 南人 | 延祐五年(1318年) |
| 35 | 祝尧 | 信州路上饶县 | 南人 | 延祐五年(1318年) |
| 36 | 郑元善 | 信州路玉山县 | 南人 | 延祐五年(1318年) |
| 37 | 孙自强 | 信州路玉山县 | 南人 | 至治元年(1321年) |
| 38 | 张纯仁 | 信州路弋阳县 | 南人 | 至治元年(1321年) |
| 39 | 刘垒 | 信州路上饶县 | 南人 | 泰定元年(1324年) |
| 40 | 徐容 | 信州路上饶县 | 南人 | 泰定四年(1327年) |
| 41 | 方回孙 | 信州路弋阳县 | 南人 | 泰定四年(1327年) |
| 42 | 笃列图 | 信州路永丰县 | 蒙古人 | 至顺元年(1330年) |
| 43 | 郑顾中 | 信州路玉山县 | 南人 | 至顺元年(1330年) |
| 44 | 杨观 | 信州路上饶县 | 南人 | 至顺元年(1330年) |
| 45 | 徐观 | 信州路玉山县 | 南人 | 至正五年(1345年) |
| 46 | 揭毅夫 | 信州路永丰县 | 蒙古人 | 至正年间 |
| 47 | 李粲 | 饶州路鄱阳县 | 南人 | 延祐五年(1318年) |
| 48 | 周暾 | 饶州路鄱阳县 | 南人 | 至治元年(1321年) |
| 49 | 方君玉 | 饶州路浮梁州 | 南人 | 至治元年(1321年) |

| 序号 | 姓 名 | 路 州 | 族 属 | 中进士时间 |
|---|---|---|---|---|
| 50 | 李 升 | 饶州路浮梁州 | 南 人 | 泰定元年(1324年) |
| 51 | 黄 常 | 饶州路乐平州 | 南 人 | 至顺元年(1330年) |
| 52 | 程养全 | 饶州路德兴县 | 南 人 | 至正二年(1342年) |
| 53 | 傅贵全 | 饶州路德兴县 | 南 人 | 至正二年(1342年) |
| 54 | 邹 成 | 饶州路乐平州 | 南 人 | 至正五年(1345年) |
| 55 | 董朝宗 | 饶州路余干州 | 南 人 | 至正八年(1348年) |
| 56 | 董 彝 | 饶州路乐平州 | 南 人 | 至正八年(1348年) |
| 57 | 章 柄 | 饶州路鄱阳县 | 南 人 | 至正八年(1348年) |
| 58 | 程国儒 | 饶州路鄱阳县 | 南 人 | 至正十一年(1351年) |
| 59 | 李 路 | 瑞州路上高县 | 南 人 | 延祐二年(1315年) |
| 60 | 罗 曾 | 吉安路庐陵县 | 南 人 | 延祐二年(1315年) |
| 61 | 萧立夫 | 吉安路吉水州 | 南 人 | 延祐二年(1315年) |
| 62 | 杨景行 | 吉安路太和州 | 南 人 | 延祐二年(1315年) |
| 63 | 刘 震 | 吉安路吉水州 | 南 人 | 至治元年(1321年) |
| 64 | 高若凤 | 吉安路吉水州 | 南 人 | 至治元年(1321年) |
| 65 | 王 相 | 吉安路吉水州 | 南 人 | 至治元年(1321年) |
| 66 | 冯翼翁 | 吉安路永新州 | 南 人 | 泰定元年(1324年) |
| 67 | 曾 翰 | 吉安路永丰县 | 南 人 | 泰定元年(1324年) |
| 68 | 杨 衢 | 吉安路太和州 | 南 人 | 泰定元年(1324年) |
| 69 | 彭士奇 | 吉安路庐陵县 | 南 人 | 泰定元年(1324年) |
| 70 | 李 运 | 吉安路龙泉县 | 南 人 | 泰定元年(1324年) |
| 71 | 刘文德 | 吉安路庐陵县 | 南 人 | 泰定四年(1327年) |
| 72 | 夏日孜 | 吉安路吉水州 | 南 人 | 至顺元年(1330年) |
| 73 | 刘 性 | 吉安路安福州 | 南 人 | 至顺元年(1330年) |
| 74 | 刘 闻 | 吉安路安福州 | 南 人 | 至顺元年(1330年) |
| 75 | 杨 撝 | 吉安路吉水州 | 南 人 | 至顺元年(1330年) |
| 76 | 陈 植 | 吉安路永丰县 | 南 人 | 元统元年(1333年) |
| 77 | 李 毅 | 吉安路庐陵县 | 南 人 | 元统元年(1333年) |
| 78 | 王充耘 | 吉安路吉水州 | 南 人 | 元统元年(1333年) |

# 第五章
## 元代江西的教育与文化

| 序号 | 姓名 | 路州 | 族属 | 中进士时间 |
|---|---|---|---|---|
| 79 | 毛元庆 | 吉安路庐陵县 | 南人 | 至正二年(1342年) |
| 80 | 李廉 | 吉安路安福州 | 南人 | 至正二年(1342年) |
| 81 | 彭所存 | 吉安路安福州 | 南人 | 至正二年(1342年) |
| 82 | 吴从彦 | 吉安路永新州 | 南人 | 至正五年(1345年) |
| 83 | 马速忽 | 吉安路吉水州 | 色目人 | 至正八年(1348年) |
| 84 | 吴师尹 | 吉安路永新州 | 南人 | 至正八年(1348年) |
| 85 | 龙元同 | 吉安路庐陵县 | 南人 | 至正八年(1348年) |
| 86 | 萧飞凤 | 吉安路吉水州 | 南人 | 至正十一年(1351年) |
| 87 | 萧受益 | 吉安路吉水州 | 南人 | 至正十一年(1351年) |
| 88 | 艾实 | 吉安路吉水州 | 南人 | 至正十一年(1351年) |
| 89 | 虞槃 | 抚州路崇仁县 | 南人 | 延祐五年(1318年) |
| 90 | 黄常 | 抚州路乐安县 | 南人 | 延祐五年(1318年) |
| 91 | 张观 | 抚州路 | 南人 | 泰定元年(1324年) |
| 92 | 罗朋 | 抚州路崇仁县 | 南人 | 至顺元年(1330年) |
| 93 | 黄昭 | 抚州路乐安县 | 南人 | 至顺元年(1330年) |
| 94 | 刘杰 | 抚州路金溪县 | 南人 | 至正二年(1342年) |
| 95 | 陈异 | 抚州路金溪县 | 南人 | 至正五年(1345年) |
| 96 | 黄绍 | 抚州路临川县 | 南人 | 至正八年(1348年) |
| 97 | 葛元哲 | 抚州路金溪县 | 南人 | 至正八年(1348年) |
| 98 | 吴彤 | 抚州路临川县 | 南人 | 至正八年(1348年) |
| 99 | 吴裕 | 抚州路金溪县 | 南人 | 至正十一年(1351年) |
| 100 | 何淑 | 抚州路乐安县 | 南人 | 至正十一年(1351年) |
| 101 | 曾坚 | 抚州路金溪县 | 南人 | 至正十四年(1354年) |
| 102 | 危矶 | 抚州路金溪县 | 南人 | 至正二十年(1360年) |
| 103 | 王章 | 抚州路金溪县 | 南人 | 至正二十年(1360年) |
| 104 | 曾仰 | 抚州路金溪县 | 南人 | 至正二三年(1363年) |
| 105 | 陈介 | 抚州路金溪县 | 南人 | 至正二三年(1363年) |
| 106 | 许晋孙 | 建昌路 | 南人 | 延祐二年(1315年) |
| 107 | 李政茂 | 建昌路新城县 | 南人 | 延祐二年(1315年) |

| 序号 | 姓　名 | 路　州 | 族　属 | 中进士时间 |
|---|---|---|---|---|
| 108 | 谢升孙 | 建昌路南城县 | 南　人 | 泰定四年(1327年) |
| 109 | 龚善翁 | 建昌路新城县 | 南　人 | 泰定四年(1327年) |
| 110 | 江存礼 | 建昌路南城县 | 南　人 | 泰定四年(1327年) |
| 111 | 万　清 | 建昌路南城县 | 南　人 | 至顺元年(1330年) |
| 112 | 朱　彬 | 建昌路新城县 | 南　人 | 元统元年(1333年) |
| 113 | 朱　倬 | 建昌路新城县 | 南　人 | 至正二年(1342年) |
| 114 | 夏　镇 | 袁　州　路 | 南　人 | 至治元年(1321年) |
| 115 | 夏以忠 | 袁　州　路 | 南　人 | 至正十七年(1357年) |
| 116 | 欧阳朝 | 袁州路万载县 | 南　人 | 至顺元年(1330年) |
| 117 | 袁州海牙 | 袁　州　路 | 色目人 | 至正五年(1345年) |
| 118 | 杨晋孙 | 临江路新淦县 | 南　人 | 延祐二年(1315年) |
| 119 | 萧　㵆 | 临江路新喻州 | 南　人 | 延祐五年(1318年) |
| 120 | 铎护伦 | 临　江　路 | 色目人 | 元统元年(1333年) |
| 121 | 胡行简 | 临江路新喻州 | 南　人 | 至正二年(1342年) |
| 122 | 吴德永 | 临江路新喻州 | 南　人 | 至正二年(1342年) |
| 123 | 黎应物 | 临江路新喻州 | 南　人 | 至正五年(1345年) |
| 124 | 聂洪衷 | 临江路清江县 | 南　人 | 至正十一年(1351年) |
| 125 | 裴梦霆 | 临江路清江县 | 南　人 | 至正十一年(1351年) |
| 126 | 易之序 | 江州路彭泽县 | 南　人 | 延祐二年(1315年) |
| 127 | 博颜达 | 江　州　路 | 蒙古人 | 元统元年(1333年) |
| 128 | 刘应纲 | 江州路德化县 | 南　人 | 至正十一年(1351年) |
| 129 | 脱　颖 | 南　康　路 | 色目人 | 元统元年(1333年) |
| 130 | 刘承直 | 赣州路赣县 | 南　人 | 至正十一年(1351年) |
| 131 | 汪涣文 | 徽州路婺源州 | 南　人 | 延祐五年(1318年) |
| 132 | 赵宜中 | 徽州路婺源州 | 南　人 | 泰定元年(1324年) |
| 133 | 胡　善 | 徽州路婺源州 | 南　人 | 至正五年(1345年) |
| 134 | 吕　诚 | 徽州路婺源州 | 南　人 | 至正十一年(1351年) |
| 135 | 廉惠山海牙 | 不　　详 | 色目人 | 至治元年(1321年) |
| 136 | 海　直 | 不　　详 | 蒙古或色目人 | 至治元年(1321年) |
| 137 | 定　住 | 不　　详 | 蒙古或色目人 | 至正二年(1342年) |

# 第五章
## 元代江西的教育与文化

以上元代江西地区的进士共计137名。以人数的多少排序，依次是：龙兴路32名、吉安路29名、抚州路17名、信州路14名、饶州路12名、建昌路8名、临江路8名、徽州路婺源州4名、袁州路4名、江州路3名、瑞州路1名、南康路1名、赣州路1名、籍贯江西地区而不明具体地望者3名，南丰州、铅山州和南安路无进士。

由于史料限制，以上137名进士仅是元代江西进士的一部分，但基本可以反映各路州的文化状况，即龙兴、吉安最盛，抚州、信州、饶州其次，建昌、临江又次，江州、袁州、瑞州、南康、赣州等相对较弱。刘锡涛曾据顺治《江西通志》、民国《江西通志稿》等对宋代江西进士的分布进行详细统计，以人数多少排序，依次是饶州、吉州、建昌、抚州、洪州（元代之龙兴）、临江、信州、南康、赣州、瑞州、袁州、江州、南安[①]。进入元代，龙兴因是省治所在，蒙古、色目人较为集中，他们高中进士相对容易。该路32名已知进士中，蒙古、色目人有14名，故龙兴的进士数由宋代的第五位进至第一；吉安路依旧保持较大优势；饶州和建昌的位次略有下移；信州路稍有上升；抚州、临江变化不大；江州、袁州、瑞州、南康、赣州等依然没有优势。总体而言，元代江西地区的进士分布于宋代有着相当的继承性，吉安等强者仍强，南安等弱者仍弱，其他居上、中游者则略有沉浮。

从全国范围看，江西是元代科举较盛的地区之一。延祐二年（1315年）首科，共录取进士56人，江西地区仅已知的进士就有11人，占总额19.6%，其中左榜40人中，江西10人，占25%。这与江西地区旧有的儒学基础较好、儒学教育体系完备有直接关系。此后，随着各地对儒学日渐重视，江西的科举优势逐渐下降。资料最为完整的元统元年（1333年）进士题名录显示，该科100名进士中，江西14人，所占比例下降至14%。至正二年（1342年）壬午科、至正五年（1345年）乙酉科、至正八年（1348年）戊子科均录取78名，至正十一年（1351年）辛卯科录取83人，江西地区这几届已知的进士分别是12名、11名、12名和12名，各占总额的15.4%、14.1%、15.4%和14.5%。此外，因资料缺失，有些进士并未进入载录，所以，可以肯定地说，到元后期，江西地区的进士数一般占录取总额的15%左右，高于江西行省乡贡名额所占比例（10.3%）。

科举制度在元代选举体系中所占地位远逊于故宋时期，元末明初人叶子奇

---

[①] 刘锡涛：《宋代江西文化地理》，陕西师范大学中国历史地理专业2001年申请博士学位论文（史念海指导），第25页。刘氏的统计包括漕贡等非正途进士，数量大于实际的进士数。如其统计的吉州进士高达八九百人，而据元代吉安人龙仁夫所言，宋代吉州"赐第且五百"，即进士不到500人。尽管如此，他的统计不妨碍作为一般性比较的依据。

说元朝的科举不过是"粉饰太平之具"①。但是,这一制度保障了文化的延续。新喻人傅若金曾说,宋亡后,科举废,儒人转而习医、务农、从商、为吏,"国家自科举之兴,天下学士以明经就选举,岁且千万人";元统三年(1335年)岁末废科,四方之士随之废学,"其能不厌弃吾经术而徙业者,几何人哉"②!所幸至元元年(1341年),科举复行,一直延续到元朝在江西的统治崩溃。江西地区在经历了以汉化较浅的蒙古人统治为主的元朝后,文化得以相沿不坠,科举起到了重要作用。

# 第二节
## 理学、文学与史学

相对于两宋文化的持续辉煌,元朝似乎有所不及。其实,元朝文化不乏接续精彩和超越前代之处。程朱理学的官学化、陆氏心学在元代的延续、元曲杂剧的异彩纷呈、史学方面的弘篇巨制等等,这些瑰丽多彩的文化成就都是在元代取得的。江西作为当时的一个文化兴盛之区,同样有许多可圈可点、值得称道的闪光之处。

### 一、理学

有学者论元代理学,称其"不过衍紫阳(引者注:即朱熹)之绪余"③。这样的概括有失片面。作为思想文化发展史中不可或缺的一环,元代的学术特点与宋代有所不同,总体说来,元代理学具有务实的特征,是以朱学为主导,同时出现朱、陆合流的趋向,程朱理学成为占统治地位的官学,陆学衰微④。元代理学形成这些特点,江西学者在

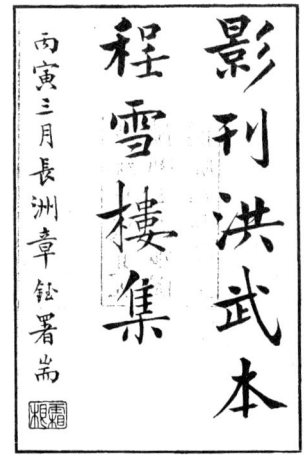

程钜夫《程雪楼集》扉页

图片说明:清宣统陶氏涉园影刊明洪武本。

---

① 叶子奇:《草木子》卷之四下《杂俎篇》。
② 傅若金:《傅与砺诗文集》卷三《朱敬立文稿序》。
③ 吕思勉:《理学纲要》,东方出版社1996年版,第32页。
④ 朱汉民等:《中国学术史·宋元卷》,江西教育出版社2001年版,第713—718页。

# 第五章
## 元代江西的教育与文化

其中起到了重要作用。

其一,程朱理学成为元代占统治地位的官学,固然与江汉先生赵复将朱学北传,许衡、姚枢、郝经等儒官受其影响,在国子学中以朱学为尊,并以之影响元朝上层有关,但是,真正对士子具有导向作用、使之风行天下的是将程朱理学与科举考试和士子的仕宦前程紧密联系。在确定科举考试以程朱理学为宗的过程中,建昌南城人程钜夫发挥了重要作用。

程钜夫(1249—1318年),名文海,字钜夫。避元武宗海山讳,以字行。号雪楼,又号远斋。叔父程飞卿在宋末任建昌通判,以城降元。钜夫作为质子,随叔父到上都,任宿卫,受到元世祖赏识。他是最早受到蒙古统治者重用的江南人之一。钜夫少年时期就读于抚州临汝书院,从学于族祖徽庵先生程若庸,是朱熹的四传弟子。皇庆元年(1312年),元廷议行科举,钜夫时任翰林学士承旨,建议以朱熹的《贡举私议》为本,略加损益。他说:"取士必以经学、行谊为本,唐、宋词章之弊不可袭也。"[1]同时主张"经学当祖程颐、朱熹传注"[2]。仁宗给予肯定,并令其起草科举诏。

皇庆二年(1313年)颁布的由程钜夫起草的科举诏中,朱熹的《贡举私议》主张被采纳,大大改变了唐、宋科举以词章为本的取士标准。各场考试中,"经问"在《大学》《论语》《孟子》《中庸》内出题,以朱熹的《四书章句》为准;"经义"中,《诗》以朱熹注疏为主,《尚书》以朱熹门人蔡沈的集传为主,而蔡氏的《书集传》是在朱熹的授意下写成,《周易》以程氏、朱氏为主,《春秋》用程颐私淑胡安国所作传[3]。因此,元代科举所用四书五经中,除朱熹生前欲做而未能完成的《礼记》采用古注疏,朱熹未加注释的《春秋》兼用左传、公羊、谷梁三传外,其余经典一律以程朱理学的阐发为本。可见,程钜夫将其对程朱理学的理解与推崇贯彻到了科举诏中。诚然,当时预议科举的还有集贤大学士陈颢、侍讲元明善、许衡之子许师敬、翰林学士贯云石海涯等重要文臣(他们推许程朱理学多源于许衡等人的大力推行),但绝不可忽视翰林院最高长官程钜夫的作用。

如果说程钜夫是从上层对科举制度施加影响,从而将程朱理学定为国是,那么,龙兴路富州人熊朋来则将习举者从孩童时代起就引向朱学,从而扩大了

---

[1] 揭傒斯:《大元敕赐故翰林学士承旨光禄大夫知制诰兼修国史程公神道碑铭》,见程钜夫《雪楼集》附录。
[2] 《元史》卷一七二《程钜夫传》。
[3] 《皇庆科举诏》,见《庙学典礼(外二种)·元婚礼贡举考》。

朱学在民间的影响。熊朋来(1246—1323年),字与可,南宋咸淳十年(1274年)进士,学者称为天慵先生。他博通群籍,尤精于礼、乐、书、数。入元,先后在福州和吉安任儒学教授。熊朋来取朱熹《小学》一书,"条分节解,标注其事,凡名物度数、姓字称号、族系时代,一览瞭然,大有裨益于初学之士。书市刻板广传,令通行乎天下"①。熊朋来对朱熹《小学》的解析使朱学在民间的浸润日深日广。任福州路儒学教授期间,熊朋来主持制定了官办儒学的各项规章,包括日常学习、朔望会讲、课试之法、书籍管理等各个方面,其中关于小学的部分,甚至具体到师生座次、鸣钟次数、习字页数、作揖方式等细节问题。该规章后由江南行台颁行江南三省,成为江南儒学共同遵奉的指导性规章。从这个角度可以说,熊朋来对元代江南的学制贡献巨大。其中,作为初级阶段的小学,其学习内容主要是:"诸生所讲读书,合用朱文公《小学》书为先,次及《孝经》《论语》。早晨合先讲《小学》书,午后随长幼敏钝分授他书。《孝经》,合用文公刊误本,《语》《孟》,用文公集注,《诗》《书》,用文公集传订定传本讲说。"②熊朋来制定该学制,时在实行科举的近二十年前。他通过在小学采用朱熹修订之书作为教材,使朱学成为江南官学学子的学术根基,也使后来科举以程朱为本在民间拥有广泛的基础。实行科举后,熊朋来又参与制定江西行省的乡试规程,弟子多"通经能文。贡举制复,门生悉堪应举,擢科者累累"。他主持江浙、湖广等行省的乡试,"所贡大半成进士,人羡拣择之精"③。这说明,熊朋来对程朱理学的理解与官方"保持"着高度一致。他通过自己的努力,扩大了朱学在民间的影响。

元代科举以程朱为本后,学者尊信,多不敢置疑,从理学内部的学派纷争来看,实质上有助于朱学压倒陆学,加上科举中式的功利目的以及随之而来的程朱之学教条化,学校、书院均以程朱之学教育学子,其影响深及民间,朱学几于一统。后,以程朱之学为本取士被明、清两代所继承,从而影响了长达六百年的中国政治与文化。从这个角度看,尽管程钜夫、熊朋来、程颢、许师敬等在学术上没什么创见,但其影响可谓深远。

其二,元代理学以朱学为主,同时出现朱、陆合流的趋向,以抚州崇仁人吴澄及其弟子为重要代表。吴澄(1249—1333年),字幼清,晚年又字伯清。五岁随祖父读书,"七岁而能声对,九岁而能诗赋,十有三岁而应举之文尽通,自以为

---

① 吴澄:《吴文正公全集》卷三六《前进士豫章熊先生墓表》。
② 《庙学典礼》卷五《行台坐下宪司讲究学校便宜》。
③ 吴澄:《吴文正公全集》卷三六《前进士豫章熊先生墓表》。

# 第五章
## 元代江西的教育与文化

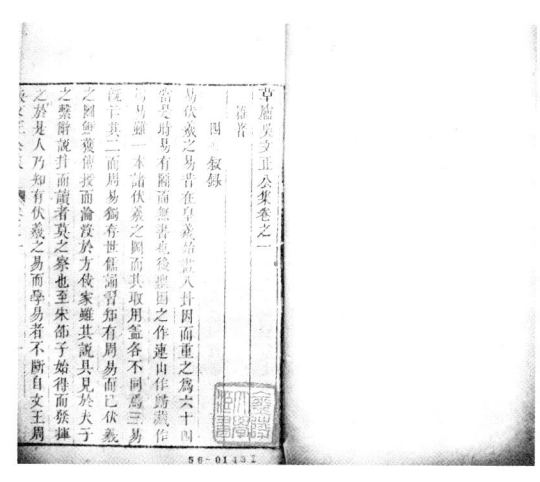

吴澄《草庐吴文正公全集》

图片说明：清乾隆二十一年(1756年)万璜刊本。

所学止于是矣"①，"年十六，始知学业之外有所谓圣贤之学者……于是始厌科举之业，慨然以豪杰之士自期，必欲为周、程、张、邵、朱而又推此道，以尧舜其君民而后已也"②。少年吴澄已拥有接续并弘大朱熹事业的志向。南宋咸淳六年(1270年)，吴澄"承亲之命而投应举之牒"③，参加抚州乡试，中选，而会试不中，遂建草屋以居，著书讲学于中，并以"抱膝梁父吟，浩歌出师表"自题其牖，挚友程钜夫因而比之为南阳诸葛亮，命名为"草庐"，学者遂称其为"草庐先生"。至元二十四年(1287年)，程钜夫奉诏求贤江南，推荐吴澄，被拒绝。自大德(1297—1307年)末起，吴澄屡次出入朝廷，担任学职和文职，但"或不久而即还，或拜命而不行，要之无意为世之用"。其一生的多数时候是僻处家乡，"研经籍之微，玩天人之妙……著书立言，以示后学"④。主要著作有文集《吴文正公集》、经学著作《五经纂言》及《易纂言外稿》《仪礼逸经传》《今文孝经》等。此外，还校定《皇极经世书》，校正《老子》《庄子》《太玄经》《乐律》《八阵图》《葬书》等。其中，《五经纂言》乃吴澄费几十年功力而成，是对元代理学的重要贡献。

吴澄年少时好杂学，与程钜夫共同就读于临汝书院，亦是程若庸的学生，同样为朱熹四传。成为理学名家后，时人将其与许衡并称为"南吴北许"。实际

---

① 吴澄：《吴文正公全集·外集》卷三《发解谢缪守书》。
② 吴澄：《吴文正公全集·外集》卷三《谒赵判簿书》。
③ 吴澄：《吴文正公全集·外集》卷三《谢金幕》。
④ 危素：《危太朴续集》卷一《临川吴文正公年谱序》。

上,吴澄比许衡晚生40年,是继许衡之后传播理学最著的名儒。其理学思想从总体上看属于程朱之学,元人元明善即说:"先生(引者注:指吴澄)之学,程子之学也。"①清人全祖望则说:"草庐出于双峰,固朱学也……草庐之著书,则终近乎朱。"②这与其学术传承和接续朱熹之学的宏愿③有直接的关系。

吴澄的经学直承朱熹,《五经纂言》实是朱熹经学研究的继续,堪称元代治经之最。20岁左右时,吴澄已认识到《易》《诗》《尚书》《春秋》四经皆乱,朱熹已厘正前二者,后两经则"犹有欠整理者",于是"甚欲集诸家之善为之训说,以补先儒之未及,而破千古之舛讹"④。咸淳六年(1270年),年仅22岁的吴澄对诸经的研究已经"略开其端绪矣"⑤。次年会试落第后,吴澄放弃举业之累,终生坚持治经,认为"从事于此焉,则吾之志得矣"⑥。其治经,博大而精深,敢于怀疑,对《易》《尚书》《礼记》等儒家经典均有自己的见解,常据己意进行调整。如对《尚书》,只注《今文尚书》28篇,并调整篇次或章次,还删去部分内容;对《周易》和《礼记》,亦是有删有改⑦。清代四库馆臣虽然批评吴澄任意点窜删削诸经,但对其治经的成就还是给予了充分肯定。黄百家亦说,朱熹门人多习成说,深通经术者甚少,惟吴澄《五经纂言》有功于经术,是朱门弟子陈淳等人难以比拟的。吴澄对其中的《易纂言》尤为重视,从事其学达50余年。他说:"吾于《易》书,用功至久,下语尤精,其象例皆自行于心,庶乎文周系辞之意。"又说:"吾于《书》有功于世为犹小,吾于《易》有功于世为最大。"⑧全祖望则认为,吴澄诸经纂言中,以《春秋纂言》为最。《礼记纂言》是吴澄晚年所著之书,用功最勤。故,《五经纂言》中,《易纂言》《春秋纂言》和《礼记纂言》最佳。其中,《礼记纂言》是继朱熹未竟之业而成,《易纂言》"其大旨宗乎周、邵,而义理则本诸程

---

① 虞集:《道园类稿》卷五十《故翰林学士资善大夫知制诰同修国史临川先生吴公行状》。
② 黄宗羲原著,全祖望补修,陈金生、梁运华点校:《宋元学案》卷九二《草庐学案》,中华书局1986年版。
③ 吴澄早年论述道统,认为"古中之统:仲尼其元,颜、曾其亨乎,子思其利,孟子其贞乎!近古之统:周子其元,程、张其亨也,朱子其利也,孰为今日之贞乎?未之有也。然则,可以终无所归哉!"《元史》编修者认为其"早年以斯文自任如此",即早年就以接绍朱熹之统而自任。见《元史》卷一七一《吴澄传》。
④ 吴澄:《吴文正公全集·外集》卷三《发解谢缪守书》。
⑤ 吴澄:《吴文正公全集·外集》卷三《发解谢缪守书》。
⑥ 吴澄:《吴文正公全集·外集》卷三《谢程教》。
⑦ 参阅朱汉民等著《中国学术史·宋元卷》,江西教育出版社2001年版,第753—763页。
⑧ 《宋元学案》卷九二《草庐学案》。

# 第五章
## 元代江西的教育与文化

传,其校定用东莱吕氏之本,而修正其缺衍谬误。其纂言则纂古人今人之言,有合于己之所自得者,大概因朱子象占之说而益广其精微"[1]。可见,《易纂言》亦本于朱学。在讨论理学的一些重要命题时,吴澄多合于朱熹。关于天道,他与朱熹一样,将"理"确立为天地万物的主宰,理、气乃宇宙本原。关于理气,他在继承朱熹的讨论时,又提出了"理在气中"的命题和"理者,非别有一物在气中"的思想。关于心性,他认为人之成形是由于气,人性则来之于天理,其内容为仁、义、礼、智,故人性本善无恶,与朱熹一致。关于读书修身,他与朱熹一样重视泛观博览。

但是,吴澄没有固守朱学门墙。他看到了朱学后人流于章句训诂而不能超拔的弊端,同时看到了陆学的高妙,尤其是"明本心""尊德性"的道德修身法,故吴澄在后期兼重陆学,明显表现出和会的倾向。在如何完善气质之性,获得天理的问题上,他虽然重视穷理致知,同时主张"发明本心"("尊德性"),即从自身去发现;"本心之发见"才是最重要的心性修养工夫。他说,"所谓性理之学,既知得吾之法,皆是天地之性,即当用功知其性,以善其性,能认得四端之发见谓之知","随其所发见,保护持守";如"不就身上实学……非善学也"[2]。由此,在"知"与"行"的问题上,他强调"知"的重要性,而不是朱学的"行为重",主张知即行,"知行兼该",应将德性之知与闻见之知统合于心。执教国子监时,吴澄对学生说:"朱子道问学工夫多,陆子静却以尊德性为主。问学不本于德性,则其弊偏于言语训释之末,果如陆子静所言矣。今学者当以尊德性为本,庶几得之。"[3]吴澄要学生以"尊德性"为本,而不能仅仅拘泥于朱熹所主张的笃实的读书功夫,遂使学者认为其属于陆学,而非国子监一直推崇的朱学。这番言论最后终结了吴澄在国子监的执教生涯。虽然如此,吴澄依旧推崇陆学的"本心"说。他在给陆九渊语录作序时说:"道在天地间,今古如一,当反之于身,不待外求也。先生之教以是,岂不至简至易而切实哉!"[4]表达了对陆学简易功夫的倾心与钦佩。他甚至将陆九渊与二程、朱熹相提并论,认为此四人"论之平而足以定千载之是非"[5],把"本心"列为尧、舜以来的圣人传道根本,从而肯定"本心"

---

[1] 虞集:《道园类稿》卷五十《故翰林学士资善大夫知制诰同修国史临川先生吴公行状》。
[2] 吴澄:《吴文正公全集》卷二《答人问性理》。
[3] 虞集:《道园类稿》卷五十《故翰林学士资善大夫知制诰同修国史临川先生吴公行状》。
[4] 《宋元学案》卷九二《草庐学案》。
[5] 吴澄:《吴文正公全集》卷十二《临川王文公集序》。

说在理学中的崇高地位①。基于吴澄对二程、朱陆并重的认识，有学者认为，吴澄在把"心学"理解为对心的体验和研究，重视心的修养功夫的意义上，而不把"心学"仅仅理解为陆九渊的心学的意义上，吴澄的思想与其说是对陆九渊心学的继承，更不如说是对整个濂、洛、关、闽及陆象山的儒家心学的继承。如此，吴澄终是实现了接续朱熹成为"近古之统"中的"贞"的宏愿，故学者陈来认为，"晦庵之后，终是草庐"，肯定了吴澄在宋元理学中的"综合"气象②。但是，尽管吴澄的这种和会思想是在基本遵从程朱理学的前提下，融合心学的合理因素，主张格物致知应以发明本心为主，不假外求，"体现出力求使本心与天理内外合一的和合趋势，已经从朱子理学大厦中发现了向心学转折的突破口"③，他并没有能力从整体上超越程朱理学的范围逻辑结构，从中开拓出一条走向心学的理论思路。故而，他的心性学说是理学从宋代以朱子理学为主向明代阳明心学转折的过渡环节，是宋、明两代承上启下的转折。综其前，启其后，这便是吴澄在中国理学发展史中的地位。

吴澄合会的理学思想对弟子虞集、危素均有影响。虞集认为，朱、陆二人对圣人之道互有发明，既肯定朱熹晚年"稍却其文字之支离"，吸收陆学"反身以求"之法④，又对时人多加摒弃的陆学尽力表彰。他说："窃闻先生（引者注：指陆九渊）之言，以为上下万世之远，东西南北之表，苟有圣人出焉，同此心，同此理也。集尝三复而叹曰：'此心此理之同，岂必圣人哉，虽凡民亦莫不同矣。先生之望于天下万世者，亦欲其人而已矣。'又闻先生之告学者曰：'汝耳自聪，目自明，事父自能孝，事兄自能悌，本无欠阙，不必他求，在乎自立而已。'噫！此谓践形也，此所以可至于人伦之至也。所忧者，纷然他求以间之，而失其时尔。故以为求诸人之言而不得，不若反求诸己之为近也。"⑤虞集在这段话中揭示了陆学的真正内涵，并给予充分肯定。危素同样认识到朱、陆后学各自的弊端，他说：

---

① 《宋元学案》卷九二《草庐学案》："然此心也，人人所同有，反求诸身，即此而是。以心而学，非特陆子为然，尧、舜、禹、汤、文、武、周、孔、颜、曾、思、孟，以逮周、程、张、邵诸子，莫不皆然。故独指陆子之学为本心，学者非知圣人之道也。"
② 陈来：《〈尊德性与道问学——吴澄哲学思想研究〉序》，见方旭东《尊德性与道问学——吴澄哲学思想研究》卷首，人民出版社2005年版，第1—4页。
③ 张立文、祁润兴：《中国学术通史·宋元明卷》，人民出版社2004年版，第445—448页。
④ 虞集：《道园学古录》卷四十《跋朱先生答陆先生书》。
⑤ 虞集：《新建陆文安祠堂记》，见天启《荆门州志》卷八，明天启元年刊本，转引自李修生主编《全元文》第二七册，凤凰出版社2004年版，卷八五七，第17—19页。

# 第五章
## 元代江西的教育与文化

"昔者朱文公、陆文安公同时并起,以明道树教为己事,辩论异同,朋友之谊。其后,二家门人之卑陋者角立门户若仇雠,陆氏不著书而其学几绝。"①于是,他与吴澄一样强调"尊德性",认为德"本之吾所固有,而非自外至,亦何为而不尚之哉!"②在治学上,他倾向于朱学,极重视读书,说"治心修身,一征诸方册"③。与吴澄和虞集不同的是,危素在整体上更倾向于陆学。他称赞四明杨简"学于临川陆氏,高明纯一,进道不倦。虽今之学者弃而弗讲,然质诸鬼神而无疑,百世以俟圣人而不惑者,又焉可诬也"④。这样的赞誉,危素未轻许给任何一个朱学传人。相反,他对元代朱学流弊大加鞭挞,说朱学"诸子之门,千蹊百折,总之不离词章、训诂、异端三者,波流茅靡,出自入彼","往往驰逐于空言而汩乱于实学","不足以明体而适用"⑤。这与危素求学于吴澄的同时,又向元代株守陆学的陈苑、李存等人请教有关。吴澄是以朱学为主,以陆学的高妙补朱学的支离;危素是以陆学为主,以朱学的笃实补陆学的空疏。

其三,元代程朱理学地位上升,定为国是,江西遂有诸多致力于弘扬朱学者。他们秉承朱学笃实的读书功夫,注重研习儒家经典。治经时,以朱学为主。

江州黄泽是元代江西以朱学为本治经的重要一家。黄泽(1260—1346年),字楚望。父仪可为资州(今四川资中)人,累举不第。仪可兄黄骥子任官九江,其随行而至。蒙古军攻蜀,不能归乡,因家于九江,故黄泽为九江人。他自幼以明经学道为志,好学苦思,对名物度数考核精审。曾任江州景星书院、南昌东湖书院山长。秩满即归,闭门授徒。

黄泽治学以苦思见长,曾因诸经不明,列出六经疑义千余条。冥思苦想之后,豁然贯通,于是"《易》《春秋》传注之失,《诗》《书》未决之疑,《周礼》非圣人书之谤,凡数十年苦思而未通者,皆涣然冰释,各就条理"。其治《易》,"以明象为先,以因孔子之言,上求文王、周公之意为主,而其机枑,则尽在《十翼》",于是作《十翼举要》《忘象辩》《象略》《辩同论》诸书。治《春秋》,"以明书法为主,其大要则在考核三传,以求向上之功,而脉络尽在《左传》",于是又作《三传义例

---

① 危素:《危太朴续集》卷七《上饶祝先生行录》。
② 危素:《危太朴文集》卷五《陈氏尚德堂记》。
③ 危素:《危太朴文集》卷十《上都分学书目序》。
④ 危素:《危太朴续集》卷六《杨氏族谱序》。
⑤ 危素:《危太朴文集》卷七《湖州吴教授诗序》。

考》《笔削本旨》等书。对《周礼》,黄泽亦很用心,认为郑玄深而未完,王肃明而实浅,于是著《礼经复古正言》。他还撰《元年春王正月辩》《诸侯娶女立子通考》《鲁隐公不书即位义》《殷周诸侯禘袷考》《周庙太庙单祭合食说》《丘甲辩》等书,以明古今礼俗之不同,虚辞说经之无益。对六经,黄泽有《六经补注》,辩释诸经要旨,又作《翼经罪言》,力排百家异议。另外,黄泽还为初学者撰《易学滥觞》《春秋指要》,讲明"求端用力之方",免其误入歧途。

黄泽一生著述甚丰,多为苦思所得,而义理以程、朱为主。吴澄读其著述,认为"平生所见明经士,未有能及之(引者注:指黄泽)者",堪为圣人孔子之徒。《元史》本传则称:"近代覃思之学,推泽为第一。"①黄泽著作大部分散佚,弟子休宁人赵汸的《春秋师说》中保留了其关于《春秋》的观点。

都昌陈澔以治《礼记》见长。陈澔(1260—1341年),字可大。父陈大猷为饶鲁弟子,故陈澔是朱熹五传。著有《云庄礼记集说》10卷。尽管清人朱彝尊对此书评价不高,但四库馆臣认为,历代释《礼记》者,汉、唐以郑玄、孔颖达为优,但郑之注释简奥,孔之注疏典赡,皆不如陈澔浅显;宋代卫湜的《礼记》传注颇佳,但卷帙繁富,又不如陈澔简便。初习《礼记》者,从《云庄礼记集说》得知门径,不为无益。故明代胡广等人修《五经大全》时,其中的《礼经大全》多以此书为据。

李廉也是元代江西以治经见长的学者。李廉(生卒年不详),字行简,吉安路安福州人。至正元年(1341年)以《春秋》中江西乡试第一,次年会试中进士,授龙兴路录事,迁信丰县尹。元末红巾军至,守节而死。李廉对《春秋》颇有研究,著《春秋诸传会通》24卷。该书以《左传》为先,《公羊传》《谷梁传》次之,又次义疏,而以胡安国传注之。此书实是以胡氏为主而兼综诸家之说。清代四库馆臣认为:"是编虽以胡氏为主,而驳正殊多。又参考诸家,并能掇其长义。一事之疑,一辞之异,皆贯串全经以折衷之……总论百余条,权衡事理,尤得比事属辞之旨。"②正因《春秋诸传会通》有如许优点,清代钦定的《春秋传说汇纂》对此书多有采录。

新喻梁寅亦长于经学。梁寅(1303—1390年),字孟敬,号石门,新喻人。家贫,自幼好学,博通经史。曾任集庆路(治今江苏省南京市)儒学训导。明初,征入京师修礼书。书成归乡,结庐于石门山下,教学为生,学生尊其为"石门先

---

① 《元史》卷一八九《儒学传一·黄泽传》。
② 永瑢等:《四库全书总目》卷二八《春秋诸传会通》。

# 第五章
## 元代江西的教育与文化

生"。今留有《石门集》。梁寅对经学有很深的造诣,人称"梁五经"。他宗奉程朱,曾说:"吾夫子删《诗》之时,未有注释也。至汉儒以经相传授,注释益众矣,而无所前闻,多为臆度,故谬误相袭。朱子《诗传》独觉夫千载之失而有以正之,至于字义尤必有据,凡有穿凿附会者,悉弃而不取,故曰训诂之必明也。汉儒之释经,于正理或昧。迨程、朱之言既行,驳杂之论乃黜。今之读经者宜壹遵程、朱,难复互异,故曰义理之必正也。"①梁氏认为程、朱之学是"训诂明,义理正"。他精于《周易》,有鉴于程、朱以前注《周易》者"其高也或渝于空虚,其卑也或泥于象数",而程、朱传注虽佳,但学者患于详而不能返约,于是参酌程、朱二家,旁采诸说,附以己意,于后至元六年(1340年)撰著《周易参义》,使"观之者由详造约,考异而知同"。是书虽采诸说,但"亦程、朱之义疏也"②。

如果说上述黄、陈、李、梁诸儒在以朱学为宗的前提下,尚能兼采诸家之说,那么,朱熹故里的徽州诸儒在宋末元初朱、陆门徒严立门墙时,则多持门户之见,力主朱学,排斥其他学说。此以休宁人陈栎、婺源人胡一桂、胡炳文为代表。胡一桂(1247—?),字庭芳,出自婺源著名的"明经胡家"。父胡方平为朱熹四传,曾著《易学启蒙通释》,故一桂为朱熹五传。景定五年(1264年),胡一桂中乡试,会试不利,退而讲学,学者尊为"双湖先生"。著有《周易本义附录纂疏》《本义启蒙翼传》《朱子诗传附录纂疏》《十七史纂》等。其治经专主朱学,《周易本义附录纂疏》"取诸儒《易》说之合于《本义》(引者注:指朱熹著《易本义》)者纂之,谓之纂疏。其去取别裁,惟以朱子为宗"③,对杨万里所著《易传》全然不予提及。族人胡炳文(1250—1333年),字仲虎,潜心朱学,与郡人陈直方并称为"东南大儒"。至元二十五年(1288年)任江宁教谕,后升信州学录、明经书院山长、兰溪州学正等,学者尊为"云峰先生"。胡炳文亦善治《周易》,著《易本义通释》12卷、《易义》1卷。他对朱熹的《四书集注》用力尤深,著《四书通》。书中,胡炳文认为馀干饶鲁以来的朱学诸儒多有与朱熹之说相牴牾者,于是集赵顺孙《四书纂疏》、吴真子《四书集成》等书,将其中"辞异而理同者,合而一之;辞同而指异者,析而辨之"④,对朱熹以前的各家之说,皆斥而不录。虽然《四书通》"往往发其未尽之蕴",体现了胡炳文治《四书》的成就,但此书与胡一桂诸书一

---

① 梁寅:《诗演义序》,载《诗演义》卷首,景印文渊阁四库全书本。
② 梁寅:《周易参义自序》,载《周易参义》卷首,清康熙十九年通志堂刊本。
③ 永瑢等:《四库全书总目》卷四《易本义附录纂疏》。
④ 《元史》卷一八九《儒学传一·胡炳文传》。

样,专主朱学,有太深的门户之见。

其四,元代陆学虽然衰微,但江西地区作为陆学的重要传承地之一,出现了几位崇奉陆学的代表人物,主要有南丰刘壎、上饶陈苑及其弟子"江东四先生"。

刘壎(1240—1319年),字起潜,号水云村。早年丧父,与母亲依外家生活。读书勤奋,渐有文声。咸淳元年(1265年)始,在南城开馆授学。六年(1270年),初涉科场。此后,因老母在堂,再不赴试。年三十七年而宋亡。元贞元年(1295年),因荐任建昌路学正,教授诸生,颇有章法。至大二年(1309年),任延平路儒学教授。著《经说讲义》《水云村稿》《泯稿》《哀鉴》《英华录》《隐居通义》等,共125卷。今存《水云村泯稿》《隐居通议》《水云村稿》等,篇章多有重复。刘壎一生研经究史,网罗百氏,学识渊博,工于诗文。理学方面,他首先肯定朱、陆本质相同,认为二者"本领实同,门户小异"①。所谓"门户小异",即朱学"主于下学上达,必由洒扫应对而驯至于精义入神,以为如登山然,由山麓而后能造绝顶也",陆学"主于见性明心,不涉笺注训诂,而直超于高明光大"②。对于这种不同,刘壎说:"儒者职分不在于作文,而在于讲学。讲学不在于章句,而在于穷理。穷理不在于外求,而在于明心。"③在此,他否定了朱学的章句训诂,强调了陆学的明心之说。关于如何发明本心,刘壎认为靠"悟"。这种"悟"不是朱学所谓的"登山造绝顶"而豁然开朗;"登山造绝顶"只是"粗皮",是"小悟"。他说:"儿童初学,蒙昧未开,故惛然无知。及既得师启蒙,便能读书认字,驯至长而能文,端由此始,即悟之谓也。然此却止是一重粗皮,特悟之小者尔。""大悟"是"剥去几重,然后透彻精深",即佛教所谓的"慧觉""六通"。那些未悟者,"正如身坐窗内,为纸所隔,故不睹窗外之境。及其点破一窍,眼力透穿,便见得窗外山川之高远,风月之清明,天地之广大,人物之杂错,万象横陈,举无遁形。所争惟一膜之隔,是之谓悟"④。刘壎肯定了陆学类似禅宗顿悟的明心之法,且强调理学这样的"性命之学","不能不与释相近";朱熹指摘陆学近禅,实际是忘记了自己承续着程颐的"儒释深处只争抄忽(引者注:当作"秒忽")"的思想,忽视了自己的"求放心"说亦"释氏之说"的现实;朱熹力批陆学近禅,只是"大

---

① 刘壎:《水云村泯稿》卷六《朱陆合辙序》,明天启刊本。
② 刘壎:《水云村泯稿》卷二一《评理·朱陆》。
③ 刘壎:《水云村泯稿》卷二一《评理·儒者职分》。
④ 刘壎:《水云村泯稿》卷二一《评理·论悟二》。

# 第五章
## 元代江西的教育与文化

儒卫道,职当然尔"①。

对发明本心说的认同使刘壎对陆九渊及其学说推崇备至。尽管他有时也将朱、陆并称,说"乾道、淳熙间,晦庵先生(引者注:即朱熹)以义理之学阐于闽,象山先生(引者注:即陆九渊)以义理之学行于江西,岳峻杓明,珠辉玉锵,一时学士大夫雷动风从,如在洙泗,天下并称之曰朱陆",甚至不得不承认朱学大盛、陆学衰微的现实,但是,在分析原因时,他说:"盖先生(引者注:指陆九渊)不寿,文公(引者注:即朱熹)则高年;先生简易不著书,文公则多述作;先生门人不大显,朱门则多达官羽翼其教,是以若不逮。而究其实践,则天高日晶,千古独步。"②他认为朱学大盛与朱熹年高、著述甚丰、弟子大显有关,就学术本身而言,陆学乃"千古独步","终非朱学所及"③;陆九渊颖悟超卓,"诚一世之天才也",陆学终将大明于世;批评陆学者实是"蚍蜉撼树,井蛙观天"。由此观之,刘壎可谓元代陆学的忠诚卫士。

陈苑亦是元代弘扬陆学的代表。陈苑(1256—1330年),字立大,幼习儒,曾有异人授以金丹之术,不信。后读陆九渊书,说:"此岂不足以致吾知耶?又岂不足以于吾之行耶,而他求也。"④于是广求陆氏及门人所著《易》《书》《诗》《孝经》等书,并以之教授弟子。他曾对弟子说:"万物皆我,我即万物。"⑤又论为学之道:"无多言,心恒虚而口恒实耳。"⑥于是,其弟子"惟日孜孜究明本心"。当时,朱学盛行,世人多以为陆学乃"遗世所尚",遂对陈苑"讥非之、毁短之、朋排之,又甚者求欲危中之",陈苑说:"苑不悔。"在陈苑的努力下,"由是人始知陆氏学",饶州、信州一带渐有研习陆学者,甚至出现了倡明陆学的学术群体。陈苑一生浮沉里巷,患难困苦,而"拳拳于学术异同之辨……有忧天下后世之心",黄宗羲盛赞他在元人"无肯道陆学"的情形下,"乃能独得于残编断简之间,兴起斯人,岂非豪杰之士哉"⑦!

---

① 刘壎:《水云村泯稿》卷二二《评理·朱陆三》。
② 刘壎:《水云村泯稿》卷十《象山语类题辞》。
③ 刘壎:《水云村泯稿》卷二一《评理·朱陆》。
④ 李存:《番易仲公李先生文集》卷二四《上饶陈先生墓志铭》,明永乐三年(1405年)李光刻本。景印文渊阁四库全书本《俟庵集》中,"又岂不足以于吾之行耶"作"又岂不足以力吾之行耶",以后者为是。
⑤ 李存:《番易仲公李先生文集》卷二三《曾子犟行状》。
⑥ 危素:《元故番阳李先生墓志铭》,见李存《番易仲公李先生文集》卷首。
⑦ 《宋元学案》卷九三《静明宝峰学案》。

陈苑的弟子中,以时称"江东四先生"的祝蕃、舒衍、李存、吴谦四人最著。祝蕃(1286—1347年),字蕃远,贵溪人,延祐四年(1317年)乡贡进士,仕至饶州路儒学教授、浔州路经历。在陈苑尚"无人知"时,祝蕃向其求学。因祝蕃从学较早,学识不错,拥有官位与功名,对陈苑又尽心尽礼,"苟宜费而乏,虽质粥田宅,无所靳也",故成为"四先生"中声望最高者,"一时登先生(引者注:指陈苑)之门者皆推先焉"①。他曾说:"吾初有闻(陈苑之学)时,意我俱绝,万理一贯,始信天下归仁之道如此,犹醉梦忽觉,而其乐无涯也。"②这段话表明祝氏已经悟到陆学真谛。他购求陆氏师友遗书,抄录广传,又重建贵溪的象山祠宇,还为贫困且年已五十的陆九渊元孙陆文美娶妻,尽力倡明陆学。舒衍(生卒年不详)亦较早从学陈苑,受陆氏之学,曾宣称"游于陈先生立大,获闻圣贤之学"。他认为陈氏所授陆学是圣贤之学,时人所习朱学则为"末举"③。李存(1281—1354年),字明远,更字仲公,自题居所为"俟庵",人称鄱阳先生,安仁人。早年无所不学,阴阳、佛、道、医学均所涉猎,后随舒衍求学于陈苑。有所体会后,焚毁以前的著作,说:"无使误天下后世。"他认为,圣贤之学"岂口耳句读之事",否定了朱学末流。金溪危素曾向其讨教:"睿心官则思,何思也?"李存答:"思其本无俟于思者尔。"④"其本无俟于思者"即人与生俱来的德性,"思其本无俟于思者"即认识自身所具有的德性。这就是陆学的发明本心。他对临川人李绷的教导则是:"先本后末,先内后外,不容有毫发求知之心。"⑤更直斥朱学的外求格物,谨循陆学的内求本心。吴谦的情况不太清楚。祝、舒、李、吴四先生在饶、信(属江东)结为群体,以倡明陆学为己任,"同门执友四五人,相与切磋,期以大明正学"⑥。他们广授弟子,抚州的危素、涂几、李绷、刘礼等人深受他们的影响,使陆学在经过较长时间的沉寂后,于元中期在饶、信、抚一带一度中兴。祝蕃在贵溪象山祠举行祭祀仪式时,"远近与舍菜者尝不下百人"⑦。与时同时,慈溪人、宝峰先生赵偕(?—1364年)也大力弘扬陆学。南宋时期陆学的两处重要传播地——赣东

---

① 李存:《番易仲公李先生文集》卷二五《祝蕃远墓志铭》。
② 危素:《危太朴续集》卷七《上饶祝先生行录》。
③ 危素:《元故番阳李先生墓志铭》,见李存《番易仲公李先生文集》卷首。
④ 危素:《元故番阳李先生墓志铭》,见李存《番易仲公李先生文集》卷首。
⑤ 《宋元学案》卷十三《静明宝峰学案》。
⑥ 危素:《元故番阳李先生墓志铭》,见李存《番易仲公李先生文集》卷首。
⑦ 李存:《番易仲公李先生文集》卷二五《祝蕃远墓志铭》。

# 第五章
## 元代江西的教育与文化

和浙东,入元以后依然有陆学在传承①。

## 二、文学

自元朝以来,人们对元代文学的认识经历了许多变化。元末杨维桢说:"我朝古文殊未迈韩、柳、欧、曾、苏、王,而诗则过之。"②杨氏认为元代古文成就不及唐宋,元诗则颇可自负。明初王祎认为有元一代之文可谓盛矣,肯定了元代古文的成就。元末明初的孔齐、叶子奇独推重元散曲,以为可与汉文、唐诗、宋理学相颉颃:"一代之兴,必有一代之绝艺足称于后世者:汉之文章、唐之律诗、宋之道学,国朝之乐府亦开于气数音律之盛。"③由此可知,元末明初学人认为元代的文学是繁荣的。此后,明人对元代文学甚为轻视,王世贞甚至说"元无文"。陈垣对此分析道:"(元代)儒学、文学,均盛极一时,而论世者轻之,则以元享国不及百年,明人蔽于战胜余威,辄视如无物,加以种族之见,横亘胸中,有时杂以嘲戏,王夫之《夕堂永日绪论·外编》谓'胡元诗人贯云石、萨天锡欲矫宋诗之衰,而膻气乘之'云云,其一例也。"明末清初,黄宗羲在《明文案序》中将元好问、姚燧、虞集等与韩柳欧苏并称,说"有明故未尝有其一人也",认为元代的古文成就远在明代之上。此后,清人对元代诗文进行了大规模的整理。陈垣对这种变化如此分析:"清人去元较远,同以异族入主,间有一二学者平心静气求之",于是赵翼等人"亦知元文化不弱"④。现在的研究者认为,中国文学发展到元代,诗歌、散文、戏剧、小说四种主要的文体首次齐备,雅俗兼具。传统的诗、文创作在元代依然保持强劲势头⑤,但由于此二者在唐、宋两代已达全盛,故元

---

① 以上关于元代陆学在江西的传承情况,并请参阅徐远和《理学与元代社会》第七章《元代陆学》,人民出版社1992年版。
② 贡师泰:《玩斋集》卷首,景印文渊阁四库全书本。
③ 孔齐:《至正直记》卷三《虞邵庵论》。叶子奇:《草木子》卷之四上《谈薮篇》:"传世之盛,汉以文,晋以字,唐以诗,宋以理学,元之可传,独北乐府耳。宋朝文不如汉,字不如晋,诗不如唐,独理学之明,上接三代。元朝文法汉,欧阳玄(玄功)、虞集(伯生)是也。字学晋,赵孟頫(子昂)、鲜于枢(伯机)是也。诗学唐,杨载(仲弘)、虞集是也。道学之行,则许衡(平仲鲁斋先生)、刘因(静修先生梦吉)是也,亦皆有所不逮。"
④ 陈垣:《元西域人华化考》卷八《结论》,第132—133页。
⑤ 据杨镰《元诗史》(人民文学出版社2003年版,第58页),元代有诗作留存至今的诗人在4000人左右,约12400首诗。宋有9000位诗人,27000首诗(据《全宋诗》)。元立国不足百年,而宋则在三倍以上。这样,依据元文献研究便得到不同以往的结论:仅从诗的繁荣兴盛这个角度来说,元确实超过了宋。以下关于元代江西诗歌成就的论述,多参考此书。

代的诗文成就不及杂剧和散曲,后二者是元代文学艺术的代表①。

就江西地区而言,元代的文学成就却主要体现在传统的诗文创作。江西在宋代以欧阳修以后的古文成就和"江西诗派"著称于世,元代继承了这种优势。元代最早的诗词总集《名儒草堂诗余》编刊于庐陵凤林书院,较早的元代作品总集《天下同文》也是编刊于庐陵;元"儒林四杰",即文章四大家中,两家属江西;"元诗四大家"中,三家在江西。以诗而论,清人顾嗣立《元诗选》及席世臣《元诗选癸集》共收元代诗人2239家②,江西地区有222家,占总数的10%。其中,《元诗选》有6人选诗超过300首,崇仁虞集、庐陵刘诜分别以383首和319首分列第三、第五位。康熙年间所编《御选元诗》则以虞集位列诸家之冠(353首)。此外,元代可以自成一家的江西诗人尚有数十之多。以风格言之,江西诗派在元代的江西影响甚微,江湖诗派则有传人,虞集等诗文大家所作多有馆阁之诗,后期江西则有"铁崖体"之先声。古文方面,江西文人多秉持"文为载道之器"的观念,力求做到理明辞达。

江西的诗文大家,宋代终结于庐陵文天祥,元代则开始于遗民弋阳谢枋得。其存世作品《叠山集》反映了欲挽大厦于既倒的激昂悲壮、金瓯破碎的沧桑以及对故国的深深眷恋。入元之初,江西在野文人以庐陵刘辰翁、崇仁甘咏、临川艾性夫影响较大。刘辰翁文辞优长,其文在元初"突兀而起,一时气焰震耀远迩,乡人尊之,比于欧阳(修)",词则沉郁深厚,顿挫跌宕,有些又轻灵婉丽,别具一格。其词作在宋人词集中,数量仅次于辛弃疾③。甘咏以诗见长,其诗"高不诞,深不晦,劲不粗,全体似李贺,而不涉于怪怪奇奇。《出岭杂言》一首,凡一千四百字,随事起事,随意炼句,古今大篇,未或过之"④。艾性夫兄弟五人均有时名,阖门自相师友,执经问业者盈门。其中艾性夫与其兄艾可叔、艾可翁影响较大,世称"临川三艾"。艾性夫在元初以诗知名,诗格气韵清拔。《全宋诗》收其诗作334首,《诗渊》则收212首。以上诸位对宋元江西文学具有承前启后的作用。

进入元代,江西文人众多,难以一一细述,此处将其大致分为几类,举其特

---

① 陈得芝主编《中国通史》第八卷《中古时代·元时期(上)》,第592页。
② 据杨镰《元诗史》,第45—47页:《元诗选》三集共选339人,《癸集》目录列2253人,因有一人数出者,实际近1900人。
③ 吴企明:《须溪词前言》,见刘辰翁撰、吴企明校注《须溪词》卷首,上海古籍出版社1998年版。现存刘辰翁词经整理,存则多艰涩难读,胡思敬、沈曾植等以为是传写失误所致。沈曾植允诺代胡校勘《须溪集》,终无下文。
④ 顾嗣立:《元诗选·三集·甲集·东溪集》引黄大山语。

# 第五章
## 元代江西的教育与文化

出者略论之。

官员学者型文人。元前中期有程钜夫,延祐(1314—1320年)后以虞集、揭傒斯为代表,后期则有吴当、周伯琦、危素等。

建昌路南城人程钜夫是首先进入元朝统治者视野的江西籍诗文大家。他在元前中期作为四朝元老,40余年官居显要,又博通经史,是当时重要的文臣之一,在文坛的地位与姚燧大致相当。其为文平易谨严,颇有法度,诗作则磊落俊伟,气格高迈。揭傒斯说:"公平生潜心圣贤之学,博闻强识,诚一端庄,融会贯通,穷极蕴奥,而复躬践力行,始终不怠。故其措诸事业,发为文章,非他人之所可及也……天下之人仰之如青天白日,爱之如和风甘雨,生荣死哀,其庶几焉。"①总体而言,尽管程钜夫的诗文在元代谈不上极好,但他作为最早跻身上层的江西文士,以平易正大之学,振文风,作士气,荐贤才,是当时很有影响的文坛领袖之一,号召力不容忽视。

虞集画像

图片来源:邹自振:《虞集的诗兼及词曲》,载《抚州学刊》1992年第14期,第48—52页。

到元中期,诗文创作臻于极盛,尤以一批任职京师的江南文士为重,鄞县袁桷、崇仁虞集、宣城贡奎、清江范梈、浦城杨载、富州揭傒斯、金华黄溍、浦江柳贯等往来集贤、翰林等清要之地,酬酢翰墨,天下闻名,于是出现了"元诗四大家",即虞、杨、揭、范四人,又有所谓"儒林四杰"的文章四大家,即虞、揭、柳、黄四人。

元代诗文四大家中,成就最大者当推虞集,堪称有元一代之文宗。虞集(1272—1348年),字伯生,号道园,又号邵庵,南宋丞相虞允文五世孙。其父因避蜀乱侨寓崇仁,遂为崇仁人。大德六年(1302),因荐任大都儒学教授,此后长期供职于国子学、翰林院、集贤院、奎

---

① 揭傒斯:《元故翰林学士承旨光禄大夫知制诰兼修国史雪楼先生程公行状》,见程钜夫《雪楼集》附录。

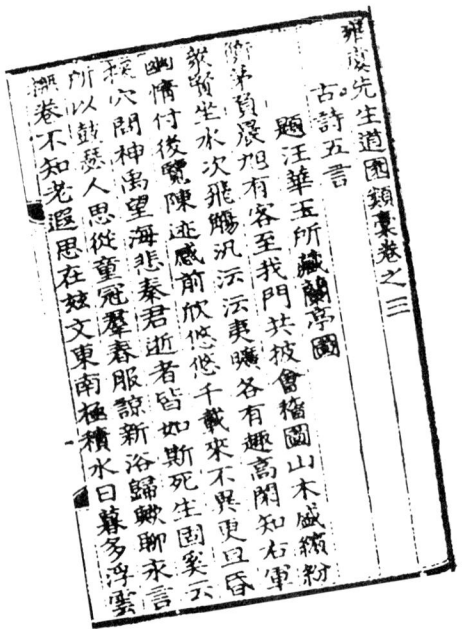

虞集《雍虞先生道园类稿》，至正前期抚州路儒学刻本。

图片说明：国家图书馆藏，残本，存38卷。框高22厘米，宽14.3厘米。每半叶9行，行20字，黑口，四周双边。

图片来源：任继愈主编，陈红彦著《中国版本文化丛书·元本》，江苏古籍出版社2002年版，第104页。

章阁等教育和文职机构，朝廷典册、名公碑铭多出其手。顺帝登位后，退归抚州，求文者络绎于途。虞集出身官宦世家，家学深厚；乃吴澄弟子，师出名门，学问博洽；写作成熟期长、作品多，"平生为文万篇"①，诗作可能与此相当。加之诗文技法纯熟，不太彰显个性，易为不同层次、不同品位的读者接受，又长期官居高位，受君王青睐，还喜奖掖后进，倡导古学，深刻影响了一代文风，故是诸家中影响最大者，甚至有人将其比为北宋的欧阳修。元末明初叶子奇视其为元代诗文兼美的唯一代表，清代四库馆臣则说："有元一代，作者云兴，大德、延祐以还，尤为极盛。而词坛宿老，要必以集为宗。"②其存世作品主要有《道园学古录》《道园类稿》各50卷、《道园遗稿》6卷等。虞集存诗在2000首以上，是元代存诗最多的诗人之一。

虞集为文，讲究辞藻，以博洽精微为特色。欧阳玄论其文："公之临文，随事酬酢，造次天成，初无一毫尚人之心，亦无拘拘然步趋古人之意，机用自熟，境趣自生，左右逢源，各识其职。故自其外观之，如深山穷林，葱蒨蓊郁，莫测根柢。钜野大泽，汪洋澹泊，不为波涛。试刺其中，则日月之精，凝结岁久，皆成金

---

① 《元史》卷一八一《虞集传》。
② 虞集：《道园学古录》卷首，景印文渊阁四库全书本。

# 第五章
## 元代江西的教育与文化

珠,龙虎之气,变化时至,即为风云。孰能穷其妙也哉!"① 欧阳玄将虞集古文的特点归为平易自然而暗藏神妙,自然天成而法度圆融。总体来看,其作品大致可分两类,一类是应制、应酬之作,多空洞正大之语,不免冗漫,一类是寓情而成,或峭拔恢弘,或行云流水,或灵动可爱,或任情挥洒,颇多佳作。代表作有《松友记》《张隐君墓志铭》《海樵说》《陈焰小传》② 等。

虞集之诗,诸体兼备,有评诗者论其五言古体欲攀陈子昂,七言古体可拟李太白,竹枝词不减刘禹锡,七律堪比王安石,五律乃王维之遗音。这些评论虽有推崇太过之嫌,却大致道出了虞集诸体诗的优点,即在深沉老练之余,兼具典雅雍容,甚至不乏清新灵动。③ 虞集曾自比其诗为"汉廷老吏"(或"汉法令师"),即讲究章法、格律工稳。其诗作以《道园遗稿》所收最佳,多放言无忌,其次是《道园学古录》之《归田稿》,多清朗萧散,闲适淡远,《在朝稿》则多馆阁之气。

诗、文相较,虞集诗之成就大于文,故近人钱基博说,其文"叙事不免冗漫,议论亦少警发。及其得意疾书,随事曲注,亦有水到渠成之乐",诗文相比,"文则欲为欧阳之纤余,而不免南宋之庸滥,文无笔力而诗有笔力,文无远韵而诗有远韵。似出两手"④。之所以形成此种风格,与其学术背景和时局有关。虞集早年即对邵雍敬仰之极,在文学上遂主张"理以命气",要求作诗撰文者修心定性,使诗文归于平和。而在南人受到压制的背景下,虞集虽身处馆阁,常有君王眷顾,但暗流时时涌动,迫使他处处谨慎而不敢放言。这些都阻碍了他挥洒才情。退归田里后,顾忌减少,加之原本博学有才,诗文技法娴熟,故佳作极多。明人李日华说:"余尝见虞伯生晚年丧明后书,涂糊潦倒,而真态溢出,弥复可贵。良由法度意趣,烂熟胸中,废目而一以神行之,故有意外之奇尔。"⑤ 虞集亦能词、曲,但作品不多,影响远不及诗、文。其为柯九思作《风入松》一词,遥想乡

---

① 欧阳玄:《雍虞公文集序》,载朱存理《赵氏铁网珊瑚》卷五,景印文渊阁四库全书本。
② 《松友记》见虞集《道园学古录》卷八,《张隐君墓志铭》见同书卷十八,《海樵说》见同书卷三九,《陈焰小传》见同书卷四四。
③ 虞集的诗作名篇如《送袁伯常扈从上京》(《道园学古录》卷三):"日色苍凉映赭袍,时巡毋乃圣躬劳。天连阁道晨留辇,星散周庐夜属橐。白马绵鞯来窈窕,紫驼银瓮出蒲萄。自官车骑多如雨,只有扬雄赋最高。"此诗被王士禛作为"炼字"的典范。
④ 钱基博:《中国文学史》,中华书局1983年版,第809、811页。
⑤ 《味水轩日记》卷三,转引自杨镰《元诗史》,第470—471页。

关,词翰兼美,民间争相传刻,咏遍海内,号称"工绝"①。仅存的散曲作品即[双调·折桂令]《席上偶谈蜀汉事因赋短柱体》以寥寥数语概括蜀汉历史,语调舒缓闲适,遣词妥帖工稳,极富匠心②。

揭傒斯是元代江西又一位兼具官员、学者、文人三重身份的重要人物,在文坛的影响较大,成就大于杨载、范梈二家。揭傒斯(1274—1344年),字曼硕,富州揭源人,出身书香之家,少负盛名。大德(1297—1307年)初,游历两湖,为时任湖北肃政廉访使的程钜夫所识,许嫁表妹。后多任职于翰林院、奎章阁等文职机构,颇为文宗、顺帝赏识。揭傒斯学识渊博,著《秋官宪典》《太平政要》,与修《经世大典》,总裁辽、金二史。翰墨亦精,长于楷书、行书、草书,今有《千字文》帖存世。在四大家中的杨载、范梈等逝后,虞集退归乡里时,揭傒斯实是在朝的文坛泰斗,"殊方绝域,咸慕其名,得其文者,莫不以为荣"③。有《揭文安公全集》存世。揭傒斯为文叙事严整,言简意赅,持论一主于理,诗则清婉丽密,别饶风韵。虞集曾以"三日新妇"(一作"美女簪花")喻其诗风,实是论其诗作格调艳丽,不耐细读,殊无回味。明代诗论家胡应麟说:"揭曼硕师李(白),旁参三谢(谢灵运、谢惠连、谢朓)。"④清人顾嗣立

揭傒斯《揭文安公全集》扉页。

图片说明:四部丛刊本。

---

① 陶宗仪:《南村辍耕录》卷十四《风入松》:"吾乡柯敬仲先生九思,际遇文宗,起家为奎章阁鉴书博士,以避言路居吴下。时虞邵庵先生在馆阁,赋《风入松》长短句寄博士云:'画堂红袖倚清酣,华发不胜簪。几回晚直金銮殿,东风软、花里停骖。书诏许传宫烛,香罗初剪朝衫。御沟冰泮水挼蓝,飞燕又呢喃。重重帘幙寒犹在,凭谁寄、锦字泥缄。报道先生归也,杏花春雨江南。'词翰兼美,一时争相传刻,而此曲遂遍海内矣。剪,一作试。"

② 虞集散曲《席上偶谈蜀汉事因赋短柱体》如下:"銮舆三顾茅庐,汉祚难扶。日暮桑榆,深渡南泸,长驱西蜀,力拒东吴。美乎周瑜妙术,悲夫关羽云殂。无数盈虚,造物乘除。问汝何如?早赋归欤。"转引自吴海、曾子鲁主编《江西文学史》,江西人民出版社2005年版,第363页。

③ 《元史》卷一八一《揭傒斯传》。

④ 胡应麟:《诗薮》外编卷六,转引自杨镰《元诗史》第480页。

# 第五章
## 元代江西的教育与文化

论其"长于古乐府选体,而律诗长句伟然有唐人风"①。胡、顾二人指出了揭诗宗唐而有魏晋之风。清四库馆臣则称,揭诗"与其文如出二手,然神骨秀削,寄托自深,要非嫣红姹紫、徒矜姿媚者所可比也",并引元末杨维桢语,认为"揭曼硕文章居虞(集)之次,如欧(阳修)之有苏(轼)、曾(巩)"②。《元诗选》收揭傒斯诗153首,题为《秋宜集》,佳作有如《题风烟雪月四梅图》《杨柳青谣》《临川女》等。

吴当是元末维持朝廷在江西统治的中流砥柱,亦是学者官员型文人。吴当(1297—1361年),字伯尚,吴澄之孙。幼年随吴澄至大都,补为国子生。因家学深厚,吴澄逝后,学生多从其学。至正五年(1345年)任国子助教,多次迁转后,进入元末乱世,至正十五年(1355年)擢为江西肃政廉访使,负责收复被陈友谅部攻占的抚州、建昌等地。虽屡建功勋,却身遭谗害,一度贬为平民。至正十八年(1358年)拜江西行省参知政事。陈友谅建都江州,礼请其任官。当拒而不受,后隐居吉水而逝。吴当学术、诗文俱佳,今有《周礼纂言》和诗集《学言稿》存世,前者乃吴澄口授而成。吴当是元代江西诗坛中为数极少的受宋代江西诗派影响的人物,诗作以五律成就最高,反映了元末的动荡及其对国家兴衰的反思。《四库全书总目》在肯定其立身行事高于受僭窃之辟的张宪、降礼于万乘的杨维桢后,说:"有元遗老,当其最矫矫乎。其诗风格遒健,忠义之气凛凛如生,亦元季之翘楚。"③清代李绂则论其诗"雄深雅健,高出元人之上"④。

鄱阳周伯琦是元后期江西官员学者型文人的代表。周伯琦(1298—1369年),字伯温,号玉雪坡真逸。父周应极曾任翰林待制,以父荫入官。此后,既任职于翰林院、宣文阁、崇文监等中央文职机构,又出为地方官员。至正十二年(1352年),与宣城贡师泰同擢为监察御史,为南士之望。晚年留居张士诚辖内的平江(治今江苏省苏州市)。张败于朱元璋后,回归故里,不久辞世。周伯琦是元后期具有较高艺术修养的代表人物之一,"仪观温雅,粹然如玉。虽遭时多艰而善于自保。博学工文,尤善书法"⑤,其篆、隶、真、草皆为上品,名盛一时。顺帝曾命他篆刻"宣文阁宝"印章,并题写"宣文阁"匾额,后又令其书"至正通宝"币文,是元代著名的书法家、文字学家。所撰《六书正讹》5卷、《说文字原》1卷均存

---

① 顾嗣立:《元诗选·初集·丁集·秋宜集》。
② 永瑢等:《四库全书总目》卷一六七《集部·别集类二〇·文安集》。
③ 永瑢等:《四库全书总目》卷一六八《集部·别集类二一·学言诗稿》。
④ 李绂:《学言稿序》,见吴当《学言稿》卷首,清乾隆吴之仁、吴日升刊本。
⑤ 周伯琦:《周翰林近光集》卷首,明澹生堂祁氏抄本。

至正通宝

图片说明:中国国家博物馆藏,直径3.4厘米。

图片来源:中国国家博物馆编《文物中国史》第7册"宋元时代",山西教育出版社2003年版,第231页。

周伯琦《近光集》

图片说明:明澹生堂祁氏钞本。

世。其诗作有《近光集》3卷、《扈从诗》1卷,前者收录后至元六年到至正五年(1340—1345年)之间的作品,后者是至正十二年(1352年)扈从上京的纪游之作。二书常结为一本,以诗为主,附有几篇文章。由于周伯琦至正十二年(1352年)以后的作品遗失,故难以全面评价其诗文成就。现存作品多是以馆阁侍从的身份从游的纪行之作,以记录见闻见长,所记朝廷典制则可资研究。有些诗

# 第五章
## 元代江西的教育与文化

危素《危太朴续集》扉页

图片说明：民国吴兴刘承幹嘉业堂刻本。

危素楷书《陈氏方寸楼记》

图片说明：《陈氏方寸楼记》，故宫博物院藏。楷书，纸本，纵23.4厘米，横102厘米。整体风格清新雅逸，尚存晋唐气象。

图片来源：薛元明：《清劲古朴，温润雅丽——危素楷书〈陈氏方寸楼记〉》。

作描写人情风物，颇有韵味，令人印象深刻，有些则有铺张之嫌。

危素是元明易代之际具有承前启后性质的人物，诗文被誉为"太音玄酒"。危素（1303—1372年），字太朴，金溪人。祖为南宋进士，世代书香。危素在元末仕至参知政事、翰林学士承旨，明初任翰林侍讲学士兼弘文馆学士。学问优长，曾编后妃功臣列传，与修《宋史》，独撰《元史稿》。擅长书法，精于行、草、楷诸体，官方典籍刊印、名门望族楼宇题名、寺院道观碑碣铭刻，均以得其书为幸。今有诗文集《危太朴文集》及《续集》存世（《云林集》《说学斋稿》均收于其中）。至正（1341—1368年）前期，揭傒斯、黄溍、欧阳玄等文坛宿老相继物故，虞集僻处乡间，危素遂以其精纯之文特立中朝，人称"虞揭凋零玉署空，堂堂至正独推公"。明初虽有宋濂、王祎等开国文人，危素亦颇受重视，朱元璋甚至将撰写《皇陵碑文》的重任交与他。徐一夔论危素在元末的地位与文风时说："今朝廷之上，以文章致位通显、系天下士子之望者，阁下（引者注：指危素）而已。窃尝观于阁下之文，属辞陈义深厚尔雅，不丰不约，动中矩度，其言的然则实，其态或然而光，其味幽然而永。"①至于作诗,危素以杜甫为宗。清代四库馆臣论其诗"气格雄伟,风骨遒上,足以陵轹一时。就诗论诗,要不能不推为元季一作者矣"②。有人认为,其诗堪与虞、揭、范、杨四大诗家匹敌③。

学者型文人。前中期有赵文、刘壎、吴澄、何中等,中期以刘诜、龙仁夫、刘岳申、杜本、李存等为代表,后期则有梁寅等。

庐陵赵文和南丰刘壎是经历了宋元更替的学者型文人。赵文(1238—1314年),初名宋永,字仪可,一字惟恭,号青山。与弟赵强同出文天祥之门。宋景定、咸淳(1260—1274年)间,曾冒宋姓三贡于乡,后入太学为上舍生。元军东下,跟随文天祥抗元。元军攻下汀州,与文天祥失去联系,遂返回故里。宋亡后,隐居不出,讲学授徒,后以耆年硕学授为南昌东湖书院山长,升任南雄路儒学教授。晚年究心理学,颇有所得,吴澄赞其理学研究是"合东西数道,可偻指者不三四,而足下其一也"。诗文《青山集》洒脱淋漓,直抒胸臆。刘壎学识渊博,笃守陆学,诗文亦美,所著《水云村泯稿》中颇多佳作。

吴澄的成就以理学为重,同时又是元代大儒中写诗作文最多者之一。其诗文比较讲究词章文采,又颇具学理,自成一家,故虞集论其"心术之精微,文集具可考见"④。吴澄为文的总体风格是"不平板说教,而能曲折其意,词华典雅"⑤。其诗因雅好邵雍而近之,说理性强,但不乏清幽淡雅、意趣盎然或灵动可喜的巧思逸句,如"别意万里外,交情片语中"⑥,"雨到庭隅长芳草,日窥窗隙弄游尘"⑦,"淮北更无生草地,江南已是落花天"⑧之类。吴澄的姻亲何中亦是学者型文人。何中(1265—1332年),字太虚,一字养正,乐安人。出身科第之家,勤于攻读,弱冠即以能诗知名,学问亦弘深博洽,尤致力于古学。至顺二年(1331年)受聘为龙兴路学教授,又为宗濂、东湖两书院山长。次年渡江游西山,因病离世。著述甚丰,今有《知非堂稿》和《外稿》存世。其文风格儒雅平易,诗以五言为工。五言古体有魏晋之风,近体则诗风冲淡,含蓄而有余味。名句有"黄竹声久沉,伤来

---

① 徐一夔:《始丰稿》卷三《通危大参书》,景印文渊阁四库全书本。
② 见危素:《云林集》卷首,景印文渊阁四库全书本。
③ 余之梅:《录危太朴曾子白文书后》,见危素《危太朴续集》附录。
④ 虞集:《道园类稿》卷五十《故翰林学士资善大夫知制诰同修国史临川先生吴公行状》。
⑤ 郭预衡主编:《中国古代文学史长编(三)》,上海古籍出版社2007年版,第910页。
⑥ 吴澄:《吴文正公全集》卷四六《送富州尹刘秉彝如京》。
⑦ 吴澄:《吴文正公全集》卷四七《客中即事次韵元复初郊行》。
⑧ 吴澄:《泗河》,载顾嗣立编《元诗选·初集·乙集·草庐集》,第532页。

# 第五章
## 元代江西的教育与文化

泪盈把","有生亦扰扰,吾道更悠悠","一窗如此雨,两地未归人","谁能更欹枕,聊挹曙光新"等。七言也不乏佳句,如"江村南北笑声频,红烛花时次第新。春水渐生桃叶渡,小舟时载嫁归人"等。顾嗣立《元诗选》二集选其诗204首。

庐陵刘诜是元中期江西的文人、学者兼隐士。刘诜(1268—1350年),字桂翁,号桂隐。父为宋咸淳元年(1265)进士。幼习举业,12岁所作程文即"蔚有老气"。延祐初施行科举后,屡次出入科场,十年不第,遂绝入仕之心,究心诗文,声誉日高。终生未仕,以授徒为生。今有《桂隐集》传世。其诗文不事模拟,自成一格,文章自出机杼,诗则高古逼人。欧阳玄序其文集说:"今余读刘先生之文,温柔敦厚,欧也;明辨雄隽,苏也……刘先生文传世可必。尤长于诗,诗五言、古体、短章尤佳。"① 虞集则赞其文章可"追古作者"。《元诗选·二集》选录其诗319首,仅次于李孝光而居第二位。佳句有"不妨小雨留人住,未觉东风到酒寒","芍药花前闲日坐,海棠枝下醉时眠。自今岁岁穷心赏,已岁看花四十年"等。与刘诜同郡的龙仁夫、刘岳申亦博学善文,文学与刘诜齐名。龙仁夫(生卒年不详),字观复,所著《周易集传》多发前儒之所未发之意,其文则奇逸流丽。刘岳申(1260—?),字高仲,吉水人。学识渊博,长于考证,文辞则峻洁畅达。平生作文多至千余篇,散轶过半,今有《申斋刘先生文集》传世。

清江杜本是位博学多识且有文才之士。杜本(1276—1350年),字伯原(一作原父),号清碧。其先居京兆(治今陕西省西安市),后徙天台,再迁清江。平居手不释卷,天文、地理、律历、度数、医药,无不精通,又工于书法,尤精篆、隶二书。曾两次因荐受召,顺帝时召为翰林待制兼国史院编修官,但不乐仕进,终生隐居,清心寡欲,以道义自任。今有诗文集《清江碧嶂集》、医学著作《敖氏伤寒金镜录》及选编遗民诗集《谷音》存世。杜本之诗被四库馆臣评为"粗浅不入格",缺乏个人特色,但偶有上乘之作,如七律《廉州阻风》一首。杜本在诗坛以精于鉴诗著称,所编《谷音》收录宋遗民及少数金遗民诗人30人诗作101首,鉴别极精。《四库全书总目》评曰:"是集所录,乃皆古直悲凉,风格遒上,无宋末江湖龌龊之习;其人又皆仗节守义之士,足为诗重。"《谷音》遂成为元代诗坛的空谷绝响。李存亦是学者型文人,因笃守陆学,诗文风格受到理学的影响。《四库全书总目》论其诗文:"(李)存所学笃实,非金溪流派堕于玄渺并失陆氏本旨者比。故其诗文皆平正醇雅,不露圭角,粹然有儒者之意。"《元诗选》录其诗40首。

---

① 欧阳玄:《圭斋文集》卷八《刘桂隐先生文集序》。

新喻梁寅是经历了元明鼎革乱世而专心于学术文章者。其学术以经学著称，反映在诗文中，《四库全书总目》的评价是："其文理极醇雅，而持论多有根柢"，"诗格尤舂容澹远，规仿陶韦。"即文风醇雅而持论有据，诗风则平淡自然。

纯粹文人。以范梈、傅若金、周霆震、郭钰等为代表。

清江范梈可谓元代典型的诗人，"元诗四大家"之一。范梈（1272—1330年），字亨父，一字德机，人称"文白先生"。家贫早孤，生活困苦。年三十六，辞家北游，卖卜于大都，御史中丞董士选延之家塾，后受荐为左卫教授，迁翰林编修。任满，外放为地方官员。暮年辞官归乡，一年后卒。有《范德机诗集》传世①。范梈虽为仕宦，但历时不长，官位亦不甚显，是以诗闻世，文亦雄健。作诗尤好歌行，今存诗中歌行体约占1/4。虞集评其诗为"唐临晋帖"，即以唐为宗而兼有魏晋之风。揭傒斯对范梈极欣赏，曾说："余独谓范德机诗以为唐临晋帖终未迫真，今故改评之曰：范德机诗如秋空行云，晴雷卷雨，纵横变化，出入无朕。又如空山道者，辟谷学仙，疲骨崚嶒，神气自若。又如豪鹰掠野，独鹤叫群，四顾无人，一碧万里。差可仿佛耳。"②揭氏此番评说虽未免形容过当，实则道出了范诗的风格多样。揭傒斯又说："至于诗，去故常，绝模拟，高风远韵，纯而不杂，朔南所共推而无异论者，盖得江西范德机焉。"③其代表性诗作如《题李白郎官湖》《看东亭新笋》等均为人所称。范梈书法亦精，晚年尤工篆、隶。明人解缙称其书法有赵孟頫之洒落④，赵孟頫则称"范德机汉隶，我固当避之。若其楷法，人亦罕及。"⑤

新喻傅若金是元中期江西的一位江湖文人。傅若金（1303—1342年），初字汝砺，后揭傒斯更其字为与砺。早年家贫，自幼工诗，常出语惊人。20岁出游湖湘，受荐为岳麓书院直学，不久弃职。至顺三年（1332年）携诗北游大都。元顺帝登位，奉命以参佐的身份出使安南。归来，授广州路儒学教授，任内因病而逝。傅若金年寿不长，官职卑微，见识有限，诗文多反映社会下层的生活状态与情

---

① 邓绍基主编《元代文学史》（第423页）："另有《木天禁语》和《诗学禁脔》，世传为范梈所作。清人疑为伪作。两书专谈诗法，同范梈诗作中表达的见解在总的方面大致吻合。"郭预衡主编《中国古代文学史长编（三）》（第920页）亦说："范梈著有《木天禁语》《诗学禁脔》，论诗重格调法式。"则范梈《范德机诗集》之外，尚有两部诗论著作。
② 揭傒斯：《揭文安公全集》卷八《范先生诗序》。
③ 揭傒斯：《傅与砺诗集序》，见傅若金《傅与砺诗文集》卷首。
④ 解缙：《文毅集》卷十五《书学源流详说》。
⑤ 揭傒斯：《揭文安公全集》卷八《范先生诗序》。

# 第五章
## 元代江西的教育与文化

感,今有《傅与砺诗文集》传世。因曾向范梈习作诗之法,其诗颇有乃师之风。揭傒斯曾言:"余每读与砺诗,风格不殊,神情俱诣,如复见范德机也。"[1] 范梈长于七言歌行,与砺则以五言古律为优,其余与范梈在伯仲之间。《元诗选》二集录其诗263首,极佳之作有《沛公亭》《送杜德常御史赴西台》等。傅若金亦擅作文,其文"舂容而雅畅,质不失之俚,赡不失之浮,固宜与诗歌并传,无愧于古之兼美"[2]。其妻孙淑(生卒年不详)也是颇负才情的诗人,字蕙兰,开封人。随父寓居湘中时,于23岁嫁于傅若金。婚后5个月,因病而逝。傅若金将其遗稿编订成册,题为《绿窗遗稿》,收诗18首,主要表达少女对生活的体验与观察以及对未来的向往,多是性情流露,不加雕琢,真切动人。此卷一般附于傅之诗集后。

周霆震和郭钰是身经元末战乱的文人。周霆震(1292—1379年),字亨远,号石初,安福人。出身书香之家,颖敏好学,乡贤刘将孙、龙仁夫、刘诜等对其均很器重。屡次科场失利,遂绝意仕进,专心于古文辞。后迁居吉安郡城,课徒授业。门人私谥为"清节"。今有《石初集》传世,乃元末战乱开始后的诗文总汇。《元诗选》收其诗72首。郭钰(1316—?),字彦章,号静思,吉水人,亦出身书香。元末,奔走他乡,卖文为生,还参加过元军对红巾军的战争。入明,以遗民自居。所著《静思集》今存。《元诗选》录其诗179首。周、郭二人的诗文中,应酬之作不多,主要叙述流离动荡生活中的所见所闻、所思所悟,对冲突杀戮、家世离乱均有记载。因是有感而发,读来沉郁苍凉、凄婉动人,堪称元末江西社会实录。

以上诸人外,元代江西地区还有一个重要的文人群体,就是僧道文人,其中不乏兼通儒释道、学问优长、诗文兼美者,如元熙、圆至、大䜣、雷思齐、吴全节、薛玄曦等。详见本章第四节"宗教"。

元代江西在传统诗文创作方面,可谓文人辈出,卓有成就。相形之下,散曲创作显得不够突出,杂剧、笔记、小说等则寂寥无声。江西颇负时名的散曲作家有以下几位:饶州乐平人赵文宝,名善庆,以卜术为业,曾任阴阳学教授,著有《七德武》《负亲沉子》《掷笏谏》《姜肱共被》《教女兵》《糜竺收资》等作品[3],朱权

---

[1] 揭傒斯:《傅与砺诗集序》,见傅若金《傅与砺诗文集》卷首。
[2] 梁寅:《傅与砺文集序》,见傅若金《傅与砺诗文集》卷首。
[3] 钟嗣成:《录鬼簿》卷下,见《录鬼簿(外四种)》,上海古籍出版社1978年版,第39页。据曹楝亭刊本《录鬼簿》,赵文宝,又作赵善庆,字文贤,或作赵孟贞,字文宝。曾任阴阳学正,而非教授。著有《孙武子教女兵》《唐太宗骊山七德舞》《醉写满庭芳》《村学堂》《烧樊城糜竺收资》五部作品。

喻其为"蓝田美玉"①。饶州汪元亨,曾任江浙行省掾,后徙居常熟,有《归田录》百篇行世,为人所重,另有《班竹记》《仁宗认母》《桃源洞》等作品②。南昌刘时中,生平不详,善作散曲,今存套曲四首,而以《上高监司》中的两套即[正宫·端正好]最负盛名,风格粗犷质朴,几近口语,内容直面现实,反映了官奸吏弊、民生困苦的社会现实③。临江俞用,字行之,元末明初曲家,博集群书,颇具才情,临池挥翰,一扫满轴,长于词诗,所作乐府、小令均极工巧,又善操琴,能画竹,时人多不及之,明永乐中(1403—1424年)任营膳大使,后徙家金陵④。还有居于龙兴的西域哈剌鲁人薛昂夫,其作品数量在元代散曲家中位列第八,详见本书第三章"元代江西的蒙古人和色目人"。

但是,元代江西地区最负盛名的散曲家当属瑞州高安人周德清,除散曲外,更以规范散曲、杂剧创作的《中原音韵》享誉最著。

周德清(1277—1365年),字日湛,号挺斋。家学深厚,乃通济之才。弱冠起,游历庐山、鄱阳湖、吉安、大都等地,流连歌台舞榭,过着纵意诗酒的生活。擅作散曲,作品甚多,集为《连环简》《梅花臥》二集,皆"当世之人不能作者"。其曲用韵考究,词采隽妙流畅,多清新雅致之作,如"朱颜如退却,白首恐成空"、"残梅千片雪,爆竹一声雷"等皆极工整,富言外之意,正合其"凡用事要明事隐使,隐事明使"的作曲主张。其余长篇短章,皆可为作词之规范,故人称"德清之词,不惟江南,实天下之独步也"。元人所编《朝野新声太平乐府》收其小令25首、套数3套,著名的有《折桂令》《寨儿令》等。沈宠绥《度曲须知》卷首《词学先贤姓氏》以周德清居首,在关汉卿、王实甫等名家之上。

正因精于散曲,周德清颇感元人作曲之弊。自金、宋对峙,南北隔绝长达一

---

① 朱权:《太和正音谱》,见《录鬼簿(外四种)》,第128页。
② 佚名:《录鬼簿续编》,见《录鬼簿(外四种)》,第102—103页。
③ 据邓绍基主编《元代文学史》(人民文学出版社1991年版,第325—329页),刘时中的四首套曲分别见于《阳春白雪》《盛世新声》和《雍熙乐府》等集中。《上高监司》套曲的前套系由十五支曲组成,反映了江西旱灾时的惨状;后套由三十四支曲组成,陈述了元代钞法的积弊。在多描写风情、感叹身世的元散曲中,刘时中这种直面现实的创作可谓凤毛麟角。现略举两曲。前套之[叨叨令]:"有钱的贩米谷置田庄添生放,无钱的少过活分骨肉无承望。有钱的纳宠妾买人口偏兴旺,无钱的受饥馁填沟壑遭灾障。小民好苦也么哥,小民好苦也么哥,便秋收鬻妻卖子家私丧。"后套之[滚绣球]:"三二百锭费本钱,七八下里去干取。诈捏作曾编卷假如名目,偷俸钱表里相符。这一个图小倒,那一个苟俸禄。把官钱视同己物,更狠如盗跖之徒。官攒库子均摊着要,弓手门军那一个无,试说这厮每贪污。"
④ 佚名:《录鬼簿续编》,见《录鬼簿(外四种)》,第110页。

# 第五章
## 元代江西的教育与文化

个半世纪。元朝实现一统,从此南北声气相通,而此前反映南北朝到隋唐时代语音系统的《切韵》等韵书已不能适应北曲用北方语言押韵的变化。周德清长期游历江湖,出入舞榭歌台,发现元人作曲有诸多弊病,"有逢双不对,衬字尤多,失律俱谬者;有韵脚用平上去不一而唱者;有句中用入声,拗而不能歌者;有歌其字音非其字者,令人无所守",而时人"能正其音之讹,顾其曲之误者"极少。周德清对于散曲,最重音律,曾论"凡作乐府,切忌有伤于音律",于是,他归纳此前元人的音韵学著作,再对北曲用韵和通行的北方语言进行严格的审音,著成《中原音韵》(一作《中州韵》),作为正语之本,变雅之始。该书乃虞集作序,完成于泰定元年(1324年),至正元年(1341年)由友人罗宗信刊于吉安。书中,周德清"以声之清浊,定字为阴阳。如高声从阳,低声从阴。使用字之随声高下情为词,各有攸当。以声之上下,分韵为平分,如直促杂谐音调。故以韵之入声,悉派三声,志以黑白,使用韵者随字阴阳,各有所协,则清浊得宜,上下中律,而无凌犯逆物之患矣"。书成,时人皆称"德清之韵,不但中原,乃天下之正音也"①。

《中原音韵》是我国第一部全面论述北曲体裁、技巧和音韵的专著,记录了当时北方的语音系统,为后人描写并保存了14世纪中原地区的语音原貌,堪称中国音韵学史上一部里程碑式的著作。全书由两部分组成。第一部分为《韵谱》,以韵书的形式,将曲词常用的5866个韵脚按其在中原的实际读音进行分类,编成韵谱;第二部分是《正语作词起例》,详述韵谱的编制体例、审音原则和北曲的创作方法。该书问世后,即成为"北曲准绳",有助于纠正时人用韵的混乱状况,使当时流行的中原语音成为作曲用韵的标准,故明人王骥德在《曲律》中称该书是"作北曲者宗之,兢兢无敢出入"。此书对日后的戏曲用韵亦有很大的规范作用。书中打破平、上、去、入的四声旧规,以平声分阴阳(阴平、阳平),以入声派入三声(阳平、上声、去声),即学术界广为赞誉的"平分二义"和"入派三声",又归并旧韵为19部,实属创举;又分声母为21个、韵母46个、声调4个,实为研究近代语音学(或"北音学")的最重要著作之一。通过该书,上可与七世纪的《切韵》音系作比较,探究汉语语音从中古到近代的演变轨迹,下可与今天的普通话联系,考察北方语音从近代到现代的发展面貌,堪为"国音鼻祖"。

周德清之前,奉新人阴时夫亦著音韵之书。阴时夫(1267—1331年),名幼

---

① 周德清:《中原音韵》后序《遗青原萧存存》,中华书局1978年版;佚名:《录鬼簿续编》,见钟嗣成等著《录鬼簿(外四种)》,上海古籍出版社1978年版,第106—107页;臧晋叔编《元曲选》卷首《高安周挺斋论曲》,中华书局1958年版,第11—12页。

遇,字时夫,以字行,遂别字劲弦①。其父中南宋宝祐年间(1253—1258年)九经科。阴时夫所著《韵府群玉》20卷于元代刊行。其兄阴中夫,名劲达,字中夫,以字行,遂别字复春,为该书作注。《韵府群玉》"以事系韵,以韵摘事,经史子传,搜猎靡遗"②,即摘录典故、辞藻等分隶各韵之下,便用检索利用。因此前按韵隶事的唐颜真卿《韵海镜缘》已佚,此书遂为后人所宗,对于研究音韵源流、检索诗词用韵等有重要参考价值。

## 三、史学

元代的史学成就主要体现在《元朝秘史》等国史和《辽史》《金史》《宋史》等正史的编纂、《文献通考》等典志体史书的撰修、《经世大典》等大型政书的编修、《资治通鉴注》《国朝名臣事略》等别史、传记的编写以及各类行纪和地方志的著述方面。江西籍文化人在其中的主要方面均卓有建树,为元代史学成就的取得作出了重要贡献。其中尤以马端临私撰之《文献通考》最著,虞集、揭傒斯等儒官则对元代的官修典志、正史等起到重要作用。

马端临(1254—约1334年)③,字贵与,号竹村,饶州乐平人,南宋右丞相兼枢密使马廷鸾之子,徽州休宁人曹泾的弟子。咸淳九年(1273年)漕试第一,因父疾未赴省试。19岁时以恩荫授承事郎。宋亡,马端临长期不仕,直到江南社会普遍认同元朝统治后,延祐四年(1317年)十二月,王寿衍访求贤才至饶州,饶州路儒学教授杨某向其推荐马端临所著《文献通考》,王寿衍遂荐马端临出任乐平慈湖书院山长,次年改衢州柯山书院山长。至治二年(1322年),升台州路儒学教授,三个月后引老归家,后卒于乡。其墓今坐落于乐平市鸬鹚乡石里村东南约300米处的"马氏岗",坐北朝南,面向乐安河,整个地形似"飞燕投河"。

马端临虽曾从曹泾习朱子学,但对其影响至深的还是家学。马廷鸾在南宋理宗、度宗两朝长期供职于史馆,并兼任秘书少监,家中藏书甚富。咸淳五年(1269年),马廷鸾任右丞相兼枢密使后,与权臣贾似道不协,退归乡里,以著

---

① 关于阴中夫、阴时夫兄弟的姓字名号和《韵府群玉》的刊行时间,余嘉锡在《四库提要辨证》中有详细考订,见该书卷十六《子部七·类书类一》,云南人民出版社2004年版,第839—841页。
② 滕宾:《韵府群玉序》,载康熙《奉新县志》卷十一。
③ 关于马端临的卒年,有"约1323"、"1323"、"1324"、"1324年以后"、"约1334"诸多说法。兹采最后一说。详见王炜民《再谈马端临卒年》,载北京师范大学古籍所编《元代文化研究》第一辑,北京师范大学出版社2001年版,第662—667页。

# 第五章
## 元代江西的教育与文化

述、课子自娱。他学识渊博,工于文辞,对经、史均有很深造诣,曾著《读史旬编》《六经集传》《语孟会编》《楚辞补记》《碧梧玩芳集》等书。其中,《读史旬编》有80卷之巨。该书以10年为一旬,上起唐尧,下至后周显德七年(960年),记载其间发生的大事,为纲目体史书。马端临自幼耳濡目染,早年即有志于编辑前代典志,后成为其父撰著《读史旬编》的助手。他自述家庭的影响时说:"愚自蚤岁,尝有志于缀辑(典章经制)……窃伏自念,业绍箕裘,家藏坟索,插架之收储,趋庭之问答,其于文献,盖庶几焉。"①可见,家学对马端临的影响体现在史学启蒙、文献收藏、史识培养诸多方面。后,马端临在所著《文献通考》中多引用其父的史论,冠以"先公曰",共有20余条,反映了家学对《文献通考》的直接影响。

元世祖至元(1264—1294年)后期,江西社会渐趋安定,马端临结束了"百忧熏心,三余少暇,吹筝已涩,汲绠不修"的困苦生活,着手编纂典章。历时20余年,终于著成《文献通考》348卷。延祐四年

马端临《文献通考》

图片说明:元泰定元年(1324年)杭州西湖书院刻本。

图片来源:任继愈主编,陈红彦著《中国版本文化丛书·元本》,江苏古籍出版社2002年版,第86页。

(1317年),王寿衍向官方推荐此书,请求刊印。至治二年(1322年),马端临亲携稿本进行校勘。泰定元年(1324年),江浙行省开雕于杭州西湖书院。后至元五年(1339年),江浙儒学提举余谦因印行的书籍多有讹误,请马端临之婿杨玄与西湖书院师生就旧板予以订正,再次印行。《文献通考》全书共分24门,即田赋、钱币、户口、职役、征榷、市籴、土贡、国用、选举、学校、职官、郊祀、宗庙、王礼、乐、兵、刑、经籍、帝系、封建、象纬、物异、舆地、四裔。其中,经籍、帝系、封建、象

---

① 马端临:《自序》,见《文献通考》卷首,商务印书馆1937年万有文库本。

纬、物异5门是唐代杜佑的《通典》所无,其余19门是在《通典》的基础上离析门类,加以充实而成,凡天宝(742—756年)以前的史实作拾遗补缺,天宝以后至宋嘉定五年(1212年)作续编,是一部从上古到南宋宁宗时期的典章制度通史。

《文献通考》是中国史学史上的鸿篇巨制,在史材取舍、史学思想、治史方法等方面均卓有见解。史料方面,马端临自述取材原则:"凡叙事,则本之经史,而参之以历代会要,以及百家传记之书,信而有证者从之,乖异传疑者不录,所谓'文'也;凡论事,则先取当时臣僚之奏疏,次及近代诸儒之评论,以至名流之燕谈,稗官之纪录,凡一语一言,可以订典故之得失,证史传之非者,则采而录之,所谓'献'也。其载诸名传之纪录而可疑,稽诸先儒之论辩而未当者,研精覃思,悠然有得,则窃著己意,附其后焉。"①可见,《文献通考》的史料来源主要有"文"、"献"两类,每类中的各种史料有轻重之别,凡乖异传疑者、论辩未当者均进行考析,附于书后。由此可知,马端临对史料的甄别、取舍十分谨严。史学思想方面,马端临认识到,在历史发展进程中,"理乱兴衰不相因","代各有史",断代史足以综该一代之始终;而"典章经制实相因",如汉代的朝仪官制本诸秦规,唐代的府兵制、租庸调制本于后周,断代史无以体现典章经制的"会通因仍"。马端临非常重视"会通因仍",《文献通考》着重于"会通"与典制,正是基于这种考虑。治史方法方面,马端临既肯定杜佑《通典》的"纲领宏大,考订该洽",又认为其设置纲目"颇欠精审",如"叙选举,则秀孝与铨选不分;叙典礼,则经文与传注相汩;叙兵,则尽遗赋调之规,而姑及成败之迹",故马端临在《通典》19门之外,新设经籍、帝系、封建、象纬、物异5门。

《文献通考》的诸多按语,充分体现了马端临的进步史观与卓越史识。他在其中对许多重要问题都提出了自己的见解。如论田赋,他认为秦代废除井田制是历史发展的必然,倡复井田实是书生之见。论封建,他认为伏羲到尧、舜的太古时期,君王有"公心",夏、商、周三代君王大多有"公心",秦汉以后君王则无"公心";有"公心"则以德、功作为封建的标准,不会"专以私其宗亲";后世无"公心",实行封建是"利少而害多"。从今天的观点看,所谓"公心"有无的变迁实是私有制从无到有的一个发展过程,马端临实际已接触到历史发展变革原因的科学边缘。对"妖祥"之说,他认为是穿凿附会,"妖祥"只是一种反常的自然现象,与人事无关,故他改称为"物异"。这类体现进步史观与卓越史识的按

---

① 马端临:《自序》,见《文献通考》卷首。

# 第五章
## 元代江西的教育与文化

语在《文献通考》有许多,多能贯通古今,折中至当。

《文献通考》在文献学上的价值亦甚大。该书《经籍考》共76卷,占全书的22%,是24门中卷帙最繁者,著录了先秦至宋代的各类文献约5000种。所有文献按四部分类,前有序文,对书则有题解,另附按语50多条。在按语中,马端临对书籍辨别真伪,判定是非,考究异同,评定优劣,存疑设问,充分体现了一位史家的精深博大与科学谨严。如对《诗经》,朱熹曾怀疑《诗序》,且认为其中的24篇乃淫逸奔诱的男女自作,以叙其事。马端临虽为朱学传人,但坚持认为,《诗经》国风之序不可废,孔子犹存诸诗,后人更不可强求"思无邪"而妄加删削。

总体而言,《文献通考》固然不如《通典》精简谨严,但由于马端临坚持宁繁毋略的原则,此书之详赡远过于《通典》,是《通典》的进一步丰富和扩大。该书尤详于宋代史实,多有《宋史》各志未备的内容,是研究宋代和宋以前历代典章制度的一部巨著。后世将此书与唐代杜佑的《通典》、南宋郑樵的《通志》合称为"三通"。马端临另有《多识录》153卷、《大学集传》1卷、《义根守墨》3卷,均佚。

元顺帝至正前期所修《辽史》《金史》《宋史》三部正史是元朝在史学上的重要成就。早在中统二年(1261年),就有人倡修辽、金二史。南宋灭亡后,朝廷令史臣修辽、金、宋三史,没有见诸行动。元仁宗延祐年间(1314—1320年),又有修三史诏,仍无法着手编纂。究其原因,三史何为正统的问题长期争论未决①,致使史书的编纂体例无法确定。争论的过程中,虞集等江西籍史家没有悠然以待,他们积极地为编纂三史做着各种准备。

仁宗时期倡修三史,虞集任太常博士。朝廷召集大臣商议三史事宜,虞集说:"三史文书阙略,辽、金为甚。故老且尽,后之贤者见闻亦且不及,不于今时为之,恐无以称上意。"②虞集从史料和修史人才两方面表达了编修三史的迫切愿望。因仁宗时期并没有着手纂修三史,于是虞集利用在中央文职机构任官的机会,以"故老既无存焉者,而遗文野史之略无足征,故常以为意,遇有见闻必谨识之"③,又"以职事求先宋之故家遗记"④。虞集的两部文集《道园学古录》和

---

① 辽、金、宋何为正统,直接关系到三史的编纂体例。当时,有人主张仿《北史》《南史》,以辽、金为北史,宋太祖至靖康为宋史,建炎以后为南史;有人主张以宋为世纪,辽、金作载记;还有人主张宋、金都不是正统。

② 虞集:《道园学古录》卷三二《送墨庄刘叔熙远游序》。

③ 虞集:《道园学古录》卷十一《孟同知墓志铭跋》。

④ 虞集:《道园学古录》卷三二《临川晏氏家谱序》。

《道园类稿》中,碑铭、行状等保存了大量史料,应是他长期致力于搜集、整理、保存的结果。虽然没有材料直接证明虞集搜求的史料运用于三史的修纂,但他归乡时,这些史料不一定会悉数运回抚州,也许就留存在翰林院、集贤院、奎章阁等他曾经任职的机构中,以待日后编修三史。

对于长期阻碍三史编修的正统问题,虞集在天历、至顺年间(1328—1333年)倡议:"今当三家各为书,各尽其言而核实之,使其事不废可也。乃若议论,则以俟来者。"①虞集在多元民族混居的事实面前,以史家务实的眼光,突破"夷夏之防"的传统观念,用平等的视角看待辽、金、宋,主张三家自为正统,表现了卓越的史识。对于虞集的倡议,当时"诸公颇以为然"。这为后来确定三家各为正统奠定了舆论和思想基础。

关于修史人才,虞集说:"每思史事之重,非有欧公(引者注:指欧阳修)之才识,而又得刘公(引者注:指刘敞)之博洽以资之,盖未易能有成也。"②言下之意,修史者应兼具才、识、博洽(即学)三长。至正三年(1344年)正式修三史时,虞集归老抚州近十年,朝廷欲起用其任总裁,终因老病,未能成行。后来,三史的总裁官虽民族不同,身世各异,但同为文史精英,不知虞集是否起到推荐作用,只知对三史贡献最大的欧阳玄为其挚交。

江西籍史家中,对三史直接出力最多的是富州揭傒斯。揭傒斯长期担任国史院编修官,曾撰《功臣列传》。平章李孟读后赞叹道:"是方可名史笔。若他人,直誊吏牍尔。"③李孟肯定了揭傒斯的史才堪任"史笔"。至正三年(1343年),顺帝任命中书右丞相脱脱任三史都总裁,主修三史。修史班子集中了当时的各族文化精英,多数人只负责三史中的一部分,唯翰林侍讲学士揭傒斯与中书平章政事铁木儿塔识、中书右丞太平(贺惟一)、翰林学士承旨张起岩、翰林学士欧阳玄任三史总裁官。五人中,铁木儿塔识和太平对三史的实际工作参与不多,如《元史·铁木儿塔识传》对三史未置一辞,《太平传》只说太平"力赞其事",促成三史的编修。张起岩对三史的贡献,《元史》本传是这样说的:"起岩熟于金源典故,宋儒道学源委,尤多究心。史官有露才自是者,每立言未当,起岩据理窜

---

① 虞集:《道园学古录》卷三二《送墨庄刘叔熙远游序》。
② 虞集:《道园学古录》卷三二《送墨庄刘叔熙远游序》。此墨庄刘氏乃刘敞、刘攽兄弟后人之分居抚州金溪者,此"刘公"则指虞集在文中屡次提及的"侍读公",即曾任翰林侍读学士的刘敞。《宋史》卷三一九《刘敞传》称其"学问渊博,自佛老、卜筮、天文、方药、山经、地志,皆究知大略",堪称"博洽"。
③ 《元史》卷一八一《揭傒斯传》。

# 第五章
## 元代江西的教育与文化

定,深厚醇雅,理致自足。"①似乎张起岩未亲自撰写史稿,只是做些《金史》和《宋史》"道学"诸传的修改工作。对三史贡献最大的是欧阳玄,从选择史官、汇集史料到制定凡例,他都亲力为之,且撰写论、赞、表、奏等部分的史文。三史中工作量最大的本纪、诸志和人物传,揭傒斯和吕思诚、李好文、杨宗瑞、王沂等总裁官应该作出了重要贡献,前期,尤以揭傒斯最为突出。

至正三年(1343年)三月,三史同时起修。身为三史总裁官的揭傒斯"毅然以笔削自任,凡政事得失,人才贤否,一律以是非之公;至于物论之不齐,必反复辨论,以求归于至当而后止"②。"以笔削自任"说明揭傒斯亲自撰写了大量史文,内容是"政事""人才""物论",即诸志和列传。撰写史文时,揭傒斯竭心尽智,务求至公至当。至正四年(1344年)三月,《辽史》修成,揭傒斯等受到顺帝褒奖。同时,顺帝督促早日完成《金史》和《宋史》。为此,揭傒斯以年逾七十的高龄,夜宿史馆而不归家,朝夕不敢稍歇,终染寒疾而逝。十一月,《金史》完成,次年十月,《宋史》完成。在编修三史的两年半时间内,揭傒斯对前期的修史工作作出了重要贡献。

现在已难以区分三史中的哪些部分是揭傒斯所作,无法判断他的史学才能,其史学思想则见诸言论。揭傒斯曾说:"(修史以)用人为本。有学问文章而不知史事者,不可与;有学问文章知史事而心术不正者,不可与。用人之道,又当以心术为本也。"③在此,揭傒斯对良史提出了三种要求,即"学问文章"、"史事"、"心术",而以"心术"为本。这与唐代刘知几提出的史家"三长"(才、学、识)有所不同。"学问文章"即"才","史事"即"学",刘、揭二人是一致的,但"心术"与"识"不同。"心术"是道德层面的要求,是秉笔直书的前提条件,"识"是对历史过程的分析判断能力,是技术层面的要求。揭傒斯继承了孔子"书法不隐"的思想,是对刘知几史家"三长"论的补充和发展。他在修史过程中坚持"一律以是非之公",即是史家"心术"的体现。他的这种思想,为后来清代章学诚提出"史德"论奠定了基础。

关于如何写史,揭傒斯如是说:"欲求作史之法,须求作史之意。古人作史,虽小善必录,小恶必记。不然,何以示惩劝!"④即"作史之意"在"示惩劝",以益

---

① 《元史》卷一八二《张起岩传》。
② 《元史》卷一八一《揭傒斯传》。
③ 《元史》卷一八一《揭傒斯传》。
④ 《元史》卷一八一《揭傒斯传》。

于治世;但凡与此有关,无论大小,均应记入。这是一种经世思想,与章学诚所谓的"史意"亦有联系。可以说,在史学思想方面,揭傒斯是唐代刘知几和清代章学诚两大史学理论家之间的过渡。

除揭傒斯直接为三史竭心尽智外,金溪危素也参与了《宋史》的倡议、编纂和搜求史料的工作,吉水解观亦对三史有所贡献。

至正初,危素任经筵检讨。针对当时反对编修三史的意见,他上书宰执大臣太平,进行驳斥,主张立即编纂三史。他是这样说的:

> 古之君子何贵于史哉?以其君之创业于初,守成于中,失国于终,故后世之为君者考其所以兴,监其所以亡,其仁明可法,其昏乱可戒,其臣之忠良正直、奸险佞邪,故使后世之为臣者思以去彼就此焉。至父子兄弟、夫妇朋友之间卓然有可称道者,史尝书之矣。若象纬之著明、水土之分画、历数之因革、礼乐之废举、食货之转输、名物之详略,无不载焉,将以备一代之事,后之经济天下者有所征之矣……可以亡人之国,不可以亡人之史,盖记载其一国之政者,其事小,垂监于万世之人者,其功大。①

在此,危素充分强调了史书的资鉴作用,力请编修三史。太平后来在促成三史的编修方面起到重要作用,也许与危素的上书有一定关系。

同时,危素还就史书编纂的一些具体问题阐述了自己的意见。对三史何为正统,危素主张仿《三国志》之例,各为正统。这种观点的背后是危素所主张的秉中为史、据实直书的写史原则。他说:"秉中为史,盖书其实事而昭示来世,过不可也,不及不可也。善善而不流于阿,恶恶而不伤于刻,若是者,其庶几乎。"因此,在三史各为正统时,即使事关元朝,亦无须避讳,就像晋修《三国志》,唐编《隋书》,宋写《五代史》,"其间固有战争攻取之事,据实而直书,史官之职,何讳之有!"②

至正三年(1343年)三月开局编修三史,危素职事史局,参与《宋史·忠义传》的编纂。有鉴于南宋高、孝、光、宁四朝史料阙漏严重,危素先博考南宋实录所附的传记和野史、文集、地方史志,既而于第二年春踏足河南、江浙、江西,采访民间故老,搜求散佚书册,于当年秋返京。他在庆元(治今浙江省宁波市)时,

---

① 危素:《危太朴续集》卷八《上贺相公论史书》。
② 危素:《危太朴续集》卷八《上贺相公论史书》。

# 第五章
## 元代江西的教育与文化

作为文献之邦的鄞县(今宁波市)出现了入元以后从未有过的士人争献图书的盛况。

由于时间仓促,草草收局,卷帙浩繁的《宋史》有诸多弊病,尤其是"南渡七朝事,丛冗无法,不如前九朝之完善,宁宗以后四朝又不如高、孝、光三朝之详"①。危素南行搜求史料颇有收获,却没有体现在官修《宋史》中。后,他以一己之力,私撰《宋史稿》50卷,也许就是充分利用南行所获,以补官修《宋史》之失。惜该书已佚。危素另撰有《元史稿》若干卷,当是入明以后所作,亦佚。

吉水人解观参与三史与危素有关。解观,初名子尚,字观我,应试名观,吴澄又为其更字伯中。天历二年(1329年)、至顺三年(1332年)乡贡②。至正三年(1343年),时任翰林典籍的危素"奉诏来起(解观)修三史",解观遂至京师,参与史事。对于当时争论不休的三史何为正统的问题,解观认为,"辽与本朝(引者注:指元朝)不相涉,又其事已具见五代史,虽不论可也",元朝"平金在先而事体轻,平宋在后而事体重……正宋统以概举辽金,公义表著,人心压服,永有辞于万世矣"。他坚持以宋以正统,而当时任事者多倾向于以金为正统,解观"大忤群公",遂回乡。据解缙载,后来三史成书,"天文、历律多窃取公余论"③,即在丞相脱脱力排众议,最终确定三史各为正统之前,修史工作已经开始,所修内容是与正统问题无涉的天文、律历等内容。解观参与的正是这部分修史工作,从而对三史有所贡献。

《经世大典》是元朝文化上的一项重要成就,当时并不将其视为史书,但在今天看来,该书体例整齐,材料完备,实是研究元史不可或缺的资料。总裁虞集也充分认识到此书在日后的价值,他曾对同僚说:"他日国史诸志、表、传,举此措彼耳。"④明初修《元史》,不仅诸志多取自该书,人物列传也多有引用。故,此处将《经世大典》作为元代的史学成就略加论述。

《经世大典》全名《皇朝经世大典》,正文880卷,目录12卷,公牍1卷,纂修通议1卷,是元文宗时官修的一部政书。天历二年(1329年),文宗在帝位之争中取

---

① 钱大昕:《廿二史考异》卷二一。
② 解缙《文毅集》卷十一《伯中公传》载解观"至正丁卯再举于乡",第二年会试,"临川吴当见其文,知之,恐其人而有为也,诋黜之。物论沸然,公(引者注:指解观)遂不复出矣"。至正28年间,无丁卯年,且解缙此语有因解观和吴当面对陈友谅的征聘,出处各异而置怨于吴当之嫌,疑误。
③ 解缙:《文毅集》卷十一《伯中公传》。
④ 欧阳玄:《圭斋文集》卷九《元故奎章阁侍书学士翰林侍讲学士通奉大夫虞雍公神道碑》。

得胜利后,表示要偃武修文,下令"参酌唐宋会要之体,会粹国朝故实之文,作为成书","以示治平之永则",由奎章阁学士院、翰林国史院编修《皇朝经世大典》。至顺元年(1330年)二月,因翰林院另有撰修国史的任务,遂以奎章阁专领其事,另置蒙古局,负责蒙古相关事宜,由赵世延、虞集任总裁。当年四月十六日开局,至顺二年(1331年)五月一日成书。经修订润色、装潢成帙后,于次年三月上进文宗。全书分10篇,帝号、帝训、帝制、帝系4篇为"君事",由蒙古局纂修;治典、赋典、礼典、政典、宪典、工典6篇为"臣事",由虞集等编纂。《经世大典》成书后,只有缮写呈上的写本,未付刊印,全书已佚,现仅存《元文类》所收《经世大典序录》、《永乐大典》残卷及清人从《永乐大典》中抄录的若干内容。

《经世大典》以恢宏的气势记录了蒙元时期的典章制度沿革,规模之大,内容之丰,堪与宋代各朝会要相比。尽管此书是集体成果,但总裁虞集费力尤多。至顺元年(1330年)四月开局修书,七月,作为总裁之一的赵世延以老疾退休,虞集专总其事。虞集五世祖虞允文曾编《宋会要》,《经世大典》则是仿唐、宋会要之体,虞集可谓有家学渊源。入仕以后,他历经成宗、武宗、仁宗、英宗、泰定、文宗六朝,熟悉元朝典故,加之文辞优长,见识卓越,遂成为《经世大典》的最大功臣,故欧阳玄说:"《皇朝经世大典》之为书,公(引者注:指虞集)任其劳居多。"① 其中,作为全书总纲的《经世大典序录》乃虞集亲撰。他在文中详述每篇的内容,勾勒制度的原委,充分体现了学者的精深博大。如"各行省"条,考订元代行省制度的变迁,言简意赅;"入官"条,分析元朝的怯薛、军功、吏职、教官、科举、宗王府属、纳粟补官等选官之途,繁而不乱。取材方面,该书"悉取诸有司之掌故而修饰润色之","其牍藏于故府者不足,则采四方之来上者","上送者无不备书,遗亡者不敢擅补"②,即材料力求完备、真实。故,尽管《经世大典》仅存极小的一部分,但材料取自官方档案的特点使该书受到史家的高度重视。

以上诸人外,元代江西地区还有几位颇具学识的史家。临川弋直,承吴澄之学,作《贞观政要集论》,详注唐代吴兢所著《贞观政要》,并将柳芳、欧阳修、范祖禹等唐、宋名家的议论附于每篇之后,发表了许多独到见解;贵溪夏希贤,认为"学者不可以不知古今",于是取诸史,去其繁而取其要,著成纪事本末体

---

① 欧阳玄:《圭斋文集》卷九《元故奎章阁侍书学士翰林侍讲学士通奉大夫虞雍公神道碑》。
② 虞集:《经世大典序录》,见苏天爵编《元文类》卷四十;欧阳玄:《元故奎章阁侍书学士翰林侍讲学士通奉大夫虞雍公神道碑》。《元文类》未署《序录》作者名,但虞集文集《道园类稿》《道园学古录》均收该文。

# 第五章
## 元代江西的教育与文化

通史《全史提要编》，上起伏羲，下讫南宋灭亡，"千数百年之间，治道之得失，人物之臧否，欲观其详于某朝某事者，即此而知其所在，则无汗漫之忧矣"[①]；庐陵刘友益，宋亡以后闭门读书，费30年之功，著成《通鉴纲目书法》；鄱阳杨玄，祖父死于宋末，遂著《忠史》，记载夏商至宋代的忠贞之士800余人，等等。

## 第三节 科技

大蒙古国拥有辽阔的疆域，域外文化源源进入中国。元朝又实现南北一统，境内交流日趋活跃。这些因素促使元朝在科技方面取得了许多令人瞩目的成就，地理学、医学、天文学、航海技术等方面的进步成为元代瑰丽多彩文化的重要组成部分，江西籍人士在科技上的成就则是这多彩画卷中的一抹亮色。

### 一、地理学与方志

元代东西方交通盛况空前，既有意大利人马可·波罗、鄂多立克、摩洛哥人伊本·白图泰等东来中国，亦有耶律楚材、邱处机、常德等西去中亚，还有温州人周达观等航海南行至真腊，西域的地理知识也传入中国。这一时期，人们的地理视野得到扩大，地理知识得以发展。在这种背景下，江西既有修舆图地书如朱思本者，亦有出海远航如汪大渊者，还有编纂方志如熊梦祥者，部分州县也新修了地方志书。江西的地理学成就与时俱进。

朱思本（1273—?），字本初，号贞一，临川人。出身科第之家，祖父曾任淮阴县令。十几岁入龙虎山，成为一名道士。大德三年（1299年），张仁靖奉命前往大都，朱思本随行，后长期在两都协助玄教大宗师处理道教事务。至治二年（1322年），朱思本回到江西，主持龙兴玉隆万寿宫，今南昌市新建县西山万寿宫附近的山崖上仍留有他当年所题石刻。泰定年间（1324—1328年），朱思本再度前往大都，数年后重返江西，约在元顺帝统治前期病逝。

朱思本是元代著名的地理学家，在中国地图学史上占有重要地位，其对后世影响最大的成就是绘制了《舆地图》2卷。该图是朱思本自至大四年至延祐七

---

[①] 虞集：《道园类稿》卷十六《夏氏全史提要编序》。

年(1311—1320年),费十年之功绘制而成,后刊石于龙虎山上清三华院。《舆地图》有如下特点:一是篇幅较大,内容丰富。据罗洪先《广舆图序》,此图"长广七尺,不便卷舒"。朱思本称图中"河山绣错,城连径属,旁通正出,布置曲折,靡不精到",即绘有山川、城邑、交通等,注记翔实,且系统地使用了符号图例。二是采用了"计里画方之法",绘制方法先进。以画方之法绘制地图,始于魏晋间的地理学家裴秀。裴秀强调制图有六体,即"分率"(比例尺)、"准望"(方位)、"道里"(道路里程)、"高下"(地势高低)、"方邪"(角度)、"迂直"(弯曲度),他以"一分为十里,一寸为百里"的比例尺,绘制了已知的中国第一部历史地图集《禹贡地域图》。唐代贾耽重提该法,用"一寸折成百里"的比例尺绘成《海内华夷图》。朱思本在吸取前代画方之法的基础上,兼采元代自西域传入中国的经纬线法,将其改进为"计里画方之法"。因图中绘有方格,又称格方地图[①]。《舆地图》是我国首次以计里画方法绘制的地图。三是精准正确,可资利用。明代罗洪先经过多方比较,发现《舆地图》是他所见地图中最为精准的。他说:"尝遍观天下图籍,虽极详尽,其疏密失准,远近错误,百篇而一,莫之能切也。访求三年,偶得元人朱思本图,其图有计里画方之法,而形实自是可据,从而分合,东西相侔,不至背舛。于是悉所见闻,增其未备,因广其图,至于数十。"[②]可见,罗氏选择《舆地图》作为底图绘制《广舆图》,就是因其"形实自是可据"。四是宁阙勿滥,严谨科学。朱思本绘制《舆地图》时,能绘则绘,不能则阙,绝不虚编胡造,尤其是对疏阔辽远、人迹罕至、无从察考之地。他说,图中"涨海之东南,沙漠之西北,诸番异域,虽朝贡时至而辽绝罕稽,言之者既不能详,详者又未必可信,故于斯类姑用阙如"。这种严谨的态度保证了《舆地图》的科学性。但是,他对边远之地亦极关注,曾考证北海、和宁、八番诸处的地理,附于《舆地图自序》之后,还翻译了梵文本的黄河之源图书,以加深对"辽绝罕稽"之地的了解。

朱思本的《舆地图》之所以有如许特点,为后世所重,得益于其自身的素养、经历以及元代地理学的发展。

首先,朱思本对地理学有着长期而浓厚的兴趣。他自称"幼读书,知九州山川。及观史,司马氏周游天下,慨然慕焉"[③]。至两都后,公务繁杂,对地理仍"尤

---

[①] 佚名:《贞一斋文稿序》,见朱思本《贞一斋杂著》卷首,适园丛书本。
[②] 罗洪先:《广舆图序》,见《广舆图》卷首。明嘉靖刊本。转引自邱树森《朱思本和他的〈舆地图〉》,见《元史及北方民族史研究集刊》第六辑(1982年12月),第19—25页。
[③] 朱思本:《贞一斋杂著》卷一《舆地图自序》。

# 第五章
## 元代江西的教育与文化

所偏善"。虞集说他"遇輶轩远至,辄抽简载笔,累译而问焉。山川险要、道径远近、城邑沿革、人物土产风俗,必参伍询诘,会同其实,虽糜金帛,费时日,不厌也,不愜其心不止。其治事也,讨论如议礼,严分若持宪。立志之坚确精敏类如此,施之功业,必不苟且循习而已"①。可见,朱思本对地理学是殚精竭智。仁宗时,以善于察人取材著称的中书平章政事李孟非常欣赏朱思本的才学为人,曾劝其弃道返儒,入仕为官,朱思本没有接受,仍"霞裾星弁,访历名山大川,与太初溟涬游于无穷"②。正是由于有着如此强烈的兴趣,朱思本才会几十年如一日,始终关注地理学。

其次,朱思本学术功底深厚。他出自儒家,寄身道流,兼通藏文,"嗜圣经、史传、诸子百家若饥渴"③。至两都后,公事之外,"稍有余力,则卷不释手,夜读书由乙至丙以为常"④,所读之书"既不泛杂,读之又有其道"⑤。所谓"不泛杂",可能指朱思本所读多为地理之书,"读之有道"则指其带着研究的眼光审读。在长期积累的基础上,朱思本编成《九域志》80卷,于大德元年(1297年)刊行。朱思本自序编纂该书的目的与体例时说:"自嬴秦破九州为郡县,中古以下,迄而不改……暇日因取郡集,参考异同,分条晰理,一以《禹贡》九州为准。乃以州县属府,府属都省,以都省分隶焉。"⑥可见,《九域志》是朱思本广泛搜集旧志、细致查堪比对的成果。因该书的编纂体例是将元朝的行省、路、州、县等分隶于《禹贡》的九州,不利于查检使用,而稍早编纂的官修《大元大一统志》是以地理系于现行的省路州县,既权威又方便,故《九域志》在明代以后没有再版,对后世的影响远不如《大元大一统志》。但是,该书为朱思本后来绘制《舆地图》奠定了学术基础。

复次,元成宗后期到武宗、仁宗时期,朱思本游历四方,又屡次奉命代祀五岳四渎等名山大川,车辙马迹几半天下,有利于实地考察。他自称"登会稽,泛洞庭,纵游荆襄,流览淮泗,历韩魏齐鲁之郊,结辙燕赵,而京都实在焉。由是奉天子命祠嵩高,南至于桐柏,又南至于祝融,至于海。往往讯遗黎,寻故迹,考郡

---
① 虞集:《贞一稿序》,见朱思本《贞一斋杂著》卷首。
② 刘有庆:《贞一稿叙》,见朱思本《贞一斋杂著》卷首。
③ 刘有庆:《贞一稿叙》,见朱思本《贞一斋杂著》卷首。
④ 欧阳应丙:《朱炼师文集序》,见朱思本《贞一斋杂著》卷首。
⑤ 虞集:《贞一稿序》,见朱思本《贞一斋杂著》卷首。
⑥ 转引自王成组《中国地理学史》上册,商务印书馆1982年版,第51页。

邑之因革,核山河之名实,验诸滏阳、安陆石刻《禹迹图》、樵川《混一六合郡邑图》,乃知前人所作殊为乖谬,思构为图以正之"①。由此可见,朱思本不仅游踪广,而且,在广泛游历的同时,他既实地考查山川形貌,又细心探求旧迹古图,还向民间广为问询,将书籍所载与实际情况相参证,核其实,纠其谬。这为《舆地图》的精准奠定了基础。

又次,朱思本在大都、上都期间,与名卿士大夫广泛交游,努力获取信息,增广见闻。他自称"中朝夫士使于四方,冠盖相望,则每属以质诸藩府。博采群言,随地为图,乃合而为一"②。即朱思本在使臣出京之前,嘱其代为考察自己不能亲身而至的较偏远之地,然后博采群言,随地成图,再将诸图合而为一。朱思本还利用在京的机会,密切关注地理学的发展,随时搜集包括非汉文资料在内的各类信息。他对黄河之源的了解即得益于此。探索河源是元代地理学发展的重要成就之一。至元十七年(1280年),都实奉命往求河源,至冬月还报,"并图其城传位置以闻"③,即都实探索河源的结果有地图予以显示。延祐年间(1314—1320年),翰林学士潘昂霄从都实之弟阔阔出处得其说,撰写《河源志》,朱思本则从八里吉思家得到帝师所藏梵文图书,并将其译为汉文。潘、朱二人所志,互有详略,今《元史·地理志》所附《河源》乃综合两家而成,以潘志为主体,将朱思本所译部分内容以小字附于其下。如对河源所在,朱思本的译本说:"河源在中州西南,直四川马湖蛮部之正西三千余里,云南丽江宣抚司之西北一千五百余里,帝师撒思加地之西南二千余里。水从地涌出如井。其井百余,东北流百余里,汇为大泽,曰火敦脑儿。"对黄河的起始,朱之译本说:"忽兰河源,出自南山,其地大山峻岭,绵亘千里,水流五百余里,注也里出河。也里出河,亦出自南山,西北流五百余里,始与黄河合。"④均与潘志略有不同。朱思本得到梵文本河源图书的时间不详,但探索河源一事早于编绘《舆地图》之时,朱思本可能有所借鉴。另,朱思本对地球仪及经纬线的了解可能也得益于京中友朋(详见下文)。可以说,京中的名卿伟士是朱思本绘制《舆地图》的重要信息来源。

最后,《舆地图》的成就得益于元代地理学的发展。疆域广袤的元朝在至元

---

① 朱思本:《贞一斋杂著》卷一《舆地图自序》。
② 朱思本:《贞一斋杂著》卷一《舆地图自序》。
③ 《元史》卷六三《地理志六》。
④ 《元史》卷六三《地理志六》。

# 第五章
## 元代江西的教育与文化

二十三年(1286年)已开始官修全国地理志,由札马鲁丁(又译作札马剌丁)、陈俨、虞应龙等奉命编纂。至元二十八年(1291年)完成755卷,后由孛兰肹、岳铉主持增修云南、甘肃、辽阳等边远地区的地理,大德七年(1303年)完成全书,定名《大元大一统志》。因该书的倡修及主导者札马鲁丁是伊利汗国人,乃元初阿拉伯地理学东传中的一位重要人物,故该书吸纳了阿拉伯人先进的地理学知识。全书1300卷,共600册,至正六年(1346年)在杭州刻板印行。书中,长江以南三行省资料多取自《舆地纪胜》及宋、元方志,江北多取材于《元和郡县图志》《太平寰宇记》和金、元方志,云、甘、辽三省则全据新志,故该书新增了许多前

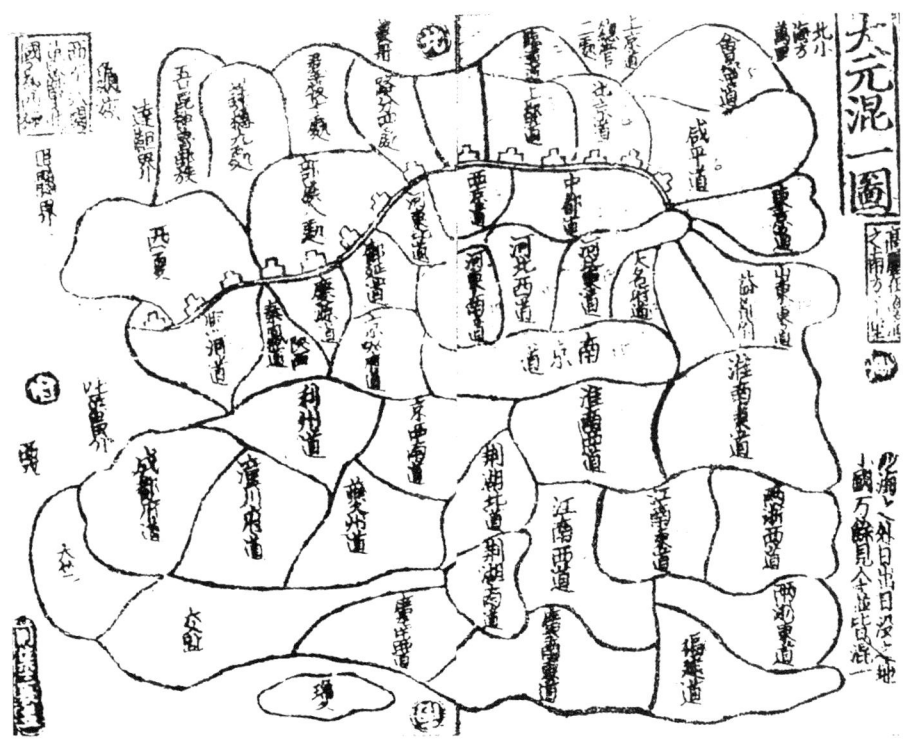

《大元混一图》

图片说明:南宋陈元靓撰《新编纂图增类群书类要事林广记》至顺年间翻刻增补本。此图中,元朝全境分为三十七道,邻国交趾、天竺也被收入,反映了元人的地理观念。

图片来源:中国国家博物馆编《文物中国史》第7册"宋元时代",山西教育出版社2003年版,第206页。

代所没有的内容。原书绘有一幅彩色的"天下地理总图",在每一路的卷首则有彩色地理小图。这种全国性的彩色大地图应属中国首次出现。同时,元代出现了我国第一个地球仪,是至元四年(1267年)札马鲁丁在中国制造的西域仪象七件中的一件,即"苦来亦阿儿子"①。这是一个木质圆球,"七分为水,其色绿,三分为土地,其色白。画江河湖海,脉络贯串于其中。画作小方井,以计幅员之广袤、道里之远近"②。即球面以绿色代表水,占70%,白色代表陆地,占30%,这与现代地球仪的水陆比例70.8%:29.2%基本接近。"苦来亦阿儿子"代表了当时西域对地球构造先进科学的认识水准。球面所绘以度量距离远近和面积大小的小方井,就是现代意义上的经纬线。朱思本一直关注地理学,又长期生活在两京,应该有条件接触、研究并利用《大元大一统志》和"苦来亦阿儿子"。有研究者认为,《舆地图》的计里画方之法即"苦来亦阿儿子"中的"小方井"。故,英国学者李约瑟说,"这几位地理学家(引者注:指朱思本及其后的李泽民、僧清睿等元代中国地理学家)显然都曾经由于中国当时和西方的穆斯林、波斯人、阿拉伯人如札马剌丁等之间的接触而受益匪浅"③,"也许在更大的程度上和札马剌丁1267年来北京时所带来的地球仪有关"④。另外,朱思本可能还接触到元代郭守敬组织的"四海测验"对全国纬度进行空前规模测量所取得的成果,而《舆地图》大致准确地将黄河源画在星宿海西南的喀喇渠更是元代地理学成果的直接体现。可以说,没有元代地理学的发展,就不会有《舆地图》的成就。

尽管《舆地图》精准、科学、翔实,但因此类大幅地图较难复制或印刷,故一直未得到广泛流传,直至明嘉靖二十年(1541年),罗洪先才将该图加以增订,于三十四年(1555年)以《广舆图》之名刊印。到明末、清代,虽有利玛窦等人传入的西方绘图技术,但基于《舆地图》的《广舆图》仍是舆图的重要范本,由此可见朱思本在中国地图史上的地位。

除地理学成就外,朱思本的诗文亦颇受赞誉,著有《贞一斋杂著》2卷及《北

---

① 杨志玖:《元代回族史稿》,南开大学出版社2003年版,第307页。"苦来亦阿儿子"为阿拉伯语Kuraharz的波斯语读法Kura-i-arz的元代汉语音译。"苦来",意为"球、苍穹","亦"表示属格意义,"阿儿子",意为"陆地、土地、国家"。
② 《元史》卷四八《天文志一·西域仪象》。
③ 李约瑟:《中国科技史》第五卷,中华书局香港分局1978年版,第144页。
④ 李约瑟:《中国科技史》第五卷,第155页。

# 第五章
## 元代江西的教育与文化

行稿》。清江范梈论其诗文"论庄词澹,尤吾所谓驰骋横纵而无所逾者"①,四川刘有庆则盛赞其诗文是"如泉涌石窦,日挹日新;如云幻晴峰,愈变愈丽。比、兴、序、论,粹乎儒者"②。

汪大渊(约1311—?),字焕章,南昌人,"少负奇气,为司马子长之游,足迹几半天下"③。元中期,中国与海外联系畅达,"海外岛夷无虑数千国,莫不执玉贡琛,以修民职,梯山航海,以通互市。中国之往复商贩于殊庭异域之中者,如东西州焉"④。在此背景下,汪大渊自至顺元年(1330年)20岁始,两次出海远航。第一次自泉州搭乘商船出海,历时五年,约归航于顺帝元统二年(1334年)夏秋间。第二次约在后至元三年(1337年),亦从泉州附舶远航,前后三年,估计在后至元五年(1339年)夏秋间归国。两次出海,总计历时八年。

至正九年(1349年),泉州路达鲁花赤偰玉立因庆元五年(1199年)所修《清源郡志》已经散佚,淳祐八年(1250年)所修《清源后志》虽存,但历时百年,已不能全面反映社会变迁,遂命福州人吴鉴编纂《清源续志》。清源,即泉州。泉州为市舶司所在,乃南宋至元代华南地区第一大港,诸蕃辐辏,地方志于此不能不记。偰玉立可能与汪大渊有旧,⑤于是令其续补《清源郡志》之别帙《岛夷志》,附于《清源续志》之后。冬十二月(时在1350年)之前,汪大渊完成《岛夷志》,并于至正十年(1350年)携归南昌,单独刊行,《清源续志》则完成于至正十一年(1351年)。也许是由于单行本较《岛夷志》有删节,故名之为《岛夷志略》,全书1卷。此书刊行不久,历史进入元末动荡时期,汪大渊的经历不详。如果能侥幸躲过兵劫,那么,入明时,汪大渊尚不足60岁。

汪大渊自述在航海途中,"所过之地,窃尝赋诗以记其山川、土俗、风景、特产之诡异,与夫可怪可愕可笑之事,皆身所游览,耳目所亲见。传说之事,则不载焉"⑥,故《岛夷志略》自问世之日起,便以"亲身所历,信而有征"著称。至正九年(1349年),吴鉴称汪大渊"其目所及,皆为书以记之……以君传者,其言必可

---

① 范梈:《贞一稿序》,见朱思本《贞一斋杂著》卷首。
② 刘有庆:《贞一稿叙》,见朱思本《贞一斋杂著》卷首。
③ 吴鉴:《岛夷志略序》,见苏继庼《岛夷志略校释》卷首,中华书局1981年版,第5页。
④ 汪大渊:《岛夷志后序》,见苏继庼《岛夷志略校释》卷末,第385页。
⑤ 偰玉立,字世玉,号止堂,又号止庵,出自著名的高昌偰氏,延祐五年(1318年)进士。元中期至元末,偰氏隶籍龙兴,在南昌东湖边有私第。汪大渊为元中期的南昌人,很可能与偰氏相识。参见萧启庆《蒙元时代高昌偰氏之仕宦与汉化》,见萧启庆《元朝史新论》,第243—297页。
⑥ 汪大渊:《岛夷志后序》,见苏继庼《岛夷志略校释》卷末,第385页。

汪大渊《岛夷志略》

图片说明：苏继庼校释《岛夷志略校释》封面，中华书局1981年版。

信"①。至正十年（1350年）翰林学士、山西人张翥说汪大渊"当冠年，尝两附舶东西洋，所过辄采录其山川、风土、物产之诡异，居室、饮食、衣服之好尚，与夫贸易费用之所宜，非其亲见不书，则信乎其可征也"②。明、清学者多有同感。明末清初钱曾称汪氏"书其目之所及不下数十国"③，四库馆臣说此书"皆亲历而手记之，究非空谈无征者比"④。美国学者柔克义（Rockhill）则称该书"所记纯为亲身经历，其可取之处正在此"⑤。但是，国外的东方学家有对《岛夷志略》所记是否均为亲身经历持怀疑态度者。柔克义在肯定该书的同时，认为，"惟有不少远地，如古里地闷与极西诸地，是否为其足迹所至，则颇可疑"⑥。伯希和则径称《岛夷志略》之前有旧作，但"汪氏是志视前人旧作为胜"⑦。近据廖大珂考证，《岛夷志略》之前确有旧志《岛夷志》，系南宋泉州人所撰，记载了宋代海外诸国的情况，曾作为别帙系于《清源郡志》。《岛夷志略》是汪大渊在《岛夷志》的基础上，补充海外亲历而成⑧。因宋、元两代海外情况变化颇多，故吴鉴说汪大

---

① 吴鉴：《岛夷志略序》，见苏继庼《岛夷志略校释》卷首，第5页。
② 张翥：《岛夷志略序》，见苏继庼《岛夷志略校释》卷首，第1页。
③ 钱曾：《读书敏求记》卷二，书目文献出版社1983年版，第67页。
④ 永瑢等：《四库全书总目》卷七一《史部地理类四·岛夷志略》。
⑤ 柔克义：《十四世纪时中国与南洋群岛印度洋沿岸诸港往来贸易考》（Note on the Relations and Trade of China with the Eastern Archipelago and the Coasts of Indian Ocean during the Fourteenth Century），载《通报》1913年号第475页后，转引自苏继庼《岛夷志略校释》附录一《有关〈岛夷志略〉资料》，第393—394页。
⑥ 转引自苏继庼《岛夷志略校释》附录一《有关〈岛夷志略〉资料》，第394页。
⑦ 见《伯希和遗著》，转引自苏继庼《岛夷志略校释》附录一《有关〈岛夷志略〉资料》，第398页。
⑧ 廖大珂：《〈岛夷志〉非汪大渊撰〈岛夷志略〉辨》，见《中国史研究》2001年第4期，第135—142页。

第五章
元代江西的教育与文化

渊所著"校之五年旧志(引者注:指庆元《清源郡志》),大有径庭矣"①。由此,汪大渊两次航海,踪迹所及,也难以清楚界定。

《岛夷志》久已失传,仅明《寰宇通志》和《明一统志》中留有极少条文,以故,尽管《岛夷志略》仅有部分内容为汪大渊亲历,但不妨碍学者重视此书。《岛夷志略》是研究中外海上交通与地理的重要资料,全书共100条,约2万余字。其中,99条记载东起澎湖与文老古、西至阿拉伯与东非海岸的国名和港口,多记当地习俗风情、物产和贸易品。第100条名"异闻类聚",乃节录前人旧记而成。书中记载的亚、非、澳各洲的国家和地区达220余个,且内容翔实。该书上承宋代周去非的《岭外代答》、赵汝适的《诸蕃志》,下接明代马欢的《瀛涯胜览》、费信的《星槎胜览》,是元代航海家遗留至今的两部著述之一(另一部是周达观的《真腊风土记》,仅记今柬埔寨事),且重要性超过宋、元、明诸作,故清四库馆臣评此书"所记罗卫、罗斛、针路诸国,大半为史所不载。又于诸国山川、险要、方域、疆里,一一记述,即载于史者亦不及所言之详,录之亦足资考证也"②。早在19世纪中叶,西方学者已注意该书,1888年以后,《岛夷志略》先后被译成英、法、日等多国文字,汪大渊因而被称为"东方的马可"。《岛夷志略》今注、译本有多种,以安徽太平人苏继顾的《岛夷志略校释》(中华书局1981年版)最佳,书中征引多种史籍,采集诸家之说,逐条考释,颇有见地,卷首对汪大渊生平和《岛夷志略》的介绍亦很可贵。当然,疏误在所难免。

熊梦祥(生卒年不详),字自得,自号松云道人,富州横冈人③。聪明旷达,博读群书,贯穿百氏。工诗文,思若泉涌。旁通音律,又工书法,能作数体书,俨然有米芾家法。亦善画,乘兴作山水图,意境幽远,无丝毫庸工俗状。元末,以茂才异等荐任白鹿洞书院山长,后升大都路儒学教授、崇文监丞。因不喜拘束,弃官游江淮间,寓兴诗酒,狂放不拘,颇有晋人之风。卜居娄江,匾所居为"得月楼",与元末玉山草堂主人顾瑛为忘年交。著有《释乐书》《析津志》等。卒年九十余。《释乐书》已佚,《析津志》有辑本存世,《元诗选》和《草堂雅集》则存其部分诗作。

---

① 吴鉴:《岛夷志略序》,见苏继顾《岛夷志略校释》卷首,第5页。
② 永瑢等《四库全书总目》卷七一《史部地理类四·岛夷志略》。
③ 乾隆《丰城县志》卷十《人物志》载:"熊自得,字梦祥,横冈里人。"元末顾瑛《草堂雅集》载:"熊梦祥,字自得,江西人。"清代顾嗣立编《元诗选·三集·庚集·松云道人集》载:"梦祥,字自得,南昌进贤人。"所记互有出入。以顾瑛所记最早,乾隆《丰城县志》最详,兹采诸家之说而定为:熊梦祥,字自得,富州横冈人。

熊梦祥著,北京图书馆善本组辑:《析津志辑佚》封面

图片说明：北京古籍出版社1983年版。

《析津志》之"析津",是辽开泰元年(1012年)到金贞元元年(1153年)对今北京地区的称呼。《析津志》即北京的地方志。熊梦祥在大都时,常游历考察当地的山川名胜、风物人情。担任崇文监丞期间,又有条件接触大量的内府藏书和文献资料。崇文监是后至元六年(1340年)由艺文监改置而成,隶翰林国史院,任务是将儒籍译为蒙古语,其下所设艺林库掌收贮图书,广成局掌传印经籍。熊梦祥所任崇文监丞为从五品官职,职责是协助该监最高长官太监参校儒籍,实是闲职。故,熊梦祥出任此职,有时间与机会接触内府藏书。据《日下旧闻考》引《渌水亭杂识》,熊梦祥在大都时,居于京西斋堂村,因《大元大一统志》卷帙繁富,不便翻检,遂撰大都方志《燕京志》,即《析津志》。该书早已亡佚,据明正统六年(1441年)杨士奇所编《文渊阁书目》和成化时叶盛所编《菉竹堂书目》,该书共34册,想必规模很大。《析津志》是最早记述北京地区历史的一部专门志书,对北京的沿革、至到、属县、山川风物、岁时风尚、物产矿藏、河闸桥梁、城垣街市、朝堂公宇、百官学校、人物名宦、名胜古迹等都有翔实的记载,是研究北京地区地理、历史的珍贵资料。明初纂修《北平图经志》《顺天府志》等,对此书多有采择。自20世纪30年代始,北京图书馆善本组将《永乐大典》《日下旧闻考》、徐维则铸学斋藏本《宪台通纪》等书中的《析津志》内容辑出,编为《析津志辑佚》,1983年由北京古籍出版社出版。这是现存十余种元代地方志中的一种,弥足珍贵[①]。

---

[①] 以上关于熊梦祥的论述,多参考李致忠《〈析津志辑佚〉整理说明》,见《析津志辑佚》卷首,北京古籍出版社1983年版。

# 第五章
## 元代江西的教育与文化

朱、汪、熊三人之外,乐平马端临、金溪危素、新喻梁寅等对地理学也有所涉猎。马端临《文献通考》中有较丰富的地理资料,涉及盐、铁、矾、坑冶、漕运、水灾、地震、气象、气候等内容。书中还表达了他的一些地理学观点,如关于建都条件问题,马端临反对过分强调客观地理条件,主张客观条件应与国力配合,都城才能安全;如果国力弱,客观地理条件再好,都城也会受到威胁。在河源的问题上,他赞同杜佑、欧阳忞对河出昆仑的非议[①]。危素学博位高,至正二十四年(1364年)任岭北行省左丞。在任期间,他以该行省治所和宁为元朝肇基之地,而无图志可征,于是向朝廷申请,作《和宁志》[②]。从宋濂为危素所撰墓铭的字里行间看,该志似已修成,但宋濂罗列其著述时,又未言及该志。也许,危素在岭北仅一年左右,此志最终未能完成。梁寅曾撰《河源记》一文,乃是读潘昂霄《河源志》而起。文中,梁寅历数《禹贡》《山海经》《穆天子传》,汉代张骞、唐代薛元鼎及佛教书籍关于黄河之源的论述,对元代都实考察河源一事、潘昂霄所撰《河源志》一书给予肯定,认为该书"详而信",故引述其中部分内容,以资后人考订[③]。

元中期,江西社会基本稳定,部分热心地方事务和文化事业的地方官和士人编修了新的地方志,反映元代江西社会的发展变化。现就已知者罗列如下[④]:

龙兴路:《续豫章职方乘》14卷,刘有庆、潘斗元纂。《续豫章志》13卷,赵迎山纂。《丰水续志》6卷,延祐年间(1314—1320年)富州儒学教授李肖翁在南宋淳祐旧志的基础上,补入"城池、人物、时政之迹及前志所未备者",续补成书[⑤]。《富州志》,撰人、卷数不详。

瑞州路:《瑞阳志》10册,至治年间(1321—1323年),路总管府经历、普宁人崔栋令学正杨升云修纂。杨升云,即杨衢,太和人,泰定元年(1324年)进士。《瑞阳高安县志》,撰人、卷数不详。《新昌州志》,延祐年间(1314—1320年),州判官马嗣良纂。嗣良,字继可,广汉人。

---

① 陈得芝主编《中国通史》第八卷《中古时代·元时期(下)》,第692—693页。
② 宋濂:《宋学士文集》卷五十九《故翰林侍讲学士中顺大夫知制诰同修国史危公新墓碑铭》。
③ 梁寅:《新喻梁石门先生集》卷一《河源记》。
④ 以下关于元代江西地方志的编修情况,主要参考黎传纪、易平《江西古志考》(南海出版公司1989年版),本书作适当增删修改。黎、易的资料来源主要有《永乐大典》、钱大昕《元史艺文志》及《补》、倪灿《补辽金元艺文志》、黄虞稷《千顷堂书目》及《补》、张国淦《中国古方志考》和江西各地旧志。
⑤ 揭傒斯:《揭文安公全集》卷八《丰水续志序》。

南康路：《南康志》，撰人、卷数不详。

饶州路：《鄱阳续志》15卷、《新志》24卷，后至元二年（1336年）路总管狄师圣令邑人吴存修纂，书未成而吴殁，由门人杨端如续成。全志分两部分，前15卷乃继南宋嘉定八年（1215年）旧志而作，起自嘉定九年（1216年），止于德祐元年（1275年），曰《鄱阳续志》。后24卷叙至元十三年（1276年）至后至元元年（1335年）间事，当为新志。《浮梁志》，臧廷凤纂。廷凤，南宋景定三年（1262年）进士，曾任镇江教授。该志对浮梁的"风俗沿革之异，贡赋土产之兴，与夫文人才子闻望后先，无不备载而详录焉"①。《乐平广记》30卷，邑人李士会纂。士会，字有元。

信州路：《永丰县志》，修于泰定年间（1324—1328年），撰人、卷数不详。《弋阳县志》，张纯仁纂。纯仁，字景范，号蓝山，至治元年（1321年）进士，曾任繁昌县尹、江浙行省左右司郎中。《龙虎山志》，元中期，翰林侍讲学士元明善奉敕撰，程钜夫作序。

程钜夫撰《龙虎山志序》

图片说明：乾隆五年（1740年）刻本《龙虎山志》卷首。

抚州路：《罗山志补》4卷，乃天历二年（1329年）崇仁吴宝翁在南宋嘉定三年（1210年）《罗山志》及宝庆二年（1226年）黄元增补本的基础上续补而成，止于南宋之末。后，崇仁彭寿卿采该县"山川人物、典章文雅、废兴沿革之详、古今盛衰之迹，悉汇而录之"，编成《宝唐拾遗》。此志"或本之郡乘邑志，或得之稗官小说，或质之里巷故旧，或采之钜公之文集，信而有证，简而不泛"②，是元代崇仁县类似地方志的著作。《乐安县志》，元统年间（1333—1335年）在县达鲁花赤燮理溥化的倡导下，由县鳌溪书院直学李肃在南宋旧志的基础上续修而成，邑

---

① 屠济亨：《浮梁志序》，见康熙《浮梁县志》卷首。
② 周山堂：《宝唐拾遗序》，见雍正《崇仁县志》卷首。

士陈良佐出资付印。该志"封珍之广狭、山川之远近、名宦之游历、文人之咏,与夫一民一物、一言一行之有关于世教者,靡不载"①。

建昌路:《广昌县志》,元初邑人连仲默撰,卷数不详。

袁州路:《钤冈新志》,赵瑗纂,欧阳玄作序。瑗,字尚之,泰定三年(1326年)任分宜县尹。

吉安路:《吉州郡志》,撰人、卷数不详。《吉水州志》3册,撰人、卷数不详。

赣州路:《会昌州志》,撰人、卷数不详。《上犹县志》,大德年间(1297—1307年)黄文杰纂,卷数不详。

南安路:《南安郡志》,黄文杰纂,卷数不详。

南丰州:《南丰州志》15卷,大德四年(1300年)知州李彝令邑人刘壎修,程钜夫作序。全书已佚,刘壎文集《水云村泯稿》中有《南丰郡志序目》,保留了该书的概貌,内容依次为:建制沿革、郭内门坊、版籍户计、风土物产、税粮、课程、州治公宇、学校、仓库站驿院寨桥渡、州境山川、坛庙祠墓、僧寺、道观、州官年表、首领官题名、镇守军官、儒学官、司属官、僧道官、前县官题名、前进士题名、名宦政绩、释者徒、方外士、前代制诰、里中遗事。《南丰州续志》,续刘壎志而成,修于元末,撰人、卷数不详。

婺源州:《星源续志》,邑人汪幼凤纂。幼凤,字子翼,至正元年(1341年)江浙乡贡。《婺源州志》,邑人俞元膺纂。元膺,字符应,至正十三年(1353年)江浙乡贡。

元代全国共修方志约160种②,以上所列江西地区的元代方志有29种,占总数的18%。现存元代方志全本或辑本约10余种,以上江西地区的元代方志则多已不存,只在《永乐大典》和后来的续修志书中或多或少存有若干条目。虽然很少,仍有助于了解元代江西社会。

## 二、医学

元代的医疗制度既有继承金、宋的成分,又有蒙古人的旧有因素,还引进了西域的医学成就,具有不同于以往的医疗保健体制,而活跃的中外交流则使元朝在医学交流方面富有成就。元朝户籍中有专门的医户,即以医药为职业

---

① 燮理溥化:《乐安县志序》,见康熙《乐安县志》卷首。"封珍"当作"封畛"。
② 据张国淦《中国古方志考》统计,中华书局1962年版。

者。他们世代相袭,有利于医药学经验的积累和传承。元朝从中央到地方有一套较为完备的医疗制度和人才培养机制,中央设太医院、广惠司、典医监、掌医监、广济提举司等医药机构;各地设医学,既是培养医学人才的教育机构,又是治疗机构;另有医学提举司,负责太医院和各级医学人才的考校,并校勘医籍,辨别药材,指导各地医学。更重要的是,元朝不贱医,习医者有不错的待遇与前途;同时,医学以救人为本的实践又与儒家以仁为本的观念相吻合,在科举停废期间,许多儒人转而习医,成为儒医。以故,元代出现了爱薛、忽思慧、滑寿、朱丹溪等大批医药名家,医学争鸣也很活跃。在这种背景下,江西地区的医学也颇盛,出现了一批医学人才,取得了新的医学成就。

南丰危亦林在临床医学方面卓有成就[1]。危亦林(1277—1347年),字达斋,出身行医世家。高祖危云仙精于内科,伯祖危子美擅长妇人科和正骨金镞科,父危碧崖又习小儿科,伯父危熙载兼习眼科和痨瘵病,家藏历代医书、药方甚多。危亦林自幼喜读医书,在继承祖上从医经验的同时,跟随南丰江东山习疮肿科,从临川范叔清习咽喉口齿科,后出任南丰州医学教授。在多年的行医过程中,他深感医方浩如烟海,"卒有所索,目不能周",于是积十年之功,于后至元三年(1337年)著成综合性医学著作《世医得效方》19卷[2]。

危亦林《世医得效方》

图片说明:影印文渊阁四库全书本,上海古籍出版社1988年版,第746册,第170页。

---

[1] 以下关于危亦林的论述多参考许敬生主编《危亦林医学全书》(中国中医药出版社2006年版)而略有不同。

[2] 清朝人在该书后附孙思邈《养生书》节文及《黄帝杂忌法》《房中补益法》共1卷,故有20卷本流传于世。

该书涉及中医临床的许多方面,在宋元时期医学重内科、轻外科的背景下[①],危氏对二者不偏不倚,外科占有相当比重。全书依科目分为8个部分:1—10卷为大方脉杂病科(内科),11—12卷为小方脉科(儿科),13卷为风科,14—15卷为产科兼妇人杂病科,16卷为眼科,17卷为口齿兼咽喉科,18卷为正骨兼金镞科,19卷为疮肿科,针灸一科的内容分散附记于各科之中。全书内容弘富,编次有法,层次清晰而科目无遗,共设子目280多项,以病为纲,以症为目,每门之下首论病源症候,继而分病列方,并附针灸之法;每方之下有主治病症、药物组成、用法用量等,内容详备。全书共载3300余道医方,取材严谨,论治精详,博而见约,保存了许多濒于失传的古代验方。其中,对正骨一科,危亦林论述尤精,详记正骨理论和各种整复手法的原则,细述常见的四肢骨折、关节脱位、跌打损伤的症状、诊断和治疗方法。如对正骨麻醉,他主张术前用少量多次给药的方法,让患者服用以曼陀罗、草乌加酒调制的麻醉药,让患者进入"醉酒"状态;如果未能达到预期的麻醉效果,酌情添加少许药量;应用这种麻醉技术时,必须根据患者的年龄、体质、有无出血等具体情况,灵活掌握剂量,避免因一次性用药过量导致的麻醉意外。这种全身麻醉术与现代医学全身麻醉的给药原则基本相符,比日本人华冈青州在1805年使用的类似麻醉法约早4个世纪。麻醉所用"草乌散"包含曼陀罗花、川乌、皂角、木鳖子、当归、川芎等成分,是我国现存最早的麻醉药方记录。对正骨方法,他主张用舂杵法与架梯法治疗肩关节脱位,在我国中医正骨技术的发展中起到承先启后的作用,后者一直是骨科临床治疗陈旧性肩关节脱位沿用的传统方法之一。尤其是对治疗棘手的脊椎骨折,他采用"悬吊复位法",让患者俯卧,双足悬吊,利用患者自身的重力,使脊柱自然复位。这是正骨史上首次尝试利用过伸复位的原则治疗压缩性脊柱骨折。与此类似的治疗方法,直到20世纪初才有英国骨科医生戴维斯进行报道。危氏另有一些正骨手法和复杂骨折的复位及固定方法,亦是此前伤科文献所未见者。

《世医得效方》是危亦林"积其高祖五世所集医方,合而成书",包含了《伤寒杂病论》《金匮要略》《千金方》等传统医书的古方、民间流传的验方以及危氏

---

[①] 宋末临川人陈自明在《外科精要·序》中说:"能疗痈疽,持补割,理折伤,攻牙疗痔,多是庸俗不通文理之人,一见文繁,即便厌弃。"元末新喻人梁寅在《新喻梁石门先生集》卷二《赠医师邓文可序》中说:"医之诸科,伤寒至重也,其攻于是者以人之命在其掌握,率多美衣冠,良舆马,丰燕食,加馈赠,视外科若轻然。"均证明宋元时期轻外科,重内科。

五代行医所积秘方,同时还吸纳元代传入中国的西域医学成就[1],"所载良方甚多,皆可以资考据",对医学实践具有很强的指导作用。书成后,江西官医提举司将其上送中央太医院,太医院评价该书"广览医经,深明脉理,药有君臣佐使之辨,方按古今南北之宜,议论精明,证治精审",随即令江西、江浙、湖广、河南、陕西五省官医提举司进行校定,最后由太医院在至正五年(1345年)正式刊行,成为通行全国的医书。该书是元朝医学的一项重要成就,也是上承唐宋下启明清的一部重要方书,对今天的临床医学仍有重要的指导意义。

清江杜本是元中后期的江西籍医学家,尽管他当时是以文学知名。杜本于至正元年(1341年)将前代的《敖式验舌法》增补为《敖氏伤寒金镜录》。《敖式验舌法》主要讨论伤寒舌诊,绘有12幅舌苔图。杜本在《敖氏伤寒金镜录》中根据舌色分辨寒热虚实、内伤外感,在敖氏舌苔图的基础上,将其增订为36幅,详记每图中病理舌苔的症候、治疗方法、方药以及若干鉴别方法。如舌色,杜本分为淡、红、青三种;苔色,分白、黄、黑、灰四种;舌质,有干、滑、涩、刺、偏、全、陋瓣等。该书是我国现存第一部图文并茂的舌诊专著,使我国的中医舌诊水平有所提高,其学术价值高于《观舌心法》《伤寒舌鉴》等医书[2]。

婺源王国瑞,精于针灸,撰《扁鹊神应针灸玉龙经》。该书专论针灸之法,有《一百二十穴玉龙歌》85首、《注解标幽赋》1篇、《天星十一穴歌诀》12首、《人神尻神太乙九宫歌诀》、《六十六穴治证》等内容,并附《针灸歌》及《杂抄切要》。虽然其中名目颇涉鄙俚,文义亦多浅近,但"剖析简要,循览易明,非精于其技者,亦不能言之切当若是也"[3]。

危、杜、王三人的医学著作存留至今,使后人得窥其医学成就。元代江西地区尚有许多医家的著作湮没无存。出身医学世家的永新王东野,曾任职太医院,建议设立广惠局,以济平民,并先后出任该局同提举和提举。63岁退归乡里

---

[1] 据高晓业《回回药方考略》(载《中华医史杂志》1987年第2期),约成书于元末明初的《回回药方》主体是汉文,同时夹杂大量的阿拉伯文、波斯文及其译音,是以阿拉伯医学为主兼具中国传统医书风格的著作,是元朝西域医学传入汉地的反映。此书在译成汉文之前,已长期流传于元代的回回医家中。全书已佚,仅存4卷。其中残卷第34卷记载的骨伤科内容十分丰富,许多正骨手法不见于元代以前的医学文献。通过比较,发现《回回药方》的折伤门和《世医得效方》的正骨科内容多半相同,而"架梯法""撑引法"等骨伤复位手法较危亦林所载更加系统,故医学史研究者认为,《世医得效方》正骨科的内容实是吸收了东传的阿拉伯医学成就。

[2] 参阅陈得芝主编《中国通史》第八卷《中古朝代·元时期(下)》,第710页。

[3] 王国瑞:《扁鹊神应针灸玉龙经》卷首,景印文渊阁四库全书本。

# 第五章
## 元代江西的教育与文化

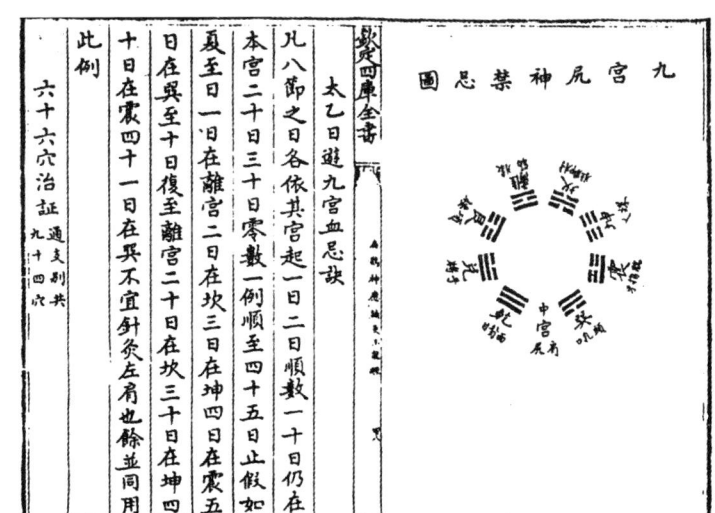

王国瑞《扁鹊神应针灸玉龙经》

图片说明：影印文渊阁四库全书本，上海古籍出版社1988年版，第746册，第755页。

后，以所受赏赐买田供赡家乡的医学，并刊刻家藏《集验方》，以广流传。金溪邓文彪，费数十年之力，搜汇古医经，著《医书集成》30余卷。崇仁熊景先，辑"家传之方、常用之药累试而验者"编成《伤寒生意》①。富州徐棪，弃儒习医，"人有一方之良，一言之善，必重币，不远数百里而师之，以必得乃止"，后著《易简归一》数十卷，"辨疑补漏，博约明察，通彻融敏"②，较此前《易简》诸书，"其论益微密，其方益该备"③。南城三世业医的姚宜仲增补《断病提纲》，几与钱闻礼的《伤寒百问歌》同功；尤善查脉，著《诊脉指要》。抚州儒医李季安对《素问》《灵枢》《难经》《伤寒论》等医家六经了如指掌，融会贯通，著《内经指要》。龙虎山上方观道士陈子靖收集古今医家有效验方，编成《医方大成》。上高潘寿，累世业医，著《医学绳墨》一书，依据治病的顺序列出10目（切脉、问症、断病、辨逆顺、明标本、立治、审轻重、处方、用药效、调理），详述每个环节应遵循的事项，乃从医者之"绳墨"。诸如此类，不胜枚举。此外，江西地区还有许多不著书而医术高明的医士，如豫章范文孺擅长治疗痔疮，其法是"先攻之以毒药，去恶肉，然后养之以善药，长新肉"，吴澄称"其方秘，其术奇，而能者鲜也"④；崇仁县青云乡祈真

---

① 吴澄：《吴文正公全集》卷九《伤寒生意序》。
② 揭傒斯：《揭文安公全集》卷八《赠医氏汤伯高序》。
③ 吴澄：《吴文正公全集》卷十《易简归一序》。
④ 吴澄：《吴文正公全集》卷十九《送范文孺痔医序》。

观道士邓自然善治风疾,"能愈数十年不愈之疾"①;安福奔清甫、乐安董起潜、抚州章晋、南城汤尧等亦是当时的名医。

## 三、天文、物理等

元代天文学在宋代的基础上有所发展,并在许多方面超越前代,出现了更精确的《授时历》,天文观测与天文仪器制造也取得了新成就,从而将中国天文学发展推进到新的阶段。物理学的总体水平与宋代大体相当,只在某些领域有更深的认识。德兴人赵友钦在这些方面均有所贡献。

赵友钦(生卒年不详),一名赵敬,字子恭(又字子公、敬夫),号缘督,宋宗室之子。宋室覆亡后,归隐山林,后弃家为全真道士(详见本章第四节"宗教"),浪迹江南,往来于衢州(治今浙江省衢州市)、婺州(治今浙江省金华市)等地。晚年侨居江浙行省龙游县,讲学授徒,并筑观象台,潜心研究天文。死后葬于县东鸡鸣山。他主要活动在元中叶。

赵友钦学识博大精邃,凡经学、天文、地理、术数、兵法无不精通,曾注《周易》数万言,又撰道书《仙佛同源》《金丹正理》《盟天录》,所著《革象新书》尤有科学价值。全书5卷32篇,初刊于元代,明代收入《永乐大典》,清人又将其收入《四库全书》。该书涉及天文、物理、数学诸多方面,不乏创见①。弟子朱晖及再传弟子章浚等继承其学术,章浚后受知于明太祖朱元璋,任职于钦天监。

《革象新书》反映了赵友钦在科技方面的努力与成就。卷五"小罅光景"篇中,他记述并总结了自己进行针孔成像实验的情况。先利用壁间大小、形状不同的小孔,观察日光、月光通过时所成倒像大小、浓淡的不同,然后,他设计进行了大型实验:以楼房作为实验室,分别在楼下两个相邻房间的地面各挖一个直径4尺多的圆井,左井深8尺,可放一张4尺高的桌子,右井深只有4尺;另做两块直径4尺的圆板,每块板上密插1000多支蜡烛,可放在井底或桌面上作为光源;然后,两个井口分别用中心开孔的板子遮盖,固定的像屏则以楼板为之。实验分5个步骤进行:首先,保持光源、小孔与像屏三者距离不变,观察开孔很小但又略有不同的两处小孔成像;然后,通过更改蜡烛的数量,改变光源的强度;

---

① 吴澄:《吴文正公全集》卷十八《赠邓自然序》。
② 参阅陈得芝主编《中国通史》第八卷《中古朝代·元时期(下)》,第677—679页;王锦光:《赵友钦及其光学研究》,载《科技史文集》第12辑(1984年),第94—99页;王锦光、洪震寰:《中国光学史》,湖南教育出版社1986年,第79—91页。

# 第五章
## 元代江西的教育与文化

赵友钦《革象新书》

图片说明：景印文渊阁四库全书本，上海古籍出版社1988年版，第786册，第245页。

其后，另用两块大板水平挂在楼板之下作为像屏，通过改变像屏的高度来改变像距；再后，移去左井内的桌子，将点燃的蜡烛置于井底，改变物距；最后，更换盖在井口的中心开孔不同的木板，改变孔的大小与形状。通过实验，他总结了各种情况下针孔成像的规律："景之远近在窍外，烛之远近在窍内。凡景近窍者狭，景远窍者广。烛远窍者景亦狭，烛近窍者景亦广。景广则淡，景狭则浓。烛虽近而光衰者，景亦淡；烛虽远而光盛者，景亦浓。由是察之，烛也，光也，窍也，景也，四者消长胜负皆所当论者也。"即物距、像距、光源强度和孔窍大小都影响成像的大小与浓淡。其中，他对第五个步骤关于小孔与大孔成像实验结果的总结尤详：当光源为日、月时，小孔不足以容纳日、月之体，故像"随日、月之形"，反之，大孔足以容纳日、月体，故像随孔形；当光源为"千烛"时，小孔"不睹一井之全"，故像随千烛之形，而大孔"总是一井之景"，故像随孔形。最后，他总结道："小景随光之形，大景随空之像，断乎无可疑者。"即孔大时，所成像与孔的形状相同；孔小时，所成像与光源的形状相同。赵友钦的这项实验对小孔的形状和大小、光源的强度和形状、成像的形状和亮度以及物距、像距等因素之间的关系进行规律性的探讨，进而阐述日月交食的原理，是中世纪最大型的光学实验,较伽利略的实验早二三百年。其研究方法科学,结论正确,是中国物理学史、天文学史上的一项重要成就。

卷三"月体半明"篇中,他记载了利用实验模拟研究月球反射阳光而出现盈亏的情况。将一黑漆球悬挂于屋檐下,比作月球,观察日光照射其上时黑漆球反光部分形状的差异,由此发现月亮盈亏的规律:"若遇望夜则日月躔度相对,一边光处全向于地,普照人间;一边暗处全向于天,人所不见。"之后,月相逐渐变小,"(日月)渐相近而侧相映,则向地之边光渐少矣"。至月相最小的晦朔日,"日月同经,为其日与天相近,月与天相远,故一边光处全向于天,一边暗处却向于地",月球几近于无。其后,月相又逐渐变大,是"(日月)渐相远而侧相映,则向地之边光渐多矣"。最后,赵友钦通俗地解释了月亮的盈亏:"月体本无圆缺,乃是月体之光暗,半轮转旋,人目不能尽察,故言其圆缺耳。"他还提出"日道距天较远,月道距天较近",在中国历史上第一次提出"日之圆体大,月之圆体小"的论断。同时,他还利用实验结果总结了物理学上的视角问题,说:"近视则虽小犹大,远视则虽广犹窄。"在卷二"天地正中"篇中,他则说:"远视物则微,近视物则大。"二者是同一意思。

天文学方面,赵友钦持浑天观。卷一"天道左旋"篇中,他以形象的比喻说:"天如蹴球,内盛半球之水。水上浮一木板,比似人间地平;板上杂置微细之物,比如万类。蹴球虽圆转不已,板上之物俱不觉知。"这种说法虽承袭传统的天圆地方说,但有别于天似一盖、覆于地面的说法。此说后来被明代的黄润玉和朱载靖袭用。卷四"横度去极"篇中,他提出观测恒星去极度的新方法。同卷"经星定躔"篇中,他通过实验提出了观测恒星赤经差的新方法:将一套特制的漏壶置立于地中,壶的浮箭分成146格半,控制水的流速,使箭在一昼夜内沉浮各50次,共移动14650格。在一个平太阳年中,天球绕地转366度又1/4度,因此天运一度,箭之沉浮移40格。通过计算两次刻画数之差,即可得出二星的赤经差。这种观测原理和方法与近代子午观测原理一致。

数学方面,赵友钦在《革象新书》卷五"乾象周髀"篇中阐述了对圆周率的研究。他历数历代名家所用π值,进而由圆内接正方形起算,顺次求出正8、正10、正32边形的一边之长,从而证得十分精确的π值。他还提出了周天直径的计算方法。

元朝在天文学方面取得大大超过宋代水平的成就,很大程度上与郭守敬、札马剌丁等人任职于中央天文机构,利用司天台、司天监的仪器、资料及全国

# 第五章
## 元代江西的教育与文化

不少于27处的天文观测点所取得的数据进行研究有关。如果说他们是利用国家资源进行研究的话,那么,赵友钦在当时天文之书受国家控制,又独处江南,没有观测仪器的情况下,能自制简单仪器,多方实验,在天文学、物理学、数学等方面有所创新,则显得尤为可贵。

## 第四节 宗教

元朝是多种宗教并重的时代。蒙古人多信奉原始的萨满教,旧有的汉传佛教和道教继续传衍,藏传佛教异军突起,唐代进入中国的基督教聂思脱里派再度传入内地,天主教派首次进入中国,伊斯兰教则伴随着穆斯林的脚步传遍大江南北。宗教的多元化是元代多彩文化的重要组成部分。具体到江西地区,仍以旧有的佛、道二教为主。

### 一、道教

在中国道教发展史上,蒙元是一个既合流又分化的时期,道教既受到上层统治者的鼎力支持,又在民间世俗化方面日益普及,从而出现了道教发展史上的第二次中兴局面。元代最主要的道教派别有内丹派的全真道和符箓派的天师道,此外还有北方的真大、太一,南方的灵宝、上清、金丹派南宗、净明、神霄、清微等道派。全真道在大蒙古国时期盛极一时,地位超过佛教和儒学。蒙哥时期(1251—1259年)发生两次佛道论辩,全真道士两次失败,道教地位遂降于佛教之下,全真道也失去了在北方一门独尊的地位。后,全真道渐次南传,与金丹派南宗等合并,形成内丹派大宗全真道。天师道在南宋灭亡之初即受到蒙古统治者的支持。元世祖中后期,佛教地位日渐提高,至元十八年(1281年),应佛教领袖之请,元廷令佛、道两家论辩考察道教诸经真伪。由于佛理的精深和道教的粗疏,结果,除《道德经》外,其余道经均被判为伪经,元廷遂下令焚毁《道德经》和有关斋醮祠祭之外的一切道书,尤其是涉及佛道关系的道籍和传记。虽然这道诏令最终没有完全执行,但道教遭到沉重打击。由于张留孙等人的努力,直到元成宗继位以后,道教才从焚经厄运中解脱出来①。此后，天师道得到统治者的刻意支持，逐渐融合其他符箓道派，最终形成一统旧有符箓派的局面。故，元代道教总体上是全真道和正一道"此起彼伏的二元对峙格局"②。

元代江西地区的道教以符箓派为主，兼有内丹派道士的活动。符箓派是由巫鬼道发展而来，以巫术为重要的思想渊源，主要用符箓施行祈禳，达到消灾祛祸、治病除瘟、济生度死的宗教目的，与民间文化风俗和鬼神信仰密切联系，一直在南方流传甚广。南宋时期，龙虎山天师道（正一派）、茅山上清派、阁皂山灵宝派这三大传统符箓派中，以天师道影响最大，上清派其次，以擅长斋醮祭炼著称的阁皂灵宝派则与上层联系很少，影响最小，另有神霄、净明等南宋时期新创立的符箓道派。进入元代，活跃于江西地区的符箓道派仍然非常庞杂，它们多沿续南宋以来融合内丹丹法、兼收禅宗禅法、附会儒家纲常的特色，具有很强的适应性，易得到上层和民间的信奉与支持。

龙虎山天师道自北宋末年的第三十代天师张继先开始，兼收内丹、禅宗、理学，改进符箓道法，形成"正一雷法"，使传统天师道焕发出新的活力，既获上层青睐，又在民间日益普及。第三十五代天师张可大（1217—1263年）颇受南宋理宗重视，多次奉诏举行斋醮科仪，嘉熙三年（1239年）获赐号"妙观先生"，敕命提举三山符箓兼御前诸宫观教门公事，主领都城临安的龙翔宫。这意味着张天师不仅是皇家道教事务的主持者，最受皇室青睐，更正式成为江南符箓诸派的宗教统领。大蒙古国宪宗九年（1259年），忽必烈率军攻至长江沿岸的鄂州，闻张可大神异之名，命王一清潜入龙虎山。张可大授以灵诠，且对使者说："善事尔主，后二十年当混一天下。"③二十年后的至元十三年（1279年），南宋果平。忽必烈遣使召张可大之子、第三十六

龙虎山祖天师木刻像

图片来源：江西省博物馆编《江西历史文化瑰宝》（江西省博物馆五十周年庆典文物图册）。

---

① 参阅陈得芝主编《中国通史》第八卷《中古时代·元时期（上）》，上海人民出版社1997年版，第612—614页。
② 张立文、祁润兴：《中国学术通史·宋元明卷》，人民出版社2004年版，第591页。
③ 宋濂：《宋学士文集》卷三六《汉天师世家叙》。

# 第五章
## 元代江西的教育与文化

天师张宗演赴阙。述及往事,忽必烈说:"神仙之言验于今矣。"①赐张宗演玉冠、玉圭、金服,冠以"灵应冲和真人"之号,给三品银印,免上清宫赋役,令其主领江南诸路道教,允许其自行出牒度人为道士。如果说南宋时期张天师提举三山符箓只限于符箓派的"业务"方面,三宗在管理方面彼此平等,没有隶属关系,那么,至张宗演受命主领江南道教,张天师的权力已扩展到包含符箓派、内丹派在内的江南各道派的"管理"方面,其对任免道官、修建道观、传授经箓等拥有极大的权力。张天师也由此开始了在元代的"位望侪于亲臣,资用俨于封君,前代所未尝有"②的贵盛之途。

在此,先将元代龙虎山的六代天师世系略作介绍:

第三十六代天师张宗演(约1244—1291年),字世传,自号简斋,上任天师张可大次子,19岁嗣教。至元十三年(1276年)、十八年(1281年)、二十五年(1288年)三次赴阙。

第三十七代天师张与棣(?—1294年),字国华,自号希微子,张宗演长子。至元二十八年(1291年)嗣教,次年入觐。

第三十八代天师张与材(?—1316年),字国梁,自号广微子,张与棣弟。至元三十一年(1294年)嗣教,次年,成宗召见于大明殿。

第三十九代天师张嗣成(?—1344年),字次望,自号太玄子,张与材子。由仁宗遣使至山,命其嗣教。

第四十代天师张嗣德(?—1352年),号太乙子,张嗣成弟。嗣教后8年,社会开始动荡,组织弟子招募义勇,守卫乡里。

第四十一代天师张正言(?—1359年),号东华子,张嗣德长子。当时兵兴道梗,由元廷经江浙行省遣使至山赐予各种封号。

张正言逝后,弟张正常(?—1378年)嗣教,是为第四十二代天师。当时,元廷在江西地区的统治已告结束,张正常引领龙虎山天师道在明朝继续着贵盛之路。

元代,龙虎山天师的贵盛主要体现在以下几方面:

1.赐号。尽管历代龙虎山宗教首领被徒众和民间尊为"天师",但从未获得官方的正式认可。宋代崇道,龙虎山的12位嗣教者,有8位被赐号"先生",其中最受重视的提举三山符箓的张可大,也仅被赐为"妙观先生"。入元,他们的赐

---

① 《元史》卷二〇二《释老传》。
② 吴澄:《吴文正公全集》卷二六《仙岩元禧观记》。

号上升。张宗演赐号"演道灵应冲和真人";张与棣赐号"体玄弘道广教真人";张与材于元贞二年(1296年)赐号"太素凝神广道大真人",大德八年(1304年)封"正一教主",至大(1308—1311年)初加封为"太素凝神广道明德大真人";张嗣成于延祐三年(1316年)十二月封"太玄辅化体仁应道大真人",泰定二年(1325年)加授"正一教主";张嗣德授"太乙明教广玄体道大真人";张正言授"明诚凝道弘文广教大真人"。可见,由宋至元,张天师的称号由"先生"升为"真人""大真人"或"教主",封字由6个增为8个,反映了元廷的日益倚重,"正一教主"之号则是官方对张天师宗教首领地位的正式认可。由于张天师主领江南三山符箓,这意味着自大德八年(1304年)张与材封"正一教主"始,江南符箓道派从此归并到正一派之下。

2. 品级。至元十四年(1277年)张宗演初次入觐时,世祖忽必烈给予他的是三品银印,后升二品①。成宗铁穆耳在大德八年(1304年)给予张与材的是二品银印,武宗海山在至大元年(1308年)将该银印换为一品,且授张与材为金紫光禄大夫,还将张氏汉初先祖张良的封号赐予他,封其为留国公。至此,张天师携一品官印跻身公卿之列。

3. 职掌。元代龙虎山天师的职掌有一个逐步扩大的过程。至元十四年(1277年)正月,张宗演受命统领江南诸路道教,职掌由符箓道派扩展到江南所有道派,由符箓一事扩展到道观的管理、道官的任免。此后,历任天师袭掌该职,管辖范围仅限于江南三行省。泰定二年(1325年),第三十九代天师张嗣成知集贤院道教事。集贤院是从二品机构,掌提调学校、征求隐逸、召集贤良等事宜,玄门道教、阴阳祭祀、占卜祭遁等事亦为其所辖。张嗣成担任此职,意味着张天师的权限由江南扩展到对全国道教事务实施行政管理。后至元三年(1337年),张嗣成进一步加知集贤院事,成为集贤院的首领,可兼理道教以外的其他事务。张天师职掌的扩大有利于龙虎山天师道的扩张,也有利于江南各符箓派的融合。

4. 弟子和宫观分布。由于张天师主管江南道教,后又兼理全国道教事务,从龙虎山派出的大批弟子遂分散各地,担任路州县的道教官职,使得龙虎山弟子遍及全国。安仁人李存说:"国初制道家,以上饶张氏之传为正一,宜主领其

---

① 宋濂所撰《汉天师世家叙》未及张宗演获二品银印事。见宋濂《宋学士文集》卷三六。据其子张与棣所撰《张宗演圹记》,张宗演是"以二品银印管领江南诸路道教",见陈柏泉编著《江西出土墓志选编》,江西教育出版社1991年版,第251—252页。

# 第五章
## 元代江西的教育与文化

教事。凡郡县之宫若观,得以其徒之通敏于时者而官司之。"①袁桷也说:"龙虎山为老子祖宫。其民食其业,以游于襄、陕、广、蜀,岁几万人,而江淮复不与。"②正一派宫观,除在祖山龙虎山空前繁盛外③,江南三省、燕京甚至上都开平一带亦有分布。燕京最早的正一派祠宇建于至元十四年(1277年)张宗演由大都返山之后。因弟子张留孙留驻京师,为方便举行祀礼,次年七月,元廷令在大都建"汉祖天师正一祠",即张陵祠(后赐额"崇真万寿宫",成为玄教在大都最重要的宫观)。此后,原来不属于龙虎山正一派势力范围的北方地区逐渐有了正一派道士执掌的宫观。当然,其数量和规模均无法与全真派宫观相较。

5.定为"正教",醮典通行天下。元代,道士举行醮仪,为国祈恩祛祸、为民祈福禳灾是非常普遍的现象。奉帝命举行的大型醮仪一般由各道派领袖主持,如全真掌教宋德方于中统元年(1260年)冬奉忽必烈之命在长春宫设罗天清醮,太一道五祖李居寿奉世祖之命在本宫设黄箓静醮,冥荐南下攻宋的捐躯者,等等。张天师在大都期间,亦经常奉命举行醮仪,如至元十四年(1277年)正月,张宗演在长春宫修周天醮;二十五年(1288年)十二月,世祖令张宗演设醮三日,以去水患;泰定四年(1327年),泰定帝命张嗣成修醮,以平盐官州海溢,等等。各道派举行醮仪的程序、内容原有所不同,正一派早在张陵时期就以醮法见长,后有各类专醮仪式,以满足不同的祈禳需求。成宗铁穆耳继位后,解除道教厄运,令第三十七代天师张与棣率南北道士1000人设醮于万岁山和长春宫。事后,封张与棣历代祖先,赐以宝冠、金服、玉圭,"命天下行其醮典……赏赉优渥,人荣其遇"④。这意味着以后各道派应弃用本派旧有醮仪,一体遵用龙虎山正一派的醮典。元贞二年(1296年)封张与材为真人时,制书中有"学参万景之渊微,箓阐三元之正教"之语⑤,用制书的形式进一步明确了龙虎山正一派

---

① 李存:《蟾易仲公李先生文集》卷二四《道录张君墓志铭》。
② 袁桷:《清容居士集》卷十九《信州贵溪县杨林桥记》。
③ 关于元代龙虎山中张天师一系的宫观之盛,吴澄这样描述:"盛极甲天下,一本三十六支,冠褐千余。"陈旅则说:"江左之山曰龙虎者,仙圣之玄都也。太上清宫既神气之会,旁为支宫,无虑百十,又尽得地势之所宜矣。"除此之外,玄教一系亦在龙虎山仙岩一带建设宫观。见吴澄《吴文正公全集》卷二六《仙岩元禧观记》;陈旅《安雅堂集》卷十《龙虎山繁禧观碑铭》。
④ 娄近垣编辑,张炜、汪继东校注:《龙虎山志》卷六《天师世家》,江西人民出版社1996年,第55页。虞集的《张宗师墓志铭》(《道园学古录》卷五十)载成宗"诏天下复用其(引者注:张留孙)经箓章醮",似乎是以玄教的醮典通行天下。其实,玄教本出于龙虎山正一派,二者所用经箓章醮没有多大区别。
⑤ 娄近垣编辑,张炜、汪继东校注:《龙虎山志》卷八《爵秩·历代封号》,第96页。

的正教地位。成宗时期令天下通行正一醮典,肯定其"正教"地位的举动,对扩大正一派的影响,促进符箓派的融合有很大作用。

龙虎山正一派在元代的贵盛还有诸多体现,如翰林侍讲学士元明善奉敕编纂《龙虎山志》3卷,翰林学士承旨程钜夫作序;"上清正一宫"增名为"大上清正一万寿宫";奉敕修缮宫宇,营建藏室,收藏道藏,等等,这些荣遇均是龙虎山以前所未有的。

以张天师为领袖的龙虎山正一派在元代受到如此的尊崇,主要是由于以下几方面的原因:

其一,正一派的符箓法术与蒙古人信奉的萨满教有相通之处。相对于全真道深奥的内丹理念来说,正一派带有巫鬼色彩的符箓法术更易被蒙古统治者所接受。对此,忽必烈甚至显得有些急迫。宪宗九年(1259年),元朝灭宋的战争尚未大规模开始,忽必烈就遣王一清潜入龙虎山问命;至元十二年(1275年),攻宋战争还在如火如荼地进行,三月,龙虎山所在的江东刚被元军控制,四月,忽必烈就遣兵部郎中王世英、刑部郎中萧郁持诏召张宗演赴阙。《元史》卷八《世祖纪五》将三十六代天师张宗演误记为第四十代天师,并非简简单单的记载失误,它反映了在南北隔绝的情况下,朝中史官不了解龙虎山的传承法系。而忽必烈自宪宗九年(1259年)遣使潜入龙虎山后,对正一天师就很信任,始终将前任天师张可大所说"后二十年当混一天下"的谶言铭记在心。眼见南宋政权岌岌可危,天下混一在即,忽必烈急忙遣使征召①。诏书清楚表达了忽必烈的急切心情:"卿之先祖道陵用心精一,得法箓之正传,甚有征验。流布至今,子孙相承已数十代,千二百年矣。虽常闻卿之誉,以两国梗绝之故,未遂延请……上天眷佑,大江已为我有,南北一家……毋以易主,遂我疑贰。卿之先世自东汉以来历事一十五姓,无非公心,未尝有所偏执。天无私心,厥命靡常,卿知道者,宁复昧于是乎?宜趣命驾,毋多辞让。"②在此,忽必烈表达了早欲延请张天师、深

---

① 《元史》卷八《世祖纪五》将张宗演记为第四十代天师,可能是由于当时的史官不了解正一派而误记。明初据世祖实录修《世祖本纪》时,编修官未加审订,故错误留存至今。查清代娄近垣所编《龙虎山志》中保留的召张宗演赴阙诏,既未提天师世系,也未及张宗演之名,可见,兵戈纷扰中,元朝的史官对龙虎山真的不了解,甚至可能不知道张可大已经作古。另,蒙古人出征时卜问吉凶是较普遍的现象,忽必烈遣伯颜征南宋,就曾召杨恭懿问卜。当时,征宋战争虽形势大好,但南宋都城临安尚未攻下,距张可大预言的"后二十年当混一天下"也还有几年,忽必烈此番召张天师赴阙,亦有问命之意。

② 娄近垣编辑,张炜、汪继东校注:《龙虎山志》卷八《爵秩·历代封号》,第94页。

# 第五章
## 元代江西的教育与文化

恐其囿于忠君观念而拒绝赴阙的心情。但是,当时硝烟未散,张宗演没有及时应诏北上。至元十三年(1276年)三月,伯颜进入临安,赵宋太后和少帝被押解北上。四月,忽必烈再召张宗演。这个过程充分反映了雄才大略的忽必烈对正一派天师的迷信。

其二,元朝历代天师与高弟的素养均较高,不乏儒、道兼通者,易将法术解释得圆融周全,获取信任。张与棣擅长诗文,兼通儒、释、道三家;张与材善于赋诗作画,尤擅大字草书;张嗣德亦工诗文书画。素养较高,意味着他们善观天象,察地理,能兼收他派之长,长于表演斋醮科仪,所做法术易为"灵验",这对获取蒙古统治者的宠信极其重要。史载张与材投铁符平息海盐、盐官两州的海潮,又建坛祈雪,均获成功。成宗说:"卿能感神明一至此耶!"①遂封其为"正一教主"。张嗣成在泰定四年(1327年)五月亦修醮平息盐官州海溢。所谓法术灵验,实际是天文、气象、地理等知识与斋醮科仪表演的完美结合。

其三,正一派历史悠久,在江南民间影响很大,蒙古统治者对此不能不予重视。前引忽必烈召张宗演诏中"子孙相承已数十代,千二百年矣"说明了这一点。《元史》还记载了这样一则故事:张宗演入觐,忽必烈命取正一派祖天师张陵所传三五斩邪雌雄剑和阳平治都功印。看后,忽必烈对侍臣感叹道:"朝代更易已不知其几,而天师剑、印传子若孙尚至今日,其果有神明之相矣乎!"②嗟叹久之。这说明忽必烈充分认识到正一道派在民间的源远流长和根深蒂固。

张天师阳平治都功印

图片来源:江西省博物馆编《江西历史文化瑰宝》(江西省博物馆五十周年庆典文物图册)。

---

① 宋濂:《宋学士文集》卷三六《汉天师世家叙》。
② 《元史》卷二〇二《释老传》。

龙虎山正一派在元代所受尊崇,是其一千八百年历史的顶点。入明,张大师尽管仍受重视,但已难及元代。进入清代,其地位更进一步下降。

元代龙虎山正一派虽贵盛,但不及从其中衍生出来的玄教。玄教由张留孙开创,吴全节光大,保持了龙虎山正一派的基本信仰,在组织上却另成体系,拥有"大元赐张上卿"剑和"玄教大宗师"印作为传承信物,在思想上具有重儒同时兼收其他道派的特点。在此,先将玄教在元朝的几代宗师简介如下:

张留孙(1248—1321年),字师汉,信州贵溪人。自幼随兄张闻诗学道于龙虎山。至元十三年(1276年),张宗演应诏赴阙,张留孙等弟子从行。张宗演还山,其他弟子厌北方"地高寒,皆不乐居中"①,张留孙遂留于京师。此后,张留孙凭藉才学与为人,渐受眷顾,创立玄教,历经世祖、成宗、武宗、仁宗、英宗五朝,使玄教日益贵盛。他先后拥有的特进上卿、玄教大宗师、大真人、总摄江淮荆襄道教等头衔由此后的历任掌教承袭。

吴全节(1269—1346年),字成重,号闲闲,饶州安仁人。13岁入龙虎山大上清正一宫之达观堂,师事李宗老。至元二十四年(1287年)被张留孙征至京师,协助处理玄教事务。大德十一年(1307年)任玄教嗣师、总摄江淮荆襄等处道教都提点,持二品银印,成为玄教第二号人物。张留孙逝后的第二年,即英宗至治二年(1322年)嗣教,历英宗、泰定帝、文宗、明宗、顺帝五朝,将玄教推向极盛。

夏文泳(1277—1349年),字明适,号紫清,信州贵溪人。16岁入龙虎山崇真院学道,大德四年(1300年)被张留孙召至京师,至正六年(1346年)嗣教,成为玄教第三代掌教。掌教的4年间,遵循旧规,守成而治。

张德隆(生卒年不详),字元杰,号环溪,张留孙侄。早年入龙虎山学道,后随伯父张留孙居京师崇真万寿宫。至正九年(1349年)嗣教。时临近元末世乱,张德隆没有大的作为。

于有兴(生卒年不详),张留孙弟子,生平不详。约在至正十四年(1354年)嗣教,是玄教的第五代掌教,至正十八年(1358年)仍掌教事。此时,元朝烽火遍地,元廷疲于战事,无力眷顾道教,玄教失去朝中的有力支持。元朝覆灭后,明朝朱元璋支持张天师一系。此后,缺乏教义支撑、依靠元廷宠信而创建并兴盛的玄教随之烟灭,徒众多归于天师一系。

元代玄教的贵盛是以元室的倚重为基础,地位与影响远远超过龙虎山张

---

① 袁桷:《清容居士集》卷三四《有元开府仪同三司上卿辅成赞化保运玄教大宗师张公家传》。

# 第五章
## 元代江西的教育与文化

天师一系。主要体现在以下几个方面：

1. 优获赐号与品级。至元十四年(1277年)，张留孙获赐"上卿"之号，取代了张天师在"禁近"的地位(此待后文详述)。次年，赐号"玄教宗师"，标志着玄教正式创立。大德三年(1299年)，张留孙的"玄教宗师"增号为"玄教大宗师"，别给银印，视二品上。天师张与材直到5年后的大德八年(1304年)才获二品银印。三年之后，玄教第二号人物吴全节获"玄教嗣师"印，视二品，与张天师银印平级。为了在名义上尊崇天师，至大元年(1308年)，天师张与材的银印换为一品。但是，后来吴全节嗣教时，其"玄教大宗师"印也是一品，又与天师平级。玄教宗师的其他封号则高于元代的多任天师。至大二年(1309年)，张留孙增号"特进上卿"，皇庆元年(1312年)，加赐为"辅成赞化玄教大宗师"，延祐二年(1315年)，加授"开府仪同三司"、"辅成赞化保运玄教大宗师"。"开府仪同三司"是一个位列三公的称号，高于当时第三十八代天师张与材的"金紫光禄大夫"。天历二年(1329年)，加封已故的张留孙为"辅成赞化保运神德真君"。这个8字封号仅次于元贞元年(1295年)授予首任天师张陵的"正一冲元神化静应显佑真君"10字封号，与第三十六代天师张宗演的"演道灵应冲和元静真君"8字封号齐平，高于自第二代天师张衡至第三十五代天师张可大的6字"真君"封赠，而元代的其他几任已故天师始终未能获赠"真君"封号。

2. 职高权重。玄教自开创者张留孙开始，历任掌教者均获赐崇号，对道教事务的管理权甚至超越龙虎山天师。至元十五年(1278年)，张留孙任江南诸路道教都提点。当时，天师张宗演主管江南道教事务，张留孙遂成为天师之下掌管江南道教具体事务的最高一级道官。次年，诏谕张留孙主管江北的淮东、淮西、荆襄等处道教①。此后，这一职掌由玄教高弟世袭。这意味着元廷将淮河以南、长江以北划定为张留孙的专控区域，使玄教宗师从此在道教管理权方面摆脱了张天师的控制而与之比肩。元贞元年(1295年)，张留孙任同知集贤院道教事，表明玄教宗师的权力由江淮荆襄扩展到全国，同时，江淮荆襄一带仍为其专控区，由玄教弟子管理。当时，张天师的权力仍局限于江南。这意味着玄教首

---

① 袁桷：《清容居士集》卷三四《有元开府仪同三司上卿辅成赞化保运玄教大宗师张公家传》载："(至元)十五年，加(张留孙)玄教宗师，授道教都提点，管领江北淮东淮西荆襄道教事，佩银印。"《元史》卷十《世祖纪七》载：至元十五年五月，"制授张留孙江南诸路道教都提点"。至元十六年二月，"诏谕宗师张留孙悉主淮东、淮西、荆襄等处道教"。二处文献对张留孙所授官职的时间和职掌范围记载不同，本书采《元史》之说。

领的权限从此位居张天师之上。张天师直到泰定二年(1325年)才由张嗣成通过任同知集贤院道教事获此权力。大德十一年(1307年)九月,新继位的武宗海山命张留孙知集贤院事,而张天师直到后至元三年(1337年)才获任此职。至大二年(1309年),张留孙在集贤院的地位进一步上升,位居从二品的集贤大学士之上。这是龙虎山天师始终无法达到的高度。至于第二任玄教大宗师吴全节介入其他道派的内部事务,推荐孙履道担任全真道掌教这样的事情,更是龙虎山天师无力为之的。

3.护佑道教。至元十六年(1279年),流窜于华南的南宋小朝廷最终覆灭,张留孙奏请道士别立户籍,免除宫观的赋役负担,给道教以实实在在的保护和优待。至元十八年(1281年),在佛道之争中失败的道教开始遭受厄运,张留孙通过太子真金向忽必烈请求,使道教斋醮祠祭之书得以保留。后,张留孙又建议将道教事务隶属于从翰林集贤院分立出来的集贤院,分置各级道官,加强对道教的管理。吴全节继任宗师后,亦不遗余力地保护道教。虞集说:"东南道教之事大体已定于开府(引者注:即张留孙)之世,而艰难险阻不无时见。(吴全节)于所遭裨补扶持,弥缝其阙,使夫羽衣黄冠之士得安其食饮于山林之间,而不知公之心力之罄多矣。"①可以说,元代道教能够摆脱世祖中期的厄运,实现中兴,与玄教宗师的努力有很大关系。

4.以出世之身行入世之事,广泛参与政事。自至元十七年(1280年)始,张留孙、吴全节等利用代祠名山大川的机会访求遗逸,利用身处大廷的机会推荐贤才,所荐之人皆得录用。至元二十八年(1291年),张留孙利用占卜术建议忽必烈立完泽为相,使成宗朝得以顺利施行守成之政。至元二十九年(1292年),张留孙支持开凿通惠河,以利漕运与民生。成宗继位之初,他又婉转弥缝,尽力协调中书省和御史台的关系。到第二代宗师吴全节时,更自视为朝臣,而非方外之士。他曾说:"予平生以泯然无闻为深耻。每于国家政令之得失、人才之当否、生民之利害、吉凶之先征,苟有可言者,未尝敢以外臣自诡而不尽心焉。"②他常利用代祠岳渎、巡行天下的机会,体察民情,访求贤才,先后推举卢挚、阎复、吴澄等元代名士。虞集说:"朝廷得敬大臣之体,不以口语伤贤者,则公(引者注:指吴全节)深有以维持也。"③举荐贤才还在其次,吴全节更重要的参政活

---

① 虞集:《道园学古录》卷二五《河图仙坛之碑》
② 虞集:《道园学古录》卷二五《河图仙坛之碑》。
③ 虞集:《道园学古录》卷二五《河图仙坛之碑》。

# 第五章
## 元代江西的教育与文化

动是为朝廷重臣提供政策咨询。虞集曾说:"外庭之君子巍冠褒衣,以论唐虞之治,无南北皆主于公(引者注:指吴全节)矣。"①何荣祖、李孟、赵世延、王约等朝臣执政时,对其"多所咨访",以致于武宗、仁宗两度欲令其弃道从政。虽然吴全节最终没有抛弃黄冠,但他对政事的热心可以说已经远离了玄教"清静无为"的教旨。在这方面,僻处信州的龙虎山天师远不及身在大廷的玄教宗师。

5.弟子和宫观遍布南北。玄教首领主管全国道教事务,有利于其扩张势力。吴澄曾说玄教"嗣其统于神奇者若若人,演其派于故山者若若人,分设宫观,布列朔南郡县者不可胜计"②,指出了玄教宫观数量之多,分布之广。情况的确如此。玄教除以大都和上都的崇真(万寿)宫为基地外,在张天师管领的江南地区还有几处重要的活动基地。一是天师道祖山龙虎山,二是南岳衡山③,三是至元二十九年(1292年)世祖诏令在浙西所建的崇真宫,四是大德九年(1305年)成宗诏令于吴全节家乡饶州安仁所建万寿崇真观(后改名崇文宫)。元中期的泰定年间(1324—1328年),张留孙的弟子控制南北许多重要宫观和道教事务,如夏文泳任江淮荆襄道教都提点,毛颖达掌两都通教事务④,王寿衍提点杭州开元宫,余以诚领镇江路宫观,孙益谦领杭州佑圣观、延祥观,陈日新掌皇室的兴圣宫,何恩荣提点信州真庆宫,李奕芳提点南岳庙兼衡山昭圣宫、寿宁宫,张嗣房提点潭州岳麓宫,等等。可见,玄教弟子不仅控制着江淮荆襄,还扩展到北方和张天师所辖的江南地区,甚至包括天师所在的信州。

6.与元室关系亲密,独获专宠。张留孙自至元十四年(1277年)起朝夕从驾忽必烈,为忽必烈的两位皇孙、后来的武宗海山和仁宗爱育黎拔力八达命名。大德八年(1304年),成宗赐玉冠,为张留孙贺寿。仁宗为太子时,张留孙侍讲《老子》,每次必赐座。后,仁宗命画师为其绘像,令翰林学士承旨赵孟頫书写赞语,印以"皇帝之宝"赐予他。这些小事充分体现了元室对张留孙的宠信。第二代大宗师吴全节同样获得绘像、题赞、印宝、赐寿宴于崇真宫的宠遇,顺帝还亲

---

① 虞集:《道园学古录》卷二五《河图仙坛之碑》。
② 吴澄:《吴文正公全集》卷二六《仙岩元禧观记》。
③ 虞集:《道园学古录》卷二五《河图仙坛之碑》载:"皇元初有中原,五岳之四在天子封内。既得宋,而后南岳之神得而礼焉。是以世祖特命开府张公(引者注:张留孙)领其祠,至是属诸公(引者注:吴全节)矣。"衡山及周边重要宫观均为玄教控制。
④ 遁教祠太一六丁神,由常山王刘秉忠创作祠宇于宛平西山和开平南屏山,俱称灵应万寿宫,掌教者称祭遁真人。第六代祭遁真人为毛颖达,是张留孙和吴全节的弟子,至顺初退休于龙虎山。第八代祭遁真人郭宗纯原是玉笥山道士。见危素《危太朴文集》卷八《送郭真人还玉笥山序》。

书"闲闲看云"四个大字,题以"赐吴上卿",盖上"明仁殿宝"印赐之,以示宠渥。由于玄教宗师与元室的亲密关系,玄教因而超越其他道派,取得专宠。吴全节嗣教时,英宗"敕省、台、百司,谕以传宗之事而大护其教"①。此后,每有新帝继位,吴全节就尽心斡旋,使玄教得以维持尊宠。泰定帝时,吴全节两次行大醮于长春宫和崇真宫,泰定帝遂有"护教之诏如故事"。泰定帝逝后,元朝先后发生"两都之战"和"明文之争"等影响全局的帝位之争,身处大廷的吴全节在这些残酷的争斗中,先是"北迎明宗皇帝。谒见之次,赐封衣、上尊"。明宗"暴崩"后,图贴睦尔即位,是为文宗。而吴全节"及归,天历护教之诏如故事"。明宗"暴崩"已成千古之谜,吴全节在这场争斗中如何斡旋,实现从获得明宗青睐到取得文宗的"护教之诏"同样是谜。元统元年(1333年),在吴全节的努力下,元朝末帝妥欢贴睦尔再下"护教之诏如故事"。这种尊崇是元中后期的其他道派难以奢求的。至于玄教宗师和弟子所获"推恩上及其私亲,锡命旁加于子弟"②之类的荣宠,更是不可胜计,如张留孙祖上三代褒封为魏国公,其祖师8人追赠为真人;张留孙之侄张荣祖、张熙祖入值宫廷宿卫,后分别出任邵武路和衢州路同知;吴全节"父母被宠光,封乡国,高年偕老,时优诏使归为寿"③,等等。张留孙下葬时,饶州、信州、抚州三郡守臣和将领、江南诸名山的道教领袖各率官属会集,"宾客之盛,东南数十年间未有能仿佛其万一者"④,极尽哀荣。

　　从上述玄教宗师的赐号、职掌、参与政事的活动、与元室的关系以及弟子和宫观的分布看,元代玄教宗师的地位远在龙虎山天师之上。袁桷所撰《张留孙家传》中有这样一句话:"自三十六代嗣师宗演至于今(引者注:即泰定年间,1324—1328年)凡四传,皆公(引者注:指张留孙)所匡翊。"⑤言下之意,龙虎山天师在元前中期所拥有的地位很大程度上得益于张留孙在中朝的帮助。从张留孙所受倚重分析,这是极有可能的。对此,虞集说得更加直白:"天师,神明之家也。公(引者注:指张留孙)为奏其子孙之传,亦既四易,况其他哉!"即包括嗣教人选在内的龙虎山正一派的许多事务实际由张留孙决定。虞集甚至错误地

---

① 虞集:《道园学古录》卷二五《河图仙坛之碑》。
② 吴全节:《进龙虎山志表》,见雍正《江西通志》卷一一四《艺文·诏敕表笺》。
③ 虞集:《道园学古录》卷二五《河图仙坛之碑》。
④ 虞集:《道园学古录》卷二五《河图仙坛之碑》。
⑤ 袁桷:《清容居士集》卷三四《有元开府仪同三司上卿辅成赞化保运玄教大宗师张公家传》。

记载:"用公(引者注:指张留孙)奏,以天师宗演为真人,掌教江南。"①即张宗演封真人、掌教江南是出于张留孙的推荐。尽管这与实情全不相符②,但反映了元中后期人们已经拥有玄教宗师对龙虎山天师多有提携这一观念。这种观念背后的事实是,玄教宗师利用主管全国道教事务的机会和元室的倚重,拥有了对龙虎山正一派相当的控制权。史料反映,实际情况的确如此:大德三年(1299年)和至治三年(1323年),天师所居的大上清正一宫两次遭灾,是吴全节奉旨驰驿回山,率所属重修宫宇;仁宗时期,元明善奉敕编修《龙虎山志》,是由于吴全节先建言于集贤院,再由集贤院大学士上奏请修,等等。

元中后期,龙虎山天师不仅在中朝受到玄教宗师的提携甚至控制,在其所辖的江南地区,道教事务亦受到玄教的干预。前文已述,江南部分宫观在元中期已成为玄教的活动基地或由玄教弟子控制,这是玄教势力侵入天师辖地的明证。抚州路崇仁县华盖山昭清观主持之争或许更能说明问题。该观先有张天师遣王应真主持观事,既而吴全节又命黄处和主持该观。二人也许相持不下。县达鲁花赤保童因王应真主持观事颇有成绩,遂权宜请黄处和移主该邑相山保安观。但是,保童无权处理这类道教事务,于是同时向张天师和吴大宗师提出申请。后,张、吴二人均同意保童的处置办法,纠纷解除。这个事例直接说明了玄教势力对天师辖地的侵蚀。再如新淦州的洞阳宫,该宫先由天师更名为"洞阳万寿宫",既而宫内道士郭务元又向玄教吴全节请示。吴全节说:"宜如天师命。"③虽然吴全节表现了对张天师的充分尊重,但无法掩盖玄教势力在江南的渗透。即使在张天师的本山龙虎山,玄教的宫观和弟子也与天师所辖分庭抗礼。玄教自延祐三年(1316年)始,在龙虎山仙岩一带建设宫观,独立于天师系统之外。到吴全节掌教时,他13岁初入龙虎山学道的达观堂地位上升。达观堂原是大上清正一宫的支观,到吴全节时,该堂"尊显独隆于他支,封真人者凡数十人,奉被玺书,主宫观者尤不可胜纪"④,在龙虎山的势力可能超过大上清正一宫。

元代玄教备受宠渥,是由诸多因素共同促成的。

---

① 虞集:《道园学古录》卷五十《张宗师墓志铭》。
② 张宗演获赐真人之号,领江南道教,事在至元十四年(1277年)正月。时张留孙仅是跟随在张宗演之后的弟子,尚未进入忽必烈的视线。见《元史》卷九《世祖纪六》。
③ 程钜夫:《雪楼集》卷十九《洞阳万寿宫碑》。
④ 虞集:《道园学古录》卷二五《河图仙坛之碑》。

首先,张天师远离禁近,长期居于龙虎山,给玄教的发展提供了机会。元制,"凡为其教之师者,必得在禁近,号其人曰真人,给以印章,得行文书,视官府"①。即道教各宗的掌教原则上必须居于两都,就近为元室服务。但是,元代的历任天师主要居于龙虎山,只是偶尔应诏赴阙。张天师的缺席给了玄教近承天光、获取优宠的契机。历代玄教宗师以两都的崇真宫为最重要的活动基地,时刻准备着为元室服务。张宗演第一次觐见忽必烈离京后,忽必烈与太子真金行祠,风雨忽至,急召张留孙平息风雨。这时,张宗演若在京师,张留孙将不会有机会。自此,张留孙进入世祖的视线,获赐廪给袭服,扈从上都。稍后,张留孙又治愈皇后之疾。世祖甚喜,命其为"天师",即打算以张留孙完全取代龙虎山天师。张留孙以"天师嗣汉张陵,有世系,非臣所当为"②为由拒绝,世祖遂赐"上卿"之号。这些事就发生在张宗演回山的当年。赵孟頫说,张留孙拒受"天师"之号后,世祖于是以"宗师"为"天师"之别号而赐张留孙为"玄教宗师"。这说明,在元室看来,玄教宗师就是龙虎山正一派在京中的领袖,就是"天师"。既然"禁近"已有所谓的"天师",龙虎山天师自然只能局促于江南。此后,龙虎山天师虽多次入觐,也颇受优宠,但始终无法夺回其在禁近的地位。而且,玄教宗师与弟子多次奉诏在两都举行醮仪,又祠祭天下名山大川,张天师不仅不能代替帝王行此要事,甚至在龙虎山代帝修醮,都由玄教为之。龙虎山天师在禁近的边缘化自张宗演回山之日已经开始,从此再无力排挤玄教,取而代之。

其次,历代玄教宗师既道行高超,堪为宗教领袖,又深谙经邦理国之道,可作政治辅臣,对于信奉宗教的蒙古皇帝来说,他们比普通儒臣更易获取信赖。张留孙在成宗朝时,成宗铁穆耳秉承蒙古人的"长生天"信仰,认为"道家醮设事上帝甚谨",屡令张留孙行醮仪,地点既有内廷的仁智殿、延春阁,又有宫城外的崇真宫、长春宫。成宗经常亲临祠祭,亲署御名于醮章之上。其他水旱、地震等灾异发生时,张留孙亦为之祈禳。但是,张留孙没有停留在祈禳之上,他常借灾异发生之机,以"修德省政之事恳恳为上言",发挥以天灾警人事的作用。"朝廷有大谋议,必见咨问。其救时拯物,常密斡于几微"③,虞集对张留孙"密斡于几微"的描述说明他已将宗教领袖与政治辅臣两种身份完美结合。至于吴全节,"尤识为政大体",张留孙称"每与廷臣议论,及奏对上前,及于儒者之事,必

---

① 虞集:《道园学古录》卷五十《真大道教第八代崇玄广化真人岳公之碑》。
② 虞集:《道园学古录》卷五十《张宗师墓志铭》。
③ 虞集:《道园学古录》卷五十《张宗师墓志铭》。

# 第五章
## 元代江西的教育与文化

曰:'臣留孙之弟子吴全节深知儒学,可备顾问。'"① 同时,吴全节深知高超的道术对获取元室宠信具有重要作用,于是在掌握龙虎山正一派传统祈禳之术的基础上,向陈可复(可能是全真南宗道士)学雷法,向东华派林灵真习道法②,又从湖南赵淇处得到刘海蟾和李观的内丹之书,"于科教之方无所遗阙",掌握了许多道派的法术,甚至兼通全真道宗旨,深得元帝倚重。

复次,历任玄教宗师均具有很强的人格魅力,或者善于周旋,或者精通儒学,或者擅长诗文,在朝臣尤其是儒臣中获得了广泛的声誉,从而得到他们的有力支持。如张留孙精于学问典故,又"排解荐助,人不知所自,亦不肯自以为功,绝口不言。朝政贵客至争短长,酒尽三爵即假寐。客去,礼复初"③。他是一个深通圆融之术的人,故在至元、大德年间,"大臣、故老、心腹之臣莫不与开府(引者注:即张留孙)有深契焉"④。玄教中学问优长的代表是第二代宗师吴全节。他少年时期师从儒道雷思齐。雷思齐,生于南宋,约卒于大德年间(1297—1307年),字齐贤,号空山,临川人。宋亡后,托身道流,居于临川钟湖观,潜心撰著,与当地名士曾子良、吴澄等相友善。张宗演于元初受命执掌江南道教后,礼请思齐为龙虎山达观堂玄学讲师。其学问赅博,兼通儒道,工于诗文,著《易图筮通变义》《老子本义》《庄子旨义》等数十卷,另有诗文二十余卷。吴澄称其为"儒中之巨擘,非道家者流也"⑤。其诗"精深工致,豪健奇杰,有杜韩之风"⑥,其文则合儒老之所同,张宗演赞《易图筮通变义》是"合儒老之所同,历诋其所异,条分绪别,终始一贯,不翅入老氏之室,避之席以相授也。其将学是者终究其说,知其玄之玄而不昧其所向,传之将来,庶几于吾教非小补也"⑦,清康熙年间纳兰成德则称"其所撰宜吾儒所不摈也",足见其学术兼综儒道且博大精深。吴全节先在临川种湖师事雷思齐,至元十四年(1277年)雷氏任达观堂讲师后,吴全节继续受业。他曾对吴全节说:"文章于道,一技耳。人之为学,将以明斯道

---

① 虞集:《道园学古录》卷二五《河图仙坛之碑》。
② 曾召南:《元代道教龙虎宗支派玄教纪略》,载《世界宗教研究》1988年第1期,第77—90页。
③ 袁桷:《清容居士集》卷三四《有元开府仪同三司上卿辅成赞化保运玄教大宗师张公家传》。
④ 虞集:《道园学古录》卷二五《河图仙坛之碑》。
⑤ 吴澄:《吴文正公全集》卷十三《空山漫稿序》。
⑥ 揭傒斯:《空山先生易图通变序》,见雷思齐《易图通变》卷首,清康熙十九年(1680年)通志堂经解本。
⑦ 张宗演:《易图通变序》,载雷思齐《易图通变》卷首。

也;不明斯道,不足以为圣贤之学矣。"①这纯然是儒者言论。受过这种教育的吴全节兼通儒、道两家,又好吟咏,时人誉为"玉堂学士"。他于泰定二年(1325年)奉旨代祠江南符箓三山,沿途吟咏不断,著成诗集《代祠稿》;至顺二年(1330年),吴全节因朱学大兴,世人罕及陆学,遂上进陆九渊《语录》。诸如此类,均属儒士所为。当时,吴全节周围聚集了大批著名的儒臣与文士,包括阎复、姚燧、卢挚、王构、陈俨、程钜夫、郭贯、元明善、袁桷、邓文原、张养浩、商挺、王都中等,他们雅相友善,形成一个遍及朝野又互为声援的团体。至于吴全节"荐引善良惟恐不及,忧患零落惟恐不尽其推毂之力。至于死生患难,经理丧具,不以恩怨异心"②之类的行为,亦能为玄教赢得广泛支持。玄教的其他重要人物如夏文泳、朱思本、薛玄曦等都兼该儒道。夏文泳出身儒学之家,其父夏希贤以词赋名闻乡里,曾撰《全史提要编》。夏文泳秉承了家学。朱思本详见本章第三节"地理学与方志"。薛玄曦,字玄卿,号上清外史,贵溪人,12岁入道,先后师事张留孙、吴全节。延祐四年(1317年)提举大都万寿宫,又提点上都万寿宫。泰定三年(1326年)辞归龙虎山。著有《上清集》,是元代中期影响广泛的诗人、道士。《元诗选》录其诗28首。

但是,尽管玄教在政治上盛极一时,组织上另成体系,其在教义方面却没什么创新,依然从属于龙虎山正一派,同样尊奉《正一经》,因而被有些学者称为"龙虎宗支派"。如果说玄教大宗师是江南道教的政治领袖,那么,元代符箓派的教义领袖依然是张天师。正由于此,玄教的尊显对扩大龙虎山正一派教义的影响有极大的推动作用,有助于诸符箓道派融合到正一派名下。

除龙虎山正一派及玄教外,元代江西地区还有其他符箓道派的活动,其中既有南宋相沿入元的茅山上清派、阁皂灵宝派、神霄派、天心派等,亦有元代新创的净明道。

茅山上清派:以苏南句容茅山为祖山的上清派在北宋时期势力一度略胜于龙虎山正一派,南宋时期则稍弱于龙虎山。入元,该派主要以江浙为活动基地,兼及福建,江西地区亦有传播。南丰州人谌橞于延祐元年(1314年)前往茅山,"受经箓于宗坛,分炉薰于灵琐,严奉以归"③。三年后,谌橞在南丰建紫霄华阳岩真君祠,祀茅山三仙。

---

① 吴全节:《易图通变序》,载雷思齐《易图通变》卷首。
② 虞集:《道园学古录》卷二五《河图仙坛之碑》。
③ 刘壎:《水云村泯稿》卷八《紫霄华阳岩真君祠记》,明天启三年(1623年)李光刻本。

# 第五章
## 元代江西的教育与文化

**阁皂山灵宝派**：清江阁皂山灵宝派在南宋时期的符箓三山中势力最弱，入元，该派仍有传人，且一度受到元廷重视。世祖时期，该山万寿崇真宫住持李宗师某在每年的正月十五仍照旧例举行斋醮仪式①。后，该宫奉敕改为大崇真万寿宫，第四十六代嗣教宗师杨伯封为"太玄崇德翊教真人"。延祐二年（1315年），吴全节奉旨代祀东南名山，到过该山的万寿崇真宫，憩于苍玉轩。时阁皂山宫观年久失修，一片颓败②。这说明，元代阁皂山虽有传承，已很衰落，可能不久即归于正一派之下，不再单独传承。

**神霄派**：由天师道演化而来，与上清派亦有很大联系，同时融合了内丹与符箓，强调祈禳的关键在于是否能够运用自身的元神达到天人一体，获得呼风唤雨、祛病消灾的神通。以两宋之交的南丰人王文卿（1093—1153年）为主要创始人，据称其擅长驱使风雨雷电除魔降妖。王文卿晚年，"得其传者则新城高子羽，授之临江徐次举，以次至金溪聂天锡，其后得其传而最显者曰临川谨悟真人云。人不敢称其名，但谓之谭五雷"③。谨悟真人即谭悟真。宋亡后，谭悟真犹浮沉人间，隐显莫测。其后，出身名族的庐陵罗虚舟得其真传。因谭氏曾告诫罗虚舟"每传不过一二人；若广泄之，则速死"④，故罗氏弟子虽然较多，唯周立礼、萧雨轩两人得其真传。周氏是虞集的姻亲，传法于子，萧氏则传于鄱阳胡道玄。胡氏游历南北，遍及关陕、荆襄、江汉、闽海、两浙，人称"神霄野客"。可见，神霄派王文卿一系主要流传于江西，代有传人，至胡道玄时才扩大范围。元代神霄派另有以吴兴人莫月鼎为代表的一系，在民间影响较大，江西地区亦在其活动范围之内，具体情况不太清楚。

**天心派**：全称"天心正法派"，由临川人饶洞天始创于北宋太宗淳化五年（994年）。据传饶氏入崇仁华盖山，"夜见上升坛前五色宝光上冲霄汉，寻光掘地，遂获金函。开视，有篆文天经，题曰《天心正法》"⑤。后，他在南丰受学于泉州道士谭紫霄，悟得灵文真义，遂传天心正法。此派实由正一派衍生而来，法术以雷法见长，强调施法必须兼以内修，内外相合，法术才会灵验。宋元更迭之际，

---

① 《元典章》卷三三《礼部六·释道·道教·阁皂山行法箓》。
② 虞集：《道园学古录》卷四六《苍玉轩新记》。
③ 虞集：《道园学古录》卷二五《灵惠冲虚通妙真君王侍宸记》。
④ 虞集：《道园学古录》卷二五《灵惠冲虚通妙真君王侍宸记》。
⑤ 谢希桢编纂，吴小红校注：《华盖山志》卷三《仙真志·饶动天》，江西人民出版社2002年版。原题小字注："府志作洞天。"

武昌雷时中(1221—1295年)传天心正法,弟子数千人,分为东南和西蜀两派,东南派以江西南康人查泰宇为首,影响较大①。

净明派:全称"净明忠孝派",认为许逊"以忠孝自修得道,入以救世"②,奉其为祖师,以南昌西山为活动中心。随着唐宋时期许逊地位的日益提高,南宋建炎元年(1127年),西山道士何真公(一作周真公)称许逊等六真降临,传授灵宝净明秘法,倡导忠孝廉谨之教,于建炎三年(1129年)立翼真坛,传度弟子500余人,明确打出"忠孝"的净明旗号,该道派正式形成。但是,何真公及弟子何守证、方文之后,净明道几乎湮没无闻,只是以许逊为主的净明忠孝信仰仍在流传。入元之初,朝廷确定江南名山宜祠者,西山玉隆万寿宫名列其中。世祖末年,南康路建昌人刘玉重新进行创教活动,弘扬净明宗旨。

刘玉(1257—1308年),字颐真,号玉真子,原是鄱阳石门人,后迁至建昌。自幼读书力耕,志存方外。至元二十年(1283年),自称遇西山道士胡慧超,告以净明大教将再度兴起,当选出弟子800名,以刘玉为师,遂重创净明道,以许逊为第一代祖师,本人为第二代传人。在大德元年(1297年)之前的十余年间,刘玉大量编造仙真降临的神话,自称得到许逊、郭璞等人降授的《玉真灵宝坛记》《中黄大道》《八极真诠》《玉真玄坛疏》等经典以及胡慧超降授的道法和"三五飞步正一斩邪之旨",使净明道的典籍和符法得以充实。他又设坛广收弟子,恢复了净明道的组织。符箓方面,此派实从灵宝派分化而来,兼收上清、正一两派之学,形成独具特点的符箓,宣称其符法出自日宫孝道明王,强调净明内修是施法的基础。

刘玉对净明道的更大贡献是围绕"净明忠孝"四字重新阐释教义。在门人所辑《玉真先生语录》中,刘玉说:"净明只是正心诚意,忠孝只是扶植纲常。"乍一读之,分明是理学说教。刘玉进一步解释四字:"净"即不染物,"明"是不触物,"忠"是忠于万神之主宰的心君,"孝"是以事亲之孝格于上天,获天心印可。在此,刘玉将道、儒、禅合而为一,从日常的忠君孝亲扩展到"一物不欺"之忠和"一体皆爱"之孝,着重于在内心涵养忠孝观念,以达到纯洁净明的真忠真孝的净明道最高修炼境界。至于如何达到这种境界,刘玉认为,"人道"是"仙道"的基础,必须以"人道"的"忠孝"为本,"入吾忠孝大道之门者,皆当祝国寿、报亲

---

① 神霄派和天心派在元代江西地区的传布多参考陈兵《元代江南道教》,载《世界宗教研究》1986年第2期,第65—80页。

② 滕宾:《正道净明忠孝全书序》,载《正统道藏》之《正道净明忠孝全书》卷首,转引自李修生主编《全元文》第三十一册,凤凰出版社2004年版,第14页。

# 第五章
## 元代江西的教育与文化

恩为第一事。次愿雨顺序,年谷丰登,普天率土,咸庆升平"。具体的修炼要经过三个步骤,即"始于忠孝立本,中于去欲正心,终于直至净明"。其中去私欲最为紧要,犹如理学的正心修身,存守正念,天长日久,自然进入"一物不欺""一体皆爱"而毫无杂念的净明之境。在刘玉看来,道教传统的追求成仙长生已不重要,精神上的至善至美才是永恒。所以,刘玉革新后的净明道虽仍有鬼神恐吓,仍有符箓、斋醮用于驱鬼斩邪、祈福禳灾,但符箓已相当简易,也不重视斋醮科仪的表演形式。这种颇富理学色彩、追求道德至善的道教具有强烈的入世主张,鬼神之气较少,在道教诸派中极为罕见,充分体现了儒教伦理向道教的全面渗透。同时,"不杂不触"的"净明"二字兼收禅宗心性本自净明的思想。故,净明道是在当时儒、释、道日益相互影响的背景下出现的三教融合产物。

刘玉之后的净明道第三代传人是黄元吉。黄元吉(1270—1324年),字希文,人称中黄先生,出身富州名族,12岁入西山玉隆万寿宫学道。嗣教后,他在西山造玉真、隐真、洞真三坛,大量传度弟子。至治三年(1323年),黄元吉到大都布教,"公卿士大夫多礼问之,莫不叹异"[1]。泰定元年(1324年),第三十九代天师张嗣成因廷臣推荐,以黄元吉为净明崇德弘道法师、教门高士,令其担任玉隆万寿宫焚修提点。未及出行,吴全节留其居于大都崇真万寿宫,获赐玺书。黄元吉在大都期间,致力于弘传净明道学说,人称其"貌和而心正,论直而行方"[2]。他的此次大都之行实是净明道的宣传之旅,使该道派在士大夫间获得了广泛的声誉。

黄元吉之后,徐慧为净明道四传。徐慧(1291—1356年),又名异,字子奇,号丹扃子,人称奇峰先生、丹扃道士。先祖为富州望族,后因任官迁居庐陵。徐慧幼习儒学,善做诗文,有诗集《杯水玉霄》。延祐五年(1318年)至大都,游于公卿间。黄元吉到大都后,徐慧闻其名,拜于门下,习净明忠孝道。他还参全真道掌教蓝道元于长春宫,获全真无为之旨。英宗时期,获赐"净明配道格神昭效法师"之号。泰定元年(1324年),徐慧归乡,在当年的大旱中祷雨应验,从此弟子日众,且多为文学特达之士。徐慧在归乡后的20余年间,"千百里内,水旱丰凶,请祷即往",进一步扩大了净明道在民间的影响。

---

[1] 虞集:《道园学古录》卷五十《中黄先生碑铭》。
[2] 滕宾:《正道净明忠孝全书序》,载《正统道藏》之《正道净明忠孝全书》卷首,转引自李修生主编《全元文》第三十一册,凤凰出版社2004年版,第14页。

安福人赵宜真（？—1382年）是继徐慧之后的净明道五传，为元末明初的著名道士。其师承关系中有全真、清微、净明诸多道派，被净明、清微两派尊为嗣师，集中体现了元代以后道教合流的大趋势。此不赘述。

净明道在刘玉时期已有大量经典，自黄元吉开始编辑本派道籍。黄元吉辑有刘玉的《玉真先生语录》，陈天和、徐慧等编集黄元吉的《中黄先生问答》，徐慧等还将净明道诸书集结为《净明忠孝全书》6卷，记载龙沙应期、仙真复出、玉真奇遇等事迹，强调"一物不欺，一体皆忧，一念之欺即不忠，一念之孝印于天"等民彝世教的大纲大领[1]。包括知经筵事张珪、江南行台御史中丞赵世延、国子司业虞集、江西儒学提举滕宾、应奉翰林文字曾巽申和建昌路儒学教授彭埜在内的许多著名文士都为该书作序[2]。

净明道是元代江西地区影响较大的道教符箓派，对内丹派道士都具有很强的吸引力[3]，其强烈的入世色彩，更受到公卿士大夫的赞誉。元廷对该派最重要的宫观——玉隆万寿宫非常重视，凡主持该宫者，均德高望重，受玺书而来，如至治元年（1321年）著名道士朱思本（玄教道士）受命任该宫提点。但是，也正由于净明道的积极入世，使其本该具有的宗教超越色彩淡化，偏于世俗的伦理纲常而无法关注终极问题。所以，净明道虽相沿入明，但已无法严守净明道法，更无从长期延续。

元代还有金初兴起于北方、由正一派衍生而来的太一道，形成于南宋初、由灵宝派分化出来的东华派，形成于南宋初、由上清派衍化而来的清微派等符箓道派。因笔者尚未见到这几个道派在江西地区活动的史料，此处略而不述。

由于元代龙虎山正一派所受尊崇远在茅山上清派和阁皂山灵宝派之上，南宋时期三宗平行的格局被元代正一派独尊的局面所取代，龙虎山成为符箓各派的核心。在张天师的掌领下，江南许多符箓派宫观的主持者成为尊奉《正一经》的道士，他们频繁接触，互相借鉴学习，教义、法术相互渗透，逐渐失去自己的宗派特色和传承法系，《正一经》成为符箓各派共同奉持的经典，正一派则

---

[1] 《正道净明忠孝全书序》，载《正统道藏》之《正道净明忠孝全书》卷首，转引自李修生主编《全元文》第三十一册，凤凰出版社2004年版，第14页。

[2] 以上关于元代净明道的论述多参考卿希泰、唐大潮主编《道教史》，江苏人民出版社2006年版，第256—260页；张泽洪《净明道在江南的传播及其影响——以道派关系史为中心》，载《中国史研究》2002年第3期，第47—58页。

[3] 全真道南宗道士刘天素曾闻净明之旨于刘玉，认为与乃师金志扬之说相契合，遂居豫章五灵道院，习净明道法。见虞集《紫山全真长春观记》，载道光《宜黄县志》卷三十一之二《艺文·记》。

# 第五章
## 元代江西的教育与文化

最终归并灵宝、神霄、天心、净明等符箓各派,形成与全真道派鼎立的大宗符箓派。

江西的内丹派以金丹派南宗为主。该派以北宋张伯端为开派宗师,既承继张氏的内丹学说,又融合禅、道两家,主张在修命的基础上追求心性的彻悟和道德的至善。其实际创派人是南宋宁宗时期的海南琼州人白玉蟾。南宋时,该派活动于江南一带,但人数少,无固定宫观,影响也不大。江西南昌的西山玉隆万寿宫、崇仁的华盖山等都有白玉蟾的踪迹。进入元朝,全国一统,全真道士随之南下弘法。他们以武当山为基地,散布到苏、浙、闽、赣等地。由于金丹派南宗和全真道均奉钟离权和吕洞宾为始祖,基础均为道教的内炼理论,金丹派南宗道士开始加入全真道,或径直自称全真道士,逐渐与全真派交融,最终实现南北二宗的合并。在这一过程中,江西地区先后有金志扬、余希圣、桂心渊、张模、赵友钦、陈致虚等道士活跃的身影。他们都是元中后期促成两宗合并的积极推动者。

金志扬(一作金志阳),生卒不详,号野庵,不髯不冠,人称"金蓬头",温州永嘉人。其师承关系中既有金丹派南宗,又有北方全真道[①],时人径称其为"全真之有声闻者"。金志扬师徒在江西地区主要活动于抚州和龙虎山一带。皇庆(1312—1313年)初,宜黄邹廷佐在临川见有全真道士"作宫以容其同学,有堂以游息,至日如归,曰云堂。又为静坐修习之处,以盘水置大盂,穴其底如针端,引水上升,俟水满以为坐者起止之候,曰钵堂"[②]。邹氏颇为这种静修之法倾倒,遂请武当山道士王道行主持在宜黄修建全真宫观,以金志扬为师。金志扬自此进入江西。在金志扬的影响下,宜黄的这处全真道院"清侣川至云合",人数日众。居一年有余,金志扬往龙虎山先天观后石崖上结蓬莱庵以居。虽是人迹罕到之处,但既有慕道参学者前往受教,更有身患痼疾者扶携而至,使龙虎山成为江南一处内丹派中心。26年后,金志扬离开龙虎山,居于武夷山中,但其弟子刘天素、方方壶等仍活动于江西。

余希圣(1280—1339年),号非非子,抚州路崇仁县华盖山南谷人,吴澄夫人余氏的从侄。15岁入宜黄县南华山昭福观学道,后遍历南北,北到燕赵,南登

---

① 张宇初《岘泉集·金野庵传》载金志扬之师李月溪是白玉蟾之徒,《历世真仙体道通鉴续编》则载李月溪是全真道士李志常的弟子,那么,李月溪是以金丹派南宗道士的身份进入全真道。李月溪后命金志扬北上从学李志常,则金志扬的师承道派与其师一样。

② 虞集:《紫山全真长春观记》,载道光《宜黄县志》卷三十一之二《艺文·记》。

罗浮,西至华阴,东临天台、武当、衡岳、终南、武夷、齐鲁,均亲身游历。返乡后,居崇仁县东仙游山昭清观。当时"江东西高雅之流或道过,或径诣",民众则"信响四至"[1],影响较大。余希圣所属道派不明,但虞集将其与金志扬并称,可以推测,他是在游历南北期间皈依全真道。其弟子彭致中编《鸣鹤余音》,是一部道教诗词集,所收多为全真道士之作,据此也可推定,余希圣、彭致中师徒二人均属全真派。

桂心渊,生平不详,隐于庐山。宋濂载:"时桂心渊隐匡庐,金志扬居武夷。二人者,世号'真仙翁',修丹之士依之者成市。"[2]据此,桂心渊是一个与金志扬相似的"修丹"道士,而庐山则成为江南另一处内丹派中心。

陈致虚(1290—？),字观吾,号上阳子,庐陵人,原是金丹派南宗阴阳双修的著名道士。天历二年(1329年),他在衡阳拜全真道士、德兴人赵友钦为师,学习金丹之道。赵友钦是德兴人张模的弟子,而张模得法于李珏,李珏又是全真道士宋德方之徒,还在武夷山、真州、青城山等处修丹,所以,赵友钦兼承内丹南北二宗。陈致虚继承乃师,既有阴阳双修之法,又有全真道的清修思想,遂成为元代后期的内丹名家。他主要活动于赣、浙、闽一带,著有《金丹大要》《金丹大要图》《金丹大要列仙志》《金丹大要仙派》《元始无量度人上品妙经注解》《参同契分章注》等,又与薛道光、陆墅共著《悟真篇三注》。在《金丹大要列仙志》等书中,他宣称自己师承丘处机弟子宋德方,并拟定了全真道与金丹派南宗共同认可的祖师传承系统,且压低南宗祖师地位[3],将其纳入北方全真道系统中,是促成南北二宗合流的最有力推动者[4]。

在南北内丹派道士的共同努力下,顺帝时期(1333—1368年),北方全真道

---

[1] 虞集:《道园学古录》卷五十《非非子幽室志》。
[2] 宋濂:《宋学士全集》卷十一《太上上清正一万寿宫住持提点张公碑铭》。
[3] 全真道和金丹派南宗起初各自祖述本宗的传承世系。全真道最初有"七真"之说,即王喆的七个弟子马钰、谭处端、刘处玄、王处一、丘处机、郝大通和马钰之妻孙不二,被合称为"七真"。后,王喆的再传弟子秦志安著《金莲正宗记》,始倡"五祖七真"之说,但还是没有与唐代道士钟离权、吕洞宾联系起来。金丹派南宗尊张伯端、石泰、薛道光、陈楠、白玉蟾为"五祖"。到白玉蟾时,始将丹法渊源上溯至钟、吕二人。陈致虚综合二派,提出一个两家均能接受的传承系统,即以王玄甫、钟离权、吕洞宾、刘海蟾、王喆为共同的五祖,王重阳下设"北七真",刘海蟾下设"南七真"。"北七真"即全真道的旧"七真","南七真"由南宗的旧"五祖"加上刘永年、彭耜组成。此后,这个传承系统长期为全真道南北两宗所遵奉。
[4] 以上关于陈致虚的论述主要参考卿希泰、唐大潮主编《道教史》,江苏人民出版社2006年版,第240—241页。

# 第五章
## 元代江西的教育与文化

与金丹派南宗实现合并,形成统一的全真道,原流行于北方的全真道成为北宗,流行于南方的金丹派成为南宗。如果说前述金志扬尚带有金丹派南宗之迹,到元统年间(1333—1335年)刘天素活动于抚州、龙兴一带时,则完全自视为全真道士。刘天素曾说:"吾全真之教自重阳王君一传为邱神仙,首为太祖皇帝召见龙墀,启神武不杀之旨,有功于中原生灵多矣。"①言语之间,丝毫不提张伯端、白玉蟾诸人。但是,尽管江西地区的龙虎山、抚州、庐山等地的全真道士比较活跃,其宫观数量与修道人数终难与符箓派相较,也远不及北方全真之盛。

元代江西地区的道士总数不明。据弘治《抚州府志》,元代抚州路有僧、道、尼、女冠13787名②,其中乐安县有南真、石泉、招仙三处道观,道徒十八九人③。据此可推断,抚州路道士的数量远逊于僧尼。南丰州,"道观十数而已,昔未尝列于祠官而又多微,宜不足比隆释氏矣"④。可能除了龙虎山之外,其他路州的情况都差不多,即道教势力总体上弱于佛教。

元代江西设有江西道教都提点,路设道录司,州设道正司,县设威仪司,宫观设提点、主掌等,多由道士担任,总辖于中央的集贤院。其中,江西道教都提点一职出自朝廷的宣授,其余亦来自政府的任命,各路道官用五品印。如临川人张绍隐受宣命任江西道教都提点,安仁人张元汉受命出任袁州路道判。一般说来,各级道官往往兼任当地重要宫观的提点。如李允一任临江路道录,兼任玉笥山最大道宫——万寿承天宫提点,江西道教都提点张绍隐同时提点浮云山圣寿万年宫和抚州梅仙元都观,等等。

各级道教机构主要处理教法以外的道教事务。南丰刘埙对当地道教机构有如下描述:"设官一如有司,每日公署莅政施刑","刑政得自专,惟事关于民,乃用约会法。外是,则有司无所与,符移往复,视州邑之品从而与之齐。"⑤即道教设官一如民官系统,品级亦与民官相埒。他们独立于民官系统之外,专门处理涉及道众的刑法和政事,民官不能干预,唯事涉普通百姓时,才与民官商议解决。他们在地方势力颇大,"道官出入,驺从甚都,前诃后殿,行人辟易,视都

---

① 虞集:《紫山全真长春观记》,载道光《宜黄县志》卷三十一之二《艺文·记》。
② 弘治《抚州府志》卷十二《版册一·户口》。
③ 吴澄:《吴文正集》卷二六《乐安县招仙观记》,景印文渊阁四库全书本。
④ 刘埙:《水云村泯稿》卷五《南丰郡志序目》,清道光爱余堂刊本。
⑤ 刘埙:《水云村泯稿》卷五《南丰郡志序目》。

刺史、郡太守无辨"①。道官及其徒众是地方社会的一支重要力量。

　　道官虽由政府任命,但因其多由道士担任,正一派天师和玄教大宗师遂对选任道官有直接影响。李存说:"凡郡县之宫若观,得以其(引者注:指张天师)徒之通敏于时者而官司之。"②前述张绍隐、张元汉都是张天师的门下。玄教势力在天师之上,弟子分布也广,对选任道官的影响当更大。江南符箓和内丹两派所有道士正式身份的认定也须经过正一派张天师。元朝规定:"但是江南田地宫观里有的先生每(引者注:即道士们),依着在先体例里,张天师根底要了戒法文字做先生者。没文字的人,休做先生者……没张天师文字做先生的人,要罪过者。"③即江南修道之人要成为正式道士,必须得到张天师颁发的认可证明,凭此才能做法事,并享受免役的特权。此外,江南各处宫观的新建、命名、维修、升格、由私立道观改为官属道观等事务,也要经过龙虎山张天师和(或)玄教大宗师。如刘道圆欲在湖口县建全真派道观,"请于天师,将建碧霞观"④;朱思本提点南昌西山玉隆万寿宫,欲修缮宫宇,事前"以状请于教主嗣汉天师"⑤;抚州路宜黄县私建的全真道观在延祐元年(1314年)由第三十八代天师张与材命名为"长春道院",隶归官属;吉安新建的天华宫先由玄教大宗师张留孙命名,后由张天师更名为天华万寿宫,等等。江西有些全真道观既听命于张天师,又服从于全真道掌教,如宜黄的长春道院在获得张天师的认可后,全真道第13代掌门人苗道一又自京师出文书护之,再名之为"长春",对天师的命名予以确认。

　　元代的道教宫观在上层统治者的支持下,广殖货产,干预地方事务,甚至为非作歹,成为一股强大的势力。以江州庐山太平兴国宫为例,该宫最初有3000亩田地,元中期迅速增加到17000多亩⑥,仅汤德润任提点期间就增加11000亩,跨越兴国路的大冶、永兴,蕲州路的黄梅和江州的德化、彭泽、湖口、德安、瑞昌等地。该宫大厨每日炊米10斛,供食千人,可见道徒之众。虽然姚燧

---

① 吴澄:《吴文正公全集》卷二五《抚州元都观藏室记》。
② 李存:《番易仲公李先生文集》卷二四《道录张君墓志铭》。
③ 《元典章》卷三三《礼部六·释道·道教·有张天师戒法做先生》。
④ 吴澄:《吴文正公全集》卷十五《赠道士刘道圆序》。
⑤ 柳贯:《柳待制文集》卷十四《玉隆万寿宫兴修记》。
⑥ 据姚燧所记,该宫"始田履亩才及三千,今万有奇"。笔者据姚燧所列各处田地数量相加,得出17000余亩,而不是"万有奇"。其间几千亩的差距可能是茶园、树林等山地。姚燧:《牧庵集》卷九《太平宫新庄记》,卷十一《江州庐山太平兴国宫改为九天采访应元保运妙化助顺真君殿碑》。

第五章
元代江西的教育与文化

说太平宫新增土地的来源有"货取""施入""力作"三种方式,即出资购买、信众捐赠和自己垦辟,但是,从"民之入钱取薪炭山者皆给之券。恒遣力人持挺(引者注:当作'梃')行逻林间,盗采者有罚"的记载分析①,该宫在江州、兴国、蕲州三路交界地带不仅拥有很强的经济实力,而且能够对"侵犯"其利益的民众施行责罚,亦具有很强的政治实力。既然如此,该宫采取侵占、强取等方式广殖货产也未尝不可能。临江路玉笥山万寿承天宫的"饭众之田"超过万亩②,经济实力也非同一般。至于道士不遵戒规、败乱伦常、作奸犯科之事,在江西亦时有发生③。

## 二、佛教

佛教传入中国后,到唐代进入发展的鼎盛时期。北宋时期,佛教虽产生不少学者,流布亦广,但已不及唐代。南宋、元朝和明朝前中期是中国佛教史上比较平淡晦暗的时期。具体到蒙元,大蒙古国时,蒙古统治者最先接受的是禅宗。约在蒙哥汗时期(1251—1259年),藏传佛教(喇嘛教)开始渗入蒙古内廷,并逐渐抑制汉传佛教,最终成为元代佛教诸派中地位最高者。总领全国佛教事务的帝师均出自喇嘛教,凡天子即位,必受其戒,后妃公主,无不膜拜。但是,喇嘛教主要流行于宫廷和贵族间,南北民间虽有崇奉者,为数极少。就全国总体而言,宋、金以来的汉传佛教仍占主导地位,分为禅、教、律三大派,"禅尚清虚,律严戒行,而教则通经释典"④。至元二十五年(1288年),元廷集江南教、禅、律三宗的代表人物至大都廷辩,结果,教居于禅、律之上。但是,元代流行最广的还是禅宗,尤其是临济和曹洞两家⑤。北方临济宗以海云印简(1202—1257年)为代表,被奉为"临济正宗",但其传承情况和对后世的影响不及南方;南方临济宗以雪岩祖钦(1216—1287年)、高峰原妙(1238—1295年)、中峰明本(1263—1323年)等为代表,生机勃勃。北方曹洞宗以万松行秀(1166—1246年)为代表,

---

① 姚燧:《牧庵集》卷九《太平宫新庄记》。
② 揭傒斯:《揭文安公全集》卷十二《临江路玉笥山万寿承天宫碑》。
③ 《元典章》卷四三《刑部五·诸杀二·烧埋·打死奸夫不征烧埋》记录了两起与江西道士有关的案件。一是瑞州路道士王清一与邹文兴义女卢三娘通奸,被打伤致死;二是临江路太平玉虚观道士邹亨复与黎县丞女瑞小娘之婢春莲等通奸,被黎家获,用绳吊死。
④ 刘仁本:《羽庭集》卷二《送大璞玘上人序》。
⑤ 参阅陈得芝主编《中国通史》第八卷《中古时代·元时期(上)》,第607—609页。

连绵不断,南方曹洞宗则日趋式微。这些高僧提倡既耕作又修行,同时注重规范寺院管理,约束僧众行为,在佛寺制度方面对后世有很大影响。

具体到江西地区,以临济最盛,雪岩祖钦禅师为首。曹洞宗传人不多,而以无印大证禅师为代表。

袁州仰山是江西临济宗的传法重地。咸淳五年(1269年),临济第十五世雪岩祖钦禅师(?—1287年)住持仰山,力主儒释一致。当时,"得法于其门者十数人,遍布江湖之间,各在所至坐大道场,宣阐法要"①,仰山遂成为江南影响极大的名刹之一,号称"法窟第一"。祖钦弟子中,名僧众多,声闻最著者有:高峰原妙,平江吴江人,后住持江南名刹杭州天目山师子岩,"道风日驰,远方学徒如西域、南诏,不远数万里,云臻水赴"②;大辨希陵,婺州义乌人,获世祖召见,赐号"佛鉴禅师",后住持江左名寺杭州径山,屡次赐号至"佛鉴大圆慧照禅师";法琳,可能是袁州人,受玺书住持抚州梅山广济禅寺,赐号"佛慈普济妙慧禅师";天隐圆至,瑞州高安人,住持建昌能仁禅寺,是元代著名的儒僧;铁牛禅师,吉安太和人,在衡阳酃县建灵云寺,"大弘雪岩之道,俨然一大道场矣"③,其弟子则分布于豫章、瑞州、天临(治今湖南省长沙市)、庐山、江陵、临江诸路的名刹。

雪岩祖钦之后,大辨禅师希陵(1247—1322年)继任仰山住持,一住三十年,规范森严。大德年间(1297—1307年),希陵建大仰山太平兴国禅寺,成宗令翰林学士承旨程钜夫撰文为记,进一步扩大了仰山的影响。仁宗延祐三年(1316年),希陵奉敕升住杭州径山兴圣万寿禅寺,名僧晦机禅师元熙(详见下文)继任仰山住持,该寺继续在江南佛教中保持重要地位。

袁州仰山外,洪州奉新百丈山大智寿圣寺、袁州南泉山慈化寺、江州庐山东林寺、抚州金溪疏山寺等亦是江南名刹。元贞二年(1296年)始,晦机禅师元熙住持百丈山达13年之久。在他的经营下,该山"赫然为天下禅宗第一"④。顺帝时期,东阳德辉住持百丈山,与笑隐禅师大䜣共同编定《敕修百丈清规》,为天下丛林所宗。袁州南泉山慈化寺在元中期以规模宏大瑰丽著称,号称"建造为天下最"⑤,"四方之人怀金负货,冲衢溢陌,所祈必应,如食得饱。寺无釜庚之

---

① 虞集:《道园学古录》卷四八《大辨禅师宝华塔铭》。
② 赵孟頫:《松雪斋文集·诗文外集·天目山大觉正等禅寺记》,四部丛刊初编本。
③ 虞集:《道园学古录》卷四九《铁牛禅师塔铭》。
④ 虞集:《道园学古录》卷四九《晦机禅师塔铭》。
⑤ 揭傒斯:《揭文安公全集》卷十一《袁州宜春县逢溪山圣寿寺记》。

# 第五章
## 元代江西的教育与文化

田,日饭数千之众"①,经济实力很强。该寺住持慈昱称"普莲宗主",赐号"明照慧觉圆应大禅师"。袁州周边寺院的住持多出自该寺,宜春县的逢溪山圣寿寺住持即是慈昱弟子。庐山东林寺是元代白莲教的中心之一,出现了净日禅师、祖䦮禅师及优昙宗主普度等名僧,影响及于朝廷。本书第四章第一节"白莲教及彭莹玉的活动"已有详论,此不赘述。金溪疏山寺在南宋时期已是江南名刹,入元繁盛依旧。程钜夫说:"西江之西,之山之宫,仰为大,疏次之。"②他将疏山寺列为仅次于仰山的江西第二名寺。大德六年(1302年),径山名僧云住持玺书移主该寺,使该寺辉丽一时。其他如庐山开先寺、建昌能仁寺、抚州广济寺等,也具有一定影响。

元代处于中国佛理发展的沉寂期,江西僧人在这方面也没有特出建树,但《敕修百丈清规》的编定使其在中国佛教史上占有重要一席。自唐代后期奉新百丈怀海(749—814年)制定《禅门规式》(又称《百丈清规》),整饬禅宗寺院后,宋元两代屡有修订,先后有北宋崇宁二年(1103年)真定长芦洪济院宗赜的《禅苑清规》10卷(又称《崇宁清规》)、南宋景定二年(1208年)龟峰宗寿《入众日用清规》1卷、咸淳十年(1274年)婺州后湖惟勉的《丛林校定清规总要》2卷(又称《咸淳清规》、《惟勉清规》、《婺州清规》)、至元十八年(1281年)澹寮继洪的《村寺清规》2卷、至大四年(1313年)庐山东林寺泽山壹咸的《禅林日用清规》10卷(又称《至大清规》、《泽山清规》)以及延祐四年(1317年)中峰明本的《幻住庵清规》1卷和《庵中须知》10卷。以上清规,有的流行较广,如《崇宁清规》,有的仅行于一寺,如《幻住庵清规》,同时,《禅门规式》仍在行用。元中后期,百丈山大智寿圣寺住持德辉(东阳人,怀海第十八代传人)鉴于《禅门规式》流传已久,后世各种清规虽在其基础上进行增删,但矛盾时出,难以折中,而元代的僧官体系已经完备,清规的混乱状况常使教内执法无所适从,遂欲厘正各类清规。德辉至大都,通过御史大夫撒迪上奏陈请,顺帝诏令其和集庆(治今江苏省南京市)大龙翔集庆寺住持大訢(详见下文)共同编定新的清规。大訢曾是百丈山僧人,元文宗任命为大龙翔集庆寺的开山住持后,以《禅门规式》作为本寺的"日用动作威仪之节"③。辉、訢二僧奉诏率其他师出百丈山者在《禅门规式》的基础上,参考《崇宁》《咸淳》《至大》等清规,于元统三年(1335年)完成编订,称《敕修百

---

① 程钜夫:《雪楼集》卷十九《大慈化禅寺大藏经碑》。
② 程钜夫:《雪楼集》卷十三《疏山白云禅寺修造记》。
③ 黄溍:《金华黄先生文集》卷十一《百丈山大智寿圣寺天下师表阁记》。

丈清规》，颁行天下丛林。

《敕修百丈清规》上、下两卷，上卷五章，下卷四章，全书共九章。第一章《祝釐章》是圣节（皇帝生日）、千秋节（皇太子生日）、景命斋日（每月初一、初八、十五、二十三）、善月（正月、五月、九月）及每日的祝赞之词。第二章《故思章》包括感谢国主佑佛的"国忌"和灾异祈禳两部分内容。第三章《报本章》规定了纪念佛祖和帝师的仪式。第四章《尊祖章》是关于纪念禅宗祖师的仪礼。第五章《住持章》详细规定了迎请新住持及其圆寂后重选住持的相关制度和仪式。第六章《两序章》介绍了寺院迎来送往、上下交接的具体规程。第七章《大众章》是关于僧人得度、受戒、着装、用具、游方、参禅、修行、普请及料理亡僧后事等细务的相关规定。第八章《节腊章》是僧伽节日和斋戒仪式的说明。第九章《法器章》详细介绍钟、板、木鱼、磬、鼓、铙等号令法器及其使用情况。书后附有《百丈祖师塔铭》《百丈山天下师表阁记》和此前几部清规的序文等。

《敕修百丈清规》几乎涵盖了禅宗寺院生活的所有方面，经朝廷颁行后，起到了整饬禅寺的作用。元代还有律僧省司等于泰定二年（1325年）编成《律苑事规》，教僧自庆于至正七年（1347年）编成《增修教苑清规》，汉传佛教中禅、律、教三类寺院的内部规定至此都进一步制度化而"各守其业"[1]。其中，《敕修百丈清规》在明、清两代，其主要规定一直被相沿执行，对禅宗的长久流传功不可没。这是元代江西佛教界的重大贡献。

名刹、名规外，元代江西地区还出名僧。入元以后的江西，颇有原习儒业或出身儒族者遁世为僧，他们兼宗儒、释两家，长于文辞，精通佛理，足迹遍及江南、幽燕，不仅享誉江南，还驰声京师，晦机、行满、圆至、大訢、怀渭等是其中的佼佼者。元代禅林的"诗禅三隐"（天隐圆至、笑隐大訢和觉隐本诚）中，两"隐"出自江西[2]，不可谓不盛。下文将略述几位名僧。

元熙（1238—1319年），字晦机，元帝赐号为"佛智"，俗姓唐，号南山遗老，南昌人。出身儒家，族父明公在西山明觉院学佛，聚族中子弟而教之。元熙与堂兄唐元龄从学其中，习进士业。后元龄高中进士（宋末任临江通判，随文天祥起兵而死），元熙则在19岁时从明公祝发游方。在苏、浙一带，元熙名声渐起。因擅长文辞，钱塘名寺多虚记室之职（引者注：即书记，寺院八大执事之一，掌书翰

---

[1] 《元史》卷二〇二《释老传》。

[2] 关于圆至和大訢，陈得芝《论元代的"诗禅三隐"》一文有详细论述，原载《禅学研究》第一辑（1992年），又收于陈著《蒙元史研究丛稿》，人民出版社2005年，第502—523页。本书多有参考。

# 第五章
## 元代江西的教育与文化

文疏)以待之。至元(1264—1294年)中后期,江淮释教总摄杨琏真伽奉旨取阿育王塔中舍利进京,请元熙撰文记述始末,并与之俱趋京师。后,元熙归乡筑竹所,四方从学者数百人。再徙居安徽潜山。六年后,洪州天宁寺、黄龙寺请任住持,均辞而不往。元贞二年(1296年),始应百丈山之请,任住持达13年,使该寺"赫然为天下禅宗第一"。至大元年(1308年),应邀住持杭州净慈寺。到寺之日,江浙行省和行宣政院长官率僚属拜伏恭迎。净慈寺是禅宗五山之一,名闻天下,元熙住持期间,"中国学者及高丽、云南、日本之僧前愿致师而不得者皆争见,门下以千百数"。在净慈七年后,中书省平章政事张闾和江浙行省丞相告令江浙群寺,除老病和守舍僧外,其余众僧近万人齐集冷泉亭下,听晦机讲法。此后,元熙移驻杭州径山,仅居三个月即辞位。晚年返居袁州仰山,三年后圆寂,葬于金鸡石。元熙兼综儒、释,覃思博学,虞集论其"非俗儒小生所能至。其大辨明慧,洞彻心要,诚一代之宗匠"[①]。元熙善为文辞,赵孟𫖯、袁桷等文宗钜儒皆与其倾心纳交,欧阳玄则将其于禅林文僧圆至并称,认为二人在元初倡兴斯文于东南,影响很大。晦机一生四住名山,弟子数百,参学者数十,多特达卓异之僧,而以笑隐禅师大䜣为首。

圆至(1256—1298年),俗姓姚,字天隐,自号筠溪牧潜,瑞州高安人。高安姚氏在宋代以科举著称,为当地望族。圆至叔父姚勉是南宋宝祐元年(1253年)进士第一,历官内外,后与权相贾似道不合,辞官归野。方逢辰称其为"瑞州奇士"。圆至之兄姚云是咸淳四年(1268年)进士,宋末累官至工刑部架阁,入元后长期不仕,晚年出任抚州、建昌儒学提举。勉、云二人均工于文辞,分别有《雪坡文集》和《江村遗稿》行世。圆至之父文叔、从兄弟龙起、元夫等亦于宋季中举入官,可见姚氏实为儒宦名家。圆至幼从父兄习儒,19岁时,因元军攻宋,时局混乱,遁入袁州仰山太平兴国寺为僧,师事雪岩祖钦禅师。江南稍定,圆至云游荆襄、吴越诸地。在平江承天能仁寺,他跟随禅、教兼精的名僧觉庵梦真禅师学习佛法。又居长洲碛砂延圣院,与诗僧天纪行魁过从甚密,又与当地文士颇相往来。至元二十三年(1286年),圆至到达庆元,依从天童景德寺月波明禅师和育王广利寺横川如珙禅师。天童、育王二寺名列江南"五刹"之中,为丛林之望,明、珙两位禅师则是禅林宗师。同时,圆至还与当地名族袁氏联系密切,一度寓居其家,袁洪、袁桷父子及袁桷之师戴表元均为其挚友。

---

① 虞集:《道园学古录》卷四九《晦机禅师塔铭》。

游历十余年后,圆至于至元二十八年(1291年)回到庐山,三年后,住持建昌能仁寺。这是圆至唯一的一次担任住持,也是居止一所寺院最久的一次。在能仁寺期间,他讲说佛法,一本于乃师祖钦。由于天性淡然,不乐居位,两年不到,圆至辞归庐山。因体弱多病,大德二年(1298年)卒,年仅43岁。

圆至人品如"天隐""牧潜"之号,一生甘于寂寞,远离权要。他兼攻儒书释典,出入儒释之间,可谓"儒而禅,释而文",故戴表元说:"今世言禅者,亦多推天隐。"①尤究心文辞,自称"独于文字钻抉,则力已竭而志不衰"②。所做诗文备受赞誉。方回称其文"读而醉心",拟之以"斩铁切玉";戴表元论其文"清驯峭削,殆以理胜",杨维桢对其也颇为欣赏。《四库全书总目》说:"自六代以来,僧能诗者多,而能古文者不三五人。圆至独以文见,亦缁流之中卓然者。"对圆至给予很高的评价。其诗,虽然少有言及亡国之痛的作品,但黍离之感时见于字里行间。天纪行魁集其诗文,编为《牧潜集》,刊印行世。至于所著《三体唐诗注》,则有"疏漏殊甚"③之评。

释圆至《牧潜集》

图片说明:影印文渊阁四库全书本,上海古籍出版社1988年版,第1198册,第117页。

---

① 戴表元:《剡源戴先生文集》卷九《圆至师诗文集序》。
② 圆至:《牧潜集》卷五《与袁伯长书》。
③ 永瑢等:《四库全书总目·三体唐诗》。

# 第五章
## 元代江西的教育与文化

行满(生卒年不详),俗姓曾,号万山,吉安太和人。父曾应龙,字拱辰,号翠庭先生,由科举入仕。行满幼习儒书,9岁入云亭荡原弥陀院为行童,僧名福可。后北游,登五台山。至元十七年(1280年)入山西仰山,剃发为僧,更名行满,受戒于大同大普恩寺圆戒会。行满先习曹洞宗法,又参云门临济。大德年间(1297—1307年),行满在北方声闻大振,"四方求法者归之如流水",宣政院使相迦失里、功德使大司徒辇真吃剌思与其为同道友,王公贵人皆稽首归敬。时海山戍守北边,令施钞万贯,在仰山栖隐寺造文殊菩萨像。海山登位后,驾临其寺,施金百两、银五百两、钞六万贯,赐行满为"佛慧镜智普照大禅师",并令织造金龙锦缘僧伽黎大衣,极其工巧,历时一年才造成。袈裟织成后,海山特召行满至宫中受赐。仁宗为太子时,三次临幸仰山,不仅大造寺宇,还赐苏、杭水田五千亩,作为该寺的地产。皇庆元年(1312年),仁宗授行满银青荣禄大夫、司空。赵孟頫说:"自四海一家,梵僧往往至中国,而师出于江左(引者注:当作'江右'),能以其道鸣于京师,以承天子之宠命,真世所希有。"①言下之意,元代获天子宠渥者多是梵僧,行满以江南之人名震京师,获武宗、仁宗两帝优宠,实属难得。行满确是获赐俗世勋爵最高的元代江西僧人。

大䜣(1284—1344年)是元代声誉显赫的名僧,自号"笑隐"。先世出自江州"义门"陈氏,后徙南昌。大䜣自幼习儒,过目成诵。9岁奉父母之命,入伯父所在的龙兴路水陆院祝发为小沙弥,不废读书。受戒后,17岁出游庐山,参谒开先寺一山了万禅师。因聪慧开爽,颇有学基,了万禅师留为内记。不久,至奉新百丈山参谒晦机禅师元熙,深受器重,由内记升为记室。至大元年(1308年),晦机迁主杭州净慈寺,大䜣随行。时晦机门下弟子众多,大䜣仍颖秀出众,至大四年(1311年)由净慈寺出任湖州乌回寺住持。后,该寺遭寇掠,大䜣脱身游于江浙之间,皇庆二年(1313年)复归净慈。此后的几年间,大䜣在杭州与名儒赵孟頫、黄溍、邓文原、杨载、袁桷、仇远等交游,结为忘年友;又游天目山,访名僧中峰明本,甚得敬重。至此,大䜣在儒、佛两界均拥有较高声誉。

延祐七年(1320年),江浙行省丞相兼领行宣政院事脱欢因杭州凤凰山报国寺毁于大火,择可负兴复之任者为住持。大䜣出任该职,使报国寺栋宇一新,土田尽复,得到脱欢的赏识。泰定二年(1325年),脱欢升其住持中天竺寺。中天竺寺为禅宗十刹之首。自宋代排定"五山十刹"后,凡任其住持者,"必先出世小

---

① 赵孟頫:《松雪斋文集·诗文外集·仰山栖隐寺满禅师道行碑》。

院,候其声华彰著,然后使之拾级而升。其得至于五名山,殆犹仕宦而至将相,为人情之至荣……缁素之人往往歆艳之"①。即出任"五山十刹"住持者均是僧界之"将相"。大䜣在至大四年(1311年)到泰定四年(1325年)的14年间,从普通的乌回寺住持升至中天竺寺住持,实是"官运"亨通之人。在中天竺寺,他不负所望,又将灾后的寺院兴复如初。

天历元年(1328年),元文宗即位。次年,诏将其潜邸所在的金陵改名为"集庆",旧居改建为大龙翔集庆寺。由于和当朝天子的紧密关系,该寺在营造、产业、规制、地位等方面均超过江南旧有的"五山十刹",开山住持更是众目所瞩。大䜣凭藉声望与才学,荣膺其选。文宗特授三品文阶、太中大夫,冠于其法号"广智全悟大禅师"之上。至此,大䜣成为江南"才名动九天"②的名僧。天历三年(五月改至顺元年,1330年),大䜣承诏驰驿进京,觐见文宗。自至元二十五年(1288年)江南教、禅、律三宗廷辩后,教一直居于禅、律之上,大䜣以禅僧而受如此宠遇,禅僧多为之鼓舞。

在京师,大䜣与文宗对坐奎章阁,谈禅论法,深契帝意。文宗知其善文,令人诵其诗文,以资欣赏。此次入觐,大䜣收获甚丰,不仅有貂裘、金衲衣及异宝之赐,其曾经住持的中天竺寺奉诏改名为天历永祚寺,所居别院广智院得到虞集所书匾额,其师晦机禅师还得到奎章阁侍书学士虞集奉诏所撰塔铭,甚至是从行弟子都获圣赐。归途中,大䜣作《黄河阻风》诗,其中有"我行不有神灵助,风送天香自帝傍"一句,得意之色跃然纸上。

大䜣南还后,文宗"复遣使颁降玺书加护,香币之颁无虚月"③。顺帝即位,宠遇更甚。至元元年(1335年),已经住持大龙翔集庆寺7年之久的大䜣奏请辞职,顺帝不允,特诏加授"释教宗主兼领五山寺"。这意味着大䜣跃升江南五山名刹住持之上,成为名副其实的江南众僧之首。之后,大䜣优处大龙翔集庆寺,屡获宠赐,惠及其徒。到至正四年(1344年)病逝时,大䜣住持大龙翔集庆寺达15年之久,实属罕见。逝后,名宗巨儒虞集、黄溍分别奉敕撰写《道行记》和《塔铭》;明初,其塔院废于兵燹,太祖朱元璋捐私财营建祠宇,用于迁葬,宋濂为撰《迁塔记》;《五灯续略》《续灯存稿》等僧史皆录其传,足见其在元代的地位之高和明初的影响犹存。

---

① 宋濂:《宋学士文集》卷四十《住持净慈寺孤峰德公塔铭》。
② 萨都剌:《萨天锡诗集·外集·寄贺天竺长老䜣笑隐召住大龙翔集庆寺》,四部丛刊初编本。
③ 黄溍:《金华黄先生文集》卷四十二《龙翔集庆寺笑隐禅师塔铭》。

# 第五章
## 元代江西的教育与文化

释大䜣《蒲室集》

图片说明：景印文渊阁四库全书本，上海古籍出版社1988年版，第1204册，第535页。

但是，大䜣并不是一个仅仅坐享尊荣的僧界"贵官"，他还是禅锋机敏的名僧和辞章优长的文士。大䜣二十来岁在百丈山师事晦机禅师时，苦心悟禅，"平生凝滞涣然冰释"①。此后，更精研佛典，旁及儒家、道流和百氏之说。三十来岁与中峰明本禅师在天目山夜半座谈时，大风几乎吹裂崖石。众僧惊慌失措，大䜣安坐如常，表现了极高的定力。晚年住持大龙翔集庆寺，参谒者络绎不绝，大䜣以机锋峻峭著称于时。弟子集其语录，编为《四会语录》。他还与百丈山住持德辉禅师共同校正《丛林清规》，颁行禅林。至于大䜣的诗文，颇受赞誉。黄溍称其文"无山林枯寂之态，变化开阖，奇彩烂然。而论议磊落，一出于正，未尝有所偏蔽"。虞集赞其文"如洞庭之野，众乐并作，铿鉱轩昂，蛟龙起跃，物怪屏走，沈冥发兴。至于名教节义，则感厉奋激，老于文学者不能过也"②。其诗文中颇多与官员的酬唱之作，功名之心、得意之情时有流露，且力倡忠君友悌等名教节义。"无山林枯寂之态"的文风与其名"䜣"（即"欣"）、其号"笑"是一致的。这种文风的形成，固然与大䜣的开爽之性有关，更得益于尊荣之位。所著有《蒲室集》。

① 黄溍：《金华黄先生文集》卷四十二《龙翔集庆寺笑隐禅师塔铭》。
② 黄溍：《金华黄先生文集》卷四十二《龙翔集庆寺笑隐禅师塔铭》。

守忠(1255—1348年),俗姓黄,字昙芳,都昌人①。38岁入建昌(今永修县)云居山真如禅院。时玉山德珍禅师②住持该院,守忠从习禅法,后辞师东游,历参名僧。德珍主法杭州灵隐,守忠前往依止。德珍逝后,守忠相继住持金陵保宁寺、蒋山太平兴国禅寺等名刹。泰定二年(1325年)初,怀王图贴睦尔至金陵。当晚,太平兴国寺毁于火。次日,图贴睦尔亲诣蒋山,请守忠兴复被毁寺院,守忠则请图贴睦尔为大檀越。后者欣然应允,并请新建崇禧寺。此后,图贴睦尔多次登山问法,对守忠非常敬服。致和元年(1328年),图贴睦尔登位,改元天历,是为文宗。随即,文宗遣使者至蒋山,赐守忠金襕袈裟一袭、银五百两、金五十两、纳失失(引者:一种华丽的绣金锦缎)幡一对,次年又遣使特授守忠"广慈圆悟大禅师"之号,令其住持大崇禧寺,兼领太平兴国寺。至顺元年(1330年),守忠奉诏与大龙翔集庆寺住持大䜣驰驿入京,见文宗于奎章阁,获赐优厚。至正二年(1342年),应杭州行宣政院之请,迁主径山。至正四年(1344年),大䜣逝,次年,守忠因特旨升住大龙翔集庆寺,三年后逝。大龙翔集庆寺一度是江南地区最重要的寺院,位居旧有的"五山十刹"之上,而该寺从建设之初到至正八年(1348年)的20年间,始终由江西籍僧人担任住持,不可不谓元代江西佛教界的一大盛事。

怀渭(1317—1375年)是元中后期至明初江南著名的"文辞僧",俗姓魏,字清远,晚年自号竹庵,南昌人,笑隐禅师大䜣之甥。19岁祝发为僧,往依大䜣。时大䜣住持大龙翔集庆寺,四方名绅翕然来聚。大䜣与江南行台御史中丞张起岩、翰林学士承旨张翥以及尚为布衣的临川危素等往来酬唱,"或发天人性命之秘,或谈古今治忽之几,或轮(引者注:当作'论')文辞开阖之法"③。怀渭侍于大䜣之侧,学问渐长,又精通佛法,被大䜣视为"能弘大慧之道使不坠者"。怀渭先任大䜣的记室,大䜣圆寂后,出游江南,拜虞集于临川,见黄溍于浏阳,后出任绍兴宝相寺住持。不久,迁主大䜣曾经住持过的杭州报国寺,再转湖州。元末兵乱,避居庐山。洪武初,杭州名刹净慈寺虚席,怀渭凭借卓著的声望,任该寺住持。后,怀渭奉朱元璋诏至金陵,聚两浙名僧,在钟山举行无遮大会。自金陵

---

① 以下关于昙芳禅师守忠和玉山德珍禅师的论述,并请参阅任宜敏著《中国佛教史·元代》,人民出版社2005年版,第255—256页。本书多有采择。
② 按:玉山德珍禅师为江西南康人,曾开法于云居山真如禅院,成宗大德年间(1297—1307年)住持杭州灵隐寺,获赐"佛光海印禅师"尊号,为当时名僧。
③ 宋濂:《宋学士文集》卷五七《净慈禅师竹庵渭公白塔碑铭》。

# 第五章
## 元代江西的教育与文化

返浙后,怀渭退居藏有大䜣禅师爪发的钱唐梁诸院,问道之人接踵而至。怀渭兼通儒释,神宇超朗,长于鼓琴,更擅为文辞,所著篇翰"如千葩竞放,锦丽霞张,而不见春风煦妪之迹,沉冥尽敛,精明自然,老于文学者争歆慕之",时人誉为"文中虎"。亦善草书、隶书。顺帝前期,其诗文、书法行于四方。有《四会语录》和《诗文外集》。

大证(1297—1361年),鄱阳人,俗姓史①。自幼颖异,素有善愿。14岁入饶州昌国寺,精研佛典,四处游方,先后在庐山圆通寺谒荆溪石埄禅师,往天童山参云外云岫禅师,去天目山礼中峰明本大和尚。大证参谒的诸僧中,既有曹洞一系的名僧,又有明本这样的临济宗匠,但因其得云岫禅师嗣法,而后者是元代南方曹洞宗的大德,故大证亦属曹洞一系。至治年间(1321—1323年),大证奉诏赴大都书写金字藏经,受赐织金屈昫之衣。泰定元年(1324年),应江浙行省丞相脱欢之请,住持浙江衢州南禅寺。其后,历住赣州光孝寺、龙兴翠岩寺、信州祥符寺、浙江奉化雪窦山资圣禅寺,晚年退居定水圆明庵。大证是元代后期南方曹洞宗的代表性人物。

此外,元代江西地区还有几位颇负时望的名僧:了万,俗姓金,临川人。幼英敏好学,年十五,已通古今经纬之学。后在金溪县常乐院祝发,游历诸方,遍参名宿。了万禅思机敏,才思英发,为人耿直,善于奖掖后学,先后住持庐山开先寺、东瓯江心寺等名刹。道慧,字性空,庐山东林寺僧人,主要活动在元代中期,与宋代遗民汪元量及文坛名流程钜夫、吴澄、贯云石等有诗文往还。道慧多作律诗,其诗清新朴实,感情真切,少有学究之气,整体诗风乃宋代江湖派在元代的绪余。他比较关心世事,笔下多有涉及民间疾苦之作,诗集《庐山外集》今存。正友,贵溪人,俗姓于,号古梅。早年从末山禅师出家,后游历江淮两浙多年,禅锋灵动,曾任福建两处名寺住持,并先后获赐"湛然至远禅师"和"佛日广智禅师"尊号及紫袈裟一领。有《语录》二卷行于世。惟则,俗姓谭,字天如,吉安路永新人。先得法于普应国师,又从学于名僧中峰明本,后遁迹于松江九峰,道风日振,获赐"佛心普济文惠大辨禅师"尊号。元末,在平江城东北隅选废圃筑为方丈。因乃师明本在天目山师子岩讲道说法,遂命名该方丈为"师子林"。林中有竹万竿,竹外多怪石,轩堂亭阁,冠绝一时。倪元镇、徐复等文人时常流连其中,绘景题咏,师子林遂成为元末文坛胜地。惟则兼综儒、释,在佛理方面造

---
① 以下关于无印禅师大证的论述,采自任宜敏著《中国佛教史·元代》,第299页。

诣高深,著《楞严经会解》10卷和《净土或问》。又擅文辞,侍者集其诗文为《师子林别录》,其中有些诗作意致清绝,颇耐讽诵。《元诗选》收其诗36首。至仁,俗姓吴,字行中,号澹居子,又号熙怡叟,鄱阳人。得法于杭州径山元叟端和尚,元末居苏州万寿寺。工诗能文,博综经史,贡师泰、黄溍等名流对他都很推重。虞集论其文醇正雄简而有史笔,可比释子中的司马迁,宋濂则赞其文辞简奥而有西汉之风。顾嗣立认为其诗稳秀有法。有诗文集《澹居稿》,已佚,惟《元诗选》存其诗25首。自恢,字复元,豫章人。至正末,住海鉴法喜寺。洪武初,移住庐山。善诗,诗作见于《玉山雅集》《名胜集》等。

　　元代崇佛不减于两宋,但僧尼人数少于故宋和明代。据至元二十八年(1291年)户口统计,全国有寺院42318所,僧尼213148人①,略少于北宋熙宁元年(1068年)的25万余僧尼,远少于明代僧尼的50万之数。当然,这只是官方统计,还有相当一部分僧尼未被纳入统计。而元代老氏之流,"男女三十万"②,远不及僧尼之众。在江西地区,佛教势力亦在道教之上,各地寺院的数量远远超过道教宫观,如南丰州,"归附后,(寺院)滋益盛矣。丰一州耳,寺院相望"③,而该州道观只有十几所。寺庵僧尼利用朝廷的护佑和部分特权,广占田产,又经营手工业、商业、高利贷,成为地方一股重要的政治和经济势力。他们时常侵占民田、学田,元廷为此屡下诏令,禁止僧道与民田为邻,以防止他们购买或强占民田。如临江路儒学田"在新淦之鄙,与僧舍邻,冒占强夺垂二十年。官职往问,贪者中其饵,怯者骇其横,卒莫之谁何"④;分宜县崇法寺僧强占分宜县学田达40余年之久;庐山开先寺与南康儒学争田,其间争讼不绝,经久难息。金溪疏山寺的财富扩张和为害一方是十分典型的事例。番僧云住住持该寺的前八年间,该寺"无日不事,无事不有功":"一年而僧堂改观;二年宫殿涂塈,丹护庄严像,设供养之工毕举;三年,作下院于抚州,又作于金溪县;四年,凿山为园,艺桑,植桐,植茶凡四千;五年,萃堵波,小大之屋皆完新,以其余力复取化城洲地;六年,又凿山种檟株余二万,役水舂碓而屋焘之;七年,架万岁阁;八年,阁成,粉饰咸具,刻画肖像万身,创二库以丰财。"疏山寺的财富在急剧扩展,云住仍不满足,说:"未哉!明年吾新香积矣,又明年吾又新西堂矣。明年明年无量,吾事

---

① 《元史》卷十六《世祖纪十三》。
② 孛术鲁翀:《菊潭集》卷二《平章政事尚公神道碑》,藕香拾零本。
③ 刘壎:《水云村泯稿》卷五《南丰郡志序目》。
④ 吴澄:《吴文正公全集》卷二二《临江路修学记》。

# 第五章
## 元代江西的教育与文化

亦无量。"①在云住的经营下,疏山寺成为当地经济实力最为雄厚的寺院,不仅拥有如化城洲地那样的优质田产,据有广植桑、桐、茶、楮的大片山园,还有水舂用以生财。其扩充财富的过程中,不乏"发人冢墓取财物"②这样的卑劣手段。除了疯狂聚敛,云住还广结权要,饶州路总管王都中及江西肃政廉访司官员李俞、周昶、萨德弥实等与云住"俱厚善"③,时有诗文相赠。云住住持疏山寺达30年之久,最终将该寺发展成为害一方的豪恶势力。后,抚州路推官杨景行决意惩治云住,但历经凶险:云住被告发后,"官吏受贿,缓其狱",杨景行加以抵制;"僧以贿动之",杨景行拒纳贿赂;僧"乃赂当道者,以危语撼之"④,杨景行不惧危言,才最终依法惩治云住。

金溪疏山寺只是元代江西地区佛教势力扩张的一个缩影。元中期,江西许多寺僧"丰车肥马,要结权势,昵声色,殖货产,大者可以埒封君,不知朝廷所以尊尚覆护者,欲其超出诸尘,见性成佛,或足以禅治化"⑤。此语出自危素,时在泰定元年(1324年),反映的应是危素足迹所至的抚州、饶州、信州一带的情况,但又何尝不是当时整个江西地区乃至全国佛教势力真实状况的描述。

---

① 程钜夫:《雪楼集》卷十三《疏山白云禅寺修造记》。
② 《元史》卷一九二《良吏传二·杨景行传》。
③ 吴澄:《吴文正公全集》卷三二《题四君子赠疏山长老卷后》。
④ 《元史》卷一九二《良吏二·杨景行传》。
⑤ 危素:《危太朴文集》卷二《赵步院记》。

# 主要参考文献

## 正史政书类

脱脱等:《宋史》,中华书局1977年版。
宋濂等:《元史》,商务印书馆1935年百衲本。
宋濂等:《元史》,中华书局1976年版。
陆心源:《宋史翼》,续修四库全书本。
柯劭忞:《新元史》,上海古籍出版社1989年据天津徐氏退耕堂木刻本影印本。
张廷玉等:《明史》,中华书局1974年版。
徐松辑:《宋会要辑稿》,中华书局1957年版。
马端临:《文献通考》,商务印书馆1937年万有文库本。
佚名:《大元圣政国朝典章》(《元典章》),中国广播电视出版社1998年版。
黄时鉴点校:《通制条格》,浙江古籍出版社1986年版。
王颋点校:《庙学典礼(外二种)》,浙江古籍出版社1992年版。
王士点、商企翁编,高荣盛点校:《秘书监志》,浙江古籍出版社1992年版。
杨讷点校:《吏学指南(外三种)》,浙江古籍出版社1988年版。
《明太祖实录》,台湾"中央研究院"历史语言研究所校印本。

## 文　集

陆游:《陆游集》,中华书局1976年版。
杨万里:《诚斋集》,四部丛刊本初编本。
孛术鲁翀:《菊潭集》,藕香拾零本。
陈旅:《安雅堂集》,景印文渊阁四库全书本。
陈高:《不系舟渔集》,敬乡楼丛书本。
程端礼:《畏斋集》,四明丛书本。
程钜夫:《雪楼集》,清宣统陶氏涉园景刊明洪武本。
戴良:《九灵山房集》,丛书集成本。
戴表原:《剡源戴先生文集》,四部丛刊初编本。
邓雅:《玉笥集》,景印文渊阁四库全书。
方回:《桐江续集》,景印文渊阁四库全书本。
傅若金:《傅与砺诗文集》,景印文渊阁四库全书本。
傅若金:《傅与砺诗集》,嘉业堂丛书本。
贡师泰:《玩斋集》,景印文渊阁四库全书本。
甘复:《山窗余稿》,豫章丛书本。
顾瑛:《草堂雅集》,陶氏涉园影刊元椠本。
郭钰:《静思集》,景印文渊阁四库全书本。
何中:《知非堂外稿》,《全元文》版,江苏古籍出版社2001年版。
胡祗遹:《紫山大全集》,景印文渊阁四库全书本。
胡炳文:《云峰集》,景印文渊阁四库全书本。
黄震:《黄氏日钞》,景印文渊阁四库全书本。
黄溍:《金华黄先生文集》,四部丛刊初编本。
揭傒斯:《揭文安公全集》,四部丛刊初编本。
孔齐:《至正直记》,"宋元笔记小说大观"本,上海古籍出版社2001年版。
蓝浦、郑廷桂著,欧阳琛、周秋生校,卢家明、左行培注:《景德镇陶录》,江西人民出版社1996年版。
雷思齐:《易图通变》,清康熙十九年(1680年)通志堂经解本。
李存:《俟易仲公李先生文集》,明永乐三年(1405年)李光刻本。

李存:《俟庵集》,景印文渊阁四库全书本。
李祁:《云阳集》,景印文渊阁四库全书本。
梁寅:《新喻梁石门先生集》,清光绪新喻钟体志重刊本。
梁寅:《诗演义》,景印文渊阁四库全书本。
梁寅:《周易参义》,清康熙通志堂经解本。
刘壎:《水云村泯稿》,明天启刊本、清道光爱余堂刊本。
刘诜:《桂隐文集》,景印文渊阁四库全书本。
刘崧:《槎翁文集》,景印文渊阁四库全书本。
刘岳申:《申斋刘先生文集》,元代珍本文集汇刊本。
刘敏中:《平宋录》,墨海金壶本。
刘仁本:《羽庭集》,景印文渊阁四库全书本。
刘辰翁撰,吴企明校注:《须溪词》,上海古籍出版社1998年版。
刘辰翁:《须溪集》,景印文渊阁四库全书本。
刘将孙:《养吾斋集》,四库全书珍本初集。
柳贯:《柳待制文集》,四部丛刊初编本。
马金鹏译:《伊本·白图泰游记》,宁夏人民出版社1985年版。
欧阳玄:《圭斋文集》,四部丛刊初编本。
权衡:《庚申外史》,豫章丛书本。
任士林:《松乡文集》,景印文渊阁四库全书本。
萨都剌:《萨天锡诗集》,四部丛刊初编本。
释大訢:《蒲室集》,景印文渊阁四库全书本。
释圆至:《牧潜集》,景印文渊阁四库全书本。
宋褧:《燕石集》,北京图书馆古籍珍本丛刊本。
宋濂:《宋学士全集》,四部丛刊初编本。
孙淑:《绿窗遗稿》,嘉业堂丛书本。
苏伯衡:《苏平仲文集》,四部丛刊初编本。
苏继庼:《岛夷志略校释》,中华书局1981年版。
苏天爵:《滋溪文稿》,元人文集珍本汇刊本。
陶宗仪:《南村辍耕录》,中华书局1959年版。
陶宗仪:《书史会要》,景印文渊阁四库全书本。
唐元:《筠轩集》,景印文渊阁四库全书本。

## 主要参考文献

王逢:《梧溪集》,丛书集成初编本。
王结:《文忠集》,景印文渊阁四库全书本。
王礼:《麟原文集》,四库全书珍本初集本。
王冕:《王冕集》,浙江古籍出版社1999年版。
王恽:《秋涧先生大全文集》,四部丛刊初编本。
王祯著,王毓瑚校:《农书》,农业出版社1981年版。
王国瑞:《扁鹊神应针灸玉龙经》,景印文渊阁四库全书本。
王义山:《稼村类稿》,景印文渊阁四库全书本。
危素:《危太朴文集》《续集》,吴兴刘氏嘉业堂刊本。
危素:《云林集》,景印文渊阁四库全书本。
危素:《元海运志》,丛书集成本。
吴澄:《吴文正公全集》,清乾隆二十一年(1756年)万璜刊本。
吴澄:《吴文正集》,景印文渊阁四库全书本。
吴当:《学言稿》,清乾隆吴之仁、吴日升刊本。
吴海:《闻过斋集》,正谊堂丛书本。
吴皋:《吾吾类稿》,豫章丛书本。
吴莱:《渊颖集》,丛书集成本。
吴师道:《吴礼部文集》,续金华丛书本。
谢枋得:《叠山集》,四部丛刊续编本。
徐明善:《芳谷集》,豫章丛书本。
徐一夔:《始丰稿》,景印文渊阁四库全书本。
许有壬:《至正集》,景印文渊阁四库全书本。
杨翮:《佩玉斋类稿》,四库全书珍本初集。
姚燧:《牧庵集》,四部丛刊初编本。
叶子奇:《草木子》,中华书局1959年版。
阴时夫:《韵府群玉》,景印文渊阁四库全书本。
袁桷:《清容居士集》,四部丛刊初编本。
虞集:《道园学古录》,四部丛刊初编本。
虞集:《道园类稿》,元人文集珍本丛刊本。
余阙:《青阳先生文集》,四部丛刊续编本。
赵汸:《东山存稿》,景印文渊阁四库全书本。

赵文:《青山集》,四库全书珍本初集。
赵孟頫:《松雪斋文集》,四部丛刊初编本。
赵友钦:《革象新书》,景印文渊阁四库全书本。
郑元祐:《侨吴集》,元代珍本文集汇刊本。
周伯琦:《周翰林近光集》,明澹生堂祁氏抄本。
周德清:《中原音韵》,中华书局1978年版。
周霆震:《石初集》,豫章丛书本。
朱善:《朱一斋文集》,四库全书存目丛书本。
朱思本:《贞一斋杂著》,适园丛书本。
陶安:《陶学士文集》,景印文渊阁四库全书本。
刘基:《诚意伯文集》,四部丛刊初编本。
张宇初:《岘泉集》,景印文渊阁四库全书本。
解缙:《文毅集》,景印文渊阁四库全书本。
杨士奇著,刘伯涵、朱海点校:《东里文集》,中华书局1998年版。
钱大昕:《十驾斋养新录》,江苏古籍出版社2000年版。
钱大昕:《廿二史考异》,商务印书馆1958年版。
叶德辉:《书林清话》,民国六年叶氏观古堂刊本。

# 地　方　志

谢旻等监修:雍正《江西通志》,景印文渊阁四库全书本。
刘坤一、刘绎、赵之谦纂修:光绪《江西通志》,光绪七年(1881年)刊本。
范涞修,章潢修:万历《南昌府志》,台北成文出版有限公司1989年版。
谢应鎏、王之藩、曾作舟等纂修:同治《南昌府志》,同治十二年(1873年)刻本。
叶舟、陈弘绪纂修:康熙《南昌郡乘》,北京图书馆古籍珍本丛刊本。
江召棠、魏元旷纂修:民国《南昌县志》,台北成文出版有限公司1970年版。
魏元旷辑:《南昌诗征》,台北成文出版有限公司1970年版。
黄虞再、闵钺纂修:康熙《奉新县志》,康熙元年建昌胡时雨刻本。
熊相纂修:正德《瑞州府志》,天一阁藏明代方志选刊续编本。
陶履中等纂修:崇祯《瑞州府志》,台北成文出版有限公司1983年版。

陈廷举、郭廷俊纂修:嘉靖《上高县志》,台北成文出版有限公司1989年版。
刘储、顾谢纂修:隆庆《瑞昌县志》,天一阁藏明代方志选刊本。
管大勋、刘松纂修:隆庆《临江府志》,天一阁藏明代方志选刊本。
德馨、鲍孝光、朱孙诒等纂修:同治《临江府志》,同治十年(1871年)刻本。
方湛、詹相延纂修:康熙《乐安县志》,台北成文出版有限公司1989年版。
胡亦堂、谢元仲等纂修:康熙《临川县志》,台北成文出版有限公司1989年版。
李兴元修,欧阳主生等纂:顺治《吉安府志》,台北成文出版有限公司1989年版。
康河、董天锡纂修:嘉靖《赣州府志》,天一阁藏明代方志选刊本。
娄近垣编辑,张炜、汪继东校注:《龙虎山志》,江西人民出版1996年版。
满岱、唐光云纂修:乾隆《丰城县志》,乾隆十七年(1752年)刻本。
杨渊等纂:弘治《抚州府志》,天一阁藏明代方志选刊续编本,上海古籍书店1990年版。
沈士秀、梁奇等纂修:康熙《东乡县志》,稀见中国地方志汇刊本。
谢希桢编纂,吴小红校注:《华盖山志》,江西人民出版社2002年版。
谢胤璜修、刘寿祺纂、陈潜续修:雍正《崇仁县志》,清代孤本方志选第一辑。
史念征、札隆阿、程卓樑等纂修:道光《宜黄县志》,道光五年(1825年)刻本。
王有年纂修:康熙《金溪县志》,稀见中国地方志汇刊本,中国书店1992年版。
夏良胜纂修:正德《建昌府志》,天一阁藏明代方志选刊本,上海古籍书店1964年版。
徐琏、严嵩纂修:正德《袁州府志》,天一阁藏明代方志选刊本,上海古籍书店1963年版。
严嵩原修,季德甫增修:嘉靖《袁州府志》,台北成文出版有限公司1989年版。
魏瀛、钟音鸿、兰技奇纂修:同治《赣州府志》,同治十二年(1873年)刻本。
刘节纂修:嘉靖《南安府志》,天一阁藏明代方志选刊续编本。
陈奕禧等修,刘文友等纂:康熙《南安府志》,台北成文出版有限公司1989

年版。

俞云耕等修:乾隆《婺源县志》,台北成文出版有限公司1985年版。

杜春生辑:《越中金石记》,清道光刊本。

俞希鲁等纂:至顺《镇江志》,宋元方志丛刊本,中华书局1990年版。

熊梦祥著,北京图书馆善本组辑:《析津志辑佚》,北京古籍出版社1983年版。

# 资 料 集

陈得芝、邱树森、何兆吉辑点:《元代奏议集录》,浙江古籍出版社1998年版。

陈柏泉编著:《江西出土墓志选编》,江西教育出版社1991年版。

陈元靓:《事林广记》,中华书局1999年版。

杜本编:《谷音》,四部丛刊本。

顾嗣立编:《元诗选》,中华书局1987年版。

黄虞稷:《千顷堂书目》,上海古籍出版社排印本。

李修生主编:《全元文》,江苏古籍出版社(凤凰出版社)1999—2004年版。

倪灿、黄虞稷、钱大昕等撰:《辽金元艺文志》,商务印书馆1958年版。

钱谦益:《国初群雄事略》,中华书局1982年版。

钱曾:《读书敏求记》,书目文献出版社1983年版。

萨德弥实:《瑞竹堂经验方》,景印文渊阁四库全书本。

苏天爵辑:《元文类》,国学基本丛书本。

解缙、姚广孝等:《永乐大典》,中华书局1960年影印本。

杨讷、陈高华编:《元代农民战争史料汇编(上编)》,中华书局1985年版。

杨讷、陈高华、朱国炤、刘炎编:《元代农民战争史料汇编(中编)》,中华书局1986年版。

杨讷编:《元代白莲教资料汇编》,中华书局1989年版。

永瑢等撰:《四库全书总目》,中华书局1965年版。

臧晋叔编:《元曲选》,中华书局1958年版。

张星烺:《中西交通史料汇编》,中华书局1977年版。

钟嗣成:《录鬼簿(外四种)》,上海古籍出版社1978年版。

周南瑞编:《天下同文集》,景印文渊阁四库全书本。

朱存理:《赵氏铁网珊瑚》,景印文渊阁四库全书本。

## 研究著作

陈得芝主编:《中国通史》第八卷《中古朝代·元时期》,上海人民出版社1997年版。

陈得芝:《蒙元史研究丛稿》,人民出版社2005年版。

陈高华、史卫民:《中国经济通史·元代经济卷》,经济日报出版社2000年版。

陈高华:《元史研究论稿》,中华书局1991年版。

陈谷嘉、邓洪波:《中国书院制度研究》,浙江教育出版社1997年版。

陈红彦:《中国版本文化丛书·元本》,江苏古籍出版社2002年版。

陈立立、习罡华:《吉州窑研究与永和镇旅游开发》,人民日报出版社2003年版。

陈垣:《南宋初河北新道教考》,中华书局1962年版。

陈垣:《元西域人华化考》,上海古籍出版社2000年。

邓绍基主编:《元代文学史》,人民文学出版社1991年版。

方旭东:《尊德性与道问学——吴澄哲学思想研究》,人民出版社2005年版。

高荣盛:《元代海外贸易研究》,四川人民出版社1998年版。

葛剑雄:《中国古代的地图测绘》,商务印书馆1998年版。

葛剑雄主编:《中国人口史》,复旦大学出版社2000年版。

桂栖鹏:《元代进士研究》,兰州大学出版社2001年版。

郭预衡主编:《中国古代文学史长编(三)》,上海古籍出版社2007年版。

胡务:《元代庙学——无法割舍的儒学教育链》,巴蜀书社2005年版。

胡昭曦等主编:《宋蒙(元)关系史》,四川大学出版社1992年版。

黄宗羲原著,全祖望补修,陈金生、梁运华点校:《宋元学案》,中华书局1986年版。

黎传纪、易平:《江西古志考》,南海出版公司1989年版。
李才栋:《江西古代书院研究》,江西教育出版社1993年版。
李国强、李放主编:《江西科学技术史》,海洋出版社2007年版。
李治安:《元代分封制度研究》,天津古籍出版社1992年版。
李治安主编:《唐宋元明清中央与地方关系研究》,南开大学出版社1996年版。
李治安:《行省制度研究》,南开大学出版社2000年版。
李约瑟:《中国科技史》,中华书局香港分局1978年版。
梁方仲:《中国历代户口、田地、田赋统计》,上海人民出版社1980年版。
梁淼泰:《明清景德镇城市经济研究(增订版)》,江西人民出版社2004年版。
刘金成:《高安元代窖藏瓷器》,朝华出版社2006年版。
吕思勉:《理学纲要》,东方出版社1996年版。
马建春:《元代东迁西域人及其文化研究》,民族出版社2003年版。
蒙思明:《元代社会阶级制度》,中华书局1980年版。
漆侠:《宋代经济史》,上海人民出版社1988年版。
钱基博:《中国文学史》,中华书局1983年版。
卿希泰、唐大潮主编:《道教史》,江苏人民出版社2006年版。
邱树森:《贺兰集》,江苏古籍出版社1997年版。
任宜敏:《中国佛教史·元代》,人民出版社2005年版。
史卫民:《元代军事史》(《中国军事通史》第十四卷),军事科学出版社1998年版。
田建平:《元代出版史》,河北人民出版社2003年版。
王成组:《中国地理学史》,商务印书馆1982年版。
吴海、曾子鲁主编:《江西文学史》,江西人民出版社2005年版。
吴晗:《朱元璋传》,生活·读书·新知三联书店1965年版。
吴宏歧:《元代农业地理》,西安地图出版社1997年版。
萧启庆:《元代史新探》,台湾新文丰出版公司1983年版。
萧启庆:《蒙元史新研》,台湾允晨文化实业股份有限公司1994年版。
萧启庆:《元朝史新论》,台湾允晨文化实业股份有限公司1999年版。
徐远和:《理学与元代社会》,人民出版社1992年版。

许怀林:《江西史稿》,江西高校出版社1998年第2版。
许敬生主编:《危亦林医学全书》,中国中医药出版社2006年版。
杨讷:《元代白莲教研究》,上海古籍出版社2004年版。
杨镰:《元诗史》,人民文学出版社2003年版。
杨志玖:《元代回族史稿》,南开大学出版社2003年版。
姚从吾:《姚从吾先生全集(七)·辽金元史论文(下)》,台湾正中书局1982年版。
姚大力:《千秋兴亡·元朝》,长春出版社2000年版。
余家栋:《江西陶瓷史》,河南大学出版社1997年版。
余嘉锡:《四库提要辨证》,云南人民出版社2004年版。
查洪德、李军:《元代文学文献学》,中国社会科学出版社2002年版。
张国淦:《中国古方志考》,中华书局1962年版。
植松正:《元代江南社会政治史研究》,东京汲古书院1997年版。
张立文、祁润兴:《中国学术通史·宋元明卷》,人民出版社2004年版。
张金铣:《元代地方行政制度研究》,安徽大学出版社2001年版。
中国大百科全书总编辑委员会《中国历史》编辑委员会:《中国大百科全书·中国历史》,中国大百科全书出版社1992年版。
周良霄:《忽必烈》,吉林教育出版社1986年版。
周少川:《元代史学思想研究》,社会科学文献出版社2001年版。
朱汉民等:《中国学术史·宋元卷》,江西教育出版社2001年版。

## 研究论文

陈柏泉:《吉州窑烧瓷历史初探》,载《江西历史文物》1982年第3期。
陈柏泉:《元明时期江西铸造的铜镜》,载《江西历史文物》1986年第2期。
陈兵:《元代江南道教》,载《世界宗教研究》1986年第2期。
陈定荣:《元代江西籍铸镜师何德正及其作品》,载《南方文物》1992年1期。
陈高华:《元朝科举诏令文书考》,载《暨南史学》第一辑,暨南大学出版社2002年版。
陈高华:《两种〈三场文选〉中所见元代科举人物名录——兼说钱大昕〈元进士考〉》,载《中国社会科学院历史研究所学刊》第一集,社会科学文献出版社

2001年版。

曹松叶:《宋元明清书院概况》,载《中山大学语言历史研究所周刊》第十集,第111—114期。

曹树基:《〈禾谱〉及其作者研究》,载《中国农史》1984年第3期。

董玮、方广锠、金志良:《元代官刻大藏经的发现》,载《文物》1984年第12期。

高荣盛:《元代海运试析》,载《元史及北方民族史研究集刊》第七辑。

高晓业:《回回药方考略》,载《中华医史杂志》1987年第2期。

何佑森:《元代书院之地理分布》,载《新亚学报》1956年第2卷第1期。

胡春涛:《江西蒙山古银矿小考》,载《江西文物》1990年第3期。

户亭风、王少华:《九江出土元代烧钞库印》,载《文物》1984年第10期。本文又全文转载于《中国钱币》1985年第3期。

黄颐寿:《"吉"字幕"至正之宝"》,载《江西历史文物》1981年第4期。

吉林、谷潜:《元代蒙山岁课银锭的发现和研究》,载《中国钱币》1986年第3期。

江西省文物工作队、吉安县文物管理办公室:《吉州窑遗址发掘报告》,载《江西历史文物》1982年3期。

江西省文物考古研究所:《江西进贤县李渡烧酒作坊遗址的发掘》,载《考古》2003年第7期。

廖大珂:《〈岛夷志〉非汪大渊撰〈岛夷志略〉辨》,载《中国史研究》2001年第4期。

刘礼纯:《瑞昌县出土元代铜权》,载《江西历史文物》1983年第2期。

刘锡涛:《宋代江西文化地理》,陕西师范大学中国历史地理专业2001年申请博士学位论文(史念海指导)。

刘新园:《蒋祁〈陶记〉著作时代考辨》,载《景德镇陶瓷》1981年《陶记》研究专刊。

刘新园、白琨:《高岭土史考》,载《中国陶瓷》1982年第7期。

刘新园:《景德镇宋、元芒口瓷与覆烧工艺初步研究》,载《考古》1974年第6期。

南延宗、杨振翰:《上高县蒙山地质矿产》,载江西省地质调查所《地质馆刊》第6号(1941年7月)。

邱树森:《元末红巾军的政权建设》,载《元史论丛》第一辑。
邱树森:《朱思本和他的〈舆地图〉》,载《元史及北方民族史研究集刊》第六辑。
曲利平、倪任福:《江西鹰潭发现纪年元墓》,载《南方文物》1993年4期。
任宜敏:《白莲宗的兴衰及其与白莲教的区别》,载《人文杂志》2005年第2期。
陶希圣:《元代长江流域以南的暴动》,载《食货》第三卷六期(1936年)。
涂伟华:《元代铜权考析》,载《南方文物》2006年第2期。
王光尧、王上海、江建新:《景德镇市丽阳乡元、明瓷窑址》,载《南方文物》2006年第3期。
王明荪:《人杰地灵——历代学风的地理分布》,载林庆彰主编《中国文化新论·学术篇——浩瀚的学海》,台湾联经出版事业公司1983年修订版。
王庆莘:《上高县蒙山银矿遗址》,载《江西历史文物》1983年第4期。
王颋:《元代书院考略》,载《中国史研究》1984年第1期。
王炜民:《再谈马端临卒年》,载北京师范大学古籍所编:《元代文化研究》第一辑,北京师范大学出版社2001年版。
王秀丽:《元代文人笔下的东南贾客》,载中国元史研究会编《元史论丛》第十辑,中国广播电视出版社2005年版。
吴小红:《元代江西驿站及站户考》,载《江西师范大学学报》2000年第3期。
吴小红:《元代抚州乡绅研究》,南京大学历史系中国古代史专业蒙元史方向2004年申请博士学位论文(高荣盛指导)。
萧启庆:《元统元年进士录校注》,载《食货月刊》(复刊)第十三卷(1983年)第一、二期合刊和第三、四期合刊。
萧启庆:《元代多族士人网络中的师生关系》,载《历史研究》2005年第1期。
修晓波:《元代色目商人的分布》,载《元史论丛》第六辑。
杨讷:《天完大汉红巾军史述论》,载《元史论丛》第一辑。
杨讷:《元代的白莲教》,载《元史论丛》第二辑。
姚大力:《元朝科举制度的行废及其社会背景》,载《元史及北方民族史研究集刊》第六辑。
曾召南:《元代道教龙虎宗支派玄教纪略》,载《世界宗教研究》1988年第1期。
张泽洪:《净明道在江南的传播及其影响——以道派关系史为中心》,载《中国史研究》2002年第3期。

图书在版编目(CIP)数据

江西通史·元代卷/吴小红著. —南昌:江西人民出版社,2008.11(2017.8重印)
(江西通史/钟起煌主编)
ISBN 978-7-210-03928-0

Ⅰ.江… Ⅱ.吴… Ⅲ.江西省—地方史—元代 Ⅳ.K295.6

中国版本图书馆 CIP 数据核字(2008)第 153120 号

## 江西通史·元代卷

吴小红　著
责任编辑:陈世象
封面设计:同异文化传媒
出版:江西人民出版社
发行:各地新华书店
地址:江西省南昌市三经路 47 号附 1 号
学术出版中心电话:0791-86898330
发行部电话:0791-86898815
邮编:330006
网址:www.jxpph.com
E-mail:swswpublic@sina.com　web@jxpph.com
2008 年 11 月第 1 版　2017 年 8 月第 3 次印刷
开本:787 毫米×1092 毫米　1/16
印张:21.5　插页:4
字数:360 千字
ISBN 978-7-210-03928-0
版权所有　侵权必究
定价:80.00 元
承印厂:江西华奥印务有限责任公司印刷